EINE ANDERE WELT

EINE ANDERE WELT

Bücher, die in die Zukunft weisen

Herausgegeben von
Jonathan Beck

C.H.Beck

© Verlag C.H.Beck oHG, München 2023
Alle urheberrechtlichen Nutzungsrechte bleiben vorbehalten.
Der Verlag behält sich auch das Recht vor, Vervielfältigungen dieses Werks
zum Zwecke des Text and Data Mining vorzunehmen.
www.chbeck.de
Umschlaggestaltung: Konstanze Berner, München
Umschlagabbildung: Max Beckmann, «Sinnende Frau am Meer», 1937,
Kunsthalle Bremen, © akg-images
Satz: Fotosatz Amann, Memmingen
Druck und Bindung: Beltz, Bad Langensalza
Gedruckt auf säurefreiem und alterungsbeständigem Papier
Printed in Germany
ISBN 978 3 406 81000 8

myclimate
klimaneutral produziert
www.chbeck.de/nachhaltig

LIBER AMICARUM ET AMICORUM

FÜR DETLEF FELKEN

INHALT

VORWORT

ANTIKE

LAOZI, DAO DE JING
Das weiche Wasser besiegt den harten Stein
Von Eva Gesine Baur 29

THUKYDIDES, DER PELOPONNESISCHE KRIEG
Historie mit Zukunftsanspruch
Von Jonas Grethlein 33

THUKYDIDES, DER PELOPONNESISCHE KRIEG
Der lehrreichste Konflikt der Geschichte
Von Thomas Karlauf 37

XU SHEN, SHUOWEN JIEZI
Weit mehr als nur ein Wörterbuch
Von Thomas O. Höllmann 41

MARC AUREL, SELBSTBETRACHTUNGEN
Die Bewältigung der Zukunft
Von Alexander Demandt 45

DIE BIBEL
Ein Tagebuch der Menschheit
Von Hubert Wolf 49

MITTELALTER & FRÜHE NEUZEIT

HILDEGARD VON BINGEN, SCIVIAS
Wege aus der Selbstzerstörung
Von Julia Voss 55

FRIEDRICH II., DAS FALKENBUCH
Im Sturm vom Paradiese her
Von Oliver Jungen 59

MARTIN LUTHER, VON DER FREIHEIT EINES CHRISTENMENSCHEN
Auf dem Weg zur Freiheit als Qualität des Menschen schlechthin
Von Heinz Schilling 63

MICHEL DE MONTAIGNE, ESSAIS
Eine Klage in englischer Manier
Von Franziska Augstein 67

BALTASAR GRACIÁN, HANDORAKEL UND KUNST DER WELTKLUGHEIT
Der Kampf um das eigene Fortkommen und Überleben
Von Christoph Möllers 71

SAINT-SIMON, MEMOIREN
Auf, in die Welt
Von Hans Pleschinski 74

18. JAHRHUNDERT

LOUIS-SÉBASTIEN MERCIER, DAS JAHR 2440
«Nichts führt den Verstand mehr in die Irre als
schlecht geratene Bücher.»
Von Daniel Schönpflug 81

**CHRISTOPH MARTIN WIELAND, WIE MAN LIESST;
EINE ANEKDOTE**
Besser lesen lernen, um die Balance zu halten
Von Jan Philipp Reemtsma 86

**IMMANUEL KANT, BEANTWORTUNG DER FRAGE:
WAS IST AUFKLÄRUNG?**
Wider Faulheit und Feigheit
Von Otfried Höffe 90

**ALEXANDER HAMILTON, JAMES MADISON, JOHN JAY,
DIE FEDERALIST PAPERS**
Zur Abwehr des gegenwärtigen Angriffs auf die
US-amerikanische Demokratie
Von Stephan Bierling 94

**FRIEDRICH SCHILLER, WAS HEISST UND ZU WELCHEM
ENDE STUDIERT MAN UNIVERSALGESCHICHTE?**
Ein Kompass für Historikerinnen und Historiker
Von Georg Schmidt 98

IMMANUEL KANT, ZUM EWIGEN FRIEDEN
Das Realitätsprinzip der Reform
Von Volker Gerhardt 102

19. JAHRHUNDERT

NOVALIS, DIE CHRISTENHEIT ODER EUROPA
Von der projektierenden Kraft eines neuen Weltgebäudes
und Menschentums
Von Hans Maier 111

STENDHAL, ROT UND SCHWARZ
Das Glück, nicht zeitgemäß zu sein
Von Franziska Meier 114

CARL VON CLAUSEWITZ, VOM KRIEGE
Die Unberechenbarkeit eines Konflikts begreifen
Von Dominik Geppert 118

**ALEXIS DE TOCQUEVILLE, ÜBER DIE DEMOKRATIE
IN AMERIKA**
Der doppelte Westen
Von Jörn Leonhard 122

**ALEXIS DE TOCQUEVILLE, ÜBER DIE DEMOKRATIE
IN AMERIKA**
Schwierige Geschichte
Von Christian Meier 126

**KARL MARX, FRIEDRICH ENGELS, MANIFEST DER
KOMMUNISTISCHEN PARTEI**
Das Unabgegoltene in der Geschichte
Von Michael Wildt 129

**LUDWIG FEUERBACH, VORLESUNGEN ÜBER DAS WESEN
DER RELIGION**
Natur ist alles
Von Wolfram Siemann 132

CHARLES DARWIN, DIE ENTSTEHUNG DER ARTEN
Besser von einem Affen als von einem Bischof abstammen
Von *Andreas Wirsching* 136

GUSTAVE FLAUBERT, L'ÉDUCATION SENTIMENTALE
Die Tragödie wiederholt sich als Farce
Von *Karl Halfpap* 142

JACOB BURCKHARDT, WELTGESCHICHTLICHE BETRACHTUNGEN
Weise sein für immer
Von *Arnold Esch* 146

GEORGE ELIOT, MIDDLEMARCH
Die rätselhafte Mixtur der Menschheit
Von *Annabel Zettel* 149

FJODOR MICHAJLOWITSCH DOSTOJEWSKIJ, DER GROSSINQUISITOR
Die kulturelle Selbstverortung Russlands
Von *Christiane Hoffmann* 153

ROBERT LOUIS STEVENSON, DIE SCHATZINSEL
Die Modernität des John Silver
Von *Stephan Speicher* 156

BERTHA VON SUTTNER, DIE WAFFEN NIEDER!
Schritte auf dem Weg zum Weltfrieden
Von *Marie-Janine Calic* 160

SIGMUND FREUD, DIE TRAUMDEUTUNG
Die Unterwelt bewegen
Von *Peter-André Alt* 164

ERSTE HÄLFTE DES 20. JAHRHUNDERTS

THEODOR HERZL, ALTNEULAND
Die Realität holt die Vision ein
Von Michael Brenner 171

**MAX WEBER, DIE PROTESTANTISCHE ETHIK UND
DER GEIST DES KAPITALISMUS**
Eine postkoloniale Perspektive auf ein folgenreiches Buch
Von Dirk Kaesler 174

KÄTHE KOLLWITZ, DIE TAGEBÜCHER
Der gefährliche Begriff der nationalen Ehre
Von Ute Frevert 179

FRANZ KAFKA, TAGEBÜCHER
Nicht vergessen!
Von Michael Krüger 183

RABINDRANATH TAGORE, GORA
Die Welt neu denken
Von Amartya Sen 185

DADA
Strategien und Praktiken von Möglichkeitsräumen:
Exposé zu einem Buch, das auf sein Erscheinen noch wartet
Von Thomas Krüger 187

**MAX WEBER, WISSENSCHAFT ALS BERUF UND
POLITIK ALS BERUF**
Plädoyer für eine Re-Lektüre in Zeiten vermehrter
wissenschaftlicher Interventionen
Von Jürgen Kocka 194

FRIEDRICH CURTIUS, DEUTSCHLAND UND DAS ELSASS
«Mahner und Klärer, der der Zukunft dienen will»
Von Ernst-Peter Wieckenberg 198

JEWGENI SAMJATIN, WIR
Der Kreis schließt sich
Von Thomas Urban 202

JOHN DEWEY, DIE ÖFFENTLICHKEIT UND IHRE PROBLEME
Arbeit an der Demokratie
Von Paul Nolte 206

ROBERT MUSIL, DER MANN OHNE EIGENSCHAFTEN
Eine Übung im conjunctivus potentialis
Von Joseph Vogl 210

**SIBYLLE UND EVA ORTMANN, WIR LEBEN NUN MAL
AUF EINEM VULKAN**
Beispielhafter Humanismus
Von Ruth Keen 214

JOSEPH ROTH, RADETZKYMARSCH
Ambivalente Sehnsucht nach Ordnung
Von Sybille Steinbacher 218

**ERNST JÜNGER, DER ARBEITER
FRIEDRICH GEORG JÜNGER, DIE PERFEKTION DER TECHNIK**
Große Produktion und großer Verzehr
Von Helmuth Kiesel 222

**STEFAN ZWEIG, TRIUMPH UND TRAGIK DES
ERASMUS VON ROTTERDAM**
Wider die Gesinnungsunduldsamkeit
Von Manfred Hildermeier 226

MARC BLOCH, APOLOGIE DER GESCHICHTSWISSENSCHAFT
Die Zukunft der Geschichte
Von Ralph Bollmann 230

ANNE FRANK, TAGEBUCH
«Ich will fortleben, auch nach meinem Tod»
Von Thomas Sparr 234

HERMANN HESSE, DAS GLASPERLENSPIEL
Ein Abgesang
Von Navid Kermani 237

RAPHAEL LEMKIN, AXIS RULE IN OCCUPIED EUROPE
Ein Meilenstein im Kampf gegen Völkermord
Von Wolfgang Benz 242

KARL RAIMUND POPPER, DIE OFFENE GESELLSCHAFT UND IHRE FEINDE
Weltverbesserungsphantasien unterm Seziermesser
Von Ilko-Sascha Kowalczuk 246

VARIAN FRY, AUSLIEFERUNG AUF VERLANGEN
Interessen und Werte
Von Uwe Wittstock 250

PRIMO LEVI, IST DAS EIN MENSCH?
Denket, dass solches gewesen
Von Luca Giuliani 254

HEINRICH FICHTENAU, DAS KAROLINGISCHE IMPERIUM
Wider die Heldenverehrung
Von Herwig Wolfram 258

GEORGE ORWELL, 1984
Nur wer die Vergangenheit kontrolliert, kontrolliert die Zukunft
Von Gerd Koenen 262

ZWEITE HÄLFTE DES 20. JAHRHUNDERTS

HANNAH ARENDT, ELEMENTE UND URSPRÜNGE
TOTALER HERRSCHAFT
Ein Aufriss nicht bloß vergangener Schrecken
Von Norbert Frei 269

RAY BRADBURY, FAHRENHEIT 451
Verbrennen wir wieder Bücher?
Von Heike B. Görtemaker 273

RAYMOND CHANDLER, DER LANGE ABSCHIED
Über den Versuch, aus dem Kriminalroman vielleicht ein
wenig mehr zu machen, als ihm ursprünglich zugedacht war
Von Paul Ingendaay 277

LEO BRANDT, DIE ZWEITE INDUSTRIELLE REVOLUTION
So viel Zukunft, so viel Hoffnung
Von Ulrich Herbert 281

GÜNTHER ANDERS, DIE ANTIQUIERTHEIT DES MENSCHEN
Ist die Technik unser Schicksal?
Von Wolfgang Beck 285

HANS-GEORG GADAMER, WAHRHEIT UND METHODE
Die Voraussetzung, miteinander zurechtzukommen
Von Jörg Baberowski 292

ASTRID LINDGREN, MADITA
AMARTYA SEN, DIE IDEE DER GERECHTIGKEIT
Neue Perspektiven für Birkenlund und Bullerbü
Von Andreas Rödder 296

**FRITZ STERN, KULTURPESSIMISMUS ALS
POLITISCHE GEFAHR**
Die gefährliche Macht von Büchern
Von Patrick Bahners 300

FRANTZ FANON, DIE VERDAMMTEN DIESER ERDE
Völker, hört die Signale!
Von Christoph Links 304

JAMES BALDWIN, THE FIRE NEXT TIME
Gefahren der Gegenwart
Von René Aguigah 307

**PETER L. BERGER, THOMAS LUCKMANN,
DIE GESELLSCHAFTLICHE KONSTRUKTION DER WIRKLICHKEIT**
Das dialektische Verhältnis von Mensch und Gesellschaft
Von Friedrich Wilhelm Graf 312

BOB DYLAN, BLONDE ON BLONDE
Ebenso avantgardistisch wie traditionell
Von Wolfgang Rohe 316

VLADIMIR NABOKOV, ERINNERUNG, SPRICH
Unirdische Immobilien
Von Helga Raulff und Ulrich Raulff 320

RUDOLF BORCHARDT, DER LEIDENSCHAFTLICHE GÄRTNER
Der Garten als Hort der Freiheit
Von Stefan Rebenich 326

JOHN H. ELLIOTT, DIE NEUE IN DER ALTEN WELT
Ein Buch als Antidot
Von Daniel Deckers 330

ERNST FORSTHOFF, DER STAAT DER INDUSTRIEGESELLSCHAFT
Die Gegenwart der Verfassung
Von Florian Meinel 334

JOHN RAWLS, EINE THEORIE DER GERECHTIGKEIT
1971 oder Die Wiederkehr der Rechtsphilosophie
Von Dieter Grimm 337

JOHN RAWLS, EINE THEORIE DER GERECHTIGKEIT
Eine Grundlegung der Freiheit des Individuums
Von Ian Malcolm 340

ALEXANDER SOLSCHENIZYN,
AUGUST NEUNZEHNHUNDERTVIERZEHN
Vom Scheitern einer tragisch dysfunktionalen Weltsicht
Von Harold James 343

DENNIS L. MEADOWS, DIE GRENZEN DES WACHSTUMS
ULRICH BECK, RISIKOGESELLSCHAFT
Weggabelungen
Von Gunter Hofmann 347

ROBERT M. PIRSIG, ZEN UND DIE KUNST,
EIN MOTORRAD ZU WARTEN
Der Buddha in der Blockchain
Von Sebastian Ritscher 352

RAYMOND ARON, CLAUSEWITZ
In der Gegenwart nichts Neues
Von Jürgen Osterhammel 356

EDWARD SAID, ORIENTALISMUS
Wissenschaft, Macht und (Post-)Kolonialismus
Von Andreas Eckert 360

**JACK GOODY, DIE ENTWICKLUNG VON EHE
UND FAMILIE IN EUROPA**
Die sozialen Ordnungen Lateineuropas neu denken
Von Bernhard Jussen 364

PETER GAY, ERZIEHUNG DER SINNE
Sexualität als Geschichte
Von Veronika Settele 369

NIKLAS LUHMANN, SOZIALE SYSTEME
Dekonstruktion der Geschichten einer Gesellschaft über sich selbst
Von Armin Nassehi 373

**ITALO CALVINO, SECHS VORSCHLÄGE FÜR DAS
NÄCHSTE JAHRTAUSEND
NEIL MACGREGOR, EINE GESCHICHTE DER WELT
IN 100 OBJEKTEN**
Vom Vertrauen in die Zukunft der Literatur
Von Stuart Proffitt 377

JUDITH SHKLAR, DER LIBERALISMUS DER FURCHT
Eine Notration
Von Gustav Seibt 382

**WANG HUNING, MEIGUO FANDUI MEIGUO
(AMERIKA GEGEN AMERIKA)**
Zentralisierte Herrschaft und demokratische Teilhabe
Von Daniel Leese 386

GEORGE F. KENNAN, AT A CENTURY'S ENDING
Das neue Russland als Nachbar
Von Manfred Görtemaker 390

SAUL FRIEDLÄNDER, DAS DRITTE REICH UND DIE JUDEN
Nüchternheit trotz Entsetzen und Zorn
Von Gerd Krumeich 394

**ÉDOUARD GLISSANT, SARTORIUS UND PHILOSOPHIE
DER WELTBEZIEHUNG**
Lob des archipelischen Denkens
Von Hans Ulrich Obrist 398

SEBASTIAN HAFFNER, GESCHICHTE EINES DEUTSCHEN
Die Faszination durch das Monstrum
Von Volker Ullrich 401

21. JAHRHUNDERT

**RALF DAHRENDORF, AUF DER SUCHE NACH EINER
NEUEN ORDNUNG**
Erkenntnisse eines Grenzgängers
Von Heinrich August Winkler 407

PER OLOV ENQUIST, GROSSVATER UND DIE WÖLFE
Erfahrungen am Dreihöhlenberg
Von Elisabeth von Thadden 411

**FREYA VON MOLTKE, ERINNERUNGEN AN KREISAU
1930–1945**
Eine Inspiration für Deutschland und Europa
im 21. Jahrhundert
Von Christian Wulff 415

HENNING RITTER, NAHES UND FERNES UNGLÜCK
Vom Misstrauen gegenüber dem Prinzip universaler
Einfühlung
Von Jens Bisky 420

JARED DIAMOND, KOLLAPS
Fährtenlesen lernen für unsere Zukunft
Von Michael Borgolte 423

GÜNTHER HASINGER, DAS SCHICKSAL DES UNIVERSUMS
Kläre die Weine ...
Von Bernd Roeck 427

ANNETTE GORDON-REED, THE HEMINGSES OF MONTICELLO
Ein Wendepunkt der amerikanischen Geschichte
Von Robert Weil 431

DAVID VAN REYBROUCK, KONGO
Die Folgen westlicher Gier
Von Niels Beintker 434

DAVID LODGE, DIE CAMPUS-TRILOGIE
Eine modernisierte Gralssuche
Von Andreas Fahrmeir 438

THOMAS PIKETTY, DAS KAPITAL IM 21. JAHRHUNDERT
Die Krise der Reichtumskonzentration
Von Steffen Mau 442

HEINRICH AUGUST WINKLER, ZERBRICHT DER WESTEN?
Über die gegenwärtige Krise in Europa und Amerika
Von Ian Kershaw 446

GE ZHAOGUANG, ZENTRUM UND PERIPHERIEN IN DER CHINESISCHEN GESCHICHTE
Die Welt unter dem Himmel
Von Sabine Dabringhaus 450

GRETA THUNBERG, ICH WILL, DASS IHR IN PANIK GERATET!
«Wir brauchen hier keine Propheten!»
Von Johan Schloemann 454

CÉDRIC HERROU, ÄNDERE DEINE WELT
Vom Recht auf gelebte Brüderlichkeit
Von Jan Assmann 458

JAMES BRIDLE, NEW DARK AGE UND DIE UNFASSBARE VIELFALT DES SEINS
Unterwegs zu einer neuen Wahrnehmung
Von Andreas Wirthensohn 462

CHRISTINE M. KORSGAARD, TIERE WIE WIR
Wer die Tierwürde verrät, verrät auch die Menschenwürde
Von Stefan Lorenzer 466

THOMAS PIKETTY, EINE KURZE GESCHICHTE DER GLEICHHEIT
Von der Diagnose zur Therapie
Von Friedrich Lenger 470

SOULEYMANE BACHIR DIAGNE, DE LANGUE À LANGUE
Die Kunst des Übersetzens
Von Hans-Joachim Gehrke 474

ANDREJ KURKOW, TAGEBUCH EINER INVASION
Resilienz in Zeiten des Krieges
Von Aleida Assmann 478

BRUNO LATOUR, NIKOLAJ SCHULTZ, ZUR ENTSTEHUNG EINER ÖKOLOGISCHEN KLASSE
Klassenkampf für den Planeten
Von Jonas Lüscher 482

KEVIN RUDD, THE AVOIDABLE WAR
Wie ein Krieg zwischen Amerika und China
abgewendet werden kann
Von Matthias Naß 486

DIE AUTORINNEN UND AUTOREN 491

**BEITRÄGERINNEN UND BEITRÄGER MIT DEN
VON IHNEN VORGESTELLTEN WERKEN** 503

VERZEICHNIS DER VORGESTELLTEN WERKE 508

VORWORT

Die Welt im Buch, so lautet das Motto des Verlags C.H.Beck seit seinem 250. Geburtstag im Jahr 2013. Die Grundidee des vorliegenden Werks ist eine Art Inversion davon: Das Buch in der Welt. Wir haben über hundert Autorinnen, Autoren und dem Verlag nahestehende Personen gebeten, ein Buch zu präsentieren, ganz gleich in welcher Sprache und wann erschienen, das Orientierung für unsere Zukunft bietet und daher ebenso breit wie andauernd rezipiert werden sollte, auch wenn es vielleicht (noch) nicht zu den bekannten Klassikern gehört.

Hinter dieser bewusst offen formulierten Bitte stand die unausgesprochene Hoffnung, einen neuartigen, auch überraschenden, kultur- und zeitübergreifenden Kanon von Büchern zu erhalten: Bücher, die insbesondere für uns heute lesenswert sind, weil sie uns helfen können, eine gute, zumindest aber bessere Zukunft zu gestalten. Wer sich vom Titel *Eine andere Welt* an eine berühmte These von Karl Marx über Ludwig Feuerbach erinnert fühlt, liegt damit also nicht ganz falsch.

Unsere Hoffnung ist nicht enttäuscht worden, und es zeigt sich, dass Bücher und Gedanken auf ganz unterschiedlichen Wegen die Zukunft beschreiten können. Sie können Visionen entfalten, die bis heute attraktiv sind, Probleme beschreiben, die wir in der Zukunft und für sie meistern müssen, oder unheilvolle Entwicklungen voraussehen, um vor ihnen zu warnen. Einige der beschriebenen Bücher weisen in eine Zukunft, die inzwischen selbst schon vergangen ist. Das bedeutet jedoch nicht, dass sie keine Lehren für heutige Leserinnen und Leser bereithielten. Man könnte die hier vorgelegte Sammlung darum auch mit Reinhart Koselleck als einen Durchgang durch die «vergangene Zukunft» unterschiedlicher Zeiten verstehen.

Stefan von der Lahr und Ulrich Nolte, die federführenden Lektoren dieses Buches, haben sich gegen eine thematische Anordnung der vorgestellten Werke entschieden, weil keine Systematik den ganz unterschiedlichen Anliegen der Bücher – und erst recht nicht den hier versammelten Beiträgen über sie – gerecht werden könnte. Stattdessen sind die Texte chronologisch nach dem ersten Erscheinen der behandelten Bücher angeordnet, in wenigen Fällen wie antiken Werken oder erst später publizierten Tagebüchern auch nach der Entstehungszeit. Die Hauptüberschriften ignorieren bewusst die üblichen, an der politischen Geschichte orientierten Epochengrenzen. Gerade weil die Chronologie von den Inhalten der Bücher und Essays absieht, kann man an ihr interessante Beobachtungen anstellen, etwa zur Verteilung der Beiträge auf die Epochen. Mittelalter und Frühe Neuzeit zum Beispiel sind mit insgesamt nur sechs «Zukunftsbüchern» vertreten. Es ergeben sich auch unerwartete und aufschlussreiche Nachbarschaften, etwa der Tagebücher von Käthe Kollwitz und Franz Kafka. Jewgeni Samjatins düstere Dystopie *Wir* von 1924 steht neben John Deweys ebenfalls düster klingender Analyse *Die Öffentlichkeit und ihre Probleme* von 1927. Beide, der russische Schriftsteller und der amerikanische Sozialwissenschaftler, gaben sich aber nicht dem Fatalismus hin, sondern traten für eine demokratische Lösung gesellschaftlicher Probleme ein. Ernst Forsthoffs *Staat der Industriegesellschaft* von 1971 steht neben John Rawls' im gleichen Jahr erschienener *Theorie der Gerechtigkeit*. Beide, der konservative deutsche Staatsrechtler und der liberale US-amerikanische Philosoph, denken darüber nach, wie sich soziale Gerechtigkeit politisch organisieren lässt.

Wer dieses Buch in einigen Jahren zur Hand nimmt, wird unschwer erkennen, in welcher Zeit es entstanden ist. Der russische Angriffskrieg gegen die Ukraine ist in vielen Texten präsent und hat sicherlich auch manche Auswahlentscheidung beeinflusst. Ich bin dankbar dafür, dass die Autorinnen und Autoren auf ihre Honorare verzichtet haben zugunsten einer Spende für die ukrainischen Opfer dieses völkerrechtswidrigen Kriegs. Als wir die Projektplanung im Sommer 2022 begannen, waren wir unsicher, ob diese Spende zum Erscheinen des Buchs noch als «aktuell» empfunden werden würde. Leider ist das unvermindert der Fall.

Die entstandene Auswahl von Büchern, die in die Zukunft weisen, ist selbstverständlich subjektiv, aber gerade dadurch wird der Band zum Ausweis der Exzellenz aller Beteiligten und der Schwarmintelligenz in ihrem Zusammenwirken. So wird dieses Buch hoffentlich vielen Leserinnen und Lesern wie Thukydides' *Geschichte des Peloponnesischen Kriegs* (eines der wenigen hier zweifach vorgestellten Bücher) «zum dauernden Besitz» und nicht nur «als Prunkstück fürs einmalige Hören» dienen.

Die beteiligten Autorinnen und Autoren haben außerdem gemeinsam, dass sie mit Detlef Felken verbunden sind, der seit dem Jahr 1991 als Lektor und seit dem Jahr 2000 als Cheflektor das Programm des Verlags C.H.Beck maßgeblich mitgestaltet hat. Ihm, der in diesen drei Jahrzehnten Kolossales für den Verlag geleistet hat und dabei immer auch ein besonderes Augenmerk für Autoren und Bücher hatte, die in die Zukunft weisen, ist dieser Liber Amicarum et Amicorum gewidmet.

München, im Frühjahr 2023   *Jonathan Beck*

ANTIKE

LAOZI

Dao de Jing

Das weiche Wasser besiegt
den harten Stein

⌇

Von Eva Gesine Baur

Ist dein Vater Kommunist?, fragte mich ein Lehrer, da war ich dreizehn, vierzehn.
Wie kommen Sie darauf?, fragte ich zurück.
Jemand hatte ihm erzählt, bei uns zuhause liege die Mao-Bibel herum, auffällig mit ihrem roten gummierten Einband. Die Tatsache, dass mein Vater in Shanghai geboren und aufgewachsen war, führte zu eigentümlichen Geschenken an ihn. Und zu einem großartigen für mich: Mitten ins Brodeln meiner Pubertät hinein warf er ein kleines Buch, auf dem stand: *Lao-tse Tao-te-king.* Auf der Vorderseite war ein alter, glatzköpfiger Mann auf einem Büffel reitend zu sehen, bequem konnte das nicht sein, aber der alte Mann wirkte gutgelaunt. Mein Vater sagte, es sei keineswegs sicher, ob es Lao-tse überhaupt gegeben habe. Doch auf der Rückseite stand, Lao-tse sei ein großer Weiser ge-

---

* Laozi, Dao de Jing, Guodian, ca. 4. Jh. v. Chr. *Deutsch:* Tao Te King. Das Buch des Alten vom Sinn und Leben. Aus dem Chinesischen verdeutscht und erläutert von Richard Wilhelm, Jena 1911.

wesen und sein Tao-te-king im 4. Jahrhundert vor unserer Zeitrechnung entstanden.

Das klang nicht nach einer prickelnden Lektüre, eher nach einer anstrengenden. Dafür fand ich die Sprache überraschend klar, kein einziges unvertrautes Wort, und ich war erleichtert, dass sich große Weisheit so flott lesen ließ. Bis ich merkte, dass ich das meiste nicht verstand. Mein Vater dachte nicht daran, mir etwas zu erklären. Lese es einfach nochmal von vorn, sagte er, und nicht mehr als eine Seite am Tag.

Das Erste, was ich verstand, war, dass nichts in der Welt weicher und schwächer sei als Wasser und es doch nichts gebe, das wie Wasser Starres und Hartes bezwingt. Ich kannte die rundgeschliffenen Kiesel am Ufer des Bodensees, nun sah ich sie mit anderen Augen. Auch das, was ich über die Schicksalsverwandtschaft von Pflanzen und Menschen las, jung, noch zart und schwach, jedoch biegsam, im Alter aber starr und daher in Gefahr, zu brechen, verstand ich. Ein Orkan hatte die alten Bäume gebrochen, den jungen war nichts passiert, dem Schilf war es ebenso ergangen. Doch es gab Sätze, die trug ich Tage mit mir herum und sie blieben rätselhaft. *Als Gegenteil ist oft das Wort erst wahr* – was sollte das heißen?

Am Bodensee lernt jeder, mit dem Nebel zu leben, und Lao-tse half mir, ihn zu lieben. Der Nebel machte die vertrauten Dinge vieldeutig. Er verweigerte das Offensichtliche und sabotierte meinen Glauben an Sicherheiten, das schien im Sinn des Lao-tse zu sein.

Irgendwann trug ich das ganze Buch in mir herum und spürte, wie es sich ständig veränderte. Mit siebzehn, als ich Brechts Gedichte las, stieß ich auf seine *Legende über die Entstehung des Buches Tao Te King auf dem Weg des Laotse in die Emigration*, die davon erzählt, wie er sich in die Einsamkeit zurückziehen wollte. *Denn die Güte war im Lande wieder einmal schwächlich / Und die Bosheit nahm an Kräften wieder einmal zu.* Ein Zöllner hielt ihn auf, zu verzollen hatte Lao-tse nichts. *Er hat gelehrt*, sagte sein junger Begleiter. Ich merkte mir nicht nur, dass man mit Weisheit offenbar nichts verdient, vielmehr, dass den Zöllner das juckte, und er fragte: *Hat er was rausgekriegt?* Ja, sagt der Junge. *Dass das weiche Wasser in Bewegung / Mit der Zeit den harten Stein besiegt. / Du verstehst, das Harte unterliegt.* Er sei nur ein Verwalter, sagte der Zöllner.

Doch wer wen besiegt, das interessiert auch mich. Wenn du's weißt, dann sprich.
War das Tao-te-king wirklich so politisch? Ich las es erneut.
Vielleicht hat die Verunsicherung mich auf Umwegen zu meinem heutigen Beruf geführt; der Nebel ist nicht fassbar, und die Weisheit, die Lao-tse meint, ist gerade dadurch eine, dass sie sich entzieht. Nicht mehr auf Sicherheiten zu setzen, diesen damals bereits beworbenen Verkaufshit der westlichen Welt, jenes *taken for granted* zu vergessen, schränkte meine Berufswahl ein: keine Karriere in der Politik, keine in der Wirtschaft, keine bei der Münchner Rück, im Verkauf von Alarmanlagen oder Investmentfonds, von einem Job als Motivationstrainerin ganz zu schweigen.

Als die Hirnforschung mit der Diskussion des freien Willens die Medien umtrieb, landete ich wieder im Nebel und wieder bei Laozi und seinem *Dao de Jing*, wie Verfasser und Werk inzwischen meist geschrieben wurden. Wenn die Aussicht im Nebel schlecht ist, blickt man nach innen. Und sieht was? Nebel. Wir können unser eigenes Gehirn nicht verstehen, dafür ist es zu intelligent. Und wir können Wissen mit Löffeln fressen, ohne das kleinste bisschen Weisheit auf der Zunge zu haben.

Als die ersten Frauen in Belarus mit Rosen auf Gewehrmündungen zugingen und sich Frauen in Iran mit bloßen Händen den Schwerbewaffneten entgegenstellten, dachte ich an Laozi. Wird das Wasser den Stein besiegen? Es braucht dazu Zeit – das ist auch Zeit für diejenigen, die Steine werfen und steinigen oder selbst bereits versteinert sind, so dass andere sich daran die Schädel blutig stoßen. Als kurz vor Weihnachten die Reichsbürger ausgehoben wurden, erinnerte ich mich an Brechts Vision von dem Weisen, dem es endgültig reicht – *Denn die Güte war im Lande wieder einmal schwächlich und die Bosheit nahm an Kräften wieder einmal zu* –, der jedoch von einem einfachen Mann aufgehalten und gebeten, fast genötigt wird, niederzuschreiben, was er seine Schüler gelehrt hat.

Gute Verlagsmenschen sind wie der Zöllner und schenken uns damit Bücher, die sich bei jedem Wiederlesen verändern und oft noch durch eine neue Übersetzung, einen neuen Kommentar frisch wie gerade gepflückt wirken. Ein solches Buch werde ich selbst wohl niemals schreiben, aber ich verbreite genau diese Bücher, die man sich ständig neu erobern muss wie die Freiheit im Kopf. Das *Dao de Jing* ist ungeeignet für Menschen, die gerne darin bestätigt werden, dass das Kind in ihnen eine Heimat finden muss, und von der Rückkehr ins Nest träumen. Es führt zu der unwirtlichen Einsicht, dass nicht nur der menschliche Verstand begrenzt ist, die Macht der Worte ist es auch. Ist es Selbstsabotage, sich als Schreibender ständig zu vergegenwärtigen, wie viel nicht sagbar ist, nicht benennbar? Oder ist es eine Übung darin, das Fragezeichen dem Ausrufezeichen vorzuziehen? Das chinesische Schriftzeichen für Dao setzt sich zusammen aus dem für Kopf und dem für Vorwärtsgehen. Wohin vorwärtsgehen?

Junge Menschen suchten immer die Nähe zu meinem Vater, auch als er alt war. Er hörte nie auf zu fragen.

THUKYDIDES

Der Peloponnesische Krieg

Historie mit Zukunftsanspruch

⌣

Von Jonas Grethlein

Historiker beschäftigen sich nicht mit der Zukunft, sondern der Vergangenheit, das läßt sich schwer bestreiten. Doch wie sie vergangene Ereignisse erzählen, hängt wesentlich von der Zukunft dieser Ereignisse ab. Deutlich wird das in den von Arthur Danto als «narrative sentences» bezeichneten Aussagen, etwa: «Der Dreißigjährige Krieg begann im Jahr 1618.» Dieser Satz sagt etwas über das Jahr 1618 aus, betrachtet es aber im Horizont des Jahres 1648 und des Geschehens, das Historiker als Dreißigjährigen Krieg zusammenfassen. Wie stark das Telos historische Darstellungen prägt, zeigt sich mit besonderer Drastik an der Geschichte Deutschlands in den 1920er Jahren: Wählt man die Wirtschaftskrise 1929 als Fluchtpunkt, erhält man ein gänzlich anderes Bild des Jahrzehnts, als wenn man es vor dem Hintergrund des Dritten Reichs betrachtet. So wichtig der Bürgerbräu-Putsch und *Mein Kampf* im Blick auf den Aufstieg des Nationalsozialismus auch sind, in dieser Darstellung dürften sie, wenn überhaupt, nur eine geringe Rolle spielen.

---

* Thukydides um 396 v. Chr. *Deutsch:* Der Peloponnesische Krieg. Griechisch–Deutsch, übersetzt von Georg Peter Landmann, Berlin 2014.

Die *Geschichte des Peloponnesischen Kriegs* von Thukydides bietet ein antikes Beispiel für diese Form der «vergangenen Zukunft» und ihre prägende Kraft. Das Werk bricht mitten im Satz ab, doch erzählt Thukydides die Auseinandersetzung zwischen Athen und Sparta vom Telos der athenischen Kapitulation 404 v. Chr. aus. Dafür kritisierte ihn der Rhetor und Historiograph Dionysios von Halikarnassos, ein Zeitgenosse des Augustus (*Pompeius* 3.10). Statt mit der Niederlage Athens hätte Thukydides doch besser mit der Rückkehr der Verbannten aus Phyle und dem Neubeginn der Freiheit enden sollen – die Geschichte Athens wäre dann nicht eine Tragödie, sondern ein Drama mit gutem Ausgang.

Doch Thukydides hat die vergangene Zukunft der von ihm berichteten Ereignisse mit Bedacht gewählt und sich damit durchgesetzt – die meisten historischen Darstellungen folgen seiner Periodisierung. Thukydides hat auch seiner *Geschichte des Peloponnesischen Kriegs* einen besonderen Wert für die Zukunft beigemessen. So läßt er die methodologischen Reflexionen am Beginn seines Werks in der Aussage gipfeln (1.22.4): «Zum Zuhören wird vielleicht diese undichterische Darstellung minder ergötzlich scheinen; wer aber das Gewesene klar erkennen will und damit auch das Künftige, das wieder einmal, nach der menschlichen Natur, gleich oder ähnlich sein wird, der mag sie so für nützlich halten, und das soll mir genug sein: zum dauernden Besitz, nicht als Prunkstück fürs einmalige Hören ist sie verfaßt.» Ziel des Werks ist also eine genaue Erkenntnis des Gewesenen, die es Lesern ermöglicht, auch Zukünftiges zu bestimmen.

Damit formuliert Thukydides einen hohen Anspruch: Als Historiker rekonstruiert er die Vergangenheit, aber diese Rekonstruktion soll auch Einblicke in das verschaffen, was noch gar nicht stattgefunden hat. Die prognostische Kraft der Geschichte ist begründet im «*anthrōpinon*», von Georg Peter Landmann mit «die menschliche Natur» wiedergegeben – Thukydides nimmt anthropologische Konstanten an. Keineswegs meint er jedoch, die Geschichte werde sich einfach wiederholen: So qualifiziert er das Verhältnis von Vergangenem und Zukünftigem als «gleich oder ähnlich».

Zuletzt hat Graham Allison versucht, den prognostischen Anspruch der *Geschichte des Peloponnesischen Kriegs* einzulösen. Der Harvard-Politologe, der immer wieder im Weißen Haus gesichtet wird, warnte 2012 vor der Thukydides-Falle: Thukydides zeige, daß Athens Aufschwung den Spartanern Angst bereitet und ab einem bestimmten Punkt einen Krieg zwischen den beiden Großmächten unausweichlich gemacht habe. In der heutigen Geopolitik gebe es eine ähnliche Situation: Chinas Ambitionen beunruhigten die USA zutiefst und könnten eine Eskalation auslösen, zuerst politisch, dann auch militärisch.

Allison ist nur der jüngste in einer langen Reihe von politologischen Lesern der *Geschichte des Peloponnesischen Kriegs*. Seit Morgenthau berufen sich die Vertreter des Politischen Realismus auf Thukydides als Gewährsmann für die Gesetze der Machtpolitik. Ähnlich wie Machiavelli und Hobbes habe Thukydides erkannt, daß auf der großen, kalten Bühne der Weltpolitik nur eines gelte: das Eigeninteresse. Im Zentrum dieser Thukydides-Interpretation steht der Melierdialog. Während die Melier eine freiwillige Unterwerfung unter Athen ablehnen, da sie ungerecht sei und Schande brächte, betonen die Athener, Recht könne nur zwischen gleich Starken gelten – bei ungleichen Kräfteverhältnissen tue der Starke, was er könne, und erleide der Schwache, was er müsse.

Die Politischen Realisten haben in den letzten Jahrzehnten einen nicht unerheblichen Einfluß auf die US-amerikanische Außenpolitik ausgeübt. Die Architekten der amerikanischen Golfkriege begründeten ihre Realpolitik immer wieder mit Thukydides – oder Fake-Thukydides. So stammt die von Colin Powell wiederholt zitierte und an seinen Schreibtisch montierte Sentenz «Of all manifestations of power, restraint impresses men most» nicht aus dessen *Geschichte des Peloponnesischen Kriegs*, sondern aus der heute vergessenen *History of Greek Literature* von Frank Byron Jevons (1886).

Ist die Prognostik des Politischen Realismus die Nutzung der *Geschichte des Peloponnesischen Kriegs*, die Thukydides vorschwebte? Das darf bezweifelt werden. Die politischen Realisten isolieren einzelne Aussagen von Figuren und verkaufen sie als Einsichten des Thukydides. Doch die thukydideische Geschichtsdeutung vollzieht sich nicht nur in der Gegenüberstellung verschiedener Positionen, sondern auch in der Spannung von Reden und Taten, Plänen und Ausgängen.

Im Kontext der gesamten Erzählung betrachtet, erweist sich die Machtideologie der Athener als verhängnisvoll: Das Beharren auf dem Recht des Stärkeren endet in der Kapitulation.

Welche Zukunft hat der Zukunftsanspruch der *Geschichte des Peloponnesischen Kriegs*? Man darf gespannt sein. In den ersten Kommentaren zum Angriff Rußlands auf die Ukraine im Jahr 2022 ist Thukydides bereits aufgetaucht ...

THUKYDIDES

Der Peloponnesische Krieg

Der lehrreichste Konflikt
der Geschichte

⌒

Von Thomas Karlauf

Thukydides von Athen hat den Krieg der Peloponnesier und Athener, den sie gegeneinander führten, aufgezeichnet. Er begann damit gleich beim Ausbruch, in der Erwartung, der Krieg werde bedeutend werden und denkwürdiger als alle früheren.» So die ersten Sätze des Buches, mit dem die europäische Historiographie ihren Anfang nimmt. Eine Reihe von Gründen ließ den Autor glauben, die Auseinandersetzung um die Vorherrschaft in der hellenischen Welt sei der umfassendste und folgenreichste Konflikt, den die Menschen bis dahin erlebt hätten. Zwar würden die meisten jeweils den Krieg für den entscheidenden halten, der zu ihrer eigenen Zeit geführt werde, räumte Thukydides ein; am Ende sehnten sie sich aber oft nach dem ursprünglichen Zustand zurück. Der Krieg, den er beschrieb, schien ihm von anderer Qualität. Den Kampf der Spartaner und ihrer Ver-

---

* Thukydides um 396 v. Chr. *Deutsch:* Geschichte des Peloponnesischen Krieges. Eingeleitet und übertragen von Georg Peter Landmann, Zürich/Stuttgart 1960.

bündeten gegen das aus den Perserkriegen als Hegemonialmacht hervorgegangene Athen verstand er als einen Kampf der alten Welt gegen die neue, als eine Zäsur, welche die Geschichte der Hellenen in ein Vorher und Nachher teilte.

Gäbe es den Bericht des Thukydides nicht, würden sich heute, von einigen Althistorikern abgesehen, nur noch wenige für den Verlauf des Peloponnesischen Krieges interessieren. Das Buch hat die Ereignisse, die es behandelt – ein 27 Jahre währendes, auf Dauer ermüdendes «Patt auf Raten» (Robin Lane Fox) –, längst hinter sich gelassen. Heute lesen wir die *Geschichte des Peloponnesischen Krieges* so, wie wir die *Odyssee* oder sonst ein Werk von künstlerischem Rang lesen – um seiner selbst willen. Thukydides machte, so noch einmal Lane Fox, «den Peloponnesischen Krieg zum lehrreichsten Konflikt der Menschheitsgeschichte». Auf der Suche nach den Motiven, die Athen und Sparta jenseits aller Rhetorik zu ihrem jeweiligen Handeln veranlassten, gewann er Erkenntnisse und Einsichten in das Wesen des Krieges, die heute nicht weniger gültig sind als zur Zeit der Niederschrift des Werkes Ende des 5. Jahrhunderts v. Chr.

Lasst uns vor dem Krieg auf der Hut sein, mahnte in letzter Minute eine athenische Delegation in Sparta, «solange die Vernunft uns beiden noch zur freien Wahl steht». Sei der Krieg erst einmal da mit all seinen Unberechenbarkeiten, zählten nur noch Zufälle – «ob es gut oder bös endet, bleibt immer ein Wagnis im Dunkeln». Perikles, der starke Mann in Athen, war jedoch der Ansicht, der Krieg sei *jetzt* notwendig. Er halte an dieser Überzeugung fest, sagte er in der Volksversammlung, obwohl er wisse, «dass die Menschen die Stimmung, in der sie sich zu einem Krieg bestimmen lassen, nicht durchhalten in der Wirklichkeit des Handelns» und bei ersten Rückschlägen meist ihre Meinung änderten.

So kam es. Als die Peloponnesier zum zweiten Mal in Attika einfielen, die Bäume abholzten und die Felder verwüsteten, während in der Stadt selbst eine furchtbare Seuche wütete, bereuten viele Athener den Beschluss. Perikles appellierte an ihr Selbstgefühl – siegen werde am Ende, wer «auch an Geist seine Gegner zu übertreffen glaubt» –, warnte vor dem Hass, den sie sich durch ihre Herrschaft zugezogen hätten und der im Fall, dass sie nachgäben, voll zurückschlagen werde, und prophezeite, dass die Stadt der Nachwelt durch ihre Größe, Macht und Schönheit in Erinnerung bleiben werde, sofern sie jetzt nicht einknicke. Seit fast zweieinhalbtausend Jahren sind es die immer gleichen Argumente, die einen Krieg rechtfertigen und seine Fortsetzung bis in den eigenen Untergang hinein notwendig erscheinen lassen sollen.

Seit Thukydides lautet die wichtigste Frage, an der sich nicht nur die Verbündeten orientieren, sondern die auch das Urteil der Nachwelt bestimmt: Wer hat angefangen, wer ist der Aggressor, wer das Opfer? Die unmittelbaren Anlässe, auf die sich die Kriegsgegner beriefen, waren für Thukydides nur Vorwände. Den wahren Grund des Krieges erkannte er in dem mit den Perserkriegen einsetzenden unaufhaltsamen Aufstieg Athens zur maritimen Supermacht, dem Sparta auf Dauer nicht tatenlos zusehen konnte, ohne seine Stellung als führende Landmacht zu gefährden. Diese Machtverschiebung im östlichen Mittelmeerraum, die sich über einen Zeitraum von fünfzig Jahren Insel für Insel und Stadt für Stadt fast zwangsläufig vollzog, machte es für Thukydides unmöglich, einer der beiden Parteien die Schuld am Ausbruch des Krieges zuzuweisen.

Athen hatte die Macht, aber Athen war, anders als fast die gesamte übrige hellenische Welt, eine Demokratie. Die Demokratie, giftete der Demagoge Kleon, sei «unfähig zur Herrschaft über andere Völker». Athen tat sich jedenfalls schwer, Verbündete und Neutrale davon zu überzeugen, dass Athens Macht auch in ihrem Interesse liege, notwendig sei und gerecht. Sie brauchten doch Schutz, argumentierte im 16. Kriegsjahr eine athenische Delegation auf der kleinen Insel Melos, deshalb biete man ihnen ein Bündnis an. Schutz vor wem, fragten die Melier bitter, doch nur vor euch, und beriefen sich auf das Recht freier Bündniswahl. «Recht gilt bei Gleichheit der Kräfte», wurden sie von den Athenern belehrt; der Überlegene setze schlicht seinen Vorteil durch, denn er halte nun einmal das für gerecht, was ihm nützt. Im darauffolgenden Winter richteten die Athener alle männlichen erwachsenen Melier hin und verkauften die Frauen und Kinder in die Sklaverei.

Ich kenne kein zweites Buch, das uns das Antlitz des Krieges so unverstellt und brutal vor Augen führt – und zugleich mit so viel

Empathie für die Opfer – wie die *Geschichte des Peloponnesischen Krieges*. Sein Bericht sei «zum dauernden Besitz» gedacht, schrieb Thukydides in der Vorrede, damit auch die Nachlebenden Nutzen daraus zögen. Heute herrscht wieder Krieg in Europa. Wir sollten Thukydides lesen, um die Automatismen zu verstehen, die ihn ermöglichen, und die ihm innewohnende Dynamik nicht zu unterschätzen. «Denn nie läuft ein Krieg nach festgelegtem Plan; aus sich selbst heraus erfindet er immer wieder Neues für jede neue Lage.»

XU SHEN

說文解字
Shuowen Jiezi

Weit mehr als nur
ein Wörterbuch

⟶

Von Thomas O. Höllmann

Es war am zwanzigsten Tag des neunten Monats des ersten Jahres der Regierungsdevise *jianguang* (am 19. Oktober 121 n. Chr. nach dem gregorianischen Kalender), als Xu Chong am südlichen Zugang zu den kaiserlichen Palastanlagen in Luoyang eine umfangreiche Abhandlung übergab. Vermutlich stand ihm der Schweiß auf der Stirn: nicht nur wegen des beträchtlichen Gewichts des auf Bambusstreifen festgehaltenen Nachschlagewerks, sondern auch wegen der Angst, die ihn auf seinem Weg in das Zentrum der Macht begleitet hatte.

Schließlich war die Reaktion des Hofes nicht ganz absehbar. Bei dem handgeschriebenen Text handelte es sich nämlich um eine systematisch aufgeschlüsselte Zusammenstellung von Schriftzeichen, deren indirekte Autorisierung einem Privatmann eigentlich nicht zustand. Deshalb wohl hatte der Verfasser des Wörterbuchs, Xu Shen, auch mehr als zwanzig Jahre gewartet, bis er seinen Sohn mit der Aushändigung betraute.

Immerhin war das politische Klima für das Vorhaben nunmehr etwas günstiger als in den zwei Dekaden zuvor; denn 121 war es kurzfristig zu einer Machtverschiebung gekommen. Aus der Warte der Xus: weg vom vornehmlich aus Angehörigen der Kaisermutter bestehenden Hofklüngel, hin zu den angestammten Bildungseliten. Die verhalten optimistische Einschätzung der Stimmungslage erwies sich schließlich als richtig, denn Xu Chong erhielt im Gegenzug wenig später vierzig Ballen Seide.

Das Buch, das den etwas spröden Titel *Shuowen Jiezi* («Erläuterung einfacher und Analyse komplexer Zeichen») trägt, umfasst ohne Varianten 9353 Einträge, die nach 540 meist sinngebenden Elementen, den Radikalen, angeordnet sind. Damit schuf Xu Shen eine Struktur, die – wenn auch nicht frei von mancherlei Willkür – den Zugang zur Schrift enorm erleichterte.

Darüber hinaus war der Verfasser stets bemüht, inhaltliche Zusammenhänge zwischen den einzelnen Zeichen-Bestandteilen zu erschließen und davon die ursprünglichen Wortbedeutungen abzuleiten. Das mag als Gedächtnisstütze zuweilen hilfreich gewesen sein, erfüllte aber im Allgemeinen nicht den Anspruch einer belastbaren Etymologie. Daher werden diese Ableitungen bei den im Folgenden beispielhaft herausgegriffenen Lemmata auch nicht zitiert:

«Gold *(jin)*: von den fünf verschiedenfarbigen Metallen [daneben noch Silber, Blei, Kupfer und Eisen] das wichtigste. Auch wenn es längere Zeit in der Erde liegt, bildet sich keine [Oxid-]Schicht. Selbst wenn es hundertmal eingeschmolzen wird, verliert es nicht an Gewicht. Zudem lässt es sich [beim Guss] problemlos umformen.»

«Lehre *(jiao)*: Die oberen Ränge erteilen [Weisungen], die unteren richten sich danach.»

«Elefant *(xiang)*: ein großes wildlebendes Tier in Nan Yue (im südostchinesischen Küstenbereich). Nase und Zähne sind lang; alle drei Jahre wird ein Junges geboren.»

«Orakelbefragung *(bu)*: [Die Divination erfolgte einst durch die Analyse der] Risse, die sich bei [starker] Erhitzung in den Schildkrötenpanzern bilden.»

«Priesterin *(wu)*: Frau, die mit der formlosen [Welt] in Verbindung tritt und beim Tanz die Geister herabrufen kann. Schon vor urdenklicher Zeit hatte Wu Xian [im 16. Jahrhundert v. Chr.] magische Praktiken betrieben.»

Angemerkt sei hier lediglich, dass das Schriftzeichen für «Lehre» in der rechten Hälfte die Darstellung einer Hand mit einem Stock enthält und dass das durchschnittliche Geburtsintervall bei den Elefanten etwas höher anzusetzen ist.

Im ersten Nachwort zum *Shuowen Jiezi* kann man lesen, dass der Zugang zum Amt eines Schreibers unter anderem an die aktive Beherrschung von neuntausend Zeichen gebunden sei. Das entspricht etwa der Anzahl der Einträge. Sollte das Buch also primär der Vorbereitung für die Staatsprüfungen dienen? Eher nicht. In erster Linie ging es dem Autor wohl um eine griffige Zusammenstellung von historisch zurückverfolgbaren Stichwörtern aus den Wissensbeständen seiner Zeit – verbunden vielleicht mit dem Ziel, einen Schlusspunkt unter eine zeitweilig heftig geführte Kontroverse über die Authentizität und Deutung konfuzianischer Schriften zu setzen.

Darüber hinaus mutet die Zahl sehr hoch an. Andere zeitgenössische Berichte nennen als Voraussetzung für die Übertragung eines Postens lediglich die Kenntnis von fünftausend Zeichen, und realistische Schätzungen liegen noch einmal deutlich darunter. Allerdings könnte diese Diskrepanz auch auf verschiedene Stadien der Karriere zurückzuführen sein.

Das *Shuowen Jiezi* diente als Vorbild für spätere Enzyklopädien und Wörterbücher (die heute allerdings deutlich weniger Radikale verwenden). Darüber hinaus ist es eine wichtige Quelle für jeden Kulturhistoriker. Der Verfasser bewies Neugier, Sachkenntnis, Eigeninitiative, Weitblick und Mut: Eigenschaften, die auch künftige Generationen von Gelehrten von Irrwegen abhalten können.

Weiterführende Literatur

William G. Boltz, Shuo wen chieh tzu, in: Michael Loewe (Hg.), Early Chinese Texts. A Bibliographical Guide, Berkeley 1994, S. 429–442.

Françoise Bottero/Christoph Harbsmeier, The Shuowen Jiezi Dictionary and the Human Sciences in China, in: Asia Major 21, 2008, S. 249–271.

Rafe de Crespigny, A Bibliographical Dictionary of Later Han to the Three Kingdoms, Handbook of Oriental Studies 4.19, Leiden 2006.

Thomas O. Höllmann, Die chinesische Schrift, München 2015.

Anthony Francois Paulus Hulsewé, The Shuo-wen Dictionary as a Source for Ancient Law, in: Søren Egerod & Else Glahn (Hg.), Studia Serica. Copenhagen, 1959, S. 239–258.

Li Feng/David Prager Branner (Hg.), Writing and Literacy in Early China, Seattle 2011.

Timothy O'Neill, Xu Shen's Scholarly Agenda. A New Interpretation of the Postface of the Shuowen Jiezi, in: Journal of the American Oriental Society 133, 2013, S. 413–440.

Armin Selbitschka, «I Write Therefore I am.» Scribes, Literacy, and Identity in Early China, in: Harvard Journal of Asiatic Studies 78, 2018, S. 413–478.

Marc Winter, «… und Cang Jie erfand die Schrift.» Ein Handbuch für den Gebrauch des Shuo Wen Jie Zi, Schweizer Asiatische Studien 28, Bern 1998.

MARC AUREL

Selbstbetrachtungen

Die Bewältigung der Zukunft

⌒

Von Alexander Demandt

Zu den Büchern, die in die Zukunft weisen, darf man im weiteren Sinne die sogenannten *Selbstbetrachtungen* des Kaisers Marc Aurel (161 bis 180) zählen. Der Text besteht aus 487 Aphorismen in bunter Folge, ohne erkennbare Reihung, ist aber thematisch geschlossen durch die philosophische Grundhaltung des Kaisers. Er verfaßte sie während des Krieges gegen die Markomannen an der Donau. Marcus hat dreizehn Jahre mit nur kurzen Unterbrechungen an der Front gestanden, länger als irgendein Kaiser vor oder nach ihm. Der Text muß unter Commodus, seinem Sohn und Nachfolger, kopiert worden sein, wird um 400 einmal erwähnt und verschwindet dann für ein halbes Jahrtausend aus unseren Quellen. Ein letztes Exemplar besaß um 900 der Bischof von Patras. Das kam nach Byzanz, später in die Heidelberger Bibliotheca Palatina und 1622 mit dieser in den Vatikan. Die erste Druckausgabe 1559 in Zürich trägt den Titel *Eis heauton* (EH) – «An sich selbst». Unter den Dutzend Übersetzungen hat sich die 1894 bei

---

* Mark Aurel, Ta eis heauton [Τὰ εἰς ἑαυτόν], ca. 180 n. Chr. *Deutsch:* Selbstbetrachtungen. Griechisch–Deutsch. Herausgegeben und übersetzt von Rainer Nickel, 2. Auflage, Mannheim 2010.

Reclam gewählte Formulierung «Selbstbetrachtungen» durchgesetzt. Es gibt fast 900 Ausgaben in zwölf Sprachen.

Anders als Tagebücher sonst behandeln die Aufzeichnungen Marc Aurels nicht das, was er jüngst erlebt hat, keine Berichte darüber und Gedanken dazu. Ferner Vergangenes thematisiert er nur im ersten Buch, wo es um seine Erziehung geht, seine Eltern und Lehrer. Es ist eine große Danksagung für all das, was sie ihm als bleibendes Vermächtnis auf den Lebensweg mitgegeben haben: die grundsätzlichen Verhaltensweisen und Einstellungen, die Tugenden der Selbstbeherrschung und Gelassenheit, der Menschenliebe und des Pflichtbewußtseins, der Wahrheitsliebe, des Verzichts auf äußere Erfolge zugunsten ständiger Arbeit an sich selbst.

Die Zukunft der Gesellschaft, des Reiches, der Menschheit läßt der Kaiser als unvorhersehbar außer Betracht. Die zeitgenössischen Klagen über den Sittenverfall beschäftigen ihn ebensowenig wie die Furcht vor einem göttlichen Strafgericht oder die Hoffnung auf ein nahes Himmelreich. Ihm geht es um die innere Vorbereitung auf das, was kommt, was immer es sei. Das gilt zumal für den Eintritt von Unerwünschtem. Keine Angst vor etwas Neuem![1] Was immer die Natur oder das Schicksal bringt, ist mit Fassung hinzunehmen.

Marc Aurels Aphorismen enthalten zwar weder Prognosen noch Programme für das, was kommen wird oder kommen sollte, aber behandeln die Frage, wie er sich zu dem, was erwartet oder unverhofft, erwünscht oder befürchtet eintritt, persönlich verhalten sollte. Die Aufforderung richtet er zwar nur an sich selbst, gibt aber damit ein Beispiel zur Orientierung für uns und jedermann. Niemand wird verpflichtet, sich daran zu halten, doch wird ein Weg gewiesen, den Seelenfrieden zu wahren, wenn ihn äußeres Geschehen bedroht. Gewiß kann man die Zukunft ebensowenig «bewältigen» wie die Vergangenheit, wohl aber kann und sollte man seine Ängste vor ihr in den Griff bekommen. Das erfordert keinen religiösen Glauben, das leistet auch eine stoische Lebensphilosophie.

Eigentlich müßte der Titel «Selbstermahnungen» heißen. Alle philosophischen Werke der Antike richten sich an ein Publikum oder einen Adressaten, die *Selbstbetrachtungen* hingegen wenden sich an den Verfasser selbst. Sie wollen die Philosophiegeschichte nicht bereichern oder berichtigen. Die tragenden Gedanken finden sich vor Marcus bei den Stoikern, Platonikern oder Vorsokratikern irgendwie auch schon. Das interessiert Marcus nicht. Die Überlegungen des Kaisers dienen seiner Selbsterziehung, der Überwindung seiner Schwächen, seiner Ängste, seiner Vorurteile, der Bestimmung seines Ortes in der Gesellschaft, in der Menschheit. Wir sind für die Gemeinschaft geboren, für die Zusammenarbeit und Verständnis, selbst für Übeltäter.[2] Es handelt sich um einen Katechismus der Humanität.

Marcus respektiert zwar die Staatsgötter, ist selbst aber Monotheist. Gott ist der Urheber der Weltordnung und der Logos, der das All «verwaltet».[3] Schöpfer und Schöpfung zugleich sind *kosmos* und *physis*, oft *physis tōn holōn*, «Allnatur». Sie hat uns geschaffen,[4] sie hat uns das Leben und die Vernunft geschenkt,[5] sie lenkt den Weltlauf und ist dieser selbst.[6] Wir sollen erkennen, daß wir kein Recht haben, an der Weisheit der Weltvernunft zu zweifeln und ihre Werke zu mißbilligen. Auf der anderen Seite heißt es, wir sollten der Natur gemäß leben, denken und handeln. Es gibt also auch das Nichtnaturgemäße, das zu meiden oder zu mindern sei. Die Zukunft bringt nichts wesentlich Neues, es gibt nur Varianten des Altbekannten.[7] Die Zeiten ändern sich, aber die Natur des Menschen bleibt gleich. Die Schwierigkeiten des Daseins sind nicht aus der Welt zu schaffen, sie sind ein Teil der Weltordnung.

Die Aufgaben, die vor uns liegen, sind die alten, aber immer wieder neu zu erfüllen. Auch wenn es keine endgültige Lösung der Probleme gibt, können die anstehenden doch zunächst bewältigt werden. «Hoffe nicht auf Platons Idealstaat, sondern gib dich zufrieden, wenn es wenigstens in Kleinigkeiten vorangeht, und betrachte das so Erreichbare nicht als unwesentlich»,[8] denn daß nicht alles Wünschenswerte erreichbar ist, müssen wir ohne Groll hinnehmen.

Tod und Vergänglichkeit sind naturgegeben, das zu beklagen oder zu fürchten ist töricht. Marcus weiß sehr wohl, daß es oft schwer ist, sich mit dem Unabänderlichen abzufinden. Den Tod seiner geliebten Faustina betrauert er tief, aber der Schmerz soll nicht über ihn Herr werden, er ringt um die innere Kraft, die ihm das ermöglicht. Die Probleme der Gegenwart werden auch die Probleme der Zukunft sein. Aber die Aufgaben der Zukunft sind schon die Aufgaben der Gegenwart, das gilt wie für den einzelnen so auch für die Gemeinschaft. Friede auf Erden ist zu erstreben, aber nicht zu erhoffen, erreichbar ist der eigene Seelenfrieden durch die ständig erforderliche Bekämpfung der uns bedrängenden Leidenschaften und durch die Bemühung um Einsicht in die gottgegebene Ordnung der Welt.

Anmerkungen

1 EH VIII 6.
2 EH II 1; VI 50; VII 65; IX 42.
3 EH IV 40; V 32.
4 EH VII 67.
5 EH VII 5; VIII 35.
6 EH IV 23; VII 67; X 8; XII 1; 5; 23; 26.
7 EH X 27.
8 EH IX 29.

DIE BIBEL

Ein Tagebuch der Menschheit

Von Hubert Wolf

Im Übrigen, mein Sohn, lass dich warnen! Es nimmt kein Ende mit dem vielen Bücherschreiben und das viel Studieren ermüdet den Leib.» Diese Mahnung stammt nicht von einem notorischen Buchverächter oder Anti-Intellektualisten. Sie stammt im Gegenteil von einem Philosophen aus dem zweiten vorchristlichen Jahrhundert, einem ausgesprochenen Liebhaber der Weisheit. Und sie steht – für viele wohl überraschend – nicht in einem profanen Traktat, sondern in der Bibel. Der jüdische Weisheitslehrer Kohelet hat sie gegen Ende seiner Laufbahn im hellenistischen Bildungsmilieu aufgeschrieben und damit eine Wahrheit über Büchermenschen, Autoren wie Lektoren – im doppelten Wortsinn –, formuliert.

Fest steht: Die in der biblischen Weisheitsliteratur gewonnene Erfahrung, dass viele überflüssige Bücher geschrieben werden, deren Lektüre nicht nur einen hauptamtlichen Lektor, sondern auch einen normalen Leser erschöpfen kann, ist heute so wahr wie vor zweitausend Jahren. Aber auch die Halbwertszeit von wirklich guten Büchern, deren Lektüre sich lohnt, scheint immer kürzer zu werden. Selbst sogenannte Bestseller halten sich nur noch wenige Wochen. Die Frage nach dem bleibenden Buch, nach dem Wort, das auch in Zukunft etwas zu sagen hat und Orientierung vermittelt, stellt sich heute drängender denn je.

Die Antwort des Theologen auf diese Frage dürfte nicht wirklich überraschen: «Dein Wort ist meines Fußes Leuchte und ein Licht auf meinem Weg», heißt es treffend in Psalm 119. Der Beter bringt damit zum Ausdruck, dass das Gotteswort, wie es in der Heiligen Schrift aufgeschrieben wurde, für ihn Auf-Klärung im Wortsinn bedeutet und unsicher erscheinende, dunkle Wege in die Zukunft begehbar macht.

Aber Gotteswort ist nur in Menschenwort zu haben. Wenn Gott verstanden werden will, muss er die Sprache seiner Adressaten sprechen. Damit unterliegt der heilige Text auch all den Bedingtheiten menschlicher Sprache. Für glaubende Menschen stellt die Heilige Schrift die Urkunde von Gottes Offenbarung schlechthin dar. Offenbarungen werden hier aber nicht in erster Linie als prozedural außergewöhnliche Epiphanien aufgefasst. Vielmehr wird Offenbarung im Singular als die grundlegende worthafte Kategorie des biblischen Glaubens definiert. Im Prolog des Johannesevangeliums heißt es daher: «Im Anfang war das Wort und das Wort war bei Gott und das Wort war Gott.» Gott hat sich demnach ganz ausgesprochen in seinem Sohn, dem göttlichen Logos, ein für alle Mal. Offenbarung hat wesentlich mit «Logik» zu tun.

Menschen haben ihre Erfahrungen mit diesem «sprechenden» Gott über Jahrtausende hinweg gesammelt. Aus diesen mündlichen und schriftlichen Überlieferungen sind in komplizierten Redaktionsprozessen oft über viele Stufen hinweg die heutigen biblischen Bücher entstanden, deren Anzahl je nach religiöser Denomination variiert. So umfassen katholische Bibelausgaben 73 Bücher, 46 im sogenannten Alten oder Ersten Testament und 27 im Neuen Testament, die Lutherbibel dagegen zählt 66 Bücher mit nur 39 Bänden im Alten Testament. Diese sind ursprünglich auf Hebräisch und Griechisch verfasst worden. Im Alten Testament stehen nach den fünf Büchern Mose die Geschichtsbücher, die Weisheitsbücher und die Psalmen, dann folgen die großen und kleinen Propheten. Im Neuen Testament folgen auf die vier Evangelien die Apostelgeschichte und die Apostelbriefe. Den Abschluss bildet die Johannesapokalypse.

Alle Erfahrungen des menschlichen Lebens von höchster Freude und berauschender Erotik über Furcht und Schrecken bis zum Sterben und Tod sind – religiös gedeutet – Gegenstand der biblischen

Bücher. Dabei werden aber Glaubenszweifel keineswegs in billiger Weise wegharmonisiert, sondern ausdrücklich stehen gelassen. Das Buch Hiob, das den klassischen religiösen Tun-Ergehen-Zusammenhang – wer fromm ist und gute Werke tut, dem geht es gut, wer gottlos ist und handelt, dem geht es schlecht – grundsätzlich in Frage stellt und das Hadern des von Gott ungerecht behandelten Frommen in den Mittelpunkt stellt, ist nicht umsonst zum Vorbild zahlreicher literarischer Bearbeitungen geworden.

Aber die Bibel ist keineswegs nur ein Buch für Fromme. Im Gegenteil: Die jahrtausendealte Lebenserfahrung von Menschen, die sich hier in einmaliger Weise verdichtet, macht sie auch ohne religiösen Überbau zu einer wahren Fundgrube an Einsichten über das Menschsein, auch in seine Abgründe. Bertolt Brechts Antwort auf die Frage nach dem wichtigsten Buch der Weltliteratur ist geradezu sprichwörtlich geworden: «Sie werden lachen, die Bibel.» Er nannte eben gerade nicht *Das Kapital* von Karl Marx, was bei einem überzeugten Sozialisten nahegelegen hätte.

Dass die Bibel der Bestseller der Bestseller ist, bedarf keiner ausführlichen Begründung: Eine Auflage von über fünf Milliarden Exemplaren, Übersetzungen in über 700 Sprachen, das erste mit Gutenbergs neuer Technik überhaupt gedruckte Buch und vor 500 Jahren mit Luthers Übersetzung des Neuen Testament auch noch die «Erfindung» der deutschen Hochsprache sprechen für sich.

Aber nicht nur Literaten entdecken die Heilige Schrift als profanes Buch immer wieder neu. Auch unter Naturwissenschaftlern erlebt sie eine ungeahnte Konjunktur. So schreibt der Evolutionsbiologe Carel van Schaik: «Die Bibel ist das wichtigste Buch», und charakterisiert es als «Tagebuch der Menschheit». In der Paradiesgeschichte etwa findet er die radikalste, Menschen je zugemutete Verhaltensänderung treffend abgebildet: Nomaden werden sesshaft und zum Zusammenleben in großen Gesellschaften gezwungen. Der Preis dafür war ein «Mismatch» zwischen der ererbten psychischen Ausstattung und den neuen Lebensbedingungen. Was Sigmund Freud «Unbehagen in der Kultur» nennt, thematisiert die Bibel als Heimweh nach dem verlorenen Paradies.

Das Zukunftspotential des Buches der Bücher liegt auf der Hand:

Man muss sich nur trauen, die Bibel in die Hand zu nehmen, und zu lesen beginnen. Und man darf sich dabei still über die komplizierten Redaktionsgeschichten freuen, die hinter zahlreichen biblischen Büchern stecken und im Grunde nichts anderes als mehr oder weniger gelungene Lektorate sind, die mitunter Geist und Leib wirklich ermüden können.

MITTELALTER & FRÜHE NEUZEIT

HILDEGARD VON BINGEN

Scivias

Wege aus der Selbstzerstörung

⌒

Von Julia Voss

Bevor das 20. Jahrhundert die Superhelden erfand und sich in immer neuen Gestalten ausmalte, von Superman und Wonderwoman bis Batman und She-Hulk, hat es die Heiligen gegeben. Um eine der bekanntesten von ihnen soll es hier in aller Kürze gehen: Hildegard von Bingen. 2023 wurde ihr 925. Geburtstag begangen. Ihre erste Visionsschrift *Scivias* entstand in den Jahren 1151 oder 1152.

Mit den fiktionalen Comicfiguren verbindet die Heiligen über Jahrhunderte hinweg das Vermögen, Dinge in Gang zu setzen, die nach Einschätzung der Gesellschaft, in der sie leben, außerhalb des Möglichen liegen. Kranke werden geheilt. Tote erweckt. Naturgesetze außer Kraft gesetzt. Katastrophen verhindert. Visionen gesehen. Stimmen gehört. Herrschende kritisiert. Bilder empfangen. Wunder vollbracht.

Die Bereitschaft, an Heilige und ihre Wunder zu glauben, ist zwar in einigen Regionen dieser Welt stark rückläufig und hat vielleicht

---

* Hildegard von Bingen, Scivias, Kloster Rupertsberg (Bingen) 1151 oder 1152. *Deutsch:* Scivias. Wisse die Wege. Eine Schau von Gott und Mensch in Schöpfung und Zeit. Herausgegeben und übersetzt von Walburga Storch, Augsburg 1990.

sogar für den Aufstieg der Superhelden gesorgt, die uns nun stellvertretend zu Hilfe eilen: gegen Katastrophen, Bösewichte und Ungerechtigkeiten. Trotzdem ist die Erinnerung an die Heiligen weiter lebendig, und das nicht nur in glücksbringenden Schmuckanhängern und Plaketten, die vom Rückspiegel baumeln. Noch heute tragen viele Städte die Namen der Heiligen, darunter berühmte Urlaubsziele wie etwa St. Moritz oder St. Tropez. Wer in den Ferien mit dem Zug oder Auto durch katholisch geprägte Regionen fährt, sieht auf den Ortsschildern die weiten Wunderlandschaften des Mittelalters angezeigt. In sie müssen wir uns hineinbegeben, um Hildegard von Bingen zu treffen.

Als sie, die Äbtissin, Visionärin, Komponistin, Dichterin und spätere Heilige, zwischen 1147 und 1150 ihr eigenes Kloster gründete, war sie etwa fünfzig Jahre alt. Ihr Wirklichkeitsverständnis war ein anderes als unseres heute. Ihre Erfahrungswelt unterschied sich ebenfalls. Das Kloster Rupertsberg ließ sie auf dem Grab eines Heiligen errichten, auf einem Hügel bei Bingen. Der Ort war gut gewählt. Am Fuß des Rupertsbergs fließt die Nahe in den Rhein. Vom Kloster aus konnte man auf beide Flussläufe hinuntersehen, die sich entlang der sanften Hügel des oberen Mittelrheintals ziehen, vorbei an Wäldern und Weinbergen, Burgen und Dörfern, verbunden durch verschlungene Wege und Steinbrücken.

Auch die Zeichen der Zeit standen gut. In einigen Regionen Europas war eine Warmzeit angebrochen und brachte mediterranes Klima an den Rhein. Die vielen Sonnentage und hohen Temperaturen ließen Feigen nördlich der Alpen wachsen. Im Klostergarten von Hildegard von Bingen gedieh eine große Vielfalt an Pflanzen. Veilchen, Rosen oder Lilien wurden von den Nonnen wegen ihrer Heilkräfte angebaut, aber auch als Schmuck für die Kirche. Kräuter wie Petersilie, Dill, Basilikum, Gundermann, Ysop oder Malve fanden Verwendung beim Kochen und in der Medizin. Im Gemüsegarten gab es Gurken, Kohl, Karotten, Kichererbsen oder Rettich, und die Obstbäume trugen Äpfel, Birnen, Quitten, Kirschen oder Maulbeeren.

Es ist dieser Klostergarten, der uns im 21. Jahrhundert den besten Zugang zu den Werken Hildegards von Bingen bietet – darunter auch ihre Visionsschrift *Scivias*. Das Buch ist ein rätselhaftes Werk, wie sollte es anders sein, voller Bilder und Metaphern, und auf Latein verfasst. Es handelt von der Schöpfung, der Heilsgeschichte und der Verwobenheit von Makro- und Mikrokosmos, wo nichts vereinzelt gedeiht, so wenig wie im Garten auf dem Rupertsberg. Wer sich keiner Religion und schon gar nicht dem katholischen Glauben zugehörig fühlt, liest *Scivias* am besten wie einen Gedichtband, also ohne zu erwarten, einen geradlinigen Text zu erhalten, von dem sich eine Inhaltsangabe verfassen ließe. *Scivias* ist kein Buch, das auf Seite eins angefangen werden müsste. Es eignet sich sehr gut zum Vor- und Zurückspringen. Es ist außerdem atemberaubend schön, ein Meisterwerk mittelalterlicher Illuminierkunst. Die Darstellung von Visionen in Bildern, die ein gesamtes Buch durchziehen, war damals eine absolute Ausnahme – vor Hildegards *Scivias* gab es einzig noch die ebenfalls durchgängig illuminierten Fassungen der Offenbarung des Johannes.

Nehmen wir also eine der Neuausgaben in die Hand und blicken auf den goldenen Sternenhimmel der Abbildung zum Sündenfall. Am unteren Bildrand wachsen Paradiespflanzen, mit unzähligen Knospen, Blüten und Blättern. Darüber – quer – liegt Adam. Aus seiner Rippe wird Eva geschaffen, die «das ganze Menschengeschlecht leuchtend in ihrem Schoß» trägt, wie Hildegard schreibt.[1] Um Adams Kopf züngeln Flammen. In Evas Wolkengestalt spuckt eine Schlange morastige Flüssigkeit, die an Klärschlamm erinnert. Adam und Eva drohen ins Innere eines dunklen Gebildes gezogen zu werden, das wie ein abgestorbener Baum geformt ist, dem Inbegriff der menschengemachten apokalyptischen Landschaft. Baumstümpfe überziehen die vergifteten Schlachtfelder von Verdun, sie stehen für die zahllosen zerstörten Wälder, von Brasilien bis Lützerath.

Wie furchtbar die Menschen in der Zukunft quer zur Schöpfung liegen würden, konnte Hildegard von Bingen nicht wissen, auch wenn sie bereits die Verschmutzung der Flüsse kritisierte. Noch vor dem Beginn des Anthropozäns verstand die Äbtissin es jedoch als Aufgabe der Menschen, die Welt zu heilen und das Paradies zurückzuholen, aus dem sie vertrieben worden waren. Ihre kluge Einsicht: Das Rad der Schöpfung ließ sich in beide Richtungen drehen. Kräuter, Metalle und Kristalle wirkten auf den Menschen ein, sie konnten lindern und heilen. Umgekehrt trugen ein vorbildliches Leben und der Glaube zur

Gesundung und Heilung der Umwelt bei. Keine Wirkung ohne Wechselwirkung. Kein Nehmen ohne Geben. Keine Liebe ohne Gegenliebe. «Die Seele ist also im Leib», schrieb sie in *Scivias*, «was der Saft im Baum ist, und ihre Kräfte sind gleichsam die Gestalt des Baumes.»[2]

Für ihre Visionsschrift hat Hildegard von Bingen ein Wort im Imperativ erfunden: *Scivias*, übersetzt «Wisse die Wege». Später prägte sie noch einen weiteren neuen Begriff, «viriditas», die Grünkraft, in deren Dienst sie den Menschen stellen wollte. Man muss nicht gläubig sein, um zu erkennen, dass wir diese Aufgabe annehmen müssen. Nur dann lassen sich die Wege wissen, die aus der Selbstzerstörung führen.

Anmerkungen

1 Zitiert nach der Ausgabe von 1990, S. 20 f.
2 Ebenda, S. 76.

FRIEDRICH II.

Das Falkenbuch

Im Sturm vom Paradiese her

⌒

Von Oliver Jungen

Plötzlich, in der Mitte des 13. Jahrhunderts, war sie da: die empirische Wissenschaft modernen Zuschnitts, wenn auch noch in einer Protoversion. Das maximal Unwahrscheinliche daran: Ihr Nestor war kein Geringerer als der Kaiser des Heiligen Römischen Reiches persönlich. Was *De arte venandi cum avibus*, das Falkenbuch Kaiser Friedrichs II., auszeichnet, ist der rein experimentelle Wissenszugang: Erkenntnisinteresse, Beobachtungen, Versuche, Gegenproben, Ordnung der Daten, Didaktik. Schwindelerregend entsakralisiert geht es dabei zu; nirgends nimmt dieser Autor Bezug auf Gott, nichts deutet er christlich allegorisch aus. Auch den «Fürsten der Philosophen» lässt Friedrich nicht unbesehen gelten. Es heiße bei Aristoteles ja oftmals nur, «daß man es so gesagt hätte» (wie Carl Arnold Willemsen treffend übersetzt), doch bloßes Hörensagen sei keine «Ars».

«Gewißheit erlangt man nicht durch das Ohr.» Welch ein Donnersatz schon im Prolog zum ersten der sechs Bücher, der nur von jeman-

---

* Friedrich II., De arte venandi cum avibus, ca. 1248. *Deutsch:* Über die Kunst, mit Vögeln zu jagen. Unter Mitarbeit von Dagmar Odenthal übertragen und herausgegeben von Carl Arnold Willemsen, Frankfurt am Main 1964–1970.

dem kommen konnte, der es – durchaus auch despotisch – mit dem halben Weltkreis aufzunehmen imstande war. Und der weder Papst noch Hölle fürchtete. Denn dieser Satz allein fegte die gesamte theologische Autorität im Abendland beiseite, die sich seit Paulus allein auf das Gotteswort berief. Es ist wenig verwunderlich, dass Nietzsche den Stauferkaiser aus Apulien, das «Staunen der Welt», glühend verehrte. Allerdings war dessen eigenes Zeitalter noch nicht bereit für die volle Modernität. Ein halbes Jahrtausend musste *Über die Kunst, mit Vögeln zu jagen* darauf warten, überhaupt wahrnehmbar rezipiert zu werden. Außen vor bleiben soll hier die komplizierte Überlieferung: Es gibt eine Sechs-Bücher-Familie, die auf einen 1248 vor Parma verloren gegangenen kaiserlichen Archetypen zurückgehen soll (was zumindest zwei renommierte Autoren des Verlags C.H.Beck anzweifeln), und die Zwei-Bücher-Linie, ausgehend von der – heute wertvollsten – Kopie, die Friedrichs Sohn Manfred von den ersten beiden Büchern anfertigen ließ. Erst vom 18. Jahrhundert an zog das Falkenbuch dann seine Kreise. Doch auch die bald stürmische Umarmung ging an einem wichtigen Aspekt vorbei. So ist Ernst Kantorowicz unbedingt zuzustimmen, wenn er «die absolute Sachlichkeit» hervorhebt, die alle «kosmisch-astralen Enzyklopädien» der Zeit überstrahle, aber er begreift das Buch ausschließlich als «Ornithologie». Das ist es natürlich auch, zumal in den beiden ersten Büchern, bevor sich der Autor genauer den Aspekten der Jagd zuwendet. Falknern gilt die Schrift bis heute als Lehrbuch auf Augenhöhe. Vielleicht handelt es sich überhaupt um den mittelalterlichen Kodex mit der längsten fachlichen Gültigkeit; dabei bis in jeden Nebensatz so glasklar verständlich, als sei es erst gestern geschrieben worden. Davon kann man sich auch anhand der fulminanten (und einzigen) deutschen Übersetzung des Gesamttexts nebst detaillierter Kommentierung durch Willemsen überzeugen, die ein eigenes Buchereignis darstellt. Nur Buch 1 und 2 (die Manfred-Handschrift) waren 1756 schon einmal übertragen worden.

Natürlich gab es Vorarbeiten, einerseits Traktate zur Falkenjagd aus dem arabischen Raum, allen voran den sogenannten *Moamin*, den Friedrich übersetzen ließ, andererseits die frühscholastische Wissenschaftssystematik in der Denkschule von Hugo von St. Viktor. Aber nie zuvor hatte ein Buch über Falknerei einen so breiten Fokus. Die arabischen Traktate konzentrierten sich auf Haltung und Heilung der Falken. Im christlichen Kontext lag seit den Kirchenvätern ein Verdikt auf der Jagd, auch wenn der Adel sie immer weiter betrieben hat. In den überschaubaren Falkentraktaten aus dem Westen findet sich daher ebenfalls vor allem Medizinisches; dafür gab es Bedarf, denn Falken waren äußerst wertvoll. Friedrich aber thematisiert die Jagd selbst in allen Einzelheiten. Zudem werden allein in der Manfred-Handschrift weit mehr als hundert Vogelarten – die meisten davon Beutevögel – zoologisch identifizierbar erfasst, nicht zuletzt durch mehr als neunhundert zeituntypisch realistische Abbildungen. Kurz, es handelt sich «um das kompetenteste Falkenbuch, das je verfasst worden ist» (Olaf B. Rader).

Und doch gibt es noch etwas, das über all diese Pionierleistungen in Sachen empirischer Naturerforschung und Systematisierung hinausweist, denn Friedrichs Buch steht nicht zuletzt für eine kopernikanische Wende im Verhältnis des Menschen zur Natur. Dass die Rechnung ganz offen ohne Gott gemacht wird, ist nur ein Aspekt dieser Wende. Der profane Blick hängt allerdings eng mit der zentralen Frage zusammen, welche Stellung dem Menschen in der Welt zukommt, wenn diese nicht als Schöpfung begriffen wird, sondern als Beschreibung der «Dinge, die sind, so wie sie sind». Und es zeigt sich, dass jener mythische Herrscher, der auf Diplomatie setzte, wo sie ihm nutzte, aber auf das Schwert, wo es schärfer war, zugleich als Vertreter einer neuen, selbst heute progressiv wirkenden Demut gelten darf.

Friedrichs gut erforschtes Werk zur Beizjagd auf diese Weise noch einmal neu in den Blick genommen zu haben, ist vor allem dem Berliner Mediävisten Michael Menzel zu verdanken. Für Friedrich, so das Ergebnis dieser Untersuchung, muss der menschliche Jäger von außen in den Naturablauf eindringen, denn zwischen Mensch und Vogelwelt gibt es eine unaufhebbare Distanz. Was die Tiere instinktiv wissen, muss der Mensch erst lernen. Das war ganz praktisch gemeint, schließlich steht am Beginn der Falkenjagd die eigenhändige Aufzucht der Jungvögel. Der Falkner, der ihnen die Eltern ersetzt, muss seine Raubtiere das Jagen lehren, und zwar auf Vogelart – mit dem einzigen Zusatz, den Arm des Falkners als Start und Ziel der Jagd zu akzeptieren.

Haben die Falken die Faust einmal verlassen, jagen sie «sui iuris». Die Natur existiert für Friedrich also unabhängig vom Menschen. Sie braucht ihn nicht. Und er tut gut daran, nicht in sie einzugreifen. Lediglich im Nachvollzug kann er an ihr teilhaben, wenn er geschickt ist. Genau das lehre die im Falkenbuch grundgelegte «Naturkunst» (Menzel). Da ist eine neuartige Hierarchie: Das Vorbild gibt die Natur ab. Ihr gilt es zum Ebenbild zu werden. Hier ist auch der Bezug zu Hugo von St. Viktor, der ebenfalls die Naturnachahmung zum Kennzeichen der menschlichen Betätigungen macht. Der Clou bei Friedrich, den Menzel konzise herausgearbeitet hat, besteht darin, dass die Beiz nicht nur als edelste Jagdform gilt, weil sie teuer und dem Adel vorbehalten ist, sondern dass er umgekehrt argumentiert: Durch Teilhabe an diesen «operationes nature» wird der Falkner geistig erhoben. Erst die Kunst, mit Vögeln zu jagen, adelt ihn. Da ist man fast schon bei Jean-Jacques Rousseau. Als wertlos hingegen erscheint die bis dahin den Menschen so genehme Universallegitimation: der Gottesbefehl, sich die Erde untertan zu machen.

Was aber könnte aktueller und gebotener sein, als die Natur – aus der der Mensch herausgerechnet ist; dafür hat er zu viel angerichtet – als das Vorgängige, Perfekte und Maßstabsetzende anzusehen? Die teils qualvollen Praktiken der Falkenabrichtung und die naheliegende Analogie zum Wesen der Herrschaft (auch ein Kaiser richtet seine Untertanen ab) einmal beiseitegelassen, kann das Falkenbuch Friedrichs II. damit nach fast 800 Jahren immer noch als zukunftsweisendes Manifest gelesen werden. Auf den Flügeln dieser Antitheologie lässt sich einer Zukunft entgegenfliegen, in der die Menschheit wieder von der Natur zu lernen bereit ist; in der sie sich diese dienstbar macht, ohne sie zu (zer)stören. Ein Zeitalter der Demut aus Bewunderung für die Dinge, «wie sie sind». Der Blick bleibt dabei, anders als bei Benjamins «Engel der Geschichte», nach vorn gerichtet, ins Offene, nicht auf die sich hinter uns türmenden Katastrophen; aber es ist derselbe Luftstrom vom Paradiese her, der beide antreibt, auch wenn die einen ihn Sündenfall nennen und die anderen Sturm der Erkenntnis.

MARTIN LUTHER

Von der Freiheit
eines Christenmenschen

Auf dem Weg zur Freiheit als Qualität
des Menschen schlechthin

⌒

Von Heinz Schilling

Es ist ein kleines Büchlein, so das Papier angesehen wird, aber es ist doch die ganze Summe eines christlichen Lebens darin begriffen, so der Sinn verstanden wird», so charakterisiert Martin Luther im *Sendbrief an den Papst Leo X.* vom September 1520 seine eben erschienene Schrift, die er Papst und Kurie als Richtschnur für das seines Erachtens übelst daniederliegende christliche Regiment der Kirche übersandte. Im Vergleich zu anderen Schriften des Reformators in der Tat ein schmales Buch; umso größer seine Wirkung bis zu den aktuellen Debatten der Gegenwart. Die anderen Reformschriften von 1520, *Von der babylonischen Gefangenschaft der Kirche* und *An den christlichen Adel deutscher Nation*, kennen nur noch die Spezialisten. Die *Freiheit des Christenmenschen* aber ist lebendig und prägt als Geflügeltes

---

* Martin Luther, Tractatus de libertate Christiana, Wittenberg 1520. *Deutsch:* Von der Freyheyt eyniß Christen menschen, Wittenberg 1520.

Wort das Ringen um Gegenwart und Zukunft von Kirchen und Gemeinwesen.

Von der Wittenberger «Medienzentrale der Reformation» in professioneller Routine in die sich herausbildende Öffentlichkeit lanciert, erreichte das Buch eine große Käuferschaft und eine noch größere Leser- bzw. Hörerschaft, da es den vielen des Lesens unkundigen Interessierten, Männern wie Frauen, in Straßen oder Wirtshäusern vorgelesen wurde. So vielschichtig, ja divergent die reformatorische Bewegung in ihrem Ansatz auch konkret war, die Schrift über die «Freiheit eines Christenmenschen» führte alle zusammen, die Kirche und Gesellschaft erneuern wollten, auch diejenigen, die wenig auf die theologischen Lehren des Reformators gaben: Die These von der «Freiheit» als einem das Individuum ermächtigende und zugleich in die Verantwortung stellende Gewissen («Ein Christenmensch ist ein freier Herr über alle Dinge und niemand untertan. Ein Christenmensch ist ein dienstbarer Knecht aller Dinge und jedermann untertan»), das nur an Gottes Wort gebunden, in ihm «gefangen» war (so Luther 1521 in Worms), löste einen universellen Befreiungsschlag aus, der das Tor zur Moderne weit öffnete.

Zunächst handelten, wie es damals hieß, die Untertanen in Städten wie in Dörfern und pflügten die Grundlagen christlichen Lebens in Kirche und Staat um – mit dem Höhepunkt im sogenannten Bauernkrieg 1525, als der «gemeine Mann» Anspruch auf freie Mitsprache in Kirche und Staat, in religiösen wie weltlichen Dingen anmeldete – übrigens unter beachtlicher Beteiligung von Frauen. Dass dieses Anliegen in blutigen Gewaltexzessen auf beiden Seiten erstickt wurde, macht die Opferperspektive aus, die über die Jahrtausende hin auch in der Christenheitsgeschichte zu beachten ist. Das Ansehen Luthers wurde beschädigt; Faszination und Wirkungskraft der in seinem Büchlein von 1520 postulierten «Freiheit eines Christenmenschen» waren aber nicht gebrochen.

Denn auch Fürsten und Stadträte gründeten ihr die Welt veränderndes Handeln auf die reformatorische Freiheit; neben den Untertanen nutzten auch die Obrigkeiten Luthers Freiheitsschrift politisch. Am frühesten und für die Stadtreformationen untypisch der Rat der bis dahin eher behäbigen Handelsstadt Bremen, als er 1522 die ersten von der Kirchen- und Bürgergemeinde veranlassten reformatorischen Predigten mit deren Freiheitsrechten rechtfertigte. Diese bald verbreitete Strategie der Obrigkeiten, Veränderungen in Kirche und Staat gegenüber dem Kirchen- und dem weltlichen Recht abzusichern, konnte sich auf die Bipolarität des Luther'schen Freiheitsbegriffes berufen, das individuelle Freiheit und Pflichten für das Gemeinwohl zusammenband. Damit war dem Freiheitsbüchlein Relevanz und Popularität auch in Zeiten gesichert, als die religiösen, politischen und gesellschaftlichen Freiheitsimpulse der Anfänge längst in die autokratisch-obrigkeitlichen Bahnen der neuzeitlichen Landes- und Stadtkirchen eingemündet waren.

Die fundamentalen Abgrenzungstendenzen des Konfessionalismus und der daraus resultierenden prinzipiellen Ablehnung der protestantischen Freiheitsdynamik führten im tridentinischen Katholizismus (der frühen Neuzeit) zu einer Blockade, die die Öffnung der auch dort starken christlichen Freiheitstradition hin zu Freiheit als Grundqualität christlichen Lebens verhinderte – der Individuen wie auch der Kirche. Den verhängnisvollen, bis heute fortwirkenden Höhepunkt brachte Mitte des 19. Jahrhunderts die Antimodernismus-Politik Papst Pius' IX. – in einem Moment, als die Freiheitsdynamik – ob religiös oder säkular begründet – mit Macht den tiefgreifenden Wandel der Moderne vorantrieb. Mit Pius IX., und erst mit ihm, wurde der neuzeitliche Katholizismus antifreiheitlich, antiliberal, antimodern, institutionell wie mental autokratisch. Nicht nur in Rom und Italien mussten Geist und Institutionen der Freiheit gegen den Papst und ohne religiös-spirituelle Legitimation nach Art des lutherischen Freiheitsbüchleins erkämpft werden.

Es wundert nicht, dass aktuell das Freiheitspostulat des Büchleins von 1520 gerade unter den deutschen Katholiken aufbricht, die seit Generationen mit Protestanten in einer Symbiose leben. Ebenso wenig, dass ihr «Synodaler Weg» in heftige Verwerfungen führt. Mit dem Hinweis, in Deutschland gebe es vorzügliche protestantische Kirchen, eine weitere sei daher unnötig, errichtete Papst Franziskus eine Abwehrbarriere. – Nahezu gleichzeitig mit dem «Synodalen Weg» sorgte das Freiheitsbüchlein auch in der Evangelischen Kirche in Deutschland (EKD) für einen Aufbruch, und zwar hin zu einer

«Kirche der Freiheit» – so postuliert in Wittenberg am 25. Januar 2007 vom damaligen EKD-Ratsvorsitzenden Bischof Wolfgang Huber, dem Vertraute nachrühmen, er habe «Luthers Theologie als Freiheits- und Befreiungstheologie neu entdeckt» und gegen den Widerstand der bis dato überwiegend geschichtsverneinenden evangelischen Pfarrer und Theologen durchgesetzt.[1] Indes, die konkrete Umsetzung wollte den Protestanten nicht so recht gelingen. Zu deutlich war der Widerspruch zwischen dem betriebswirtschaftlichen Geist der herangezogenen Beratungsfirma McKinsey und dem Freiheitsgeist der Lutherschrift von 1520, der im Vorfeld des fünfhundertsten Reformationsjubiläums 2017 verstärkt die Gemeinden erfasste. Ob dem «Synodalen Weg» eine ähnliche Sackgasse droht, ist gegenwärtig noch nicht absehbar. Prognostizieren lässt sich aber, dass Luthers Büchlein von 1520 aktuell bleibt und sich angesichts der dem Christentum eigentümlichen Universalisierungstendenz die «Freiheit eines *Christen*menschen» zur Freiheit als Qualität des Menschen schlechthin ausweiten wird, gleich welcher Religion, Nation oder Hautfarbe.

Anmerkung

[1] Helga Kuhlmann, in: Philipp Gessler, Wolfgang Huber. Ein Leben für Protestantismus und Politik, Freiburg im Breisgau 2012, S. 105.

MICHEL DE MONTAIGNE

Essais

Eine Klage in englischer Manier

~

Von Franziska Augstein

Werther hochmögender Meister Felken, dieses Schreiben mag Euch am falschen Orth treffen; Ihr seid vielerseiten unterwegs.

Einem Wurm, als welchen ich mich mit Anstand bezeichnen mag, steht es nicht an, in Euer Gewerbe sich einzumengen. Würmlein, das ich bin, hat seit den Zeiten des Königs George III. selig darauf gewartet, Eure Aufmerksamkeit zu erhaischen. Mir zur Seite stand Orlando, rechtschaffene Gehülfin, wie der Unterfertigte wähnte. Die war indes einem Frauenzimmer namens Woolf unterthan. Wer? Wolf? *Nomen est omen!* Meister Felken, kaum wage ich vorzutragen, was ich litt: Orlando, aus bestem Hause gebürtig, sie selbst war sie nicht mehr. Unter meine Fittiche habe ich sie genommen, in Sorge und Obhuth, anderweise sie in Bedlam geendet hätte. Das kahm mich sauer an. Über mehr als zweihundert Jahre hat sie mich begleitet und wusste nichts anderes als diesen Tag ein Gentleman seyn zu wollen, und jenen eine Lady.

* Michel de Montaigne, Les Essais. Livre Premier & Second, Bordeaux 1580. *Deutsch:* Essais. Erste moderne Gesamtübersetzung von Hans Stilett, 9., korrigierte Auflage, Berlin 2016.

Meister Felken: Ihr mögt Euch vorstellen, was ich aufbrachte für Orlando, für ihre Spitzen und seine Stiefel, jahrein jahraus! Ihr hättet das Manuscript aufnemen & in die Presse bringen können – wenigstens zweihundert und fünfzig Jahre nach Georges III. selig Geburt. Aber nein, Ihr ward tatenlos, unentschieden, obgleich Ihr doch wisst, dasz die Gracchen nur Kraft ihrer Entscheidung herrschen konnten über die grosze Republik von Rom. Nun ist alles todt und Asche. Voltaire, notorischer vagabond littéraire, ein gefaehrlicher Materialist, hat Eines imerhin zu sagen, dem der gute Christ bey Muehe zustimmen kann: *la fin est un obstacle insurmontable*.

Meister Felken, vor der höchsten Macht werdet Ihr Euch eines Tages verantworten. Und ich, der Wurm von Gnaden, nach all meinen Beschwerlichkeyten, gebe Euch Eins in den Mantelsack mit auf den Weg, der Euer Letzter sein wird. So wie Ihr fehlt, itzo und überhaubt: Voll wird Euer Gepäck nicht seyn. Ihr müsst Euch verantworten, dasz Ihr für die Essays von Michel Eyquem de Montaigne keine Presse gefunden habt. Der große George III, gepriesen sein Name, hatte die Kraft der Entschlossenheit: Er verlor Ländereien sonder Zahl, viz die amerikanischen Colonien. Dem verstand er zu trotzen mit ausgibiger Verstimmung. Ihr aber, gelahrter Meister, zu allem Recht und übervoll mit Ehren beschüttet, Ihr tatet nicht, was Eures Amtes gewesen wäre; es will scheinen: kleinliches *petty business* habe Euch gehindert. Dabei geht es um das Erdenglück, das von Herrn Monsieur de Montainje so klar beschrieben!

Wir, Versammlung der Christenheit, hängen an der Botschaft des HErrn am Kreuz. Aber daneben gibt es eine Welt auf Erden. Meister Felken, lange studirt habe ich, Euch zu erklären, warum Montänjes Essais Euch nicht gleichgültig seyn können, die Ihr dem Genuss auf Erden nicht abhold seid, und dabey doch auch ein Hertz habt für arme Wesen, so bezeugen jene, die sich Eure Freunde heissen. Euch ins Gewissen gebracht sei Montänjes Bericht von herrenlos marodirenden Söldnern, die nach der nöthigen Abmurgelung der Gegner bemerkten, «daß es Menschen unter uns gebe, die alles besäßen und mit guten Dingen jeder Art geradezu vollgestopft seien, während ihre andern Hälften bettelnd an den Türen stünden, von Armut und Hunger ausgemergelt; und sie fänden es verwunderlich, daß diese, notleidend wie sie seien, eine derartige Ungerechtigkeit geduldig hinnähmen, statt die Reichen an der Gurgel zu packen und ihre Häuser in Brand zu stecken.» Das mag Sie, Meister Felken, an Revolutionen denken machen, wie sie mit dem englischen Aufrührer Cromwell in Mode kahmen, doch seid gewiss: Monsieur de Montaigne hatte dergleichen nicht im Sinn. Mitleiden mit den menschlichen Creaturen bewegte ihn, mitsamt dem eigenen werten Selbst: «Die Menschen, die uns bedienen, werden geringer entlohnt und mit weniger Aufmerksamkeit und Freundlichkeit behandelt als unsre Vögel, Pferde und Hunde. Zu welchen Verrichtungen erniedrigen wir uns doch, damit diese sich wohl fühlen!»

Zu Händen habe ich alle Essais und ein neues Traktat einer gewissen Sarah Bakewell. Neuerdings schreiben Weibspersonen ernstlich zu nemende philosophische Bücher. Das Selberdenken: mein Behuf ist es nicht, wird es nimmer seyn. Citieren und verbuchen ist meine Aufgabe. Aus einer neuen Übertragung ins Deutsche citiere ich Mountänje: «Was sich mir nicht auf Anhieb erschließt, tut es um so weniger, je mehr ich mich hineinbohre.» Ihr müsst verstehen, Meister Felken, warum ich diesen Autor, er ward 1533 gebohren, für Stil und Art werthschätze. Besagte Person Bakewell hat allerhand Dinge mit Verstand notiert. Mountaignes Essais bringen das ICH in die Litteratur: Als Spiegel für Alle. *Cogito ergo sum.* Ich empfinde, also dürfen alle mitleyden. Das gute Leben im Sinne der Alten, darum ging es Montagne. Die Stoiker, die Epikuräer, der Skeptizismus von Sextus Empiricus leiteten ihn, und dero Denken verwandelte er zu einer pragmatischen Philosophie. Stellt Euch vor: eine Mutter hat ihr Kind verloren. Plutarch empfahl, sie möge denken, das Kind sey nie zur Welt gekommen. Montagne, hochaufragender Pragmatiker, fand das, wie es nach der neuen Mode heißt «unpraktisch», es lindert den Kummer nicht. Als ihm Selbiges mit einer Nachbarin widerfuhr, redete er so lange mit ihr, erzälte ihr so viel, dass die arme Frau am Ende über ihr todtes Kind vergass. Er hatte Fragen ueber Fragen, und Antworten hatte er auch. Wie Hülfe leisten, wenn der Nachbar denkt, verwünscht zu seyn? Wie das eigene Heim vor Dieben schützen? Was thun, wenn man auf der Strasse überfallen wird und keinen Schutzhund im Gefolge hat? Was machen, wenn der Hund spielen, man selbst aber studiren will?

Dies, Meister Felken, sind Fragen, die alle umtreiben, immer schon. Aber woimmer ich anklopfte, woimmer ich die Essais zum Druck anbot: abgewiesen wurde ich, vor die Thür gewiesen wurde ich, kein Hund hat Derartiges erlebt!

Nirgends kam ich an mit dem Begehr. Der große Goethe gab sich dumpf. Weltweissheit, ward ich beschieden, habe seine Gnaden selber. Auch bei Schillern fragt ich an. Und was sagt der gute Mann? Beschäftigt sey er mit Sturm und Drang. Die Einsicht in die Welt und was sie zusammenhält: kein Platz für sie in seinen «Horen». Eure Antwort, verehrter Meister Felken, war um kein Iota besser, war davor pfundweise ärmer. Die Essays seien schon publitziert, viele Male, ließet Ihr mitteilen. Diess Euer Bescheid für mehr als zweihundert Jahre der Mühe, meiner Mühsahl. Schändlich ist kein Wort für Euer Betragen, für was ich empfinde. Möge Euch ein langes Leben beschiden seyn, auf dasz die Zeit Euch lehre, was Euer Trachten nicht hergab.

Mit dem gebührend nothwendigen Grusz empfiehlt sich
Franziskus Pauschalist
Vierter Secretarius am Hof Seiner Exzellenz Ubiquito Aeternuss II.

BALTASAR GRACIÁN

Handorakel und Kunst
der Weltklugheit

Der Kampf um das eigene
Fortkommen und Überleben

⌇

Von Christoph Möllers

Wenn die düstere politische Aphorismensammlung eines spanischen Jesuiten aus der Mitte des 17. Jahrhunderts, der sein Leben zum größten Teil in Konventen, als Militärseelsorger oder in der Nähe des Hofs verbrachte, ein Buch ist, das in die Zukunft weist – dann scheint diese Zukunft deutlich in der Vergangenheit zu liegen. Von Fortschritt möchte man in einem solchen Fall lieber nicht sprechen. Ideengeschichtlich können Graciáns kalte Weisheiten als ein Schritt in der Emanzipation politischen Handelns von religiösen und moralischen Vorgaben gelesen werden, aber eine wirklich vorgreifende Antizipation künftiger Entwicklungen war damit nicht verbunden. In der Entwicklung der politischen Theorie war Gracián kein Pionier, das Politische hatten andere vor ihm entdeckt, klarer formuliert als er,

---

* Baltasar Gracián, Oráculo manual y arte de prudencia, Huesca 1647. *Deutsch:* Handorakel und Kunst der Weltklugheit. Übersetzt und herausgegeben von Hans Ulrich Gumbrecht, Ditzingen 2020.

und bald kündigten sich neue Paradigmen an, die die freigesetzten politischen Energien wieder moralisch einzufangen suchten und die bis heute die theoretische Reflexion über Politik dominieren.

Wenn Graciáns Handorakel sich (bei weitestgehender Ignoranz gegenüber seinen anderen Büchern) als ein erfolgreiches Buch erwiesen hat, dann nicht weil es die politische Theorie der Zukunft vorwegnahm, sondern weil es schnell auf mächtige oder geistig einflussreiche Leser stieß und kontinuierlich bis heute nicht aufgehört hat, viele Leser zu finden. Dieser Erfolg zeigt sich in Deutschland auch in den beiden überragenden Übersetzungen, die das Buch erfuhr, der geschmeidigen geradezu übermäßig angenehm lesbaren Arthur Schopenhauers[1] und der knarzenden, den spanischen Sound bewahrenden Hans Ulrich Gumbrechts. Wenn sein Erfolg also weniger dem Inhalt (wer würde die Übersetzer Humes und Rousseaus ohne weiteres mit Namen kennen?) geschuldet ist als seiner ästhetischen Leistung, warum kann das Handorakel dann ein Buch sein, das in die Zukunft weist? Das Erste, was seinem Liebhaber bei jedem neuen Blick hinein auffällt, ist der Klang, den man mit einem eigentlich abgestandenen Begriff als zeitlos bezeichnen kann oder besser gesagt: Die Stimme, die aus dem Handorakel spricht, klingt weiterhin sehr wie die Stimme eines Zeitgenossen. Dieser Zeitgenosse aber lebt in einer Welt, in der ihn eine politische Macht bedroht, die größer ist als er und größer als die Leser, für die er schreibt, und die man besser gar nicht oder, wenn doch, nur sehr indirekt konfrontieren sollte. Ob man die Listen, Ränke und Verstellungen, die Gracián uns kunstvoll empfiehlt, mag oder nicht, in seinem Buch werden sie zum notwendigen Element einer politischen Auseinandersetzung, der man sich nicht einfach entziehen kann. Dass in dieser Auseinandersetzung alle Mittel erlaubt sind, liegt für den Verfasser allein daran, dass alle Falschheit im Kleinen hier noch fest auf dem Grund des rechten Glaubens ruht, von dem sich im Text doch nur Andeutungen zeigen. Fällt dieser Glaube als Grundierung politischer Lebensführung weg – und in den letzten Jahrhunderten scheint er weitgehend weggefallen –, so funktioniert das Buch doch einfach weiter. Nunmehr als Mittel zum Zweck und ohne transzendente Basis eingesetzt, bewahrt es seinen Wert als Ratgeber.

Liefert es aber Ratschläge für die Welt, in der wir leben oder leben werden? Es versteht seine Leser jedenfalls nicht als Bewohner eines Theorieseminars, nicht als potentielle Verfassungsgeber, nicht als Distanz suchende Beobachter einer politischen Ordnung und auch nicht als fröhliche Citoyens, sondern als unfreiwillige Teilnehmer an unvermeidlicher Politik. Diese Politik ist dabei nicht der große Wurf, sondern der kleinteilige Kampf um das eigene Fortkommen und Überleben, der sich in konkreten kommunikativen Situationen manifestiert, auf die man sich vorbereiten kann und soll – am besten mit dem Handorakel. Ob das eine Konstellation ist, die die Politik der Zukunft für uns bereithält, kann man nicht wissen. Dass es eine Konstellation ist, die – jeder Vorstellung von linearem Fortschritt spottend – in den Jahrhunderten seit der Veröffentlichung des Buchs immer wieder erschien und verschwand, ist schwer zu bestreiten. Solange dies so bleiben kann, bleibt das Handorakel ein mögliches Buch für die nächste dunkle Zukunft.

Anmerkung

1 Arthur Schopenhauer, Balthazar Gracians Hand-Orakel und Kunst der Weltklugheit, Leipzig 1862.

SAINT-SIMON

Memoiren

Auf, in die Welt

~

Von Hans Pleschinski

Dreißig Jahre lang notierte er und hechelte Neuigkeiten hinterher. Danach ordnete er zehn Jahre lang seine knapp dreihundert Aktenbündel zur Chronik. Wer ihn in dieser Phase erlebte, wie die Herzogin von Noailles, konnte festhalten: «Ich sah einen Schädel, aus dem es dampfte.»

Aber ein Meisterwerk war entstanden.

Wer sich Prousts *Suche nach der Verlorenen Zeit* einverleibt hat und keinen weiteren Band von Balzacs *Comédie Humaine* mehr findet, dem bleiben die *Memoiren* des Herzogs von Saint-Simon, um tief in eine andere Welt einzutauchen und sich von ihr berauschen zu lassen.

Louis de Rouvray, Duc de Saint-Simon, 1675–1755, war ein Besessener. Er nahm sich vor, seine Welt und wer in ihr atmete und sich regte, zu verewigen. Und dieser Kosmos, den er zu Papier brachte, war hoch-

---

* Mémoires de Monsieur le duc de S. Simon, ou l'observateur véridique, sur le règne de Louis XIV, et sur les premières époques des règnes suivants et Supplément aux Mémoires, sieben Bände, London 1788–1789. *Deutsch:* Louis de Rouvray, Die Memoiren des Herzogs von Saint-Simon. Herausgegeben und aus dem Französischen von Sigrid von Massenbach, vier Bände, Berlin 1977.

karätig, exquisit, abgründig und facettenreicher als fast jede sonstige Menschenansammlung. Es handelte sich um den Hof von Versailles zu Zeiten des Sonnenkönigs. Wer in dies Gewühl aus Glanz, Ehrgeiz, Trauer und Überlebenskünsten hineinschaut, mit Saint-Simon, gerät in eine Schule des Lebens, die beschwingter und erschütternder kaum sein kann. Ungefähr viertausend Menschen lässt der Chronist Revue passieren, mit ihren Schicksalen, Ambitionen, ihren Aufschwüngen und krachenden Bruchlandungen auf dem Parkett der ehedem größten und tonangebenden Machtzentrale Europas: Versailles. Die *Memoiren* sind ein Feuerwerk der Lebensfarben in allen Schattierungen. Der Leser kann seine eigenen Nöte und Freuden in den Personen dieses Universums wiederfinden und wird sich während der Lektüre der zehntausend Seiten – ideal auch zum Hineinblättern – nie einsam fühlen. Die müßigen, verrückten oder zielstrebigen Charaktere um den Sonnenkönig werden ihn amüsieren, nachdenklich stimmen und auf alle Fälle lebhaft umtanzen, so als wären sie nie gestorben.

Wir werden durch Saint-Simon in einen geradezu zeitlosen Machtapparat entführt, in dem alles um die königliche Sonne, um Ludwig XIV., kreist. Der Monarch ist das Uhrwerk. Die Scharen um ihn, Adel, Bürger, Dienstboten, erhalten von ihm ihren Rhythmus. Sie beugen sich, sie rebellieren oder suchen Fluchten für ihr Privatleben. Viele Seiten der Memoiren sind dem Roi Soleil gewidmet, den Saint-Simon im Wechsel anhimmelt und ob seiner Allmacht bekrittelt. So heißt es über dessen Wunderbau Versailles kurz und bündig: «Der Anblick der Wasserspiele, die immerhin Beachtung verdienen, ist unvergleichlich, aber die Umstände bewirken, dass man bewundernd die Flucht ergreift.»

Die wahre Charaktergröße des Herrschers erkennt Saint-Simon in den späten Jahren seiner Regierung, als zu viele Kriege und Todesfälle in seiner Familie Ludwig XIV. und sein Reich beinahe zerbrechen wollen: «Er, der an soviel persönlichen und politischen Erfolg gewöhnt war, sah sich am Ende allenthalben vom Glück verlassen. Er gewann es über sich, sich insgeheim unter der Hand Gottes zu demütigen, Gottes Gerechtigkeit anzuerkennen, Gottes Barmherzigkeit anzuflehen, ohne in den Augen der Menschen seine Person und seine Krone zu erniedrigen.»

Das Beispiel solcher Würde ist mustergültig.

Saint-Simon schrieb furios. In seinem Eifer, eine Epoche und ihre Protagonisten zu schildern und zu durchdringen, überstürzt sich bisweilen sein Satzbau, was zur genialen Wendung führt: «Niemals war ihm wohl und keiner mit ihm.» Ebenso unvergesslich bleibt eine Bemerkung zum Staatsminister Pontchartrain: «Die Pocken hatten ihn einäugig, die Liebe aber hatte ihn blind gemacht.»

Saint-Simon war parteiisch, versessen auf korrekte Etikette, nachtragend und begeisterungsfähig, somit ein glühendes Wesen, das uns mitreißen kann. Wer ihm zu Lebzeiten zuwider gewesen war, der wurde auch nach seinem Tod nicht vom scharfen Urteil verschont, wie der Sohn des Sonnenkönigs, der fünfzigjährig an den Pocken verstarb: «Ich habe mich lange bei dem so schwer zu beschreibenden Prinzen aufgehalten. Immerhin ist es nicht ohne Interesse, sich mit dem Leben eines so bedeutungslosen Thronfolgers zu beschäftigen, der, während er jahrelang vergeblich auf die Krone wartete, nie etwas dargestellt hat und dem nach soviel müßigen Hoffnungen, Ängsten, Plänen schließlich der Atem ausging.»

Das vernichtende Resümee erfreut durch seine Formulierung. Oder wie später der Literaturpapst Sainte-Beuve befand: «Da stehen wir vor diesem Monster, dem Sprachmeister, der unabwendbar die Partie gewinnt, denn er hat das Talent, nichts sehr gut, aber alles überwältigend zu sagen.»

Saint-Simon schleust den Leser in ein Welttheater, dessen Teil er mit seinen Schwächen, Stärken und Narreteien selbst ist, oft lebend in Wahn und Illusionen. Unabsichtlich und in alle Zukunft lehrt der schreibende Herzog, Widersprüchliches gelten zu lassen, wahrscheinlich nicht weise, aber klüger zu werden und sich im undurchdringlichen Tumult der Schöpfung um sein Glück zu bemühen. So wie es, allen Widrigkeiten zum Trotz, das Ehepaar de Castries tat: «Madame de Castries war ein Viertel von einer Frau, eine Art unausgebackener Biskuit, sie war winzig, aber sehr wohlgestaltet, sie hätte mühelos durch einen mittelgroßen Ring schlüpfen können: kein Hintern, keine Brust, kein Kinn. Sie war hässlich und machte immer den Eindruck, als sei sie bekümmert, dabei sprühten ihre Gesichtszüge von Geist. Von grausamer Bosheit, wenn es ihr beliebte, aber eine zuverlässige

Freundin, höflich, hilfsbereit, verbindlich. In stolzem Selbstbewusstsein hielt sie sich für gut verheiratet wegen der freundschaftlichen Gefühle, die sie ihrem Ehemann entgegenbrachte und die sie auf alles ausdehnte, was ihn betraf, denn sie war auf ihn ebenso stolz wie auf sich selbst. Als Entgelt dafür bezeugte er ihr die größten Rücksichten und die freundlichsten Aufmerksamkeiten.»

So, teilt Saint-Simon uns mit, lässt es sich doch leben.

18. JAHRHUNDERT

LOUIS-SÉBASTIEN MERCIER

Das Jahr 2440

«Nichts führt den Verstand mehr in die Irre
als schlecht geratene Bücher.»

⌒

Von Daniel Schönpflug

Als Dreißigjähriger schläft Louis-Sébastien Mercier im Paris des Jahres 1770 ein. Als er erwacht, ist «meine Stirne von Runzeln durchfurcht und meine Haare eisgrau. Unter den Augen standen zwei Knochen heraus, und ich hatte eine lange Nase bekommen; eine blasse, gelbliche Farbe hatte sich über meine ganze Gestalt ausgebreitet.» (21 f.) Mercier steigt aus dem Bett und tritt auf die Straßen seiner Heimatstadt Paris hinaus, die jedoch völlig verwandelt sind. Verwirrt stellt der Schriftsteller fest, dass er im Schlaf in die ferne Zukunft des Jahres 2440, also exakt in das Jahr seines siebenhundertsten Geburtstags, versetzt worden ist.

Tatsächlich träumt der Ich-Erzähler des Romans *Das Jahr 2440* jedoch nur, dass er aufgewacht sei und als uralter Mann das fünfund-

---

* Louis-Sébastien Mercier, L'an 2440: rêve s'il en fut jamais, London 1771. *Deutsch:* Das Jahr 2440. Ein Traum aller Träume. Übersetzt von Christian Felix Weiße (1772), mit Erläuterungen und einem Nachwort versehen von Herbert Jaumann, Frankfurt am Main 1982. Der deutschen Ausgabe von 1982 sind alle Zitate entnommen.

zwanzigste Jahrhundert erlebt. Das geträumte Paris der Zukunft strahlt mit seinen geraden, reinlichen Straßen und dem geregelten Verkehr eine ungewohnte Ruhe und Ordnung aus. Schlichte Häuser reihen sich regel- und zweckmäßig aneinander; ihre Dachterrassen vereinigen sich zu einem luftigen Stadtgarten unter freiem Himmel. Gleich nimmt sich ein geduldiger Stadtbewohner des überwältigten Zeitreisenden an und führt ihn durch die völlig verwandelte Hauptstadt Frankreichs. Statt eines eitlen Despoten regiert jetzt ein aufgeklärter und vom Volk geliebter Souverän, der den Tuileriengarten für Spaziergänger geöffnet hat und täglich in seiner Residenz die Fremden und Armen bewirtet. Sein Thronfolger wird in einfachen Verhältnissen fern des Hofes erzogen, um ihm von Kindheit an jeden Dünkel auszutreiben. Die Bürger sind alle gleich vor dem Gesetz und sehen es als eine Ehre an, ihr Leben in den Dienst der Gemeinschaft zu stellen. Der Louvre ist aus einem königlichen Schloss in eine Heimstatt für Künstler verwandelt. Die Theater werden vom Staat bezahlt und dienen als Schulen für die moralische Erbauung der Bürger. Auf einem öffentlichen Platz erblickt Mercier ein Denkmal, das die Steinfigur eines Afrikaners «in edler, Achtung gebietender Haltung» zeigt. Aus einer Inschrift geht hervor, dass dieser «Rächer der Neuen Welt» (88) der Sklaverei ein für alle Mal ein Ende bereitet habe. Kolonien habe Frankreich ohnehin keine mehr, erklärt der geduldige Führer: «Wir müssten rechte Narren sein, wenn wir unsere geliebten Landsleute zweitausend Meilen von hier wegbefördern wollten.» (185)

Allein diese wenigen Details zeigen, dass Merciers Zukunftstraum in vielen Einzelheiten Wirklichkeit geworden ist. Staunend nimmt der heutige Leser zur Kenntnis, dass der Schriftsteller, der sich später prophetischer Fähigkeiten rühmen konnte, schon in den 1770er Jahren das Nahen einer Revolution und den Abriss der Bastille vorhergesehen hat. Dennoch ist uns Heutigen auch klar, dass die Zukunft Frankreichs nicht so ausgesehen hat und nicht so aussehen wird, wie es sich Mercier vorgestellt hat. Das liegt zum einen daran, dass er zwar politischen und moralischen Fortschritt imaginiert hat, aber keine technische Weiterentwicklung: Im Jahr 2440 bewegen sich die Pariser immer noch in Pferdekutschen voran, und die Todesstrafe wird durch Erschießen vollstreckt. Zum anderen hindert ihn eine allzu philosophische Vorstellung vom Wesen historischer Veränderungen daran, zu realistischen Vorstellungen von der Zukunft zu finden. Die Revolution etwa stellt er sich als einen rein geistigen Vorgang vor, ausgelöst von Druckerpresse und Aufklärung allein. Sie sei, «das Werk der Philosophie gewesen. Diese arbeitet geräuschlos, sie geht wie die Natur selbst zu Werke, mit einer desto sichereren Stärke, je weniger man sie bemerkt.» (67)

Das größte Hindernis für seine Fähigkeit, die Zukunft zu denken, ist aber die Tatsache, dass Mercier sich gar nicht wirklich für das Kommende, sondern vor allem für seine Gegenwart interessiert. Reinhart Koselleck wies dem Text, den er als erste zeitliche Utopie – also eigentlich als «Uchronie» – einordnet, eine Schlüsselstellung in der Geschichte des Genres zu. Gleichzeitig legte er die Mechanik der Uchronie frei, die reale Zustände nicht durch den Vergleich mit imaginierten fernen «Nicht-Orten», sondern durch das Messen an einer besseren Zukunft kritisiert. Diese Zeitprojektion ist umso subversiver, als sie Veränderung nicht nur als theoretische Möglichkeit, sondern als bereits eingetretene Tatsache präsentiert und damit den Veränderungsdruck auf die Gegenwart erhöht. Dass es Mercier im Kern um die eigene Zeit geht, ist insbesondere in seinen vielen wütenden Seitenhieben auf die Missstände des Spätabsolutismus greifbar – am deutlichsten in den zahlreichen Fußnoten des Romans. Mercier – und das ist der signifikante Unterschied zur Science-Fiction, die erst im 19. Jahrhundert entsteht – möchte also gar nicht die Gegenwart in die Zukunft weiterspinnen, sondern sie an einem hohen Ideal messen.

Und dennoch ist Merciers Roman ein Buch, das in die Zukunft weist – wenn auch in einer Art und Weise, die der Autor nicht intendiert hat. Das Jahr 2440 illustriert die Vorstellung der Aufklärer, dass eine revolutionäre Umwälzung nicht nur Politik und Gesellschaft verändern, sondern auch neue, durch und durch vernünftige Menschen hervorbringen könne. Diese leben in einer harmonischen, fast monastisch anmutenden Gemeinschaft, die mit der Regelmäßigkeit eines Uhrwerks funktioniert. Lüste und Unvernunft, alle Kanten und Widersprüche des Menschseins sind überwunden in einer Gemeinschaft, in der freiwillig mehr Steuern bezahlt werden als nötig und Deliquenten, ihre Schuld einsehend, in ihr eigenes Todesurteil einwilligen.

Die Vorstellung von solchen Gutmenschen hat etwas Unheimliches, gar Totalitäres. Das wird besonders da deutlich, wo die ideale Menschheit ihre repressive Seite zeigt. Im Jahr 2440 gilt die allgemeine Impfpflicht. Zensoren wachen darüber, dass jeder Bürger zum Wohl der Gemeinschaft beiträgt. Neuankömmlinge, die keinen nützlichen Beitrag leisten können, werden des Staates verwiesen. Die Sorbonne ist abgeschafft, weil dort ohnehin nur die Herren Doktoren in langen Roben und pelzgefütterten Kappen unverständliches Zeug von sich gegeben hätten. «Tote Sprachen» (43) wie Griechisch und Latein werden nicht mehr unterrichtet und auch nur wenig Geschichte, denn sie ist «die Schande der Menschheit und jede Seite ein Gespinst aus Verbrechen und Torheiten» (46). Die Geschichte liefere den Kindern nur mannigfaltige Beispiele für schlechtes Verhalten, die man bestenfalls gesetzten Persönlichkeiten zumuten könne. Stattdessen ist die *Encyclopédie* zum Elementarbuch geworden.

Erstaunt fragt der Zeitreisende, warum ein Mann, der auf der Straße vorbeiläuft, eine Maske trage. Dies sei, so erklärt sein Stadtführer, ein Schriftsteller, der ein schlechtes Buch geschrieben und darin Grundsätze vertreten habe, die der gesunden Moral entgegenstünden. Das Publikum strafe ihn mit Schande, bis er zur Einsicht kommt und seine Aussagen widerruft. In Merciers idealem Staat herrscht Pressefreiheit, aber das Publikum ist ein unerbittlicher Richter über abweichende Ansichten.

Als Mercier später auf seinem Spaziergang die Königliche Bibliothek von Paris betritt, sieht er statt großer Säle mit Tausenden von Büchern nur ein kleines Kabinett mit einigen schmalen Bänden. Der Bibliothekar erklärt ihm, dass im Zuge der Revolution in einem feierlichen Akt über eine Milliarde Bücher verbrannt worden seien, weil eine «reichhaltige Bibliothek der Sammelplatz der größten Ausschweifungen wie der größten Illusionen» sei. Das Geschrei der Schriftsteller hätte man ignorieren müssen, denn nichts führe «den Verstand mehr in die Irre als schlecht geratene Bücher» (112). Von den sechsundzwanzig Quartbänden der Gesammelten Werke von Voltaire ist nach dem Autodafé nur noch ein einziger übrig. Der Bibliothekar erläutert die Maßnahme: «Er wiederholte beständig dasselbe.» (122)

Merciers *Das Jahr 2440* ist also nur scheinbar ein Roman über die Zukunft. Das Buch versucht weder, eine wahrscheinliche Fiktion des Kommenden zu schaffen, noch eine realistische Prognose zukünftiger Entwicklungen zu stellen. Vielmehr zielt der Roman auf eine fundamentale Kritik der Gegenwart, deren Unzulänglichkeit im Spiegel eines idealen Zustandes offenbar wird. Die Projektion auf eine weit entfernte Zukunft kann nicht verbergen, dass Merciers Träumen tatsächlich eine Sehnsucht nach vollständiger, widerstandsfreier und am besten sofortiger Kongruenz von Wirklichkeit und Ideal ist. *Malgré lui* vermittelt Mercier, indem er abstrakte Idealvorstellungen erzählerisch konkretisiert und so die ihnen eingeschriebenen aggressiven Verfügbarkeitsphantasien offenlegt, Aspekte einer Zukunft, die zu seiner Zeit längst begonnen hatte und die noch nicht vorüber ist.

CHRISTOPH MARTIN WIELAND

Wie man ließt; eine Anekdote

Besser lesen lernen,
um die Balance zu halten

Von Jan Philipp Reemtsma

Es ist im Grunde peinlich: da empfiehlt einer ein Buch, das er selbst vor vielen Jahren hat drucken lassen (und da es nicht mehr zu haben ist, gibt er an, wo man den Text nachlesen kann – und wieder ist es ein Buch, das er selbst herausgegeben hat). Möchte er damit sagen, daß er nichts anderes Lobenswertes gefunden hat, auch bei längerem Nachdenken nicht? Nun, es kommt darauf an, was man lobt, loben möchte – und warum. Die gestellte Aufgabe war, ein Buch zu nennen, das «Orientierung für unsere Zukunft» böte. Das Problem: ich wüßte *gar kein Buch* zu nennen, das so etwas böte. Das muß begründet werden und anschließend, warum ich trotzdem das oben genannte für die Lektüre empfehle.

---

* Christoph Martin Wieland, Wie man ließt; eine Anekdote, in: Der Teutsche Merkur, 1781, Band 1, Weimar 1781, S. 70–74. Siehe auch: Wie liest man eine Anekdote, Hamburg 1988, 11 Seiten; ferner in: Christoph Martin Wieland, Ein paar Goldkörner oder was ist Aufklärung? Ein Lesebuch. Herausgegeben von Hans-Peter Nowitzki und Jan Philipp Reemtsma, Göttingen 2022.

Bücher entwerfen Bilder von Weltausschnitten, unterschiedlich nach Genre. *Insofern* helfen sie *auch*, sich in der Welt zurechtzufinden Aber «Orientierung» ist das nicht. Sich orientieren heißt, etwas zu haben, um von einem Kurs auf ein selbstgewähltes Ziel nicht abzukommen. Der Polarstern auf Fahrten durch die nächtliche See, oder im stockdunklen Raum irgendetwas an der Wand, das mir hilft, den richtigen Weg zum Lichtschalter oder zur Tür zu finden. Aber das nützt mir nichts, wenn ich nicht weiß, wo rechts und links ist (siehe auch Immanuel Kant «Was heißt sich im Denken zu orientieren?»). Sinn des Vergleichs: die Weltausschnitte, die mir Bücher präsentieren, nützen mir gar nichts, wenn ich keine Orientierungspunkte zu finden weiß, und auch die nützen mir nichts, wenn ich nicht weiß, wo rechts, links, oben und unten ist, und das lehrt mich kein Buch.

Das lehrt mich übrigens auch nicht das Leben (zu dem die Bücher gehören), sondern das lehre ich mich anhand meiner Erfahrungen und anhand der Erfahrungssubstitute, die mir die Bücher geben, selbst. Nun kommen manche von uns an einen Lebenspunkt, an dem uns etwas einfällt, was Peter Rühmkorf so formuliert hat: «Du aber sitzest angestrengt auf deinem Scherbenhügel, / einen abgerißnen Fluch im Hals – // Alles Quack, wer der Welt zu tief ins Auge gesehn hat, / um noch an ihr leiden zu wollen ...» – «Früher, als wir die großen Ströme noch mit eigenen Armen teilten» heißt das Gedicht –, und wenn wir dahin kommen, dann werden wir – je nach Disposition – trüb oder weltgrantelig oder boshaft, gar bösartig, wenn es uns nicht gelingt, die Kurve zu nehmen, die Rühmkorf in der nächsten Zeile so anvisiert: «... wird den Mangel an Service hier nicht so persönlich nehmen.» Um aus dieser Kurve nicht hinausgetragen zu werden, braucht's innere Balance, nach Außen wie Innen, daß einem die Fähigkeit zur Orientierung nicht abhanden kommt. Über *diese innere Balance* spricht Wieland, und wenn er nur über Lesen und Bücher spricht, heißt das nicht, daß er nicht auch über alles andere spräche. Die Anekdote, die uns Wieland 1781 in seiner Zeitschrift *Der Teutsche Merkur* mitteilt, handelt von einige Leuten, die Rousseaus *Neue Heloise* lesen, worauf einer von ihnen sich darüber echauffiert, «Jean-Jacques hätte in diesem Buche den Selbstmord gepredigt». Man liest, findet eine solche Stelle, erregt sich, verlangt, das Buch zu konfiszieren und zu verbrennen, «und den Autor – es fehlte wenig, daß sie nicht auch den mit ins Feuer geworfen hätten». Aber ein Besonnener hält dazu an, etwas weiterzulesen, und man kommt an eine Stelle, «die ganz entscheidende Gründe gegen den Selbstmord gab, und daß J. J. Rousseau über diesen Punct ganz gesunde Begriffe hatte».

Aber. Es kommt das entscheidende «Aber», das uns lehrt, der Welt, wie sie ist, ins Auge zu schauen: «Aber die Sage des Gegentheils hatte nun einmal überhand genommen; die Gansköpfe hielten fest, und fuhren fort mit ihrer eigenen Dummdreistigkeit zu versichern, Jean-Jacques predige auf *der* und *der* Seite seines Buchs den Selbstmord, wiewohl er auf *der* und *der* Seite just das Gegentheil that.» Wer Bücher schreibt oder sie herausgibt oder anders mit ihnen zu tun hat, kennt dergleichen. Wer mit der Welt drum herum lange genug zu tun hat, kennt Ähnliches zuhauf. «Was ist nun mit solchen Leuten anzufangen?» fragt Wieland. Und nun die Antwort: «Nichts.»

So ein «Nichts» ist nicht Resignation, sondern der pure Realitätssinn, den der kleine Weltausschnitt dieser Anekdote lehrt. Aber was dann? «‹Was soll ein Schriftsteller, der das Unglük hat in einen solchen Fall zu kommen, zur Rettung seiner Unschuld und Ehre sagen?› Nichts. ‹Was hätte ich davor bewahren können?› Nichts. ‹Sollte den kein Mittel seyn?›» Und nun folgt, was es braucht, um den Affekthaushalt durch einen kleinen Wutausbruch so zu stabilisieren, daß sich die Balance wieder einstellt: «O ja, ich besinne mich – er hätte selbst ein Ganskopf seyn – oder auch gar nichts schreiben – oder, was das sicherste gewesen wäre, beym ersten Hineingucken in die Welt den Kopf gleich wieder zurükziehen und hingehen sollen woher er gekommen war.»

Der bloße Ärger nebst laustarker Äußerung nützt natürlich gar nichts. Nützt es, etwas mehr über die Welt, in der dergleichen vorkommt, zu *wissen*? Wieland jedenfalls erläutert uns, wie es zu solchen Malaisen kommt: «Die Art, wie die meisten lesen, ist der Schlüssel zu allen diesen Ereignissen.» Nämlich: «unverständig, ohne Geschmak, ohne Gefühl, mit Vorurtheilen, oder gar mit Schalksaugen und bösem Willen (...) Oder zur Unzeit, wenn der Leser schlecht geschlafen, übel verdaut, oder unglüklich gespielt, oder sonst einen Mangel an Lebensgeistern hat», oder, nicht zuletzt: «wenn gerade *dieses* Buch, *diese* Art von Lectüre unter allen möglichen sich am wenigsten für ihn schikt, und seine Sinnesart, Stimmung, Laune, mit der des Autors seiner des vollkommensten Contrast macht.» Dann kommt es zu derlei und, wie man schließen kann, nicht selten.

Und nun? Nichts. Wieland nennt seine kurze Abhandlung eine «kleine vorläufige und vergebliche Betrachtung», die er folgendermaßen schließt: «Mit den Autoren ist kein Mitleiden zu haben – und den Lesern ist nicht zu helfen.» Ja, wer der Welt zu tief ins Auge gesehen hat, um noch an ihr leiden zu wollen (…) Aber. Für die Balance, die Fähigkeit, rechts von links, oben von unten zu unterscheiden, damit man sich im dunklen Zimmer Welt anhand einiger Merkpunkte an der Wand entlangtasten kann – orientieren –, braucht es etwas mehr: «Aber gleichwohl wäre zu wünschen, daß die Leute *besser lesen lernten.*» Darauf können wir uns vielleicht verständigen und – wenn wir den ganzen kurzen Text noch einmal lesen – auf die Haltung, die er präsentiert. Eine Haltung, die es braucht, um die Balance zu halten, die es braucht, um sich überhaupt orientieren zu *können.* Wohin wir uns auch immer weitertasten möchten.

IMMANUEL KANT

Beantwortung der Frage: Was ist Aufklärung?

Wider Faulheit und Feigheit

⌒

Von Otfried Höffe

Die Epoche der Aufklärung, das lange 18. Jahrhundert, ist eine der glanzvollsten Zeiten der europäischen Kultur. Geprägt ist sie von vier Leitgedanken: von einer allen Menschen gemeinsamen Vernunft, von der Freiheit als Grundlage allen persönlichen, gesellschaftlichen und politischen Handelns, vom Fortschritt als Inbegriff von Neuerungen zum Besseren, nicht zuletzt vom Anspruch, mittels einer richterlichen Kritik alle geistigen, sozialen und politischen Vorgaben auf ihre Berechtigung hin zu überprüfen. Auf diese Weise bringt die Epoche mit zahllosen Entdeckungen und Erfindungen sowie mit veritablen Verbesserungen in der Welt von Recht, Völkerrecht und Erziehung ein neues Selbstbewusstsein des Menschen zustande: Die Verantwortung für Erkennen, Handeln und Politik liegt nicht bei anderen, nach Kants Beispielen: weder bei einem Seelsorger, «der für mich Gewissen hat», noch bei einem «Arzt, der für mich die Diät be-

---

* Immanuel Kant, Beantwortung der Frage: Was ist Aufklärung?, in: Berlinische Monatsschrift, Heft 12. Herausgegeben von Johann Erich Biester und Friedrich Gedike, Berlin 1784, S. 481–494.

urteilt, u. s. w.» Blickt man auf die Selbstbezeichnungen der Epoche, auf die Ausdrücke «Aufklärung», «siècle des lumières», «enlightenment» und «illuminismo», so kommt es nur auf einen Teilbereich an, auf jene Leistungen, die vornehmlich von Gelehrten und Intellektuellen, auch Ingenieuren vollbracht werden: Klarheit in eine verworrene und Licht in eine dunkle Welt zu bringen.

Dieses Verständnis – sieht Kant, ohne es aussprechen zu müssen – ist nicht etwa falsch. Im Gegenteil sind die damals erbrachten Fortschritte im Bereich der Mathematik und Naturforschung, der Medizin und Technik sowie der Geistes- und Sozialwissenschaften bewundernswert groß. Gleichwohl beruht das noch bis heute weit verbreitete Verständnis von Aufklärung auf einer doppelten Verkürzung, der Kant in einem buchstäblichen Sinn radikal, bis zu den Wurzeln, widerspricht:

Unserem Weltbürger aus Königsberg zufolge sollen durchaus Irrtümer und Illusionen überwunden werden. Damit diese in einem weiteren Sinn theoretische Aufgabe erfüllt werden kann, muss aber zuvor eine praktische, sogar moralische Leistung erbracht werden, und für sie ist nicht nur eine gewisse, insofern privilegierte Gruppe der Menschheit zuständig. Im Gegenteil findet sich eine der vielen Gedanken, mit denen Kant, kein Kind der gebildeten Mittelschicht, sondern ein Handwerkersohn, seine demokratische Grundhaltung praktiziert. Denn: «Aufklärung», definiert er dessen Wesen, «ist der Ausgang des Menschen aus seiner selbstverschuldeten Unmündigkeit». Und wenige Zeilen später heißt es, wieder wie in Stein gemeißelt: «Sapere aude! Habe Mut, dich deines *eigenen* Verstandes zu bedienen! ist also der Wahlspruch der Aufklärung.» Unmittelbar danach heißt es (hier etwas gestrafft): «Faulheit und Feigheit sind die Ursachen, warum ein so großer Teil der Menschen gerne zeitlebens unmündig bleiben.»

Kant, darin typisch Philosoph, geht also hinter das übliche Verständnis von Aufklärung einen Schritt zurück. Er fragt nämlich nach der erforderlichen Antriebskraft und findet sie in der Überwindung von zwei Schwächen, der Faulheit und Feigheit, die ohne Frage allgemeinmenschlicher Natur sind. Die Folge besteht in einer bis heute aktuellen Provokation: Entscheidend für die Aufklärung ist nicht die Überlegenheit von Fachleuten irgendwelcher Art. Kant lehnt nicht bloß die Vorrechte aller politischen Aristokratie ab, sondern auch die etwaige Überheblichkeit einer Elite, zu der er sich selbst zählen könnte, die einer geistigen Aristokratie. Stattdessen vertritt er eine weitere Demokratisierung. Zur Demokratisierung von Schwächen, dass alle Menschen einen gewissen Hang zur Faulheit und Feigheit haben, und zu der eines Sollens: alle sind aufgefordert, diesen Hang zu überwinden, tritt eine Demokratisierung hinsichtlich des Denkvermögens, des Verstandes: In erster Linie zählen weder die Kenntnisse und Fertigkeiten, die man sich erworben hat, noch die zuständigen Begabungen. Entscheidend ist, dass man sich seines «eigenen» Verstandes bedient, gleich wie scharfsinnig er schon ausgebildet ist.

Kants Begriff der Aufklärung enthält also eine bislang wenig bemerkte, zumindest in der Tragweite unterschätzte, eminent politische Spitze. Mit ihr erweist sich sein Denken, wieder einmal, als bis heute aktuell: Der geistig-aristokratische Unterton des Selbstverständnisses vieler Aufklärer weicht einer zutiefst demokratischen Bestimmung. Diese hat freilich zwei Seiten. Nicht nur bringt im Prinzip jeder Mensch das Potential zur Aufklärung mit. Es trägt auch jeder die entsprechende Verantwortung. Damit widersetzt sich Kant einer bei falschem Tun und Lassen beliebten Verteidigungsstrategie, dass letztlich doch die anderen, die Eltern, die Lehrer, «die Gesellschaft» oder welche äußere Instanz auch immer, verantwortlich seien. In Wahrheit, erklärt er, fraglos provokativ und genau deshalb heute aktuell: In erster und letzter Instanz trägt die Verantwortung der Handelnde selbst.

Darin klingt «natürlich» das für unseren Philosophen so wesentliche Prinzip der Freiheit an, hier die für ihr Handeln selbst zuständige Person. Sieht man von Sondergruppen, etwa den noch Unmündigen, den Kindern, den aufgrund gewisser Defizite ihr Leben lang Unmündigen oder den aus bestimmten Gründen vorübergehend Unmündigen ab, so darf man, ja, muss man jedem einzelnen Menschen in seinem Tun und Lassen dieses zuschreiben, um es dann, je nachdem, zu loben oder zu tadeln und wenn erforderlich zivil- und strafrechtlich zu verfolgen. Was hier zählt, sind also nicht die Unterschiede, etwa das verschiedene Maß von Kenntnissen und Fertigkeiten, sondern die Gemeinsamkeit der Menschen, ihr Selbstdenken, ihre Mündigkeit und ihre Zurechnungsfähigkeit.

Zugleich, wenn auch erneut unausgesprochen, wendet sich Kant gegen eine weitere Neigung im gegenwärtig vorherrschenden Denken, gegen eine Überhöhung des Wir, und erweist sich erneut als beides, als provokativ für unsere Zeit (etwa mit ihrer Vorliebe für Kommunikationstheorien) und aus diesem Grund als aktuell. Dass der Mensch nicht von allein auf die Welt kommt, dass er zum Mündigwerden vielfacher Hilfe bedarf und auch als Erwachsener im Familien- und Nachbarschaftsleben, nicht zuletzt in der Berufswelt und bei seinen Freizeitaktivitäten auf Mitmenschen angewiesen ist, versteht sich von selbst. Trotzdem ist der Mut, sich seines eigenen Verstandes zu bedienen, eine von jedem selbst und persönlich zu erbringende Leistung.

ALEXANDER HAMILTON, JAMES MADISON, JOHN JAY

Die Federalist Papers

Zur Abwehr des gegenwärtigen Angriffs
auf die US-amerikanische Demokratie

⌐

Von Stephan Bierling

Dass die USA einmal zu den bedrohten Demokratien zählen würden, hätte noch vor wenigen Jahren kaum ein Beobachter vorhergesagt. Das Land feiert am 4. Juli 2026 seinen 250. Geburtstag. Seine Verfassung gilt seit 1788 und ist damit die älteste der Welt. Die USA durchlebten einen blutigen Bürgerkrieg, zwei Weltkriege, eine Depression – und hielten an ihrer Staatsform fest. Und im Kalten Krieg siegte die vitale, individualistische und reformfähige amerikanische Demokratie über die ausgelaugte, kollektivistische und starre sowjetische Diktatur.

Zwar geriet das Land immer wieder auf innen- und außenpolitische Irrwege: Es erlaubte vielen Einzelstaaten bis 1865 die Sklaverei, dis-

---

* The Federalist, A Collection of Essays. Written in Favour of the New Constitution, As Agreed Upon by the Federal Convention, September 17, 1787. In Two Volumes, New York 1788. *Deutsch:* Die Federalist Papers. Übersetzt, eingeleitet und mit Anmerkungen versehen von Barbara Zehnpfennig, München 2007.

kriminierte asiatische Einwanderer und Ureinwohner, internierte 120 000 Bürger japanischer Herkunft im Zweiten Weltkrieg, ging während der McCarthy-Jahre auf eine paranoide Kommunistenhatz, destabilisierte, ja stürzte ausländische Regierungen, die ihm zu links erschienen, verstrickte sich in den Vietnam- und den Irakkrieg, verletzte im Zuge des Anti-Terror-Kampfs nach 9/11 die Menschenrechte in den Gefängnissen von Abu Ghraib und Guantánamo. Aber jedes Mal schafften es die USA, oft freilich erst nach langer Zeit, solch kapitale Fehler zu korrigieren. Das Wort von der «more perfect union» in der Präambel der Verfassung war zum einen Zustandsbeschreibung nach dem Scheitern des ersten Versuchs, der Konföderationsartikel, zum anderen Dauerauftrag für die Politik. Heute ist die Optimierung des amerikanischen Gemeinwesens ins Stocken geraten, mehr noch: Die Deformationen nehmen zu.

Das internationale Forschungsinstitut Varieties of Democracy (V-Dem) zählt in seinem *Democracy Report 2022* die USA zu den 33 Staaten, in denen die Demokratie zwischen 2016 und 2021 am meisten Schaden nahm. Sie fielen im Ranking von 179 Ländern von Platz 17 auf 29 und sind nur noch einen Hauch davon entfernt, ihren Status als liberale Demokratie zu verlieren. Der Hauptgrund: die systematische Desinformationspolitik der Trump-Regierung und der starke Anstieg der gesellschaftlichen und politischen Polarisierung. Beides kulminierte am 6. Januar 2021 in dem Versuch eines abgewählten Präsidenten, die heiligste Aufgabe jedes demokratischen Prozesses, die friedliche Übergabe der Macht, zu sabotieren. Donald Trump rief militante Unterstützer in die Hauptstadt Washington und stachelte sie auf, die Zertifizierung des Wahlergebnisses durch den Kongress mit Gewalt zu verhindern. So etwas hatte es in 245 Jahren amerikanischer Demokratie nicht gegeben.

Es ist hohe Zeit, dass sich die USA auf die Grundlage ihrer Erfolgsgeschichte besinnen: die Verfassung und den sie tragenden Geist. Nirgendwo erfährt man mehr darüber als in den 85 Artikeln von drei Gründervätern der USA, die sie 1787/88 in verschiedenen New Yorker Zeitungen publizierten und mit denen sie für die Ratifizierung des Verfassungsentwurfs durch den Konvent dieses Einzelstaats warben. Sie nehmen seither als *Federalist Papers* einen Platz im politikwissenschaftlichen Olymp ein. Alexander Hamilton, James Madison und John Jay erklären ihren Landsleuten darin die Prinzipien einer modernen, repräsentativen Demokratie.

Im Mittelpunkt der Überlegungen der Gründerväter stand die Angst vor einer Bedrohung der Freiheit durch Machtkonzentration bei der Regierung. Das wichtigste Kontrollinstrument sei die «Abhängigkeit vom Volk», schrieb Madison in Federalist 51, aber es seien «zusätzliche Vorsichtsmaßnahmen erforderlich». Deshalb müsse die Regierung in Exekutive, Legislative und Judikative unterteilt werden. Aber selbst das reichte den Gründervätern nicht. Ihre Lösung war ein Vermischen der wichtigsten staatlichen Kompetenzen und ein gegenseitiges Einhegen der drei Regierungsgewalten durch ein System von Kontrollen und Gegenkontrollen (checks and balances). Hamilton erklärte in Federalist 66, die Gewaltenteilung sei in Wahrheit «vollständig mit einer teilweisen Vermischung vereinbar» und die partielle Verflechtung nicht nur angemessen, sondern auch notwendig «zum Zweck der wechselseitigen Verteidigung der verschiedenen Regierungszweige gegeneinander».

Außer der Machtkonzentration fürchteten die Gründerväter nichts mehr als von «Leidenschaften oder Interessen» getriebene Gruppen. Diese «factions» stellten für Madison eine «tödliche Krankheit» für die Demokratie dar, weil sie «im Gegensatz zu den Rechten anderer Bürger oder den ständigen Gesamtinteressen der Gemeinschaft stehen». Gegen die gefährliche Dominanz einer Gruppe oder einer Partei, so Madison in Federalist 10, helfe am besten «eine größere Vielfalt», oder, modern gesprochen, Pluralismus. Zugleich stimmten alle drei Autoren überein, dass es eines hohen Grads an Mäßigung bedürfe, um Intoleranz und Extremismus in Reden und Handeln zu vermeiden. Montesquieu hatte diese Tugend in seinem Hauptwerk *Vom Geist der Gesetze*, jener für die Gründerväter fundamentalen Inspirationsquelle, sogar zum zentralen politischen Prinzip eines republikanischen Gemeinwesens erhoben.

Wollen die USA den Generalangriff Trumps und seiner Jünger auf die Demokratie abwehren, finden sie ihre wichtigsten Ideen – freie Wahlen, Gewaltenteilung, wechselseitige Kontrolle, Pluralismus, Mäßigung – in den *Federalist Papers*. Dass sie im Verlag C.H.Beck elegant übersetzt und klug eingeleitet von Barbara Zehnpfennig vorliegen, ist mehr als ein gelungenes verlegerisches Projekt: Es ist ein Dienst an der Demokratie.

FRIEDRICH SCHILLER

Was heißt und zu welchem Ende studiert man Universalgeschichte?

Ein Kompass für Historikerinnen und Historiker

⌒

Von Georg Schmidt

Die vielleicht berühmteste Antrittsvorlesung aller Zeiten hielt Friedrich Schiller am 26. Mai 1789 in Jena. Der größte Hörsaal der Stadt war mit mehr als 400 Zuhörern zum Bersten gefüllt, als der frisch zum Magister promovierte Quereinsteiger – ein vom Pathos der Freiheit umwehter Dichter – das akademische Ritual nutzte, um die aufgeklärte Universalgeschichte neu zu justieren. Er hatte die «Geschichte des Abfalls der Vereinigten Niederlande von der spanischen Regierung» beschrieben und blieb auch als Historiker dem Ideal der Freiheit verpflichtet. In kleineren Arbeiten skizzierte er deren Entwicklung seit der Antike sowie die spezifisch europäische Symbiose von Freiheit und Kultur. In der Geschichte des Dreißigjährigen Kriegs rückte er die Verteidigung der deut-

---

* Friedrich Schiller, Was heißt und zu welchem Ende studiert man Universalgeschichte? Antrittsvorlesung in Jena, 26. Mai 1789, Jena 1789.

schen Freiheit und der Freiheit der europäischen Staaten in den Mittelpunkt.

Die publizierte Fassung der Antrittsvorlesung *Was heißt und zu welchem Ende studiert man Universalgeschichte?* ist ein «Longseller», der Schillers geschichtstheoretische Anliegen in gefälliger Form präsentiert. Für ihn ist es eine Methode der Sinngebung. Sie ermöglicht es dem philosophischen Kopf, rückschreitend von der Gegenwart zu den Anfängen, Ursachen für Wirkungen zu suchen und so die zufällig überlieferten Artefakte mit dem Ganzen der Weltgeschichte zu verbinden, als ob der kosmopolitische Zustand ihr Ziel sei. Der Historiker erhebt das Aggregat von Bruchstücken zum System. Er bringt mit Hilfe künstlicher Bindungsglieder «einen vernünftigen Zweck in den Gang der Welt, und ein teleologisches Prinzip in die Weltgeschichte». Primäres Ziel seiner Konstruktion ist es nicht, die Neugier der Leser zu befriedigen oder Wissen zu vermitteln, sondern Vernunft und Gefühle des sich selbst entfremdeten Menschen in Einklang zu bringen und ihn für die Freiheit zu bilden.

Als Anhänger Kants glaubte Schiller, Geschichte wahrheitsgemäß so erzählen zu können, als ob sie eine kosmopolitische Gesellschaft in Frieden, Freiheit und Humanität anstrebe. «Alle denkenden Köpfe verknüpft jetzt ein weltbürgerliches Band.» Diese Wahrheit im Ganzen und der menschliche Trieb nach Übereinstimmung erlaubten es, mit Hilfe von Struktur- und Diskursanalogien ein begrenztes historisches Geschehen als Teil dieser Einheit stimmig zu formieren. Universalgeschichte ist der von der Gegenwart ausgehende «Sehepunkt» (J. M. Chladenius), der einem an sich sinnlosen vergangenen Geschehen eine hoffnungsvolle Perspektive gibt, die gesellschaftliche Orientierung bietet.

Unter dieser Fortschrittsprämisse mussten die Menschen zu tugendhaftem Verhalten angeleitet werden, damit sie die möglich gewordene «edlere» Freiheit nicht durch Habgier und Egoismus verspielten und erneut auf die «Freiheit des Raubtiers» zurückfielen. Um ihre rohen Gefühle zu bändigen und die Menschen zu vervollkommnen, bedurfte es weniger historischer Belehrungen als gefälliger Erzählungen, die keine Zumutung für den Leser waren. Die Gelehrsamkeit musste einen Bund mit Musen und Grazien schließen, um den Weg zu den Herzen zu finden und eine Bildnerin des Menschen zu werden, weil es – wie Schiller in den Briefen zur ästhetischen Erziehung schreiben wird – «die Schönheit ist, durch welche man zu der Freiheit wandert».

Ästhetisierung und aufklärerischer Fortschrittsplan durften die empirische Wahrheit jedoch nicht verdrängen. Die an Reinhart Kosellecks «Vetorecht der Quellen» erinnernde Bedingung hielt die Fachkollegen aber nicht davon ab, Schillers Konstruktivismus vehement abzulehnen. Seine historischen Erzählungen schienen zu literarisch und zu wenig quellenorientiert. Die Bildungsabsichten der Universalgeschichte stießen im Zeichen eines individualisierenden, das Geschehen aus sich selbst verstehen wollenden Historismus auf Unverständnis.

Dennoch fanden Schillers «Wahrheiten» den Weg in die historischen Werke. Die treffenden Charakterisierungen wurden zu den künstlichen Bindungsgliedern, die als kulturelle Selbstverständlichkeiten die Geschichtserzählungen unabhängig von den Quellen prägen. Diese unreflektierte Kontaminierung – auch Klio dichtet – verwischt freilich die Gattungsgrenzen. Die poetische Wahrheit erfüllt ihren Zweck im Bereich des schönen Scheins – sie ist für die Bildung und Vervollkommnung des Menschen nicht weniger wichtig als die auf empirischer Basis gewonnene historische. Für die geschichtswissenschaftliche Forschung gilt das nicht.

Für Schiller ist es das Ziel der Geschichte, der Menschheit die mögliche Freiheit verfügbar zu machen. Dazu bedurfte es eines bestimmten sittlich-kulturellen Niveaus und eines die Stabilität sichernden politisch-staatlichen Rahmens. Als der jakobinische Terror in Frankreich und die Jenaer Studentenkrawalle das Freiheitskonzept diskreditierten, beendete Schiller sein Historikerdasein. Die Geschichte, «eine unsterbliche Bürgerin aller Nationen und Zeiten», schien ihm den Weg zur Freiheit nicht mehr zu verbürgen. Die Menschen mussten zunächst über die poetische Wahrheit und den schönen Schein zur inneren Harmonie gebildet werden.

Schillers literarische Werke haben die Zeiten überdauert, die historischen nicht. Ihr Fortschrittsoptimismus und ihre bildungspolitischen Anliegen liegen brach. Die Antrittsvorlesung ist der Schlüssel dazu.

Sie erinnert darüber hinaus an die methodische Möglichkeit, dem Geschichtsprozess ein Entwicklungsideal sinnstiftend einzuschreiben. Auf der Folie eines wie auch immer zu füllenden teleologischen «als ob» – Selbstbestimmung, Frieden, Fairness, Globalisierung, Menschenrechte etc. – lassen sich plausible Analogien konstruieren und Handlungshorizonte ausloten. Schillers universalhistorisches Vermächtnis und die reflexive Aufklärung könnten einer Historiographie, die gerade mit unverbundenen kleinteiligen Neuigkeiten aus der Vergangenheit ihre wissenschaftliche Zukunft verspielt, als Kompass dienen, um aus dem Dilemma des «alles geht» und der täglich neuen «Turns» herauszufinden.

IMMANUEL KANT

Zum ewigen Frieden

Das Realitätsprinzip der Reform

⌣

Von Volker Gerhardt

Der Name Immanuel Kants ist seit Moses Mendelssohns Klage über den «Alleszermalmer» fest mit dem Begriff des *Revolutionärs* verbunden. Zwar hat Mendelssohn den Ausdruck selbst nicht verwendet; aber was sollte einer, der alles «zermalmt», anderes sein als ein Revolutionär?

Diese längst zum Bestandteil der Philosophie-Geschichtsschreibung gewordene Assoziation hat sich auch dadurch so leicht eingeschliffen, weil Kant selbst seine erkenntniskritische Wende mit der methodischen Leistung des Nikolaus Kopernikus verglichen hat. Kopernikus verdanken wir die Erkenntnis, dass nicht die Sonne und die Sterne um die Erde kreisen, sondern dass die Erde sich um sich selber dreht und überdies die Sonne umrundet.

Das kosmische Rotieren nennt der Lateiner: *revolutio.* Und so lautet der Titel des Buches von Kopernikus: *De revolutionibus orbium coelestium,* «Über die Bewegung der Himmelskörper». Doch was der Autor

---

* Immanuel Kant, Zum ewigen Frieden. Ein philosophischer Entwurf, Königsberg 1795.

damit auslöst, ist vornehmlich eine Bewegung in den Köpfen der Menschen – zunächst in denen der Astronomen, die nicht wagen, die Konsequenzen offen auszusprechen; dann in denen der Kleriker, die darin eine Gotteslästerung sehen; und schließlich in den Köpfen derer, die in der literarischen, wissenschaftlichen und politischen Öffentlichkeit tonangebend sind.

So vergehen zwischen den Berechnungen des Kopernikus und ihrer allgemeinen Anerkennung nahezu zweihundert Jahre, ehe das Denken sich allgemein darauf einstellt und die Umdrehung auch in den Köpfen als vollzogen anerkannt werden kann. Und vor diesem Hintergrund gilt Kopernikus als «Revolutionär»; nicht, weil er sich mit der Kreisbewegung der Himmelskörper befasste, sondern weil er die Menschen zum Umdenken genötigt hat.

Und eben ein solches Umdenken hatte Kant im Sinn, als er Kopernikus zum Beispiel für eine grundlegende Wende im Denken heranzog. Und nur sofern es ihm als Philosophen gelingt, ein derartiges Umdenken der Menschen auch in Fragen des Erkennens und des Begründens in Gang zu setzen, kann er von einer «Revolution» in der menschlichen Einstellung sprechen.

Wörtlich verstanden, ist damit ein *Wechsel in der Methode* vollzogen, die eine Änderung der *Perspektive* einschließt und damit die *Erklärungsrichtung* umgekehrt. Sie führt zu der grundstürzenden Einsicht, dass sich die Erkenntnis in ihrer Form nicht nach den Dingen richtet; vielmehr folgen die Dinge in ihrer elementaren Beschaffenheit den begrifflichen Vorgaben des Menschen. Kritiker Kants, wie etwa Bertrand Russell, haben darin einen Akt des Widerstands gegen Kopernikus erkennen wollen, die im Effekt zu einer *anticopernican counterrevolution* führe.

Doch das ist nicht mehr als ein Treppenwitz, der seine Pointe aus der Unterstellung zieht, Kant habe Kopernikus auf dem Feld der Astronomie Konkurrenz machen wollen. Nimmt man ihn als Philosophen ernst, steht der nur auf die Konditionen der Erkenntnis bezogene Zugriff, also der rein epistemische Charakter seines Anspruchs auf eine «kopernikanische Wendung», nicht in Zweifel.

Unabhängig von diesem epistemologischen Paradigmenwechsel innerhalb der Philosophie ist es in der politischen Sprache des späten

18. Jahrhunderts zu einer bemerkenswerten Klärung der Begriffe gekommen: Der bereits von Platon grundsätzlich abgelehnte, später mit dem Begriff der *Revolution* verknüpfte Einsatz von Gewalt beim Wechsel einer politischen Ordnung, erhält mit dem Begriff der *Reform* eine terminologische Vollendung. Zwar hat *reformatio* schon seit längerem, insbesondere in den protestantischen Ländern Europas, einen guten Klang. Doch mit den politischen Vorgängen in den neuenglischen Kolonien in Amerika und in Frankreich und insbesondere mit der Renaissance der Begriffe *Republik* und *Demokratie*, erhält die *Reform* einen eigenen Zauber. Er bannt die Schrecken des Tyrannenmords und verleiht dem politischen Fortschritt einen Reiz, der für aufgeklärte Geister diesseits und jenseits des Atlantiks unwiderstehlich ist. Er bezeichnet Veränderungen, die von jedem auch aus eigener Einsicht verstanden und gebilligt werden können.

Im ersten Stück seiner *Religionsschrift* von 1793 unterscheidet Kant zwischen der «Revolution», die eine grundlegende Veränderung der «Denkungsart» bezeichnet und in der die logische Konsequenz der Theorie sowie die Lauterkeit einer Gesinnung ausschlaggebend sind, und der «Reform». Die *Reform* muss von der richtigen Einsicht und dem lauteren Willen ihrer Befürworter ausgehen; aber angesichts der in politischen Veränderungen erforderlichen Zustimmung vieler Menschen hat man sich um die allmähliche Durchsetzung der besseren Erkenntnis zu bemühen. Die Politik, die das Leben nicht stillstellen kann und vielen Menschen in allen möglichen Altersstufen mit allen nur denkbaren Fähigkeiten und höchst gegensätzlichen Erwartungen gerecht zu werden hat, verlangt ein *durchgängiges Handeln*, das bestenfalls zu einem «fortdauernden Streben zum Besseren», aber nicht zu einem vollkommenen Neuanfang führen kann. Und wenn das möglich sein soll, braucht es beharrliche «Fortschritte» durch eine «allmählige Reform».[1]

Das ist die Prämisse, ohne die kein Frieden zu sichern ist. Deshalb ist in Kants erster Schrift, die er im Alter von 71 Jahren einem aktuellen Problem der Politik widmet, die «Reform» das konstitutive Prozedere eines jeden politischen Handelns. Daran ändert es nicht das Geringste, dass wir Kants Verständnis des Staates als einer «Gesellschaft von Menschen über die Niemand anders als er selbst zu gebieten und zu disponiren hat als er selbst»,² zu Recht als «revolutionär» wahrnehmen! Und es wird auch nicht durch seine Fundierung der Politik durch das «Menschenrecht» oder durch seine Option für das ausnahmslos geltende «Weltbürgerrecht» korrigiert.³

Kant hält auch in seiner Parteinahme für den Unabhängigkeitskampf der Neuengland-Staaten oder für die Revolutionäre in Paris am Prinzip der Reform fest. Und wenn er noch 1797 dabei bleibt, dass die Anteilnahme an den revolutionären Ereignissen im Zusammenhang mit der Französischen Revolution eine historische Erfahrung ist, die sich im Gedächtnis der Menschheit «nicht mehr vergisst», darf man die Prämisse dieses Urteils nicht übersehen: Es unterstellt, völlig korrekt, dass der König selbst zuvor auf seine Rechte als Gesetzgeber verzichtet hat. Damit war das Volk mit dem Eintreten für die Republik formell im Recht. Es hat also eine *Reform* umgesetzt und mit allen ihm zu Gebot stehenden Mitteln verteidigt.⁴

So endet die *Friedensschrift* mit einem Plädoyer zunächst für die *Moral*, die ein jeder selbst zu verantworten hat, und, in Verbindung damit, für die *Wahrung des Rechts*, das im Rahmen einer *republikanischen Verfassung*, also unter den Bedingungen der *Publizität* und der *friedlichen Verständigung*, alle Möglichkeiten kontinuierlicher Reformen eröffnet.

Bei diesem Ende fehlt lediglich ein die *Moral*, das *Recht* und die *Öffentlichkeit* verbindendes Bekenntnis des Autors zur *Demokratie*. Das ist auch deshalb zu bedauern, weil Kant im Text der *Friedensschrift* eine Reihe demokratischer Elemente mit solchem Nachdruck in Anspruch nimmt, dass man sich fragt, warum er daraus nicht die Konsequenz zieht und nicht wenigstens sagt, dass sein republikanisches Ideal auch *unter demokratischen Konditionen* zu realisieren ist.

Hinzu kommt, dass Kant in einer Anmerkung zum *ersten Definitivartikel* die wechselseitige Korrespondenz von Freiheit und Gleichheit in eben der Entsprechung hervorhebt, in der bereits bei Herodot die Demokratie empfohlen wird und in der ihm alle philosophischen Anwälte der Demokratie folgen: Keiner kann einen anderen rechtlich zu einem Gesetz verbinden, zu dem nicht beide ihre Zustimmung gegeben haben.⁵ Im Prinzip optiert Kant somit längst für die Demokratie!

Dennoch lehnt er die Demokratie mit einem von Rousseau populär gemachten Argument ab, dem zufolge die Demokratie ein Volk zur vollständigen Einstimmigkeit verpflichte, die letztlich in einem «*Despotism*» enden müsse.[6] Dass für dieses Urteil nicht eben wenige historische Beispiele herangezogen werden können, kann niemand leugnen, aber man könnte auch entgegnen, dass kein anderes politisches System so viele Vorkehrungen treffen kann, ein solches Abgleiten in sein Gegenteil zu verhindern.

So weit geht Kant in der nach Abschluss der *Friedensschrift* vollzogenen Öffnung für die Demokratie zwar nicht. Aber er rechnet sie in seinem letzten vor seinem Tod vollendeten Werk immerhin zu den Regierungsformen, die den Bedingungen eines «repräsentativen Systems» entsprechen. Er spricht sogar vom «*demokratischen Verein*», der als Träger einer Republik in Frage kommt.[7]

Damit ist der noch zwei Jahre zuvor verhängte Bann über die Demokratie aufgehoben. Und wenn wir im Einzelnen lesen, wie Kant die Konditionen darstellt, unter denen sich das Prozedere republikanischer Politik zu vollziehen hat, ist der Eindruck unabweisbar, dass Kant eine geschichtliche Logik beschreibt, die letztlich immer auf die Demokratie zuläuft! Er vermeidet lediglich, sie als das unter allen Bedingungen am besten geeignete Modell auszuzeichnen, und begnügt sich damit, sie als eine mögliche Regierungsform zu benennen, die den Prinzipien eines Rechtsstaats nicht widerspricht.

Doch liest man genauer, was Kant über die in jedem Fall zu wahrenden Bedingungen «allmählicher und continuirlicher» Veränderung sagt, über Konditionen, die verhindern, dass es im Volk zu einer «Untertätigkeit» (!) kommt, zeigt sich, dass Kant alle älteren Formen politischer Herrschaft, die nicht die «Freiheit» aller Menschen garantieren, für überholt ansieht.[8] Dazu gehören alle Staatsverfassungen, in denen die Amtsgewalt der Verfügungsmacht einer einzelnen Person untersteht. Sie sind, wie wir heute sagen, «autoritär» und widersprechen damit dem Freiheitsgebot der Republik.[9] Nur dort, wo die Herrschaft auf Zeit (wie Kant sagt: «peremtorisch») ausgeübt wird, kann sie dem strengen republikanischen Anspruch des Philosophen genügen. Also scheiden auch alle Verfassungen unter dem Diktat einer Familie, einer Partei oder einer Priesterschaft aus.

Und wenn Kant dann die «wahre Republik» als das «repräsentative System» bezeichnet, in dem das ganze Volk so «repräsentirt» ist, dass das «vereinigte Volk» nicht nur den «Souverän» darstellt, «sondern dieser selbst *ist* (!)», dann bleibt am Ende nur *eine* Regierungsform übrig, die dieser Bedingung entspricht. Und das ist die Demokratie.[10] Hier – und nur hier – ist die allgemeine Bedingung erfüllt, die Kant im ersten Präliminarartikel der *Friedensschrift* für den Staat insgesamt erhebt: Nur hier «gebietet» und «disponirt» der Mensch über sich selbst.

Somit ist es das Festhalten am Prinzip der Reform, das Kants Beweglichkeit in der Beurteilung unterschiedlicher Regierungsformen ermöglicht und ihn zugleich sicher macht, dass bei allen Veränderungen der politischen Form die Demokratie letztlich die Prämissen vorzugeben hat.

Wie wichtig diese Option für die politische Theorie gerade auch unter den Bedingungen der Moderne ist, zeigt sich insbesondere bei den auf Kant folgenden Denkern, denen das in die politische Theorie eingelassene *Realitätsprinzip der Reform* entgeht. Nicht nur, dass sie Kant irrtümlich für einen bloßen «Menschenfreund» oder gar für einen «Pazifisten» halten.[11] Sie übersehen, dass Kant nur deshalb über den geschichtlichen Wandel der Regierungsformen so großzügig urteilen kann, weil er die fortwirkende Logik der Aufklärung und der Freiheit erkennt, die ihren einfachen Grund darin hat, dass sich Freiheit und Gesetz wechselseitig bedingen. Revolutionen vollziehen sich im Denken; wem es aber darauf ankommt, etwas unter realen Bedingungen mit dem Ziel allgemeiner Zustimmung zu erreichen, der geht den mitunter beschwerlichen Weg der Reform. Reformer wissen, dass nur das, was aus eigener Einsicht überzeugt, und die Zustimmung einer frei urteilenden Mehrheit findet, eine politische Zukunft haben kann.

Anmerkungen

1 Die Religion innerhalb der Grenzen der bloßen Vernunft (1793), Akademieausgabe (AA), Band 6, S. 48.
2 Zum ewigen Frieden (1795), AA, Band 8, S. 344.
3 Ebenda, S. 344 u. 357 ff.

4 Der Streit der Fakultäten (1798), AA, Band 7, S. 88.
5 Zum ewigen Frieden, AA, Band 8, S. 350; Herodot, Historien, III, 80, 8.
6 Zum ewigen Frieden, AA, Band 8, S. 352.
7 So steht es in der 1797 publizierten Metaphysik der Sitten, Rechtslehre (§ 52; AA, Band 6, S. 341).
8 Zum ewigen Frieden, AA, Band 8, S. 340.
9 Ebenda, S. 341.
10 Ebenda.
11 Siehe dazu: Volker Gerhardt, Das Neue in Kants Theorie des Friedens, in: Volker Gerhardt u. a., Friedensethik in Kriegszeiten, Leipzig 2023.

19. JAHRHUNDERT

NOVALIS

Die Christenheit oder Europa

Von der projektierenden Kraft eines
neuen Weltgebäudes und Menschentums

⌇

Von Hans Maier

Die Christenheit oder Europa, 1799 geschrieben, jedoch erst nach seinem Tod veröffentlicht, ist Novalis' berühmtester – und heute wohl sein aktuellster – Prosatext. Vordergründig gesehen ist es eine Rückschau. Doch sie zielt als eine politische Proklamation weit in die Zukunft. Aus der «Nacht der Seele», die Novalis in den *Hymnen an die Nacht* beschwor, erhebt sich die Vision eines neuen Tages, der sich mit dem Namen Europa verbindet: «Alte und neue Welt sind im Kampf begriffen, die Mangelhaftigkeit und Bedürftigkeit der bisherigen Staatseinrichtungen sind in furchtbaren Phänomenen offenbar geworden. Wie ... wenn eine neue Regung des bisher schlummernden Europa ins Spiel käme, wenn Europa wieder erwachen wollte, wenn ein Staat der Staaten uns bevorstände!»

Und nun folgen die monumentalen Sätze: «Es wird so lange Blut

---

* Novalis, Die Christenheit oder Europa. Ein Fragment (Geschrieben im Jahre 1799.), in: Ludwig Tieck/Friedrich Schlegel (Hg.), Novalis. Schriften, Band 1, Berlin 1826, S. 187–208.

über Europa strömen bis die Nationen ihren fürchterlichen Wahnsinn gewahr werden, der sie im Kreise herumtreibt ... Nur die Religion kann Europa wieder aufwecken und die Völker sichern, und die Christenheit mit neuer Herrlichkeit sichtbar auf Erden in ihr altes friedenstiftendes Amt installiren.»

Für mich gehört Novalis' Schrift *Die Christenheit oder Europa* zu den noch kaum entdeckten deutschen Antworten auf die Französische Revolution. Einige, so die zwischen Zustimmung und Ablehnung schwankenden «Revolutionsetüden» von Schiller-Goethe-Kleist, hat Hans-Jürgen Schings in einer verdienstvollen Studie 2012 wieder in Erinnerung gebracht. Novalis' Text ist anders, er schwankt nicht, er nimmt die Revolution auch in ihrer terroristischen Phase (die in Deutschland zu allgemeiner Ablehnung führte) ernst. Damit wirkt er wie ein vorweggenommener Büchner-Akzent (man lese *Dantons Tod*).

«Historisch merkwürdig bleibt der Versuch jener großen eisernen Maske, die unter dem Namen Robespierre in der Religion den Mittelpunkt und die Kraft der Republik suchte» – so formuliert Novalis in seiner Schrift den entscheidenden Punkt. Er spielt damit auf den 8. Juni (den 20. Prairial) 1793 an, an dem der französische Diktator in einer Feier im Tuileriengarten die neue Religion des höchsten Wesens verkündet und damit die religionsfeindliche Phase der Revolution beendet hatte. Novalis deutet es dialektisch: Auf dem Höhepunkt des revolutionären Terrors muss der Umschlag kommen, muss die verwaiste Religion die Herzen wiedergewinnen, muss ein «Mystizismus der neuern Aufklärung» sich verbreiten. Und während Robespierre nur vage vom «höchsten Wesen» spricht, hat der einundzwanzigjährige Novalis bereits eine «sichtbare Kirche ohne Rücksicht auf Landesgrenzen» im Auge – und so orientiert er sich ganz unbefangen an der katholischen Welt, Papst und Bischöfe eingeschlossen.

Das stürzte Goethe, aber auch die romantischen Freunde Hardenbergs – alle Protestanten – in Verlegenheit. Denn schon die Berufung auf Religion in der Linie Schleiermachers war vielen anstößig. Das freilich hielt Novalis nicht von seinem Bekenntnis ab, mit dem er aus der Revolution, die sich vor seinen Augen abspielte, neue unerwartete Schlüsse auf die Zukunft zog: Ich wiederhole seinen entscheidenden Satz: «Nur die Religion kann Europa wieder aufwecken und die Völker sichern, und die Christenheit mit neuer Herrlichkeit sichtbar auf Erden in ihr altes friedenstiftendes Amt installiren.»

Was würde der Dichter, lebte er heute, dem aktuellen Europa ins Stammbuch schreiben? Wäre er heute ebenso spontan, ebenso kühn und unberechenbar, ebenso anstößig wie zu Lebzeiten? Könnte er darüber hinwegsehen, dass das Christentum in Europa inzwischen in vielen Ländern in die Minderheit geraten ist? Oder würde ihn dieses Negativbild gerade herausfordern, wie er im *Allgemeinen Brouillon* 1798/99 schreibt? «Die Meinung von der Negativität des Christentums ist vortrefflich. Das Christentum wird dadurch zum Rang der Grundlage – der projektierenden Kraft eines neuen Weltgebäudes und Menschentums erhoben – einer echten Veste – eines lebendigen moralischen Raums.»

Heute, über 250 Jahre nach Novalis' Geburt im Jahr 1772, ist es an der Zeit, erneut über Europa nachzudenken, über seine Vergangenheit und Gegenwart, vor allem aber über seine Zukunft. Keiner unserer Klassiker hat den Alten Kontinent in den Zeiten der Revolution so intensiv in den Blick genommen wie Georg Philipp Friedrich von Hardenberg, der kursächsische Adelige und Bergwissenschaftler, der sich in Anlehnung an das Gut seiner Eltern Großenrode (lateinisch magna Novalis) NOVALIS nannte.

STENDHAL

Rot und Schwarz

Das Glück, nicht zeitgemäß zu sein

⌒

Von Franziska Meier

Es ging alles ziemlich schnell. Die ersten Ideen kamen Stendhal im Oktober 1828; anderthalb Jahre später unterzeichnete er am 8. April einen Vertrag mit Levavasseur, in dem als Abgabetermin das Ende desselben Monats vorgesehen war. Der Druck begann bereits im Mai, doch die Niederschrift des zweiten, in Paris spielenden Teils sollte sehr viel mehr Zeit in Anspruch nehmen als gedacht. Drei Monate später, am 22. Juli, wenige Tage bevor Paris gegen weitere Freiheitsbeschränkungen des Restaurationsregimes auf die Barrikaden ging, konnte Stendhal dem befreundeten Buchhändler Vieusseux in Florenz endlich ankündigen, im September werde er ihm ein Exemplar seines Romans *Rot und Schwarz* zuschicken; darin gehe es um «la France telle qu'elle est en 1830». Die letzten Kapitel entstanden unter Hochdruck, während die bedrohlichen Geräusche der Juli-Revolution durchs Fenster drangen.

Der Roman hat den Untertitel «Chronique de 1830»; allerdings ist

---

* Stendhal, Le Rouge et le Noir. Chronique du XIXe siècle, Paris 1830. *Deutsch:* Rot und Schwarz. Herausgegeben und übersetzt von Elisabeth Edl, München 2004.

darin von der Juli-Revolution, mit der wir meist das Jahr 1830 in Frankreich verbinden, keine Rede. Vielmehr macht der Protagonist Julien Sorel in den 1820er Jahren seine fulminante Karriere, also während der Phase, als die Restauration immer reaktionärere Züge an den Tag legte. Der Sohn eines Zimmermanns in Verrières – aus der Art geschlagen und von zarter Gestalt – steigt durch Fleiß, Intelligenz und einer an seinem großen Vorbild Napoleon geschulten Willenskraft erst zum Privatlehrer im Hause des Adligen M. de Rênal auf. Anschließend wird er auf das Priesterseminar zu Besançon geschickt und von dort als Privatsekretär des Marquis de la Mole nach Paris geholt. Krönender Abschluss seines Aufstiegs hätte die Eheschließung mit dessen Tochter Mathilde sein können, wenn sich Julien nicht selbst einen Strich durch die Rechnung gemacht hätte. Aufgewühlt durch einen Brief, in dem ihn die inzwischen von Gewissensbissen gepeinigte Mme de Rênal bezichtigt, ein skrupelloser Verführer reicher Frauen zu sein, fährt er zurück nach Verrières. In Rage schießt er auf seine erste große Liebe – doch der Schuss streift sie nur.

Obwohl Stendhals «Chronique de 1830» gerade im zweiten, Pariser Teil gespickt ist mit Anspielungen auf damalige Vorfälle und Affären, spielt die Handlung in einer Gesellschaft, deren Untergang während der Drucklegung des Romans besiegelt wurde. Insofern war er bei seinem Erscheinen schon nicht mehr aktuell. Diesem Eindruck, von den Ereignissen überholt worden zu sein, suchte man wohl mit dem ersten Untertitel «Chronique du XIXe siècle» vorzubeugen. Stendhal jedoch lag an der deutlichen Eingrenzung, die sich bald durchsetzte. Das ist recht verwunderlich bei einem Mann, der ein so außerordentlich präzises Gespür für den unaufhörlichen Wandel sowie für die Verankerung von Kunst in ihrer Zeit, sprich: im gerade herrschenden Geschmack hatte.

Anfangs war dem Roman kein Erfolg beschieden. Es ist indes nicht auf diese Enttäuschung zurückzuführen, wenn Stendhal voraussagte, man werde ihn erst um 1880 verstehen. Es ist nicht ganz klar, worauf er die Prognose stützte. Setzte er darauf, dass bis dahin den meisten Landsleuten die ihm so verhasste Emphase, die hohlen Phrasen der Romantiker unerträglich sein würden und umgekehrt sein konziser Stil wieder Konjunktur hätte? Aber wie verhält sich das zu seiner

Furcht, in Frankreich werde sich etwas der amerikanischen Demokratie von Krämerseelen Vergleichbares einstellen, aufgrund dessen man seinen Romanen sicher nichts würde abgewinnen können?

Jedenfalls behielt Stendhal recht. Seit den 1880er Jahren findet *Rot und Schwarz* begeisterte Leser, darunter Friedrich Nietzsche, der die Lektüre für einen der glücklichsten Zufälle seines Lebens hielt. Durchaus bezeichnend für diese erste Phase der Begeisterung galt dessen Bewunderung namentlich dem scharfsinnigen Psychologen. In der Nachfolge der französischen Moralisten legt Stendhal in seinen Romanen tatsächlich die alles andere als edlen Triebfedern menschlichen Verhaltens offen: Eifersucht, Neid und Habgier, sowie jenes trianguläre Begehren, das, wie es der Anthropologe René Girard herausarbeitete, nicht vom «Objekt» selbst, sondern von einem Dritten ausgelöst wird, der ein Auge auf dasselbe «Objekt» geworfen hat. Lange nach Nietzsche sind es gerade junge Leser, die sich in Stendhals Helden wiederfinden, weil sie wie Julien durchaus das Zeug zum Helden hätten, es aber in einer dem Mittelmaß frönenden Gesellschaft nicht direkt leben können.

Auch wenn Nietzsche in seinen Bemerkungen zu Stendhal immer auch sich selbst beschreibt – er neidete ihm bekanntlich mehrere gute Atheisten-Witze –, trifft er ins Schwarze, wenn er ihm nachsagt, seiner Zeit weit vorauszueilen. Umgekehrt könnte man sagen, was *Rot und Schwarz* so «nachhaltig» macht, ist das Nicht-Zeitgemäße, die Distanz zur eigenen Zeit. Vermutlich entspringt das einer eigenartig paradoxen Gemengelage bei Stendhal: Schon als Kind begeisterte er sich für die Französische Revolution, weil er das *Ancien Régime* mit der verhassten Figur seines – bürgerlichen – Vaters gleichsetzte. Allerdings lastete die Aussicht auf die sich egalisierende Gesellschaft wiederum wie ein Albdruck auf ihm – fühlte er sich doch als ein Erbe des aristokratischen Lebensstils im 18. Jahrhundert. Trotz all solcher unzeitgemäßen Vorlieben, die er freizügig auslebte, verschloss Stendhal vor der Realität der postrevolutionären Gesellschaft nicht die Augen. Er diagnostizierte genau, wie in ihr die Leidenschaften, *Energie* – damals ein Modewort – unmöglich wurden und das Aufkommen von Politik und Ideologie jede geistreiche Unterhaltung im Keim erstickte.

Diese Distanz zur eigenen Zeit konnte Stendhal durchaus in dem für ihn so wesentlichen *pursuit of happiness* fruchtbar machen. Klassisch sind dafür natürlich die Liebesgeschichten in *Rot und Schwarz*, in denen die Protagonisten von raren Glücksmomenten freilich immer nur überrascht werden, da sie zu stark von ihrem Streben nach Erfolg und Macht angetrieben sind. Julien wird das Glück als das eigentlich Wertvolle menschlicher Existenz im Grunde erst klar, als er mit dem eigenen Leben und das heißt: mit der Gesellschaft abgeschlossen hat und auf seine Hinrichtung wartet. Aber Glück lässt sich bei Stendhal eben auch aus dem distanzierten Betrachten von Zeitgeschichte ziehen, wie es dem Marquis de la Mole gelingt, wenn er elegant witzig über Hintergründe der teils verwirrenden, teils zutiefst empörenden gesellschaftlichen oder politischen Vorgänge sprechen kann. Diese Distanz, die in seinem bewussten Nicht-Zeitgemäß-Sein wurzelt, und das darin liegende Glückspotential vermitteln sich dem Leser zudem immer wieder aufs Neue über die mal liebevolle, mal ätzende Ironie der Erzählerfigur. Eben in diesem Zur-Zeit-Versetzt-Sein kann *Le Rouge et le Noir* noch dem 21. Jahrhundert ein Vorbild sein, um einer bedrängenden, ja kaum auszuhaltenden Gegenwart zu begegnen und sich zumindest mental über sie zu erheben.

CARL VON CLAUSEWITZ

Vom Kriege

Die Unberechenbarkeit
eines Konflikts begreifen

⌒

Von Dominik Geppert

«Clausewitz wird viel genannt», bemerkte der ehemalige preußische Offizier Wilhelm Rüstow schon 1867, «ist aber wenig gelesen.» Daran hat sich in den knapp zwei Jahrhunderten, seit das Hauptwerk des preußischen Generals, Militärreformers und Direktors der Allgemeinen Kriegsschule in Berlin 1832 erstmals erschienen ist, kaum etwas geändert. Die Bemerkung, der Krieg sei eine bloße Fortsetzung der Politik mit anderen Mitteln, wird zwar so oft zitiert wie keine andere Formulierung eines Militärtheoretikers. Sie wird aber meist ohne näheren Bezug zur Gedankenwelt ihres Urhebers verwendet.

Dass Clausewitz nicht so viel gelesen wird, wie es der Autor und sein Thema verdienen, hat verschiedene Gründe. *Vom Kriege* ist eine sperrige Lektüre. Der Text umfasst in der klassischen Edition durch Werner Hahlweg knapp 1500 Seiten. Der Verfasser hat ihn nicht voll-

---

* Vom Kriege. Hinterlassenes Werk des Generals Carl von Clausewitz, 3 Bände. Herausgegeben von Marie von Clausewitz, Berlin 1832–1834.

endet. Vielmehr hat seine Witwe das Werk, nachdem Clausewitz 1831 bei einem Einsatz im Zusammenhang mit der Niederschlagung des polnischen Aufstands in Breslau an der Cholera gestorben war, aus den hinterlassenen Manuskripten ihres Gatten zusammengestellt und publiziert. Manches ist Stückwerk geblieben. Die einzelnen Teile spiegeln unterschiedliche Phasen der inneren Auseinandersetzung des Autors mit seinem Stoff wieder. Der Schrift fehlt ein Schliff letzter Hand. Sie ist nicht frei von Widersprüchen oder jedenfalls scheinbaren Inkonsistenzen.

Die militärischen Praktiker, die ihn lasen, vermissten konkrete Handreichungen und einfache Regeln, die man befolgen konnte, um einen Krieg zu führen. In den Kriegsschulen und Militärakademien des 19. Jahrhunderts war der Schweizer Offizier Antoine-Henri Jomini als militärtheoretische Autorität beliebter – nicht zuletzt, weil er seinen Lesern die konkrete Nutzanwendung bot, die sie suchten. Clausewitz hingegen wollte diejenigen, die sein Werk studierten, zum eigenständigen Denken anregen und zum selbständigen Urteil erziehen. Weil die Welt – und damit auch der Krieg – sich ständig änderte, verboten sich in seinen Augen abschließende Urteile, die immer zeitgebunden und von spezifischen Umständen geprägt waren.

Die konzeptionelle Offenheit und Unabgeschlossenheit hat diejenigen, die Clausewitz lasen, angeregt und sein Werk zur Inspiration für die Bewältigung ganz unterschiedlicher Gegenwarten und Zukünfte gemacht. Wer ihn rezipierte, tat dies immer durch die Brille des jeweiligen Zeitgeists und nutzte das Werk zumeist als Steinbruch, in dem sich Anschauungsmaterial für die eigenen Vorlieben freilegen ließ. In der deutschen wie französischen Militärführung las man ihn im Ersten Weltkrieg als Verfechter des Vernichtungsgedankens und einer *offensive à outrance*. Linke Revolutionäre fanden seine Überlegungen zum taktischen Rückzug, zu den Vorzügen des Abwartens und der Ermattung des Gegners in einem Abnutzungskampf hilfreich für ihre Guerillakriege. Im Kalten Krieg wurde Clausewitz als Ratgeber geschätzt, wie eine rationale Begrenzung der Konfrontation unter dem Menetekel gegenseitiger nuklearer Vernichtung möglich sei. In jüngster Zeit ist er als Verfasser praxistheoretischer Einsichten wahrgenommen worden, die in allen möglichen Konfliktsituationen Wegweisung für eigenständige Urteile handelnder Subjekte liefern können, beispielsweise in Management-Seminaren, die ihn im Zeitalter der Globalisierung auf das Gebiet des Wirtschaftens zu übertragen suchen.

Was hat uns die Clausewitz-Lektüre für heute und morgen zu bieten? Von der Begeisterung für Vernichtungsschlachten oder eine Offensive bis zum Äußersten sind wir durch die Geschichte des 20. Jahrhunderts gründlich kuriert. Die Heroisierung des Guerillakrieges liegt uns fern. Das Vertrauen in die Rationalität atomarer Abschreckung ist zumindest erschüttert, seit eine Nuklearmacht wie Russland ihren Angriff auf ein Nachbarland durch die Drohung nuklearer Eskalation abzusichern sucht. Angesichts eines brutalen Krieges nur wenige hundert Kilometer östlich der deutschen Grenzen, fällt es auch schwer, das Werk vor allem als Ratgeber für zivile Konfliktsituationen zu lesen. Die russische Invasion der Ukraine hat uns Europäer, zumal uns Deutsche, damit konfrontiert, dass Kriege kein Phänomen einer überholten Vergangenheit sind, sondern ein grauenhafter, aber nicht zu ignorierender Teil unserer Gegenwart, mit dem wir umgehen müssen, ob es uns gefällt oder nicht.

Der englische Journalist Norman Angell hat am Vorabend des Ersten Weltkriegs einen Bestseller-Erfolg mit dem wohl schlechtesten Timing der Weltgeschichte geschrieben. Er trug den Titel *The Great Illusion* und präsentierte die These, moderne Kriege seien in einer politisch, wirtschaftlich, finanziell und technologisch hochgradig vernetzten Welt überholt, weil ökonomisch unvernünftig. Die Herausbildung eines Weltmarkts und die Ausweitung der Arbeitsteilung in globale Dimensionen, so Angell, müssten zwangsläufig zu einem Rückgang zwischenstaatlicher Konflikte führen, denn kriegerische Mittel versprächen unter diesen Umständen keinen wirtschaftlichen Erfolg.

So falsch Angell 1914 lag, so recht schien er langfristig, jedenfalls in unseren Breiten, gehabt zu haben, als sich Europa von einem *Kontinent der Gewalt* (James Sheehan) in eine Region von Frieden und Wohlstand verwandelte – nach 1945 im Westen, seit 1989 auch im Osten. Es gab freilich auch Skeptiker. Raymond Aron bezeichnete die Hoffnung auf eine Welt ohne Krieg in Anspielung auf Angells Buch seinerseits als eine «große Illusion». Der Krieg, schrieb Aron in seiner zweibändigen Studie über Clausewitz, nehme im Laufe der Zeit lediglich verschiedene Formen an, ohne sein Wesen zu ändern; Kriegsgeräte, von der Lanze bis zu den Atomwaffen, verwandelten nur das äußere Geschehen, ohne den Krieg selbst zu beseitigen.

Aus heutiger Warte betrachtet, hat Aron wohl eher recht behalten als Angell. Die Erwartung, dass Europa kriegerische Auseinandersetzungen auf Dauer hinter sich lassen kann, hat getrogen. Nach einer langen Phase des Wohlstands und der Stabilität fällt es uns schwer, die Anfänge von Gefahren zu erkennen und in Kategorien des Ernstfalls zu denken. Clausewitz kann helfen, die Kriege unserer Zeit (und auch diejenigen, die möglicherweise noch auf uns zukommen) zu analysieren und besser zu verstehen: nicht als «algebraische Formel für das Schlachtfeld», wie er schreibt, sondern als etwas, dessen Ablauf nie mit Sicherheit vorauszusagen ist. «Der Krieg ist das Gebiet der Ungewißheit», heißt es bei Clausewitz, «drei Viertel derjenigen Dinge, worauf das Handeln im Kriege gebaut wird, liegen im Nebel einer mehr oder weniger großen Ungewißheit.»

In seinem Buch beschrieb Clausewitz die Notwendigkeit, unter Zeitdruck mit unvollständigen Informationen Entscheidungen nach bestem Wissen und Gewissen zu treffen. Das gilt für den Strategen im Vorfeld und während des Krieges, für den Taktiker in der Schlacht sowie für Politiker und Diplomaten vor, in und nach dem Konflikt – zu Clausewitz' Zeit, in unserer Gegenwart und wohl (leider) auch in Zukunft. Man muss Kriege, das ist seine Erkenntnis, in ihrer Vielschichtigkeit, Wandelbarkeit und Unberechenbarkeit zu begreifen suchen. Man kann sie nicht vorausberechnen, aber man kann sich intellektuell (und materiell) für sie wappnen. Sie sind hochkomplexe militärische, psychologische, gesellschaftliche, wirtschaftliche und kulturelle Phänomene – und damit Teil eines umfassend verstandenen Begriffs von Politik. Das ist der tiefere Sinn der Formel vom Krieg als Fortsetzung der Politik mit anderen Mitteln.

ALEXIS DE TOCQUEVILLE

Über die Demokratie in Amerika

Der doppelte Westen

⌒

Von Jörn Leonhard

Im Mai 1831 reiste ein Franzose in die Vereinigten Staaten, um sich im Auftrag der französischen Regierung amerikanische Gefängnisse anzusehen und einen vergleichenden Bericht über das Strafvollzugswesen in Nordamerika und Frankreich abzufassen. Der Bericht ist heute weitgehend vergessen, nicht aber das zweibändige Werk, das aus dieser Reise entstand und zwischen 1835 und 1840 erschien. *Über die Demokratie in Amerika* war Alexis de Tocquevilles Pionierwerk, und das in mehrfacher Hinsicht: Es wurde ein Klassiker der vergleichenden Politiktheorie, der nah an der von seinem Autor aufmerksam beobachteten Wirklichkeit operierte; ein Klassiker des transatlantischen Vergleichs zum Verständnis des «Westens», denn wenn Tocqueville über die Vereinigten Staaten schrieb, dachte er an Europa und an das Frankreich seiner eigenen Gegenwart; und ein Klassiker des kritischen Blicks auf die Demokratie und ihre Aporien bis in die Gegenwart und auf absehbare Zeit.

* Alexis de Tocqueville, De la démocratie en Amérique, 2 Bände, Paris 1835. *Deutsch:* Über die Demokratie in Amerika. Aus dem Französischen übertragen von Hans Zbinden, 2 Bände, Stuttgart 1959, 1962.

Mit dem Thema des Buches war Tocqueville bereits in den 1820er Jahren in Kontakt gekommen. Die Vorlesungen des Historikers und späteren Ministers François Guizot an der Pariser Sorbonne entwickelten sich schnell zu einem Treffpunkt der Liberalen und fanden große Resonanz unter den Intellektuellen des Landes. Guizot argumentierte, dass man nach den Revolutionswellen seit dem Ende des 18. Jahrhunderts das Zeitalter der Demokratie nicht mehr aufhalten könne. Eine Rückkehr in das Ancien régime, eine echte Restauration, von der gerade viele Konservative in Frankreich nach 1815 träumen mochten, sei unmöglich. Demokratie setzte Guizot in erster Linie mit der Egalisierung der Gesellschaft gleich, und die größte Gefahr erkannte er in der möglichen Tyrannei der Mehrheit über die Minderheit.

Als Tocqueville 1831 die Vereinigten Staaten bereiste, erwies er sich vor allem als genauer Beobachter. Von Guizot inspiriert und doch weit über ihn hinausgehend, identifizierte er die Mechanismen der amerikanischen Demokratie auf drei miteinander verbundenen Ebenen. Zunächst manifestierte sie sich als soziale Tatsache einer egalitären Gesellschaftsordnung, in der es anders als in den europäischen Gesellschaften keine ererbten Privilegien, adlige Ränge und Dynastien mehr gab. Zum sozialen Charakter der Demokratie gehörte auch die relative Gleichheit von Vermögen. Auf einer zweiten Ebene schien es Tocqueville, als existiere eine gewisse Ähnlichkeit in Bildung und Wissen und sogar eine Tendenz zur Angleichung sozialer Verhaltens- und Umgangsformen, etwa das Händeschütteln, die die Amerikaner unabhängig von Einkommen und Bildung präge. Auf einer dritten Ebene blickte er auf die demokratischen Elemente der konkreten Staatsform und der Ausgestaltung der Politik vor Ort.

Tocqueville war fasziniert von dem, was er zumal in den amerikanischen Gemeinden kennenlernte. Hier schien die Demokratie zu funktionieren, weil sich ein dezentralisiertes politisches System entwickelt hatte, das Gemeinden und Einzelstaaten viele Mitwirkungsrechte einräumte und jedenfalls keinen zentralstaatlichen Despotismus wie in Frankreich zuließ. Von Paris war Washington nicht nur geographisch weit entfernt. Dazu gehörte eine austarierte Gewaltenteilung mit der Trennung zwischen präsidialer Regierung und dem Kongress sowie einer unabhängigen Justiz. Geschworenengerichte beugten einer Entfremdung zwischen Gesellschaft und Rechtsprechung vor. Aufmerksam registrierte Tocqueville vor allem die «Schulen der Demokratie» in den einzelnen Gemeinden, in denen sich eine Kultur der «town-hall democracy» eingespielt hatte. Sie basierte auf einem erweiterten Wahlrecht, auf Presse- und Versammlungsfreiheit, auf konkret erfahrbarer politischer Teilhabe durch die Wahl wichtiger Amtsträger. Geprägt auch durch seine Eindrücke von der Vielfalt selbstverwalteter kirchlicher Gemeinden, entwickelte Tocqueville ein Gespür dafür, dass über das Funktionieren der Demokratie niemals allein formale Verfahren und abstrakte Rechte entschieden, sondern das, was er als «mœurs» bezeichnete: Gewohnheiten, aus denen kollektive Tugenden und ein demokratischer Habitus entstehen konnten.

Gefährdet war für Tocqueville die Freiheit in einer so weitgehend egalisierten Gesellschaft wie der nordamerikanischen durch drei Tendenzen. Zunächst ging diese Gefahr von der Mehrheit aus, so dass ihm ein wirksamer Minderheitenschutz genauso elementar erschien wie institutionelle «checks and balances» zur Dezentralisierung der Macht in Gemeinden, Vereinen, Gerichten, in der lokalen Presse und durch freie Religionsausübung. Zudem begünstigten die Konzentration auf eine bloß individuelle Freiheit, der Rückzug ins Private und der Fokus auf ökonomische Nutzenmaximierung die schleichende Entpolitisierung durch einen einlullenden Despotismus des Staates. Schließlich konstatierte er eine Mediokrität kultureller und wissenschaftlicher Leistungen bei weitgehender Juridifizierung des politischen Lebens in den Vereinigten Staaten.

Zukunftsweisend war und ist an diesem Werk nicht allein der Vergleich als Perspektive und die Kontrastierung als hermeneutischer Vorteil, sondern vor allem der doppelte Blick auf den «Westen», nämlich im Bewusstsein der Asymmetrien zwischen Europa und den USA. Ab 1851 erkannte Tocqueville vor allem in der Herrschaftspraxis Napoleons III. die Gefahr, die Freiheit durch bewusste Gleichheitsversprechen und populistische Taktiken auszuhebeln. Dem dienten die Berufungen des Neffen Napoleons I. auf die Gleichheitsidee der Volkssouveränität wie die plebiszitäre Absicherung des Übergangs zu einer Präsidialdiktatur nach 1849. Hinter der Fassade der Gleichheit könne sich, so Tocquevilles Analyse, die staatliche Exekutive verselbständigen und einem autoritären Regime den Weg bahnen. Das Problem, durch den Rekurs auf Mehrheiten und Gleichheitspostulate Freiheitsrechte erodieren zu lassen, begleitet uns bis heute. Als Antwort auf diese Gefahr verwies Tocqueville darauf, dass Demokratie nicht in der sozialen Nivellierung und der politischen Egalisierung an der Wahlurne aufgeht. Sie braucht eingespielte Gewohnheiten, erfahrbare Glaubwürdigkeit und eine daraus abgeleitete Haltung.

ALEXIS DE TOCQUEVILLE

Über die Demokratie in Amerika

Schwierige Geschichte

⌣

Von Christian Meier

Ein Buch, das *unsere* Zukunft direkt oder indirekt zum Thema machte, also etwa Klimakatastrophen, Atomwaffen, wachsende Übervölkerung, völliges Ungenügen des Bildungssystems, all das, was uns das Netz noch bescheren kann, habe ich nicht gefunden.

Dafür ein anderes, bald schon zweihundert Jahre altes, das ganz auf die – damalige – Zukunft angelegt war: Alexis de Tocquevilles *De la démocratie en Amérique*.

Fünfundzwanzig Jahre war der französische Aristokrat alt, als er sich von seinem Richteramt beurlauben ließ, angeblich um den Strafvollzug, in Wirklichkeit, um die Demokratie in Amerika kennenzulernen. Er ist dort weit herumgekommen, hat die verschiedensten Verhältnisse gründlich (obwohl nicht ohne einige Irrtümer) studiert und seine Ergebnisse in zwei dicken Bänden veröffentlicht (1835 und 1840).

Was ihn aber nicht zuletzt interessierte, worum es ihm dringend

---

* Alexis de Tocqueville, De la démocratie en Amérique, 2 Bände, Paris 1835. *Deutsch:* Über die Demokratie in Amerika. Aus dem Französischen übertragen von Hans Zbinden, 2 Bände, Stuttgart 1959, 1962.

ging, war seine französische Heimat. Er suchte etwas, was er in Europa kaum fand, funktionierende Demokratie. Eine Demokratie, die nicht nur Gleichheit, sondern auch Freiheit gewährleisten konnte. Die Sache war dringend. Denn die europäische Welt war längst in Bewegung geraten, eine Bewegung «schon zu stark, als daß sie aufzuhalten wäre. Sie erfolgt aber noch nicht so rasch, daß man die Hoffnung auf ihre Lenkung aufgeben müßte»; die christlichen Völker «halten ihr Geschick in ihren Händen, bald jedoch wird es ihnen entwunden sein».

Tocqueville will also etwas studieren, und er tut es auf großartige Weise, was für die Zukunft Europas hilfreich sein kann (übrigens inklusive der Unterstützung Amerikas für um ihre Freiheit kämpfende Völker anderswo, in diesem Fall das aufständische Polen, allerdings mit Gebeten, nicht mit Waffen).

Was für Frankreich und Europa Zukunft sein könnte oder sollte, ist mithin schon vorhanden, in der Gegenwart, anderswo. Und in einer weiteren Betrachtung findet Tocqueville, daß das, was sich in der Gegenwart vollzieht, die Fortsetzung eines jahrhundertelangen Prozesses darstellt, der schon seit dem 11. Jahrhundert im Gang ist und den man folglich als den Vollzug von Gottes Willen deuten kann.

Am Ende seiner langen Arbeit blickt sich Tocqueville noch einmal um. Vieles, was ihm klar war, ist es jetzt nicht mehr. Sein Thema hat ihn überrannt. Und er ist souverän genug, das zu bemerken.

«Obwohl die Umwälzung, die in der Gesellschaft in den Gesetzen, Gedanken, Gefühlen der Menschen vor sich geht, noch lange nicht abgeschlossen ist, kann man ihr Werk doch bereits mit nichts vergleichen, das man in der Welt zuvor gesehen hat. Ich gehe von Jahrhundert zu Jahrhundert bis ins ferne Altertum zurück; ich sehe nichts, das dem gleicht, was ich vor Augen habe. Da die Vergangenheit die Zukunft nicht mehr erhellt, tappt der Geist im Dunkeln.»

Geht es uns anders? Blickt man auf die Gewaltregime, die ganze Teile des Globus unterdrücken (und gegebenenfalls einen widerwärtigen und grausamen Krieg führen), so ist die Sache alt, nur eben manche Mittel sind neu. (Wie ja im kleinen auch der Totalitarismus der um sich greifenden Sprach- und Meinungsverbote neu [und keineswegs harmlos] ist.) So kann (und muß) man das wohl sehen. Und im

Übrigen? Man möge mich schließen lassen mit einem Gedicht von Reiner Kunze:

> *Leichte Beute*
> Sie halten sich am Handy fest
> Was ist und war,
> Ist abrufbar
> Mit der Fingerkuppe
> Doch sie wissen schon nicht mehr,
> Was sie nicht mehr wissen

KARL MARX, FRIEDRICH ENGELS

Manifest der Kommunistischen Partei

Das Unabgegoltene in der Geschichte

Von Michael Wildt

Ein Gespenst geht um in Europa – das Gespenst des Kommunismus (...)» Es gibt wohl kaum einen politischen Text, der so mitreißend formuliert ist wie das *Kommunistische Manifest* von Karl Marx und Friedrich Engels aus dem Jahr 1848. Stilistisch grandios geschrieben, mit der unbedingten Kraft der Selbstgewissheit und der utopischen Öffnung des historischen Horizonts, vermag dieser Text heute noch zu packen, wenn auch nicht mehr zu überzeugen.

Entstanden ist das Manifest als Grundsatzpapier einer kleinen Gruppe von Exilanten in London, Brüssel, Paris – darunter Karl Marx und Friedrich Engels, die sich Bund der Kommunisten nannten, wobei der seit Beginn des 19. Jahrhunderts aufkommende Begriff des Kommunismus mehr eine radikale Abgrenzung zu anderen Gruppen darstellte als ein kohärentes Programm. Dieses nun sollten Marx und Engels schreiben. Als das radikale, fulminante *Manifest der Kommunis-*

---

* Manifest der Kommunistischen Partei. Februar 1848, London 1848.

tischen Partei, wie der Text ursprünglich hieß (wobei Partei anders als im heutigen Sprachgebrauch damals eine Gruppe von Gleichgesinnten bezeichnete), Anfang 1848 erschien, hätte der Zeitpunkt mit dem Ausbruch der Revolutionen in Europa eigentlich nicht besser gewählt sein können. Aber Marx sah die Zeit für die weitreichenden Forderungen des Manifests nach «Sturz der Bourgeoisieherrschaft» und «Eroberung der politischen Macht durch das Proletariat» noch nicht gekommen; das Manifest, sowieso nur in einer deutschen und später in einer englischen Ausgabe gedruckt, verschwand in der Schublade.

Erst am Ende des 19. Jahrhunderts, als die sozialdemokratischen Parteien in Europa erstarkten, wurde das Manifest wiederentdeckt. Die deutsche Neuauflage erschien 1872 mit einem Vorwort von Marx und Engels, in dem sie zugaben, dass das Programm stellenweise veraltet sei. Indes, so die beiden, sei das Manifest «ein geschichtliches Dokument, an dem zu ändern wir uns nicht mehr das Recht zuschreiben». In der Folgezeit erschienen zahlreiche Übersetzungen; vor dem Ersten Weltkrieg waren es mehrere hundert. Vor allem mit dem Sieg der Bolschewiki in Russland und der Gründung von kommunistischen Parteien erfuhr das Manifest einen enormen Aufschwung und wurde gewissermaßen zum kanonischen Text der kommunistischen Bewegung – und erstarrte damit zum Dogma.

Keine der Prophezeiungen des Manifests hatte sich erfüllt. Weder hatten die Widersprüche der kapitalistischen Wirtschaftsordnung zu deren Zusammenbruch geführt, noch hatte sich der Klassengegensatz zwischen Bourgeoisie und Proletariat so zugespitzt, dass der revolutionäre Umschwung unvermeidlich wurde. Im Gegenteil, die Arbeiterklasse in den europäischen Ländern neigte immer weniger dazu, ihren auf Kosten der außereuropäischen Welt geschaffenen Wohlstand aufs Spiel zu setzen. Schon Marx und Engels schrieben, wie Iris Därmann unterstrichen hat, mit einem starken eurozentrischen Blick, demzufolge an der Spitze des Fortschritts die europäischen Zivilisationen standen, denen die «barbarischen» Nationen durch den globalen Siegeszug der bürgerlichen Gesellschaft unweigerlich nachfolgen würden. Doch selbst mit der postkolonialistischen Neuinterpretation, die an die Stelle des Proletariats als revolutionäres Subjekt die um ihre Befreiung kämpfenden kolonisierten Völker setzte, hat das *Kommunis-*

tischen Manifest nicht an Überzeugungskraft gewinnen können. Als zu hermetisch erwiesen sich dessen polit-ökonomische Axiome, als dass sie mit der tatsächlichen globalen Geschichte des 19. und 20. Jahrhunderts hätten in Einklang gebracht werden können.

Und doch ist das *Kommunistische Manifest* nicht tot. Es birgt einen Glutkern, der von den irrigen Voraussagen unberührt geblieben ist. Da ist zum einen die von Marx und Engels fasziniert beschriebene Kraft des Kapitalismus zur Umgestaltung der ökonomischen, politischen, sozialen und kulturellen Verhältnisse weltweit. Das *Kommunistische Manifest* ist zweifellos auf paradoxe Weise auch eine unverhohlene Hommage an den Kapitalismus. Zum anderen rückt zugleich dessen Destruktionsfähigkeit ins Bild, die unerbittliche Vernichtung all dessen, was ihm im Wege steht. Mit dem *Kommunistischen Manifest* lässt sich beides zusammen denken: die Schaffenskraft des Kapitalismus und sein damit notwendig verbundenes Zerstörungsvermögen. Und diese Zwiespältigkeit erfahren wir täglich. Die Verwandlungen von Dingen und sozialen Beziehungen in Geldwerte und die Globalisierung der Wirtschaft sind ebenso erfahrbar wie die scheinbar unbegrenzten Konsummöglichkeiten auf der nördlichen Halbkugel, die mit Ausbeutung, Gewalt, Hunger und Armut in der Südhälfte der Welt einhergehen, und für alle Menschen die Zerstörung der natürlichen Grundlagen unseres Lebens. Der Siegeszug des Kapitalismus war und ist stets auch ein Raubzug.

Diese ambivalente Erfahrung drückt das *Kommunistische Manifest* immer noch aus. Auch wenn seine geschichtliche Gewissheit des Sieges des Kommunismus und der historischen Rolle des Proletariats abhandengekommen ist, so ist die Leerstelle des revolutionären Subjekts damit keineswegs verschwunden, sondern nur unbesetzt. Walter Benjamin hat in seinen *Thesen über den Begriff der Geschichte* auf das Unabgegoltene der Geschichte verwiesen, das, in seinen Worten, jeder Generation als messianische Kraft mitgegeben ist. Bis heute ist im *Kommunistischen Manifest* eben diese Kraft spürbar, sich der eigenen Freiheit und Potentiale bewusst zu werden und weltweit an die Stelle der herrschenden Gesellschaft eine Assoziation treten zu lassen, «worin die freie Entwicklung eines jeden die Bedingung für die freie Entwicklung aller ist».

LUDWIG FEUERBACH

Vorlesungen über das Wesen der Religion

Natur ist alles

⌐

Von Wolfram Siemann

Dieses Buch ist das wohl merkwürdigste der deutschen Philosophie- und Politikgeschichte. Es vereint die dreißig Vorlesungen des vierundvierzigjährigen Privatdozenten Ludwig Feuerbach, die dieser als überzeugter republikanischer Demokrat während der Revolution von 1848/49 vom 1. Dezember 1848 bis zum 2. März 1849 im Heidelberger Rathaus – die Universität hatte ihm die Aula verwehrt – auf Einladung von Studenten gehalten hat, und zwar über *Das Wesen der Religion*. Es ist ein außergewöhnliches Buch: rhetorisch, weil es dem Duktus des gesprochenen Worts folgt, inhaltlich, weil es eine Inventur seines seitherigen Denkens darstellt und darin teilweise frühere Thesen noch erweitert. Er redete im Bewusstsein, an der Schwelle eines neuen Zeitalters, einer «Philosophie der Zukunft» zu stehen. Denn er rechnete darin ab mit der idealistischen Philosophie von Descartes über Leibniz, Hegel, Fichte und Kant und beanspruchte, den Weg zu

---

* Ludwig Feuerbach, Vorlesungen über das Wesen der Religion, Leipzig 1851 (= Ludwig Feuerbach's sämmtliche Werke VIII, *Seitenzahlen der Zitate in Klammern*).

einem neuen Denken zu weisen, das die alte Trennung zwischen Vernunft und Natur – zwischen der Welt des Geistes und derjenigen der Erscheinungen – aufheben sollte. Feuerbach war kein Systemstifter wie Hegel oder Marx, sondern ein Thesenbildner und Aphoristiker; deshalb bieten sein Werk und besonders diese «Vorlesungen» erstaunlich viele Einsichten, die sie auch heute noch lesenswert machen. Zwei immer noch zukunftsweisende Leitideen seien daraus ausgewählt.

Religion

«Theologie ist Anthropologie»: so beantwortet Feuerbach die Frage nach der Existenz Gottes (21). Die Menschen erzeugten sich für ihre Zwecke die ihnen dienlichen Gottesbilder, und diese differierten je nach Kultur, Zeitalter und Bildungsstand. Gott sei ein Produkt menschlicher Einbildung und Phantasie.

Ganz modern nach Art eines Ethnologen erörtert er empirisch-historisch in globalem Radius die Götterbilder und Riten der Bibel, des Korans, des Hinduismus, Buddhismus und der sogenannten Naturvölker – vollkommen vorurteilslos. Er erklärt Religion – auch darin modern – psychologisch aus einem elementaren menschlichen Abhängigkeitsgefühl, aus einer fundamentalen existenziellen Furcht, die aus dem Bewusstsein der Sterblichkeit und dem Ausgeliefertsein gegenüber den Naturgewalten erwachse. Religion sei der bildgewordene Begriff des Willens zur Selbsterhaltung und zum Leben schlechthin.

Der politische Aufruf an sein Publikum lautete, die menschlichen Geschicke selbst in die Hand zu nehmen, denn die konkurrierenden Gottesbilder würden die Gesellschaft spalten. «Nicht die Menschen religiös zu machen, sondern zu bilden, Bildung durch alle Klassen und Stände zu verbreiten, das ist daher jetzt die Aufgabe der Zeit. Mit der Religion vertragen sich, wie die Geschichte bis auf unsere Tage beweist, die größten Gräuel, aber nicht mit der Bildung.» (277) Dieser Appell gilt noch heute – ein Beispiel: Der Schriftsteller und Friedenspreisträger Navid Kermani berichtete jüngst von der Hinrichtung eines Demonstranten im Iran «wegen Krieg gegen Gott»; er habe «mit dem Tod für seine Sünden bezahlt».[1]

Natur

Nicht im Gott der Einbildung, sondern in der Natur liegt für Feuerbach die Antwort auf die Frage nach dem Ursprung des Lebens. Untypisch für Philosophen, hatte er auch Botanik, Anatomie und Physiologie studiert. «Natur ist alles, was dem Menschen (...) unmittelbar, sinnlich als Grund und Gegenstand seines Lebens sich erweist. Natur ist Licht, ist Elektrizität, ist Magnetismus, ist Luft, ist Wasser, ist Feuer, ist Erde, ist Tier, ist Pflanze, ist Mensch, so weit er ein unwillkürlich und unbewusst wirkendes Wesen [ist] (...), Natur ist (...) der Inbegriff der Wesen und Dinge, deren Erscheinungen, Äußerungen oder Wirkungen (...) in astronomischen oder kosmischen, mechanischen, chemischen, physischen, physiologischen oder organischen Kräften und Ursachen ihren Grund haben.» (116 f.)

Feuerbachs Vorstellung von Natur ist überraschend modern; diese sei nicht leblos, sondern eine durch Raum und Zeit charakterisierte Ausdehnung von Körpern in der Bewegung. Aus einer «planetarischen Masse» (121) habe sich das Sonnensystem entwickelt – eine Vorwegnahme der Theorie des «Urknalls» –, und der Ursprung des Lebens verdanke sich Bedingungen, welche nur durch die spezifische Stellung der Erde zur Sonne gegeben seien; solche Bedingungen sind Wasser, Licht, Wärme, Nahrungsmittel, anorganische notwendige Elemente, alles Bestandteile auch der «materiellen Natur» des Menschen.

Feuerbach kritisiert hier die idealistische Trennung zwischen Geist und Natur. Das Geistige sei an das Sinnliche, an die physische Existenz des Leibes gebunden. Auch das Denken habe eine organische, physiologische Grundlage. Er meint, «dass die Wirkungen der Natur nicht nur meine Oberfläche, meine Rinde, meinen Leib, sondern auch meinen Kern, mein Inneres affizieren, dass die Luft, die ich bei heiterem Wetter einatme, nicht nur auf meine Lunge, sondern auch meinen Kopf wohltätig einwirkt, das Licht der Sonne nicht nur meine Augen, sondern auch meinen Geist und mein Herz erleuchtet.» (44 f.) Er spricht vom «porösen Leib». Er tritt auf als der Botschafter eines «ökologischen Existentialismus» (Jens Soentgen), dessen Denken unsere heutige Erfahrung der vom Körper vereinnahmten Mikroplastikpartikel oder atomaren Strahlungen Tschernobyls bereits einzuschließen vermag.

Die politische Botschaft an sein Publikum lautete: «Unsere Welt, aber keineswegs nur die politische und soziale, sondern auch unsere geistige und gelehrte Welt ist eine verkehrte Welt. Der Triumph unserer Bildung, unserer Kultur bestand größtenteils nur in der größtmöglichen Entfernung und Abkehrung von der Natur, [ebenso] der Triumph unserer Wissenschaft, unserer Gelehrsamkeit.» (132) Er kritisierte damit keineswegs die moderne Technik, sondern die bedenkenlose Instrumentalisierung der Natur als Ressource, wie sie zum Beispiel Marx im Dienste der ökonomischen Ausbeutung der Natur propagierte. Feuerbach beklagte die Entfremdung von der Einsicht, die besagt, dass der Mensch selbst hegender und betroffener Teil der umgebenden Natur sei.

Anmerkung

1 Die Zeit, Nr. 52, 15.12.2022, S. 5.

Literatur

Eduardo Ferreira Chagas, Die Naturauffassung bei Ludwig Feuerbach. Die Autonomie der Natur als Leitfaden seiner kritischen Philosophie, Diss. Phil. Kassel 2013, 2. Auflage, München 2013.

Hans-Martin Sass, Ludwig Feuerbach mit Selbstzeugnissen und Bilddokumenten, Reinbeck 1978 *(mit zahlreichen ungedruckten Dokumenten aus dem privaten und universitären Nachlass und Archiven).*

Alfred Schmidt, Emanzipatorische Sinnlichkeit. Ludwig Feuerbachs anthropologischer Materialismus, München 1973.

Jens Soentgen, Ludwig Feuerbach und die Philosophie der Zukunft, in: Merkur, Heft 881, Oktober 2022, S. 50–58.

Francesco Tomasoni, Ludwig Feuerbach. Entstehung, Entwicklung und Bedeutung seines Werkes, Münster/New York 2015.

Christine Weckwerth, Ludwig Feuerbach zur Einführung, Hamburg 2002.

CHARLES DARWIN

Die Entstehung der Arten

Besser von einem Affen als von
einem Bischof abstammen

⌒

Von Andreas Wirsching

Du tust mir Unrecht, wenn Du glaubst, ich arbeitete für den Ruhm.» Mit diesen Worten weist Charles Darwin in einem Brief vom März 1859 den Verdacht von sich, ruhmsüchtig zu sein. Damals schreibt er gerade bis zur Erschöpfung an der *Entstehung der Arten*, einem Buch, das seinen Autor endgültig berühmt und wie kaum ein anderes Geschichte machen wird.

«Bis zu einem gewissen Grad schätze ich [den Ruhm]», fährt Darwin fort – so realistisch ist er denn doch. «Aber, wenn ich mich selbst richtig kenne, dann arbeite ich aus einer Art natürlichem Trieb heraus – einem Trieb, die Wahrheit zu finden.» Dieser Trieb bewegt Darwin schon seit frühester Kindheit und Jugend. In den Fächern der von seinem Vater gewünschten Universitätsstudien – Medizin und Theologie – findet er sich kaum zurecht. Statt für Klinik und Kirche

---

* Charles Darwin, On the Origin of Species. By Means of Natural Selection, London 1859. *Deutsch:* Die Entstehung der Arten durch natürliche Zuchtwahl. Aus dem Englischen von Carl Wilhelm Neumann, Leipzig 1980.

interessiert er sich für die Natur: für Geologie, Botanik und Zoologie. Von klein auf wirkt in ihm eine Leidenschaft, eben ein Trieb, der ihn unaufhörlich beobachten, sammeln und klassifizieren lässt.

Nicht zufällig wird Darwin daher «entdeckt», weiterempfohlen und zu einer Weltumsegelung auf dem britischen Schiff *Beagle* eingeladen. Von dieser Reise, die nicht weniger als fünf Jahre – von 1831 bis 1836 – dauert, lässt sich mit Fug und Recht sagen: Ohne die *Beagle* kein Darwin. Durch diese Reise findet er, wie seine Schwester rückblickend sagen wird, «Glück und Interesse für den Rest seines Lebens». Unterwegs sammelt Darwin Massen an Material, das er in Kisten verpackt und nach England expediert: Pflanzen und Tierkadaver, Gesteinsproben und Fossilien – Tausende von Einzelstücken, die später reiches Anschauungsmaterial bieten.

Zurückgekehrt, stürzt sich Darwin in die Arbeit. Er ist ein fanatischer Arbeiter, und bald schon dringt er zu den Kernbeständen seiner Theorie vor: der Evolution und der natürlichen Selektion. Aus seinen handschriftlichen Notizbüchern geht eindeutig hervor, dass dies bereits 1839 der Fall ist – zwanzig Jahre vor Publikation der *Entstehung der Arten*.

Aber lässt sich die Theorie so gut belegen, dass sie durchschlägt, und vor allem: dass sie ihren Urheber nicht der akademischen und sozialen Ächtung ausliefert? In einem Bildungsestablishment, das noch immer stark von der anglikanischen Kirche geprägt ist, ist dies keine geringe Sorge. Zwischen Entwicklungsbiologie und Schöpfungstheologie klafft ein tiefer weltanschaulicher, aber auch akademisch-gesellschaftlicher Graben. Materialistische Spekulationen darüber, dass die Erde, die Pflanzen- und Tierwelt, die Arten und der Mensch möglicherweise *nicht* durch göttliche Schöpfung entstanden sind, treiben den meisten Vertretern der britischen Kulturelite nach wie vor beides ins Gesicht: den Angstschweiß und die Zornesröte. Und Darwin sieht genau, wie es den Bilderstürmern ergeht. Ihr reißerischer Evolutionismus, der sachlich nicht immer auf sicheren Füßen steht, wird als Radikalismus abgetan und mit akademischer Isolation bestraft.

Also stürzt sich Darwin in die Suche nach Wahrheit und unternimmt alles, um seine Theorie empirisch wasserdicht zu machen: auf seinem Landsitz, im Kreise einer Großfamilie lebend, abwechselnd im

Garten und am Schreibtisch arbeitend, unterbrochen nur von Krankheiten, ständig wiederkehrenden Magenproblemen, schließlich immer weiter grübelnd, Notizen machend, Briefe schreibend.

Als *Die Entstehung der Arten* 1859 schließlich erscheint, ist es das wichtigste biologische Buch, das je geschrieben wurde, und in seiner Art einzig. Es enthält ungeheuer viele Fakten und Informationen aus allen Bereichen der Natur, breitet eine in sich geschlossene Theorie aus – und geschrieben ist es in einem anschaulichen, geradezu liebenswürdigen Stil.

Darwin verwirft in seiner Evolutionstheorie den Gedanken an eine einzige Schöpfung oder auch an eine Vielzahl von Spontanschöpfungen der Arten: Anpassung und Entwicklung statt einmaliger Schöpfung; entwicklungsgeschichtlicher Zusammenhang der Arten statt distinkter Schöpfungsakte; Zufall statt göttlicher Planung. Darwins Lehre holt die «Schöpfung» damit in den Raum, das heißt auf die Erde herab und stellt sie in die Zeit, das heißt in die Erdgeschichte hinein. Das metaphysische Geschehen einer Schöpfung wird also raum-zeitlich begriffen und damit dem menschlichen Verstand zugänglich gemacht. Darin liegt der entscheidende wissenschaftsgeschichtliche Fortschritt, den das Buch gebracht hat, aber auch das Skandalon, das viele kirchen- und bibeltreue Christen zum Teil bis heute empfinden.

Darwins Theorie geht von drei zentralen Überlegungen aus.

1. «*Variation*», bei der es sich um die unleugbare Tatsache handelt, dass in der Natur keine zwei Individuen völlig identisch sind, sondern zahllose individuelle Unterschiede bestehen. Keine Katze, keine Kuh, keine Taube gleicht der anderen vollständig. In diesen Varietäten sieht Darwin nicht bloß – wie die meisten seiner Zeitgenossen – zu klassifizierende typologisch feste Phänomene. Vielmehr erkennt er die Variation der Individuen innerhalb derselben Spezies als «beginnende Arten», das heißt als den Ausgangspunkt eines dynamischen entwicklungsgeschichtlichen Prozesses.

2. «*Kampf ums Dasein*»: Kein anderes Element der Darwin'schen Theorie ist stärker missverstanden und missbräuchlich umgedeutet worden als dieser Begriff. Dies gilt umso mehr, als Darwin selbst ihn strikt auf die Welt der Tiere und Pflanzen beschränkt wissen will. Den entscheidenden Impuls erhält er durch die Lektüre des Essays

On the Principle of Population von Thomas Robert Malthus aus dem Jahre 1798. Jedes organische Wesen, so schreibt er, darin Malthus weiterdenkend, würde sich im Falle einer ungehinderten Vermehrung so rasch fortpflanzen, dass die ganze Erde bald von der Nachkommenschaft eines einzigen Paares bedeckt sein würde. Da eine solche Vermehrung in geometrischer Reihe aber offensichtlich nicht eintritt, muss es in der Natur konkrete Hemmnisse geben: Mit anderen Worten – die Individuen jeder Art sowie die Arten selbst stehen in einem unaufhörlichen Konkurrenzkampf untereinander, den nur eine Minderheit durchsteht.

3. «*Natürliche Auslese (Selektion)*» – der gewagteste, aber auch innovativste Teil des Buches. Im Prozess der natürlichen Selektion werden Darwin zufolge diejenigen individuellen Besonderheiten, die der Art in ihrem Existenzkampf zum Vorteil gereichen, gesammelt, gehäuft und weitergegeben. Die größten Selektionschancen hat diejenige Art, die bereits weit verbreitet ist und eine Vielfalt von Varietäten, modern gesprochen einen besonders großen Genpool, ausprägt hat. Aus dieser zufälligen Ansammlung vieler individueller Besonderheiten und ihrer Rekombination kann sich die günstigste Verbindung behaupten und weiterentwickeln. Am Ende steht das Überleben des Passendsten – *the survival of the fittest* –, ein Begriff, den Darwin anfangs nicht verwendet, in späteren Auflagen des Buches aber von Herbert Spencer übernimmt.

Mit den drei Leitbegriffen «Variation», «Kampf ums Dasein», «Selektion» hat Darwin eine Theorie aus einem Guss vorgelegt. Ihr Erscheinen 1859 ist eine Sensation. Die erste Auflage ist am Tage ihres Erscheinens ausverkauft. Zwischen 1859 und 1975 werden 255 Auflagen in englischer Sprache publiziert, und das Buch wird in 28 Sprachen übersetzt. Natürlich hat es solchen Erfolg, weil die Idee der Evolution «in der Luft» liegt. Auch ist es kein Zufall, dass ein anderer Naturforscher, Alfred Russel Wallace, zur gleichen Zeit auf fast die gleichen Ideen gekommen ist. Wie dies immer bei epochemachenden Autoren der Fall ist: Darwin wirkt gleichsam als «Medium» einer allgemeineren Strömung. Aber es bedarf eben auch seiner Persönlichkeit, seiner nie erlahmenden Beobachtungskraft, seines sicheren Instinkts für das Neue, Unbekannte, seiner geradezu triebhaften Suche nach der Wahrheit, schließlich auch seiner intellektuell durchdringenden Kraft, damit die Evolutionstheorie in dieser Form geboren wird.

Entgegen Darwins explizitem Willen entsteht die größte Aufregung selbstverständlich im Hinblick auf die Frage nach der Abstammung des Menschen. Hat der Mensch gemeinsame Vorfahren mit dem Affen? Legendär wird eine öffentliche, hochemotionale Diskussion am 30. Juni 1860 in Oxford, an der rund tausend Menschen im überfüllten Auditorium teilnehmen. In Abwesenheit Darwins kreuzen hier der überzeugte Darwin-Anhänger Thomas Henry Huxley und der ebenso überzeugte Darwin-Gegner Richard Owen die Klingen. Den Siedepunkt erreicht die Atmosphäre, als der Bischof von Oxford und einer der berühmtesten Kleriker seiner Zeit, Samuel Wilberforce, das Wort ergreift. Seinen Diskussionsbeitrag beendet er mit der ironischen Frage an Huxley, ob er lieber von Seiten seiner Großmutter oder von Seiten seines Großvaters vom Affen abzustammen wünsche. Huxley soll geantwortet haben, er wolle lieber einen Affen zum Vorfahren haben als einen Bischof. Der Effekt ist sensationell: Die Leute schreien, springen aus ihren Sitzen; eine Dame fällt in Ohnmacht und muss aus dem Saal getragen werden.

Lange Zeit ist diese Szene zu einer Schlüsselszene im Kampf zwischen Wissenschaft und klerikalem Obskurantismus hochstilisiert worden, obschon die Quellen nicht eindeutig, ja sogar widersprüchlich sind. Tatsächlich setzen sich Darwins Ideen erst allmählich durch, und von Beginn an steht *Die Entstehung der Arten* immer wieder im Fadenkreuz auch heftiger Kritik. Trotzdem duldet es keinen Zweifel, dass das Buch so etwas wie eine kopernikanische Wende in den Naturwissenschaften vollzieht. Es etabliert ein neues naturgeschichtliches und biologisches Weltbild, wobei die Evolutionslehre einen massiven Keil zwischen Naturwissenschaften und Theologie treibt. Versuchen, beides wieder zusammenzuführen, wie sie im 20. Jahrhundert besonders nachdrücklich zum Beispiel Pierre Teilhard de Chardin unternimmt, ist nur begrenzter Erfolg beschieden.

Insgesamt ist Darwins Theorie in ihren wichtigsten Elementen eher bestätigt als falsifiziert worden. Zwar ging Darwins theoretischer Anspruch weit über das hinaus, was die damals bekannten Fakten empirisch hergaben. Aber die seitdem bekannt gewordenen neuen Fakten tendieren dazu, Darwin in seinen Grundansichten zu bestätigen. So haben immer neue Funde, seit dem Archäopteryx im Jahre 1861, den Fossilbericht weiter ausgedehnt und den Vertretern der Evolutionstheorie neues empirisches Material an die Hand gegeben. Vor allem aber lässt sich mit den Erkenntnissen der modernen Molekulargenetik der Prozess der Evolution besser erklären. In ihrem Kern wird die Evolutionstheorie heute jedenfalls kaum bestritten.

GUSTAVE FLAUBERT

L'Éducation sentimentale

Die Tragödie wiederholt sich als Farce

⌒

Von Karl Halfpap

«Mir scheint es das Beste, die Dinge, die einen aufregen, ganz einfach darzustellen. Sezieren ist eine Rache.» Brief an George Sand, 18./19.12.1867, in Flaubert, *Briefe*[1]

Als der Roman *L'Éducation sentimentale*, «Die Erziehung des Gefühls», das vielleicht wichtigste Werk von Gustave Flaubert, 1869 veröffentlicht wurde, war ihm kein Erfolg beschieden, weder ökonomisch noch bei den Kritikern. Im Gegenteil, das Buch wurde als misslungen, moralisch fragwürdig und schlichtweg langweilig verrissen, es fanden sich nur wenige Fürsprecher. Das änderte sich im Laufe der folgenden Jahrzehnte, die Bedeutung des Werkes wurde zunehmend erkannt. Auch im deutschen Sprachraum fanden sich viele Bewunderer, von Walter Benjamin über Hugo von Hofmannsthal bis hin zu Franz Kafka.

Der Roman spielt im Frankreich der Jahre 1840 bis 1851, den historischen Hintergrund bilden der Niedergang und das Ende der Herr-

---

* Gustave Flaubert, L'Éducation sentimentale. Histoire d'un jeune homme, Paris 1869. *Deutsch:* Lehrjahre der Männlichkeit. Geschichte einer Jugend. Herausgegeben und übersetzt von Elisabeth Edl, München 2020.

schaft des Bürgerkönigs Louis-Philippe, das Revolutionsjahr 1848 und die Jahre danach bis zum Staatsstreich Louis Bonapartes. Die beiden letzten Kapitel, die 1867 spielen, sind eine Art Epilog. Vordergründig geht es in der *Éducation sentimentale* um die Geschichte eines jungen Mannes, Frédéric Moreau, und seine unerfüllte Liebe zu einer verheiraten Frau, Madame Arnoux. Mit dem Scheitern des Helden im Privaten und Gesellschaftlichen wird in dem Roman gleichzeitig auch die Geschichte seiner Epoche erzählt. Der Blick des Autors auf seine Figuren ist hierbei unerbittlich und nicht gerade von Empathie geprägt. Die Frauen und Männer, die in dem Roman ihren Auftritt haben, werden bestenfalls als mittelmäßige, oft aber als durch und durch negative Charaktere dargestellt. Fast die einzige positive Ausnahme bildet der Handelsgehilfe Dussardier, ein überzeugter Republikaner, der gegen Ende des Romans ein Opfer des Staatsstreichs vom 2. Dezember 1851 wird.

So, wie sich die Pläne und Projekte der Romanfiguren fast allesamt als illusionär herausstellen und in Luft auflösen, so ist es auch um ihr Gefühlsleben bestellt, das sich aus der Perspektive des Autors regelmäßig als Selbstbetrug entpuppt. An die Stelle großer Leidenschaften treten Sentimentalität und Schwärmerei, nur selten nur ist das literarische Ideal der romantischen Liebe so gründlich demontiert worden wie in diesem Buch. Auch deshalb ist die *Éducation sentimentale* eher die Karikatur eines Bildungsromans. Erfahrungen nämlich verändern die Hauptfigur Frédéric Moreau nicht, und es ist nur folgerichtig, wenn in der Handlung zu Beginn des vorletzten Kapitels plötzlich ganze Lebensjahre in einer Handvoll Sätzen übersprungen werden.

Der Grund für diesen Stillstand liegt in der Unfähigkeit der Hauptfigur, Ziele anzustreben, die mehr sind als Luftschlösser. Ob als Liebhaber, Schriftsteller, Künstler, Gesellschaftslöwe, angehender Politiker oder als potentieller Ehemann – in keiner Rolle gelingt es ihm, sich wirklich aus seiner Passivität dem Leben gegenüber zu befreien. Exemplarisch wird dies vom Autor an der Beziehung seines Helden zu der unerreichbar scheinenden Madame Arnoux vorgeführt; am Ende ist der richtige Zeitpunkt für ein Liebesverhältnis verstrichen, das Begehren erloschen. Im letzten Kapitel des Romans gipfelt diese Chronik der verlorenen Illusionen und vergeudeten Möglichkeiten im Gespräch zwischen Frédéric und seinem Freund Deslauriers in der gemeinsamen Erkenntnis, dass ein misslungener Bordellbesuch zu Schülerzeiten das wohl schönste Erlebnis ihres Lebens war.

Dieses Resümee hat in seiner Abgründigkeit schon die zeitgenössischen Leser schockiert, aber in der unversöhnlichen Darstellung einer Gesellschaft mit ihren Illusionen und Phantasmen liegt auch genau das, was das Buch heute noch auf geradezu atemberaubende Weise aktuell erscheinen lässt. Unschwer erkennen wir in den Handlungen und Gefühlen der Protagonisten, in den politischen und gesellschaftlichen Intrigen, die beschrieben werden, wie in einem Spiegel die Verhaltensmuster wieder, die uns auch heute noch begegnen. Das finstere Porträt des Bankiers und Unternehmers Dambreuse wirkt ebenso aktuell und zeitlos wie die ehrgeizigen Ambitionen des Juristen Deslauriers. Die Unternehmungen des letzten Endes erfolglosen Kunsthändlers und Fabrikanten Arnoux könnten sich heutzutage genauso abspielen. Gier, Machthunger, die Käuflichkeit von Überzeugungen, Fanatismus und Sektierertum, all das finden wir unschwer auch in unserer Gegenwart.

Der Blick des Autors Flaubert auf die französische Gesellschaft seiner Zeit ist illusionslos, voller Abneigung gegen diese neu entstandene bürgerliche Welt, ohne jedoch Partei zu ergreifen. Ganz ähnlich beschrieb schon Karl Marx im 18. Brumaire des Louis Bonaparte die Epoche. Im Gegensatz zur Revolution von 1789 sind die Ereignisse der Jahre zwischen 1848 und 1851 eine Wiederholung, bloßes Theater. Die Tragödie wiederholt sich als Farce, wenn auch als blutige. Ähnlich sieht es Flaubert: Mit der Moderne sind die revolutionären Ideale der Französischen Revolution obsolet geworden, nun herrschen uneingeschränkt das Geld und das Streben nach materiellem Gewinn. Diese bürgerliche Welt ist immer noch die unsrige, und allein deshalb lohnt es sich auch heute, die *Éducation sentimentale* zu lesen. Das Buch schärft den Blick für die Bühne der Gegenwart, und das ist kein geringer Nutzen, den wir aus der Lektüre für die Zukunft ziehen können.

Anmerkung

1 Gustave Flaubert, Briefe. Herausgegeben und übersetzt von Helmut Scheffel, Stuttgart 1964, S. 527.

JACOB BURCKHARDT

Weltgeschichtliche Betrachtungen

Weise sein für immer

⌒

Von Arnold Esch

Die *Weltgeschichtlichen Betrachtungen* von Jacob Burckhardt (1818–1897) sind eine Sammlung von Gedanken und Beobachtungen, die der Basler Historiker seit den 1850er Jahren in Vorlesungen und Vorträgen auch für ein breiteres Publikum ausarbeitete, und die in ihrer letzten, stellenweise nur skizzierten Fassung 1905 von seinem Neffen Jacob Oeri veröffentlicht wurden. Betrachtungen, mit denen Burckhardt nicht zum Studium der Geschichte, sondern zum Studium «des Geschichtlichen» beitragen wollte; nicht also, um von Ereignissen zu sprechen, sondern «vom duldenden, strebenden und handelnden Menschen, wie er ist und immer war und sein wird».

Es ist ein Buch, das nicht in die Zukunft weisen wollte, ja eher in die Vergangenheit zu blicken scheint, und uns doch, auch in Zukunft

---

* Jacob Burckhardt, Über das Studium der Geschichte, erstmals vollständig und originalgetreu ediert – sowie mit dem darauf fußenden Text versehen, den Jacob Oeri, der Neffe des Verfassers, als *Weltgeschichtliche Betrachtungen* im Jahr 1905 erstmals herausgegeben hat, in: Jacob Burckhardt Werke. Kritische Gesamtausgabe. Herausgegeben von der Jacob Burckhardt-Stiftung Basel, Band 10, herausgegeben von Peter Ganz, München/Basel 2000, S. 354–540.

und für die Zukunft, viel zu sagen hat, weil es – über alle modischen, bald abgefackelten *turns* des Geschichtsdenkens erhaben – ein Denken in Geschichte lehrt, das tief in den Menschen hinabreicht und darum gültig bleibt. Und das auf die Frage, ob wir Menschen für unser gegenwärtiges und künftiges Handeln aus der Geschichte lernen, die berühmte Antwort gibt: «Wir wollen durch Erfahrung nicht sowohl klug (für ein andermal) als weise (für immer) werden.»

Das gibt dieser ewigen Frage in der Tat «einen höheren und zugleich bescheideneren Sinn»: von der Geschichte und der Erfahrung der eigenen historischen Gegenwart nicht Kenntnisse über den künftigen Verlauf, nicht Rezepte für die Bewältigung der nächsten Krise zu erwarten, sondern Erkenntnis über die Natur des Menschen und somit über uns selbst und über die Maßstäbe weisen, rechten Handelns. Den weiteren Weg vorauszusehen ist ein natürliches Verlangen des Menschen; doch hat schon sein Wunsch, die eigene Position in der Geschichte zu bestimmen, ihr Rätsel: «Wir möchten gern die Welle kennen, auf welcher wir im Ozean treiben – allein wir sind diese Welle selbst.»

Der Historiker sollte all das leicht begreifen, da er die – nun vergangene – Zukunft früherer Zeiten ja kennt. Mit dem billigen Wissen des Nachhinein weiß er immer schon, wie es dann ausgegangen ist, und kann, zurückblickend, frühere Vorhersagen leicht als blamabel – falsch belächeln. Ja, da er für vergangenen Wandel weiß, welche Kräfte sich schließlich durchgesetzt haben, erfasst ihn manchmal eine «retrospektive Ungeduld», möchte er diese vergangene Zukunft rascher und ohne (ihm nun unnötig erscheinende) Umwege erreicht sehen. In seiner eigenen Gegenwart aber ist er so blind wie alle Menschen. Denn Geschichte läuft eben nicht so, wie wir allein sehen können: sie läuft nie geradeaus, und dem Menschen darum oft aus der Blickrichtung. Wir können nur das uns Bekannte hochrechnen, das Denkbare denken – und dann geschieht doch, was wir als «undenkbar», als «unvorstellbar», bezeichnet hatten.

Über das Künftige Aussagen zu machen, sollte man also nicht versuchen, weder als Spekulation über den weiteren Verlauf der Geschichte noch als angebliches Wissen von einem höheren Weltplan. Und davon zu wissen, sollte man nicht einmal wollen. Darüber zu spekulieren, sollte man der Geschichtsphilosophie überlassen, diesem «Kentauren», der in so andere Richtungen geht; gleichwohl ist der Historiker ihm Dank schuldig «und begrüßt ihn gerne hier und da an einem Waldesrand der geschichtlichen Studien».

Nicht dass Burckhardts Blick über die Geschichte nur menschliches Verhalten sähe. Der große Historiker, der er ist (wie hätte man ihm sonst die Nachfolge Rankes in Berlin angetragen), sieht auch in den *Betrachtungen* durchaus die großen Linien und die Dynamik der Geschichte, wenn er die «Krisen» (auch die stark empfundenen Krisen seiner eigenen Gegenwart), die «beschleunigten Prozesse» so in den Vordergrund seiner *Betrachtungen* stellt, «stürmische Momente» von «wahren Krisen» unterscheidet, und die «drei Potenzen» (wie er sie nennt: Staat, Religion, Kultur) in ihrer Wirkung und in ihrem Einwirken aufeinander darstellt. Aber er nimmt in alldem den «duldenden, strebenden und handelnden Menschen» wahr, seine Erwartungen, Hoffnungen und Ernüchterungen, sein Glück und sein Leid. Dazwischen fehlt allerdings die dicke Packung dessen, was wir «Gesellschaft und Wirtschaft» nennen, und worauf wir heute nicht mehr verzichten wollen.

Die *Weltgeschichtlichen Betrachtungen* sind prall gefüllt mit Einsichten in «das Geschichtliche» und in die Natur des Menschen. Und das in einer Sprache, die auch große Einsichten in schlichte klare Worte zu fassen weiß, die man manchmal leichter versteht als die von Burckhardts Interpretatoren. Der Anflug von Pessimismus, der seine Gedanken durchzieht und den Zeitgenossen auffiel, wirkt im Nachhinein wie eine Ahnung des Künftigen, die sich bewahrheiten wird. Und so bleibt, als Orientierung für die Zukunft, am Ende das schlichte schöne Wort: «weise zu sein für immer».

GEORGE ELIOT

Middlemarch

Die rätselhafte Mixtur der Menschheit

⌒

Von Annabel Zettel

«(…) denn das Wohl der Welt hängt zum Teil von unheroischen Taten ab, und dass alles um uns nicht so schlecht steht, wie es könnte, verdankt sich zum Teil der Zahl jener, die gewissenhaft im Verborgenen lebten und in vergessenen Gräbern ruhen.»

Dieser Satz beschließt «das herrliche Buch» (wie Virginia Woolf es schlichtweg nannte), aber mit ihm könnte auch alles anfangen. Er reicht bis in unsere Zeit und bindet uns ein in ein Experiment – zu sehen, wie «diese rätselhafte Mixtur» der Menschheit sich zu verschiedenen Zeiten beträgt.

Dabei ist der Plot an sich einigermaßen unaufregend: keine (äußeren) Revolutionen, keine übermäßig verzehrenden Leidenschaften, keine tragische Heldin, die sich mit aller Macht gegen die Konventionen auflehnt, sondern einfach der gemächliche Gang der Ereignisse einer Gesellschaft um 1830 in der kleinen Provinzstadt Middlemarch. George Eliot geht es um diejenigen, denen kein heroisches Leben be-

---

* George Eliot, Middlemarch. Edinburgh/London 1871. *Deutsch:* Middlemarch. Eine Studie über das Leben in der Provinz. Herausgegeben und aus dem Englischen von Melanie Walz, Hamburg 2019. Dieser Ausgabe sind alle Zitate entnommen.

schieden ist, um die gewöhnlichen Menschen mit ihren Widersprüchen, die sie psychologisch meisterhaft in all ihren Facetten ausleuchtet. Sie tut das auf eine in ihrer Zeit einzigartig neue Weise, die den modernen Roman in England begründete und bis heute nichts von ihrer Kraft verloren hat. Sie gibt keine feste Lesart vor, hält unseren Blick beweglich, und doch sind ihre Beschreibungen so dicht und reichen so weit in die Tiefe, dass es scheint, als folge man den Adern eines Baumes überall hin, bis in immer kleinere Verästelungen.

Auf diesen vielen Pfaden, die der Leser gehen kann, schildert George Eliot nicht nur mit scharfem Auge den Zustand einer Gesellschaft, sondern vor allem die Situation der Frau in dieser Gesellschaft. Und so sehen wir gleich zu Beginn des Buches die Heldin, Dorothea Brooke, den Stift in der Hand, Architekturentwürfe für Bauernhäuser zeichnen, um das Leben der Pächter zu verbessern. Aber «von Frauen erwartete man keine ausgeprägten Ansichten» heißt es hier, und so heiratet Dorothea, sich nach einem erhabenen Begriff von der Welt sehnend, schon bald einen fahlen Gelehrten, der im Wald «mit einem Taschenkompass herumtappt, während andere bereits breite Schneisen geschlagen haben». Die Institution der Ehe stellt George Eliot immer wieder in Frage, scheitern doch die Ideale beider Protagonisten, Dorotheas, sowie des jungen, aufstrebenden Arztes Tertius Lydgate (der sich, seinem beschränkten Frauenbild gemäß, miserabel verheiratet) gleichberechtigt an ihren Verbindungen: An die Stelle des offenen Meeres, auf dem man Fahrt machen wollte, erforscht man schließlich einen engen Tümpel, so die Beschreibung des Ehelebens in *Middlemarch*.

«Sie war die erste Frau ihres Zeitalters», schrieb Virginia Woolf ein halbes Jahrhundert später, und auch wenn ihre Heldinnen sich aus dem «Common Sittingroom» noch nicht befreien konnten, so brach George Eliot doch etwas auf, stellte Dinge in Frage, die zuvor nicht verhandelbar waren, lebte ein unmögliches Leben und hatte damit Erfolg, beanspruchte für sich das «eigene Zimmer», das Virginia Woolf später einfordert. 1819 in einem mittelenglischen Städtchen, ähnlich dem fiktiven Middlemarch, geboren, bestritt George Eliot ihren Lebensunterhalt in London als Redakteurin der liberalen Zeitschrift *Westminster Review* und lernte dort den Autor und Goetheforscher

George Henry Lewes kennen. «Eine Art kleiner Mirabeau von Gestalt», wie sie über den ausgesprochen hässlichen Mann befand, mit dem sie dann fast fünfundzwanzig Jahre, bis zu seinem Tod 1878, in wilder Ehe zusammen lebte. Lewes war bereits verheiratet, eine Scheidung unmöglich. Die Gesellschaft war skandalisiert, und George Eliot, damals noch ruhmlos Mary Anne Evans, fand sich von der Welt abgeschnitten. («Vernünftige Menschen handelten wie ihre Nachbarn, sodass man irgendwelche Geistesgestörten, die ihr Unwesen trieben, erkennen und ihnen aus dem Weg gehen konnte», so später George Eliots Résumé in *Middlemarch*.) Mit den Beschränkungen einer borniertem engstirnigen Gesellschaft, vor allem für Frauen, und damit, was es bedeuten konnte, verheiratet, nicht verheiratet oder falsch verheiratet zu sein, kannte sie sich also aus und stemmte ihr eigenes Leben und ihre Literatur gegen die sozialen Zwänge. Und erstaunlich genug: Die schriftstellerische Leistung überflügelte die moralische Ächtung.

Der Ruf nach Freiheit, Toleranz und der «Erweiterung unserer Sympathien» (nicht zuletzt durch die Kunst) durchzieht ihr gesamtes Werk, und so ist die offene Form von *Middlemarch* zugleich Programm: Feste Gewissheiten oder präexistente Wahrheiten werden durch die Vielzahl möglicher Perspektiven, geöffneter Wissenspfade, durch die diversen Facetten und Identitäten der Figuren zersplittert; die Linien zwischen richtig und falsch, Tugend und Laster werden aufgelöst – denn eine solche moralische Linie ist selbst schon eine unmoralische Fiktion, so George Eliot in ihrem Wilhelm-Meister-Essay.

Mit George Eliot auf die Welt zu schauen tut gut in diesen Zeiten. Sie liefert tiefes Wissen und Kontext in einer kontextlosen Zeit. Ihr Blick auf die rätselhafte Mixtur der Menschheit (die sich vielleicht auch zu verschiedenen Zeiten immer ähnlich beträgt ...) ist absolut unbestechlich und geht den Dingen bis ganz auf den Grund: «Es gibt in der gesamten englischen Romanliteratur nichts, das kraftvoller, wahrer und natürlich *intelligenter* wäre, als diese Szenen», schrieb Henry James über die ehelichen Schlagabtäusche in *Middlemarch*.

George Eliots kluges Verständnis der Dinge, ihre Toleranz und tiefe Humanität sind zeitlos. Sich mit ihr auf immer neue Perspektiven einzulassen, den Blick für das Andere beweglich zu halten und die moralischen Linien der «Insupportables Justes» zu überspringen – den Verästelungen des Baumes staunend zu folgen, bis in die feinsten ironischen Spitzen (sofern sie sich dem Halbwissen der Verfasserin immer erschließen), ist bis heute ein außerordentliches Vergnügen.

Ein sehr kluger Mann schenkte mir einmal dieses Buch, und ich möchte ihm dafür danken.

FJODOR MICHAJLOWITSCH DOSTOJEWSKIJ

Der Großinquisitor

Die kulturelle Selbstverortung Russlands

Von Christiane Hoffmann

Ein Buch, das hilft, die Vergangenheit zu verstehen, ist ein Buch, das in die Zukunft weist. Lest die Alten, lest sie wieder! Lest die Literatur, die überdauert hat, weil sie die Menschheitsfragen stellt, weil sie noch nach Jahrzehnten und Jahrhunderten aufrüttelt. Lest in diesen Zeiten Fjodor Dostojewskijs *Der Großinquisitor*.

Die Legende vom Großinquisitor – der Autor nennt sie «eine Phantasie» – ist das fünfte Kapitel des fünften Buches der *Brüder Karamasow*, jener Vatermordgeschichte im zaristischen Russland, in der die vier Söhne jeder auf seine Weise daran beteiligt sind, den tyrannischen Alten um die Ecke zu bringen. Es ist die Geschichte eines kollektiven Vatermords, geschrieben zu einer Zeit, da in Russland eine revolutionäre Jugend danach trachtete, den Zaren zu töten.

Dostojewskijs Roman erschien vor fast anderthalb Jahrhunderten. Aber die Legende vom Großinquisitor, die Iwan Karamasow seinem

---

* Fjodor Michailowitsch Dostojewskij, Великий инквизитор, in: ders., Братья Карамазовы, Moskau 1878–1880. *Deutsch:* Der Großinquisitor. Aus dem Russischen von Swetlana Geier, Frankfurt am Main 2001.

jüngeren Bruder Aljoscha in einer Kneipe erzählt, hat bis in die Gegenwart Philosophen, Literaten, Denker inspiriert, in Russland und darüber hinaus; zuletzt hat Orhan Pamuk sie in einer islamisierten Version nachgedichtet.

Es lohnt, den *Großinquisitor* wiederzulesen in dieser Zeit der Entfremdung von Russland, des Entsetzens über die Verrohung, über die moralische Zerrüttung der russischen Gesellschaft, die breite Zustimmung zum Krieg, das Ausbleiben von Protest, das vollständige Fehlen von Mitgefühl mit den Ukrainern, dem «Brudervolk». In dieser Zeit, in der die Suche nach den tieferen Ursachen für Russlands Überfall auf die Ukraine noch ganz am Anfang steht.

Lest die Geschichte vom alten Großinquisitor im Spanien des 16. Jahrhunderts, der den wiedererschienenen Christus im Gefängnis von Sevilla einkerkert und ihn mit Vorwürfen überzieht, einer wütenden Anklage, weil er den Menschen eine Freiheit verheißen hat, für die sie nach Überzeugung des Inquisitors nicht geschaffen sind.

Dostojewskij stellt in seiner Parabel die Menschheitsfrage nach Freiheit und Brot, Fressen und Moral, Freiheit oder Knechtschaft, Selbstbestimmung oder Autorität, die Frage, die bis heute beschäftigt, im Verhältnis zu Russland und in den Auseinandersetzungen der Gegenwart und Zukunft zwischen Demokratien und Autokratien.

Dostojewskij stellt diese Fragen so luzide und zugleich irritierend vielschichtig, dass die Legende radikal unterschiedlich gelesen worden ist – von Max Weber, Carl Schmitt, Hannah Arendt und vielen anderen. Der Autor macht die Position des Großinquisitors, die gewiss nicht die seine ist, stark, er lässt ihn reden und sein Argument entfalten und setzt ihm nichts entgegen als einen schweigenden Christus.

Die Legende vom Großinquisitor ist als Rechtfertigung autoritärer Herrschaft gelesen worden, die dem Menschen die Fähigkeit zur Freiheit abspricht und ihm das Glück der Gefolgschaft und des Gehorsams verheißt. Dabei ist Iwan Karamasow, der die Legende erzählt, im Roman kein positiver Held, er ist der Zyniker, der Atheist, der Westler, dem Dostojewsikij mit dem frommen Aljoscha und dem Starez Sosima das heilige Russland gegenüberstellt. Dostojewskij kennzeichnet den seltsam hinkenden Iwan als Teufel, stattet dessen Argumente aber zugleich mit maximaler Überzeugungskraft aus.

«Weißt Du wohl, dass nach Verlauf von Jahrhunderten die Menschheit durch den Mund ihrer Weisen und Gelehrten verkünden wird, es gebe gar kein Verbrechen und folglich auch keine Sünde, sondern es gebe nur Hungrige? Mache sie satt, und dann erst verlange von ihnen Tugend!» Die Prophezeiung des Großinquisitors hat sich vielfach erfüllt, sie hat nichts an Aktualität verloren, es ist die Logik der chinesischen Autokratie: Wer eine halbe Milliarde Menschen aus der absoluten Armut holt, braucht es mit Menschenrechten und Meinungsfreiheit nicht so genau zu nehmen. Es ist auch die Logik Wladimir Putins, unter dessen Präsidentschaft der Lebensstandard stieg, so etwas wie eine Mittelschicht entstand und zugleich die politischen Rechte immer weiter eingeschränkt wurden.

Man muss den *Großinquisitor*, heute wie damals, als kulturelle Selbstverortung Russlands lesen. Und das heißt in Russland immer: Selbstverortung gegenüber dem Westen, im Verhältnis zu Europa, in dieser schizophrenen Mischung aus Sehnsucht nach Zugehörigkeit einerseits und Ablehnung andererseits – Ablehnung im Gestus moralischer Überlegenheit versteht sich. Russland hat sich auch immer als das bessere Europa gesehen, das dritte Rom, als Hüterin der wahren europäischen Werte gegen einen dekadenten Westen. Es ist dieser Messianismus, an den Putin anknüpft, eine kulturelle Tradition, die in Russland bis heute präsent und wirksam ist. Putin kann auf sie zurückgreifen, wenn er Soldaten aushebt und in der russischen Gesellschaft Unterstützung mobilisiert gegen einen angeblich aggressiven Westen.

Russland ist im zwanzigsten Jahrhundert nicht das heilige Russland gewesen, das Dostojewskij vorschwebte. Im Gegenteil, die Sowjetunion brachte mit Stalin geradezu die Reinkarnation des Großinquisitors hervor. Im heutigen Russland sind beide Positionen der Großinquisitorlegende, der Materialismus und der Messianismus, zu einer gefährlichen, aggressiven Mischung vereint. Eine aufgeklärte Position dagegen fehlt, so wie es sie auch in der Legende nicht gibt. Es gibt nur den zynischen Materialismus des Iwan Karamasow und den metaphysischen Messianismus des Aljoscha. Aber was schreibe ich da. Lest selbst, lest *Die Brüder Karamasow*, die Geschichte eines Vatermords!

ROBERT LOUIS STEVENSON

Die Schatzinsel

Die Modernität des John Silver

↵

Von Stephan Speicher

Die Schatzinsel war nicht der erste Erfolg Robert Louis Stevensons, aber der erste Erfolg, der über die literarisch eingeweihten Kreise hinausging. Das Buch, 1883 veröffentlicht, erreichte neben Kindern und Jugendlichen auch «Staatsmänner und Richter und alle möglichen gesetzten, nüchternen Männer», wie ein amerikanischer Rezensent etwas missmutig feststellte. Was mag sie so begeistert haben? Der sentimentale Wunsch, in die Träume der Kindheit zurückzufinden, wird eine Rolle gespielt haben. Aber es war wohl noch mehr dabei. Gewiss ist die *Schatzinsel* ein farbiges, aufregendes Buch: Schatzsuche und Seefahrt, Meuterei, Piraterie, Exotik, Mord und Verrat sind effektvolle Zutaten. Aber waren sie es, die die «nüchternen Männer» faszinierten, «den Schuljungen genauso wie den Weisen», wie Stevenson es sich vorgenommen und mit diesem Buch erreicht hatte?

Die Hauptfigur ist nicht der Ich-Erzähler Jim Hawkins, sondern der Schiffskoch John Silver, der sich schon bald als der Anführer der

---

* Robert Louis Stevenson, Treasure Island, London 1883. *Deutsch:* Die Schatzinsel. Herausgegeben und übersetzt von Andreas Nohl, München 2013.

Meuterei erweist. In einer Zugabe *(Fabel)*, die nach dem 32. Kapitel einzuordnen wäre, lässt der Autor ihn und Smollett, den Kapitän der «Hispaniola», sich über ihre Rollen unterhalten wie Schauspieler am Set. Der biedere Smollett ist froh, kein so «verdammter Halunke» zu sein wie sein Gegenüber, doch der kann ihm antworten: «wenn es so etwas gibt wie einen Autor, bin ich seine Lieblingsfigur». Aber was macht ihn dazu? Jim Hawkins weiß fast alles über ihn, er kennt ihn als Kopf und Antreiber der Meuterei, er hat ihn – das wird in geradezu filmischer Deutlichkeit dem Leser vor Augen geführt – bei einem heimtückischen Mord gesehen und die völlige Ungerührtheit dabei beobachtet, er weiß von Verstellung, Lüge, Heuchelei und der blutrünstigen Karriere, die Silver unter dem Piratenkapitän Flint machte. Und doch sagt er über ihn: «So abgefeimt er auch war, es tat mir im Herzen leid, an die düsteren Gefahren zu denken, die ihn umgaben, und an den schmachvollen Galgen, der ihn erwartete.»

Silver ist gewiss höchst intelligent, anpassungsbereit und anpassungsfähig, in jedem Moment der Situation gebend, wonach sie verlangt. Aber das ist dem Erzähler vollkommen klar. Warum zerstört diese Erkenntnis dann nicht alle Sympathie? Wie ist es möglich, dass ein Mann wie Silver immer wieder seine Umgebung für sich einnimmt? Was macht ihn zu einer geradezu unzerstörbaren Führungsfigur? Was andere hemmt, das Bedürfnis, das, was man ist, mit dem, was man sein will oder soll, zusammenzubringen, das beschäftigt Silver nicht; mit ihm hat Stevenson einen neuen Typus geschaffen.

Eine gewiss große Persönlichkeit wie Macbeth und mehr noch seine Lady, sie können sich von ihrer Tat, dem Mord an König Duncan, nicht befreien. Shakespeare stattet die Lady (entschlossener als ihr Mann, aber auch weniger phantasiebegabt) mit materialistischer Kühle aus: «Ein wenig Wasser reinigt von der Tat uns», doch das erweist sich zuletzt als Irrglaube: «Wie, wollen diese Hände denn nie rein werden?» Und dann, abschließend: «What's done, cannot be undone.» Noch der naturalistische Zola denkt so. Sein Ziel in der *Thérèse Raquin* ist «ein wissenschaftliches», wie es im Vorwort zur zweiten Auflage heißt – «jedes Kapitel die Studie eines seltsamen physiologische Falls». Und doch geht es um die Qualen in der Erinnerung an ein Verbrechen: Die Titelheldin und ihr Liebhaber werden die Bilder des von ihnen Ermordeten nicht los. Ob es plausibel ist, dass ihre «Gewissensbisse» in nichts als einer «einfachen Unordnung der Organe» bestehen, lässt sich bezweifeln. Aber gerade in der heiklen Konstruktion, im Zusammenpressen zweier Vorstellungswelten zeigt sich der fortlebende Wunsch, das Unrecht möge selbst für seine Sühne sorgen. Noch unser Entsetzen über die NS-Täter, die nach 1945 in ein bürgerliches Leben einschwenkten, oft genug, ohne aufzufallen, zeigt, wie natürlich uns die moralisch kompakte Persönlichkeit scheint.

Darin liegt ein Trost, den die *Schatzinsel* ihren Lesern nicht spendet. Ein Thema, das Stevenson später viel beschäftigt hat, wird hier zum ersten Mal berührt, das der Doppelnatur des Menschen. Diese Doppelnatur ist mehr als die Komplexität, die zu jedem realistisch gezeichneten Charakter gehört, vielgestaltig, aber ein Ganzes bildend. Silver ist eine Figur, die in verschiedene Personen auseinanderklappt. Er war *Quartermaster* auf einem Piratenschiff gewesen, hatte die Entertruppen kommandiert und damit den schrecklichsten Teil des Geschäftes besorgt. Aber er ist zugleich eine ganz bürgerliche Natur, sparsam, ein guter Investor, «vornehm» finden ihn seine Leute, seine Küche hält er peinlich sauber, ein zuverlässiger Ehemann ist er auch und vor allem kein Trinker. Piraterie ist (namentlich im Roman) ein Gewerbe, in dem Momente explodierender Brutalität mit gewaltigen Gewinnen belohnt werden – das ist nicht ein Leben, in dem man Geduld, Selbstbeherrschung, Mäßigung lernt; deswegen stürzen die Piraten über kurz oder lang auch alle ab. Nicht so Silver. Er führt zwei Leben. Im letzten Moment gelingt es ihm, sich davonzumachen, um mit seiner Frau «ein behagliches Leben» zu führen, voller Bonhommie, ohne je Anlass zu Misstrauen zu geben und vom Bewusstsein seiner Schuld geplagt zu werden. Hoffnung auf irdische Gerechtigkeit muss sich hier niemand machen.

Das Auseinanderfallen des Menschen in verschiedene Personen wird Stevenson fast sinnbildlich darstellen in *Dr. Jekyll und Mr. Hyde* (1886), dem Kurzroman «über einen Mann, der zwei Männer war», erzählerisch feiner im *Master von Ballantrae* (1889). Dessen Titelfigur teilt mit dem Schiffskoch John Silver Rücksichtslosigkeit und Bezauberungskraft; der Mann, der so viele für sich einzunehmen versteht, erscheint zuletzt, als müsste man «nur einen festen Hieb durch das Steifleinen seines Äußeren führen, um dahinter auf bloße Leere zu stoßen». In der Verbindung von Härte und Leere liegt eine Begabung zum Erfolg, die schaudern lässt, eine zukunftsweisende Konstellation.

BERTHA VON SUTTNER

Die Waffen nieder!

Schritte auf dem Weg zum Weltfrieden

⌐

Von Marie-Janine Calic

Die Waffen nieder! war einer der größten Bucherfolge des 19. Jahrhunderts. Mit dem Friedensgedanken traf es den Geist einer vom Militarismus kontaminierten Zeit. «Trifft einer zufällig den Ausdruck der Idee, die in der Luft schwebt, die in unzähligen Köpfen als Überzeugung, in unzähligen Herzen als Sehnsucht schlummert, dann schlägt sein Buch ein», erklärte die Autorin. Bis 1905, als sie den Friedensnobelpreis erhielt, erreichte der Roman 37 Auflagen und wurde weltweit in zahlreiche Sprachen übersetzt. Als Katalysator der Friedensbewegung hatte er eine ähnliche Bedeutung wie zuvor Harriet Beecher Stowes Roman *Onkel Toms Hütte* im Kampf gegen die Sklaverei.

Dabei war es nur ein mittelmäßig geschriebener Roman, «gut formuliert, ... aber unbegabt», schrieb Leo Tolstoi in sein Tagebuch. Durch das Schicksal einer Frau, die zweimal zur Kriegswitwe wurde, erzählt er von den Schrecken des Krieges – und was man dagegen tun könne. Das Buch war ganz auf öffentliche Wirkung aus. «In Abhand-

---

* Bertha von Suttner, Die Waffen nieder!, Dresden 1889.

lungen kann man nur abstrakte Verstandesgründe legen, kann philosophieren, argumentieren und dissertieren; aber ich wollte anderes: ich wollte nicht nur, was ich dachte, sondern was ich fühlte – leidenschaftlich fühlte –, in mein Buch legen können.»

Der Kampf Suttners galt dem Militarismus, der in den Jahrzehnten vor dem Ersten Weltkrieg zur Staatsräson geworden war. «Festungen werden gebaut, Unterseeboote fabriziert, ganze Strecken unterminiert, kriegstüchtige Luftschiffe probiert, mit einem Eifer, als wäre das demnächstige Losschlagen die sicherste und wichtigste Angelegenheit der Staaten», klagte sie. Dass Kriegführung im Namen des Friedens nötig sei, hielt sie für militaristische Propaganda. Angesichts der Erfindung von neuer Waffentechnik und Sprengstoff könne keine Seite gewinnen. «Ein Entscheiden des Zukunftskrieges gibt es nicht: Erschöpfung, Vernichtung auf beiden Seiten.»

Dabei leugnete sie nicht, dass demjenigen, der angegriffen würde, das Recht zustehe, sich zu verteidigen, auch mit Waffengewalt. Aber sie wandte sich gegen die Behauptung, dass der Kriegszustand etwas gleichsam ewig Natürliches sei. Schließlich werde der Krieg von Menschen gemacht: Staatsmännern, die ihn beschließen, Generälen, die ihn befehlen, und Soldaten, die ihn auskämpfen. Und wenn dem so sei, dann könnte und müsste die Menschheit doch nicht den Krieg, sondern den Frieden vorbereiten: *Si vis pacem, para pacem!*

Aber wie?

Durch die Lektüre von Kants *Zum ewigen Frieden* inspiriert, entwickelte *Die Waffen nieder!* die Grundzüge eines friedenspolitischen Programms, das auf drei Säulen ruht: einer internationalen Schiedsgerichtsbarkeit, einer Friedensunion zwischen den Staaten sowie einer internationalen Institution, «kraft deren das Recht zwischen den Völkern ausgeübt werden könnte». Auf zahlreichen Konferenzen der entstehenden Friedensbewegung prägte Bertha von Suttner das Konzept des Pazifismus und meinte damit «das Bemühen, eine regel- und normenbasierte Ordnung herzustellen, die die Ausführung von Gewalt nur legitimen staatlichen Institutionen erlaubt». Schließlich überzeugte sie sogar Alfred Nobel, den Erfinder des Dynamits, «dass die (Friedens-)Bewegung aus dem Wolkengebiet der frommen Theorien auf dasjenige der erreichbaren und praktisch abgesteckten Ziele übergegangen ist». Auf ihre Anregung hin stiftete er den Friedensnobelpreis.

Dass ihre Friedensappelle im Kriegsgeschrei von 1914 untergingen, hat sie selbst nicht mehr erlebt. Es spricht auch nicht gegen ihr Programm, sondern vielmehr dafür, wie dringend und aktuell es gewesen ist. «Gewiß, sie hatte nur einen Gedanken: ‹Die Waffen nieder!›», stellte Stefan Zweig 1917 fest. «Aber es ist ihre unvergängliche Größe, daß dieser Gedanke nicht nur der richtige, sondern auch der einzig und einzig wichtige unserer Epoche gewesen war.»

Es bedurfte der − von Suttner vorhergesehenen − Katastrophe des Ersten Weltkrieges, bis konkretere Schritte zu Multilateralismus und Global Governance unternommen wurden. Das moderne Völkerrecht entwickelte sich weiter, und der Völkerbund institutionalisierte erstmalig das Prinzip kollektiver Sicherheit. Heute verpflichten die Vereinten Nationen die Weltgemeinschaft auf Gewaltverbot und territoriale Unversehrtheit von Staaten. Zur Wahrung des Weltfriedens und der internationalen Sicherheit ist es den Mitgliedsländern verboten, Gewalt anzudrohen oder anzuwenden. Nur zur Abwehr eines bewaffneten Angriffs, also zur Selbstverteidigung, oder bei schwerwiegenden Menschenrechtsverstößen, die eine Bedrohung des Friedens darstellen, sollen bzw. können militärische Mittel erlaubt sein. Auch die Idee einer «Friedensunion» wurde Wirklichkeit. Trotz aller Defizite hat es die Europäische Gemeinschaft geschafft, dass die ehemaligen Feindstaaten Deutschland, Frankreich und die Benelux-Staaten bereits wenige Jahre nach Ende des Zweiten Weltkrieges begannen, eng zusammenarbeiten. In der Charta von Paris haben sich im Jahr 1990 32 europäische Länder sowie die USA und Kanada auf eine friedliche, demokratische Ordnung festgelegt.

Dass es im 21. Jahrhundert immer noch Staaten gibt, die das Völkerrecht missachten, die Abrüstung hintertreiben, die internationale Strafgerichtsbarkeit gar nicht erst anerkennen, spricht nicht per se gegen eine regelbasierte, institutionalisierte Weltordnung. Und schon gar nicht, dass es immer noch Angriffskriege gibt, wie jenen Russlands gegen die Ukraine. Dass Selbstverteidigung notwendig und legitim ist, steht hier außer Diskussion. Aber wenn der Pulverdampf einmal verraucht ist, wird es um die Frage gehen, in welchem internationalen Rahmen, mit welchen Prinzipien, Regeln, Gesetzen und Institutionen das Gewaltverbot künftig effizienter durchgesetzt werden kann. Bertha von Suttner stand mit *Die Waffen nieder!* am Anfang solcher Überlegungen.

SIGMUND FREUD

Die Traumdeutung

Die Unterwelt bewegen

⌒

Von Peter-André Alt

Freuds *Traumdeutung* ist ein Jahrhundertbuch mit unerhörten Folgen für unser Verständnis von Individualität und Psyche, von Raum, Denken, Zeit und Sprache. Freud selbst war sich der Bedeutung seines Werks sehr genau bewusst. Das zeigt bereits die Wahl des Mottos, das er seinem Opus magnum voranstellte. Es stammt aus Vergils *Aeneis* (VII, 312) und lautet: «Flectere si nequeo superos, acheronta movebo.» («Kann ich die Himmlischen nicht beugen, so werde ich die Unterwelt bewegen.») Wenn Freud diese Verse am Schluss seines Buches nochmals zitiert, haben sie ihren eigentlichen Sinn für die Leser offenbart.[1] Denn durch sie wird verständlich, dass es nicht nur um eine Reise durch die dunklen Distrikte der Seele ging. «Bewegen» möchte der Autor die «Unterwelt», die er aktiv in Schwingungen bringt, indem er sie erkundet. An den Freund Wilhelm Fließ schreibt Freud im Februar 1900: «Ich bin nämlich gar kein Mann der Wissenschaft, kein Beobachter, kein Experimentator, kein Denker. Ich bin nichts als ein Conquistadorentemperament, ein Abenteurer,

---

* Sigmund Freud, Die Traumdeutung, Leipzig/Wien 1900 (1899).

wenn Du es übersetzt willst, mit der Neugierde, der Kühnheit und der Zähigkeit eines solchen.»² Ein Eroberer beobachtet nicht nur die Welt, sondern erschafft sie sich durch Entdeckung neu. Genau das ist die Leistung, die Freuds *Traumdeutung* für die Zukunft erbringt.

Der besondere Charakter dieser intellektuellen Neuschöpfung wird oftmals unterschätzt. So erklärt Foucault mit einem suggestiven, aber sachlich unzutreffenden Bild, Freud habe die psychologische Wissenschaft, die mit dem Rücken zum Unbewussten stand, auf die bisher ignorierten Zonen der Seele gerichtet, um sie direkt erkennen und begreifen zu können.³ Es ist jedoch nicht ein einfacher Blickwechsel, den die *Traumdeutung* vollzieht, sondern eine architektonisch-konstruktive Operation, die zur epistemischen Erfindung des Unbewussten führt. Wer Freuds einleitenden Forschungsbericht – nicht der glücklichste, aber der wissenschaftlich seriöseste Einstieg in das große Buch – aufmerksam liest, wird begreifen, wie es sich mit den Theorien des Traums im 18. und 19. Jahrhundert verhielt. Sie alle gruppierten sich um ein semantisches Zentrum, das leer war. So vielfältig und reich diese Theorien im Einzelnen auch ausfallen mochten, so dürftig blieben sie doch im Hinblick auf das, was Freud schon im Titel versprach: die Deutung des Traums. Letztmals hatte die Spätantike mit Artemidor von Daldis' Traumbuch eine kohärente Interpretationspraxis geliefert, die davon ausging, dass die Seele des Menschen im Schlaf durch göttliche Kräfte bewegt wird. Diese divinatorische Dimension, die in der Idee der poetischen Inspiration ihr Nebenstück fand, lebte noch bis in die Renaissance fort. Der Aufklärung fiel es zu, mit dem Aberglauben der Antike aufzuräumen und den Traum zu einer bloßen Hülle für die irrationale Seite des Menschen zu erklären. Von Descartes über Kant bis zu den Gelehrten des 19. Jahrhunderts – Carus, Maury, Scherner, Volkelt – zieht sich eine Strategie durch, die den Traum nur *ex negativo* bestimmt. Er ist ein Ort der großen Abwesenheiten und Willkürlichkeiten, ein Medium für das Unvernünftige, Nicht-Präsente, Unverknüpfte, Zufällige. Es gehört zu den Paradoxien der rationalistischen Wissenschaft, dass sie den Gegenstand des Traums permanent umkreist, aber ständig unterschätzt, und ihn beschreibt, ohne ihn jemals wirklich ernstzunehmen.

Freud füllt diese Leerstelle, indem er eine exakte theoretische Basis für die neue Deutung des Traums liefert, die tiefgreifende Konsequenzen für die Stellung des Menschen hat. Im Traum ist nichts so, wie es zu sein scheint, und genau darauf richtet Freud seinen großen theoretischen Entwurf aus. Sein System erschließt uns die Kategorie des sekundären Denkens, das die Energien des Nicht-Bewussten bearbeitet und den Trauminhalt hervorbringt. Der Trauminhalt sieht sich durch Formen der Traumarbeit – Verschiebung und Verdichtung – modelliert, so dass seine Darstellung erst zu entschlüsseln ist, wenn man sie verstehen will. Der Traumgedanke, der durch diese Interpretation wiederum sichtbar gemacht wird, bleibt nur latent, untergründig präsent. Mit seiner weitreichenden Konstruktion hat Freud eine Erklärung für die Uneigentlichkeit des Traums ermöglicht und jene «saturnalische Umkehrung der Dinge» vollzogen, von der Thomas Mann in seiner romantischen Aneignung der Psychoanalyse sprach.[4]

Denken, Raum, Sprache und Zeit sind die epistemischen Universalien, in denen Freud unsere Welt neu konzipiert. Das Denken im Traum gehorcht den mächtigen Impulsen der vom Unbewussten ausgehenden Primärprozesse und unterliegt damit Einflüssen, die zu erkunden der Interpretationsarbeit aufgegeben ist. Der Raum des Traums ist ein Labyrinth mit schwer überschaubaren Zuordnungen jenseits traditioneller Topologien, ein Netzwerk voller verstiegener Bezüge. Die Sprache des Traums schafft Verknüpfungen von Zeichen in einem System nachgerade poetischer Arbeit, wo durch Verschiebung und Verdichtung Umformungen der primären Aussagen erfolgen. Die Zeit wiederum wird in eine neue Systematik eingestellt, weil der Traum durch den Rückgriff auf Erinnerungsreste unsere Wünsche zum Ausdruck bringt, deren Erfüllung dahinsteht; Zukunft bleibt hier ein Produkt der vergangenen psychischen Erfahrungen, die sich im System des Unbewussten ablagern.

Aus der *Traumdeutung* geht die Grundlegung aller künftigen Themen hervor, mit denen Freud den Menschen in seinen neurotischen Formationen, seinen Fehlleistungen, seiner Sexualität und Kulturalität zu arrondieren sucht. Genau das wiederum ist auch die Prämisse für jene Kränkungserfahrung, die er seiner eigenen Lehre in direkter Parallele zu Kopernikus und Darwin zudenkt. Dass der Mensch nicht nur kosmologisch und biologisch, sondern auch psychologisch aus dem Zentrum der Welt vertrieben werden kann, macht die *Traumdeutung* erstmals vorstellbar.[5]

Wenn Freud am Schluss des Buches nach dem Wert des Traums für die Zukunft fragt, schlägt er damit den Bogen zurück zur Mantik. Selbstverständlich könne man, so die Folgerung, an eine prophetische Funktion seiner Aussagen nicht ernsthaft denken, wohl aber an ihre Bedeutung für die Vergangenheit. Indem wir das Ziel seelischen Erinnerns in den Sprachen des Traums entdecken, erfahren wir zwangsläufig auch etwas über die Zukunft, nämlich über das individuelle Wünschen, das sich aus den Resten unserer Erfahrung speist. In den *Minima Moralia* schreibt Adorno, der nicht immer der gerechteste Freud-Leser ist: «Zwischen ‹es träumte mir› und ‹ich träumte› liegen die Weltalter. Aber was ist wahrer? So wenig die Geister den Traum senden, so wenig ist es das Ich, das träumt.»[6] Nach Freud sind wir in unseren Träumen wie in unseren Tagesgeschichten andere, nämlich doppelte Menschen.

Anmerkungen

1 Sigmund Freud, Die Traumdeutung, in: Gesammelte Werke. Herausgegeben von Anna Freud, Frankfurt am Main 1999 (zuerst 1940–1952), Band II/III, S. 613.
2 [Freud-Fließ] Briefe an Wilhelm Fließ 1887–1904. Ungekürzte Ausgabe. Herausgegeben von Jeffrey Moussaieff Masson. Bearbeitung der deutschen Fassung von Michael Schröter, Transkription von Gerhard Fichtner, Frankfurt am Main 1986, S. 437.
3 Michel Foucault, Die Ordnung der Dinge. Eine Archäologie der Humanwissenschaften. Aus dem Französischen von Ulrich Köppen, Frankfurt am Main 1974 (= Les mots et les choses, 1966), S. 448.
4 Thomas Mann, Freud und die Zukunft (1936), in: Reden und Aufsätze I, Frankfurt am Main 1974 (= Gesammelte Werke, Bd. IX), S. 478–501, S. 478.
5 Sigmund Freud, Vorlesungen zur Einführung in die Psychoanalyse, Gesammelte Werke, Band XI, S. 294.
6 Theodor W. Adorno, Minima Moralia. Reflexionen aus dem beschädigten Leben, Frankfurt am Main 1981 (zuerst 1951), S. 252.

ERSTE HÄLFTE DES 20. JAHRHUNDERTS

THEODOR HERZL

Altneuland

Die Realität holt die Vision ein

⌒

Von Michael Brenner

«Wenn Ihr wollt, ist es kein Märchen» war auf der Titelseite des 1902 erschienenen utopischen Romans *Altneuland* zu lesen. Der Autor war der hochgeachtete Feuilletonredakteur der Wiener *Freien Neuen Presse*. Welchen Respekt er unter aufstrebenden Schriftstellern genoss, wird in Stefan Zweigs Erinnerungen deutlich. Als junger Mann hatte Zweig im Jahre 1901 «diesen Tempel des ‹Fortschritts›» erstmals betreten. «Der Redakteur des Feuilletons empfing dort bloß an einem Tag der Woche zwischen zwei und drei Uhr, da durch den regelmäßigen Turnus der berühmten, festangestellten Mitarbeiter nur ganz selten Raum für die Arbeit eines Außenseiters war. Nicht ohne Herzklopfen stieg ich die kleine Wendeltreppe zu dem Büro empor und ließ mich anmelden. Nach einigen Minuten kam der Diener zurück, der Herr Feuilletonredakteur lasse bitten, und ich trat in das enge, schmale Zimmer. Der ‹Feuilletonredakteur› der *Neuen Freien Presse* hieß Theodor Herzl, und es war der erste Mann welthistorischen Formats, dem ich in meinem Leben gegenüberstand.»

---

* Theodor Herzl, Altneuland, Leipzig 1902.

Das Porträt von Theodor Herzl hängt heute aber nicht deswegen in Hunderten von Amtszimmern, weil er Feuilletonredakteur der wichtigsten Wiener Zeitung war, sondern weil er 1896 ein Pamphlet mit dem Titel *Der Judenstaat* verfasste und ein Jahr später den ersten Zionistenkongress einberief. Herzl gilt als der geistige Vater des ersten jüdischen Staates nach zwei Jahrtausenden Staatenlosigkeit. Bereits seine frühe Schrift *Der Judenstaat* war zukunftsweisend. Darin entwarf er seine Vision der «Society of Jews». Doch seine eigentlich visionäre Schrift war der sechs Jahre später erschienene Roman *Altneuland*. Darin schildert Herzl im Detail, wie er sich den zukünftigen Staat vorstellt.

Sein Altneuland nennt er auch das Siebenstundenland, denn jeder arbeitet nur sieben Stunden am Tag. Frauen genießen weitgehende Gleichberechtigung, inklusive des damals in Europa für sie noch lange nicht realisierten aktiven und passiven Wahlrechts. Die Erziehung ist ebenso kostenlos wie das Gesundheitswesen. Es gibt Rentenbezüge und Altersheime. Und an den Palmen hängen, für die Jahrhundertwende ebenfalls eine revolutionäre Neuerung, «elektrische Straßenlampen (...) wie große gläserne Früchte». Auch diese sollen eine breite gesellschaftliche Funktion erfüllen, wie Herzl ausführt: «Nun meine ich, dass das elektrische Licht durchaus nicht erfunden wurde, damit einige Snobs ihre Prunkgemächer beleuchten, sondern damit wir bei seinem Scheine die Fragen der Menschheit lösen.» Man fährt mit der Schwebebahn durch Haifa und erhält seine Informationen aus einer «Telephonzeitung» (fast wie im modernen Internet). Tagsüber kann man in einem Wiener Kaffeehaus eine Melange trinken, abends geht man «in die Oper oder in das deutsche, englische, französische, italienische, spanische Theater». Dass die einheimische arabische Bevölkerung sich vor diesem politisch und sozial perfekten System nicht verschließen würde, bedarf in Herzls Vorstellung keiner besonderen Erklärung. Juden und Araber leben friedlich miteinander, es kommt kaum zu politischen Konflikten. Die Soldaten bleiben in ihren Kasernen, die Rabbiner in den Synagogen.

Anstatt einer «Society of Jews» wie im *Judenstaat* gibt es in *Altneuland* nur noch eine allgemeine «Neue Gesellschaft», deren Mehrheit zwar Juden sind, zu der aber arabische Muslime ebenso wie preußische Protestanten gehören können. Nicht dazu gehören jene Fanatiker, die eine derart inklusive Gesellschaft ablehnen wie der orthodoxe Rabbiner Dr. Geyer, über den es im Roman heißt: «Ein vermaledeiter Pfaffe ist er, ein Augenverdreher, Leutverhetzer und Herrgottsfopper. Die Intoleranz will er bei uns einführen, der Halunke.»

Noch im Jahr der deutschen Erstausgabe erschien auch eine hebräische Übersetzung des Romans. Der Titel: *Tel Aviv*. Erst sieben Jahre später – Herzl erlebte es nicht mehr – wurde die Stadt gleichen Namens gegründet. Es ist heute wohl die einzige Großstadt, die nach einem Roman benannt ist.

In den letzten Jahrzehnten gab es immer wieder Bücher, die versuchten, Herzls Vision mit der Realität im 1948 gegründeten Staat Israel zu vergleichen. Eines davon verfasste der ehemalige Minister- und Staatspräsident Shimon Peres, der sich auf dem Höhepunkt der Hoffnungen um einen Frieden in Nahost Mitte der neunziger Jahre auf eine imaginäre Reise mit Herzl durch Israel begab.

Wie fällt nun einhundertzwanzig Jahre nach *Altneuland* das Urteil aus? Herzl hätte gewiss an manchen Dingen seine Freude. Seine Hoffnung auf den technologischen Fortschritt haben sich in der Start-up-Nation gewiss erfüllt. In Haifa könnte er tatsächlich mit einer U-Bahn fahren, wenn auch nur in einer kurzen Linie. Und gerne würde er durch Tel Aviv bummeln, die Wolkenkratzer und das Strandleben genießen, einen Wiener Kaffee in einem der zahlreichen Cafés schlürfen, die Oper und die zahlreichen Theater besuchen und sich nur ein wenig darüber aufregen, dass er nichts versteht, weil alle Hebräisch sprechen.

In politischer Hinsicht ist die Realität Israels heute weit von Herzls Vision entfernt. Den Umständen einer nahöstlichen Realität geschuldet, blieben die Soldaten nie in den Kasernen, kam es nie zu der friedlichen jüdisch-arabischen Koexistenz, die Herzl erträumt hatte. Doch für ihn am schmerzhaftesten zu sehen wäre der heute von rechtsnationalen und religiös-orthodoxen Stimmen dominierte politische Diskurs. Der «Leutverhetzer» Dr. Geyer scheint direkt aus seinem Roman gesprungen zu sein und es bis zum Ministeramt geschafft zu haben.

Politiker der unterschiedlichsten Lager lassen sich gerne unter dem Porträt Herzls fotografieren. Man sollte ihnen ans Herz legen, seine Schriften auch einmal zu lesen.

MAX WEBER

Die protestantische Ethik und der Geist des Kapitalismus

Eine postkoloniale Perspektive
auf ein folgenreiches Buch

⌒

Von Dirk Kaesler

Es ist keine triviale Frage, warum Menschen im Jahr 2022 ein Buch lesen sollten, das von einem deutschen Gelehrten verfasst wurde, der im Jahr 1864 geboren wurde und 1920 starb. Mit Absicht eröffnete ich so meine im Hause Beck erschienene Weber-Biographie: *Max Weber ist nicht unser Zeitgenosse*. Uns Heutige trennen Welten von den Lebenswelten dieses preußischen Großbürgers, der den Übergang vom 19. zum 20. Jahrhundert erlebte und reflektierte.[1]

Mein Blick auf einen «klassischen» Text der Soziologie soll dazu anregen, über jene düstere Zukunft neu nachzudenken, die Max Webers

---

* Max Weber, Die protestantische Ethik und der «Geist» des Kapitalismus. I. Das Problem, in: Archiv für Sozialwissenschaft und Sozialpolitik, 20, 1904, S. 1–54; II. Die Berufsidee des asketischen Protestantismus, in: Archiv für Sozialwissenschaft und Sozialpolitik, 21, 1905, S. 1–110; neuere Ausgabe: Max Weber, Die protestantische Ethik und der Geist des Kapitalismus. Vollständige Ausgabe herausgegeben und eingeleitet von Dirk Kaesler, 4. Auflage, München 2013.

Aufsätze über «Die protestantische Ethik und der Geist des Kapitalismus» (1904/06) skizzierten.

Das Buch beinhaltet auf den ersten Blick eine einfache Geschichte: Einige jener Ideen, die radikale, europäische Protestanten des 16. und 17. Jahrhunderts, auf der Suche nach einigermaßen verlässlichen Zeichen Gottes für ihre Erlösung von der ewigen Verdammnis, entwickelten, hatten entscheidenden Einfluss auf den Bau einer Welt von Glaubensinhalten und Verhaltensweisen. Aus diesem Gedankenkosmos entwickelte sich allmählich jenes Gehäuse der Hörigkeit und Unfreiheit des Menschengeschlechts auf dem ganzen Globus, das man unter der Überschrift «Moderner Kapitalismus» zusammenfassen kann.

Es geht um die «Wahlverwandtschaft» von Protestantismus und Kapitalismus. Weber nennt als Leitmotiv des Kapitalismus: «Der Mensch ist auf das Erwerben als Zweck seines Lebens, nicht mehr das Erwerben auf den Menschen als Mittel zum Zweck der Befriedigung seiner materiellen Lebensbedürfnisse bezogen.»[2] Damit Menschen im «Erwerben» den Zweck ihres Lebens sehen, haben sie etwas entwickelt, was Weber die «Berufspflicht» nennt. Damit meint er eine Tätigkeit, die den ganzen Menschen erfasst, mit Geist, Seele und Herz, ein ganzes Leben lang. Ein Beruf, der zur «Berufung» geworden ist. Und weil sich im Prinzip kein Mensch solcher «Berufspflicht» entziehen kann, entsteht eine wirtschaftliche, politische, gesellschaftliche, kulturelle und mentale Ordnung, die Weber moderner, rationaler Betriebskapitalismus nennt. Von dieser Ordnung sagt er: «Die heutige kapitalistische Wirtschaftsordnung ist ein ungeheurer Kosmos, in den der einzelne hineingeboren wird und für ihn, wenigstens als einzelnen, als faktisch unabänderliches Gehäuse, in dem er zu leben hat, gegeben ist.»[3]

Das Versprechen lautet, dass jeder Mensch, der seinen «Beruf» pflichtbewusst ausübt, «Erfolg» haben wird. Wer hart, fleißig und unaufhörlich arbeitet, kann und wird alles erreichen. Diese Erfolge, erzeugt durch Talent und Leistung, sind «verdient». Im Umkehrschluss bedeutet das, das jene Menschen, die in diesem Gehäuse gescheitert sind, selbst schuld an ihrem «Versagen» sind.

Was die Auswirkungen des «entfesselten» Erwerbsstrebens aus Menschen macht, die in dem «stahlharten Gehäuse» zu leben gezwungen sind, formuliert Weber eindrücklich: «Auf dem Gebiet seiner höchsten Entfesselung, in den Vereinigten Staaten, neigt das seines religiös-ethischen Sinnes entkleidete Erwerbsstreben heute dazu, sich mit rein agonalen Leidenschaften zu assoziieren, die ihm nicht selten geradezu den Charakter des Sports aufprägen. Niemand weiß noch, wer künftig in jenem Gehäuse wohnen wird und ob am Ende dieser ungeheuren Entwicklung ganz neue Propheten oder eine mächtige Wiedergeburt alter Gedanken und Ideale stehen werden, *oder* aber – wenn keins von beiden – mechanisierte Versteinerung, mit einer Art von krampfhaftem Sich-wichtig-nehmen verbrämt. Dann allerdings könnte für die ‹letzten Menschen› dieser Kulturentwicklung das Wort zur Wahrheit werden: ‹Fachmenschen ohne Geist, Genussmenschen ohne Herz: dies Nichts bildet sich ein, eine nie vorher erreichte Stufe des Menschentums erstiegen zu haben.›»[4]

Gegen Ende seines Lebens malte Max Weber diese Zukunft noch düsterer. Nicht nur der moderne Kapitalismus erbaut diese stahlharten Gehäuse. Daneben baut eine zweite Ordnung an diesem Gehäuse mit: die Bürokratie. «Eine leblose Maschine ist *geronnener Geist*. Nur daß sie dies ist, gibt ihr die Macht, die Menschen in ihren Dienst zu zwingen und den Alltag ihres Arbeitslebens so beherrschend zu bestimmen, wie es tatsächlich in der Fabrik der Fall ist. *Geronnener Geist* ist auch jene *lebende Maschine*, welche die bureaukratische Organisation mit ihrer Spezialisierung der geschulten Facharbeit, ihrer Abgrenzung der Kompetenzen, ihren Reglements und hierarchisch abgestuften Gehorsamsverhältnissen darstellt. Im Verein mit der toten Maschine ist sie an der Arbeit, das Gehäuse jener Hörigkeit der Zukunft herzustellen, in welche vielleicht dereinst die Menschen sich, wie die Fellachen im altägyptischen Staat, ohnmächtig zu fügen gezwungen sein werden.»[5]

Max Weber konnte von unserer Welt zu Beginn des 21. Jahrhunderts nichts wissen. Mit guten Gründen fragen wir, wieso es immer noch Gedanken und Theorien von weißen, alten, zumeist toten Männern aus «dem Westen», dem «Okzident» sind, an denen sich die Menschheit orientiert bzw. orientieren soll.

Stimmen die Erzählungen, dass die Menschen aus dem «Westen» über einen höheren Grad an analytischem Denken, Individualismus,

Vertrauenswürdigkeit, Fleiß, Ehrlichkeit, Selbstbeherrschung, Geduld und unpersönlicher «Prosozialität» gegenüber Fremden verfügen? Sollte der «Eurozentrismus», der immer auch Nordamerika mit meint, der jahrhundertelang von einem Entwicklungspfad der «Modernisierung» fabuliert hat, nicht endgültig entsorgt werden?

Max Weber ist ein wichtiger Autor einer dieser «Großen Erzählungen», der zufolge es erst der «individualistische» Westen ermöglicht, seine Bevölkerungen nicht mehr in verwandtschaftlichen Strukturen zu organisieren, sondern sie zu neuen, freiwilligen Bündnissen geführt habe, woraus Institutionen wie Klöster, Gilden, Zünfte, Stände, Städte und Staaten entstanden. Erst das daraus entstandene Bündnis von Aufklärung, Industrialisierung, Bürokratie und modernem, «rationalem» Kapitalismus habe dazu geführt, dass dieses Modell zuerst die europäischen Gesellschaften geprägt habe, von dort die nordamerikanischen und nunmehr die ganze Welt erobert habe. Max Weber, mit seiner Meistererzählung von der Wirkung der «Protestantischen Ethik und dem Geist des Kapitalismus», zählt zu Recht zu den weltweit wichtigsten Autoren dieses Narrativs.

Heute kritisieren viele Menschen diese vermeintliche Erfolgsgeschichte einer «Zivilisierung» durch eurozentristisches Denken. Ihre Gegen-Erzählungen handeln von Kolonialismus, Rassismus und Genoziden. Sie verweisen darauf, dass durch die europäische Unterwerfung ganzer Kontinente unendliches Leid über viele Menschen gebracht worden ist, durch Sklavenhandel und grausame Kriege. Dass durch diese Europäisierung und Christianisierung ganze Kulturen und Zivilisationen vernichtet wurden. Diese Gegen-Narrative sprechen davon, dass der global entfesselte Kapitalismus und die universal mächtige «verwaltete Welt» die menschliche Freiheit immer stärker einschränken, letzten Endes vernichten werden.

Genau darum spricht alles für die gründliche Lektüre von Webers historischem Text. Ohne Zweifel war es gerade dieser deutsche Gelehrte, der die scheinbare Überlegenheit des «rationalen Okzidents» in vielfältiger Weise gedanklich zu rekonstruieren suchte. Aber es war auch derselbe Max Weber, der vor den ihn selbst zutiefst beunruhigenden langfristigen Auswirkungen dieses Siegeszuges von Kapitalismus und Bürokratie sehr eindrücklich warnte.

Max Webers Werk ist ein Dokument jenes Überlegenheitsgefühls des Okzidents gegenüber allen anderen Kulturkreisen, das sich zu Beginn des 21. Jahrhunderts nicht aufrechterhalten lässt. Die im Zuge der Diskussionen und Forschungen über eine Weltgeschichte fundierten Ansatzpunkte, die ebenjene Fixierung auf eine allein okzidentale Rationalität zu überwinden helfen, der auch Max Weber – wenn auch innerlich zweifelnd – zum Opfer fiel, können uns Nachgeborenen von Nutzen sein, um eine derartige okzidentale und hegemoniale Sichtweise erfolgreich zu vermeiden. So hilft dieser historische Text, uns unserer Blindheit gegenüber nicht westlichen Kulturen bewusst zu werden. Damit weist er in eine bessere Zukunft.

Anmerkungen

1 Dirk Kaesler, Max Weber. Preuße, Denker, Muttersohn. Eine Biographie, München 2014.
2 Max Weber, Die protestantische Ethik und der Geist des Kapitalismus, München 2013, S. 78.
3 Ebenda, S. 79.
4 Ebenda, S. 201.
5 Max Weber, Parlament und Regierung im neugeordneten Deutschland. Zur politischen Kritik des Beamtentums und Parteiwesens (1918), in: Max Weber Gesamtausgabe, Abteilung I: Schriften und Reden. Band 15: Max Weber. Zur Politik im Weltkrieg, Tübingen 1984, S. 464.

KÄTHE KOLLWITZ

Die Tagebücher

Der gefährliche Begriff
der nationalen Ehre

Von Ute Frevert

Käthe Kollwitz, geboren 1867 in Königsberg, starb am 22. April 1945 im sächsischen Moritzburg. Die Künstlerin überlebte ihren Sohn Peter um dreißig und ihren Enkel gleichen Namens um knapp drei Jahre. Der ältere Peter war zu Beginn des Ersten Weltkriegs gefallen, der jüngere kehrte aus dem Zweiten nicht mehr zurück.

Käthe Kollwitz wusste also, was Krieg bedeutete, und sie hat es in ihren Tagebüchern dokumentiert. Diese beginnen im September 1908 und setzen sich, in unterschiedlicher Dichte, bis in den November 1943 fort. Persönliche Aufzeichnungen hat es offenbar schon vorher gegeben, aber sie überstanden die Berliner Bombennächte nicht. Überliefert sind nur die Notizen ab 1908. Der Sohn Hans stellte daraus bereits 1948 eine Auswahl zusammen, die großen Anklang fand.

---

* Käthe Kollwitz, Die Tagebücher. Herausgegeben von Jutta Bohnke-Kollwitz, Berlin 1989.

Theodor Heuss rechnete sie zu den «wohl bleibenden Veröffentlichungen persönlicher Art, die man in diesen letzten Jahren lesen konnte».

In den 1980er Jahren fasste Hans' Tochter Jutta, Gründungsdirektorin des Kölner Käthe-Kollwitz-Museums, den Plan, die Tagebücher ihrer Großmutter vollständig zu edieren. Volker Frank in Leipzig annotierte die Eintragungen auf vorbildliche Weise. 1989, kurz vor dem Fall der Mauer, übergaben die beiden ihre Gemeinschaftsarbeit der deutsch-deutschen Öffentlichkeit. In der DDR übernahm der Akademie-Verlag die Publikation, in der Bundesrepublik Siedler.

Seitdem sind die Tagebücher für mich ständige Begleiter. Immer wieder fällt mir Neues, bislang nicht Beachtetes auf. Manchmal ist es Höchstpersönliches, die Art, wie die Autorin über das Altern spricht, wie sie die Beziehung zu ihrem Mann beschreibt, wie sie sich, oft sehr kritisch, über ihre heranwachsenden Söhne äußert. Damit verbinden sich Reflexionen, die einerseits zeitlich gebunden sind, andererseits über ihre Zeit hinausweisen und dazu einladen, sie in der Gegenwart (und Zukunft) weiterzuspinnen.

Das gilt auch für Aussagen, die Käthe Kollwitz über politische Ereignisse trifft. «Zum ersten Mal gewählt», notiert die Einundfünfzigjährige am 19. Januar 1919. «Hatte mich so sehr gefreut auf diesen Tag und nun er dran ist, von neuem Unentschlossenheit und halbes Gefühl.» Diese offenherzig bekundeten Ambivalenzen lassen aufhorchen. Hier schreibt keine Person, die stets genau weiß, wo es langgeht. Hier legt jemand Rechenschaft ab über die eigenen Widersprüche und Unentschiedenheiten, berichtet über emotionale Schwankungen und dokumentiert politische ebenso wie persönliche Zerreißproben. Das klingt ausgesprochen modern und zeitgemäß.

Nahe rückt Käthe Kollwitz darüber hinaus durch die selbstbewusste Kombination verschiedener Rollen und Zugehörigkeiten. Sie schreibt als Frau, Mutter und Gattin, als Tochter, Schwester, Freundin. Aber sie ist auch Künstlerin und das, was man heute *public intellectual* nennt. Sie steht, das ist ungewöhnlich für diese Zeit, keineswegs im Schatten ihres Mannes. Schon bevor Frauen das politische Stimmrecht erhielten, meldet sie sich öffentlich zu Wort, interveniert, legt Einspruch ein. Auch darin weist sie in die Zukunft.

Die Tagebücher zeigen, dass die Rolle ihr nicht auf den Leib geschrieben ist, dass sie sie erkämpfen muss und dass sie dafür nicht nur Ruhm erntet. Vor allem nach 1933 bekommt sie den Hass des nationalsozialistischen Regimes und die Feigheit von Kollegen zu spüren, als ihre Werke nicht mehr ausgestellt werden dürfen und sie aus der Preußischen Akademie der Künste austreten muss. Ihre Kunst gilt zwar nicht als «entartet», aber ihre unverhohlene Sympathie für sozialistische Ideen und Projekte macht sie den neuen Machthabern verdächtig. Ihre öffentliche Stimme verstummt. Dennoch arbeitet sie unbeirrt weiter an ihren Plastiken und Lithographien.

Seit dem 24. Februar 2022 lese ich die Tagebücher noch einmal anders. Die Rückkehr des Krieges nach Europa und die russische Kriegspropaganda werfen ein neues Licht auf die Zeit des Ersten Weltkriegs, die Käthe Kollwitz ausführlich dokumentiert – nicht im Sinne einer distanzierten Kriegsberichterstattung, sondern als Zeugin ihrer eigenen, wechselvollen Gefühle. Am Anfang steht das Staunen über ihren Sohn Hans, zweiundzwanzig Jahre alt. «Wie Hans war in jenen Tagen! Ganz einfach. Bescheiden gab er sich hin ohne Worte. Dabei heiter. Ruhig und liebevoll. Er gibt seine junge unschuldige Brust.» Die Mutter nimmt die Metamorphose des Sohnes, dessen pathosreiche «Neigung zur Verstiegenheit» sie oft bemängelt hat, mit einer Mischung aus Erleichterung und Bewunderung zur Kenntnis. Sie selbst empfindet «ein Neu-Werden in mir. Als ob nichts der alten Werteinschätzungen noch standhielte, alles neu geprüft werden müßte.» (6. August 1914) Als auch der achtzehnjährige Peter sich freiwillig melden will und dafür die Erlaubnis des Vaters benötigt, unterstützt sie ihn. Bei aller Sorge beneidet sie die junge Generation darum, dass sie «in ihrem Herzen ungeteilt» ist: «Sie geben sich mit Jauchzen. Sie geben sich wie eine reine schlackenlose Flamme, die steil zum Himmel steigt. Diese an diesem Abend zu sehn [...] war mir sehr weh und auch wunder- wunderschön.» (13. August 1914)

Die melancholisch-euphorische Stimmung ist nicht von langer Dauer. Nach Peters frühem Tod im Oktober 1914 versinkt Käthe Kollwitz in eine Trauer, die zeitlebens nicht mehr von ihr weicht. Sie macht sich Vorwürfe, dass sie den Sohn nicht zurückgehalten hat. Zugleich wagt sie nicht, den Krieg und dessen nationale Sinngebung offen in Zweifel zu ziehen, denn das wäre ihr wie Verrat an den Idealen des Sohnes vorgekommen. Diese Haltung bewahrt sie bis zum Kriegsende. Als sich Berlin im Dezember für die heimkehrenden Soldaten schmückt, hängt sie die «liebe deutsche Fahne» mit den schwarz-weiß-roten Farben heraus, denn für diese Farben und unter dieser Fahne sei Peter gefallen. Aber an ihre Spitze heftet sie rote Republikwimpel, als Zeichen der Hoffnung auf einen politischen Neuanfang. Dafür hat sie sich im Oktober 1918 öffentlich ausgesprochen, als sie Richard Dehmels Aufruf zum «Opfermut des Ehrgefühls» im letzten Gefecht entschieden zurückweist. Goethes Satz «Saatfrüchte sollen nicht vermahlen werden» zitierend, plädiert sie für ein sofortiges Kriegsende: *«Es ist genug gestorben! Keiner darf mehr fallen!»* Man habe «tief umgelernt» in den vergangenen vier Jahren, «mir will scheinen, auch in Bezug auf den Ehrbegriff».

Mitten im Zweiten Weltkrieg nimmt sie diesen Gedanken noch einmal im Tagebuch auf, als sie, aus gegebenem Anlass, über den «gefährliche[n] Begriff der ‹Ehre›» nachsinnt. Vor allem mit der nationalen Ehre werde viel Schindluder getrieben: «In jedem Krieg wird die ‹nationale Ehre› heraufbeschworen und so entsteht immer dasselbe Bild, daß die leicht entflammbare Jugend sich innerlich aufgerufen fühlt, für die nationale Ehre sich mit dem eigenen Leben einzusetzen. Es ist für unabsehbare Zeit eine Schraube ohne Ende.» (Mitte Februar 1943)

Bis zu ihrem Tod sucht sie dieser Schraube Einhalt zu gebieten. Vierundsiebzigjährig zeichnet sie «noch einmal dasselbe: Jungen, richtige Berliner Jungen, die wie junge Pferde gierig nach draußen wittern, werden von einer Frau zurückgehalten. Die Frau (eine *alte* Frau) hat die Jungen unter sich und ihren Mantel gebracht, gewaltsam und beherrschend spreitet sie ihre Arme und Hände über die Jungen. ‹Saatfrüchte sollen nicht vermahlen werden› – diese Forderung ist wie ‹Nie wieder Krieg› kein sehnsüchtiger Wunsch sondern Gebot. Forderung.» (Ende Dezember 1941)

Auch das weist in die Zukunft – eine Zukunft, die Käthe Kollwitz nicht mehr erlebte, die dann aber siebenundsiebzig Jahre lang in Europa zur Gegenwart wurde. Bis zum 23. Februar 2022.

FRANZ KAFKA

Tagebücher

Nicht vergessen!

⌒

Von Michael Krüger

Wenn es um Unzuverlässigkeit, Ungnädigkeit und Aggressivität geht, steht das Benehmen der Literaturgeschichte an erster Stelle. Sie bestimmt selbstherrlich und ohne nähere Begründung darüber, wer ins Töpfchen, wer ins Kröpfchen gehört. Eben noch hat sie laut gejubelt, wenn ein Dichter Sonette geschrieben hat, schon findet sie Sonette altmodisch, langweilig und passee; ein wenig Heine, wenn gut gereimt, «Der Mond ist aufgegangen», wenn Herbert Grönemeyer die Vertonung singt. Romane aus dem 19. Jahrhundert? *Der grüne Heinrich*, einer der Romane von Fontane, wenn's gar nicht anders geht der *Nachsommer* von Stifter, aber eigentlich nur für Leser, die nichts mehr vom Leben erwarten. Stücke aus dem 19. Jahrhundert? Büchner, mehr nicht. Gerade diskutieren die Kultusminister der deutschen Bundesländer, ob man den Schülern noch den *Faust* von Johann Wolfgang von Goethe zumuten darf. Die Mehrheit findet: lieber nicht, sie könnten Schaden an ihrer Seele nehmen.

---

* The Diaries of Franz Kafka 1914–1923. Herausgegeben von Max Brod, New York 1948. *Deutsch:* Franz Kafka, Tagebücher 1910–1923. Gesammelte Werke. Herausgeben von Max Brod, Frankfurt am Main 1967.

Man kann sich ungefähr vorstellen, wie gnadenlos die Literaturgeschichte mit dem 20. Jahrhundert umgehen wird.

In dieser alles andere als glücklichen Situation empfehle ich, die Tagebücher von Franz Kafka nicht zu vergessen. Natürlich kann es für die andauernde Sensibilität eines Lesers bis ins hohe Alter wichtig sein, auch die unabgeschlossenen Romane und die wunderbaren Geschichten von ihm zu lesen und sie als Lebensbücher immer bei sich zu haben, besonders auch auf Reisen, in Hotels, auf Parkbänken und in Bahnen und Bussen, aber die Krönung der Lektüre bilden doch seine Tagebücher. Ich kenne kein Buch des 20. Jahrhunderts, das in so gedrängter und doch oft auch so extrem spielerischer Form alle großen Probleme und Fragen seiner Zeit berührt, entzündet, fortführt oder wegpustet. Gewiss, es gibt viele Bücher im 20. Jahrhundert, zu denen ich oft zurückkehre und ohne die ich mir mein Leben gar nicht vorstellen kann, philosophische, literarische, dichterische, aber keines zieht mich so magisch an wie das Tagebuch von Kafka. Habe ich einen Monat nicht staunend in ihm gelesen, kommt mir die Zeit verloren vor.

Diese Faszination ist nicht zu ergründen. Gott sei Dank, denn wäre es anders, würde ich wohl nicht so beständig darauf hoffen, dieses Buch niemals aus den Augen zu verlieren.

RABINDRANATH TAGORE

গোরা
Gora

Die Welt neu denken

⌣

Von Amartya Sen

Gora ist ein begabter junger Mann, der sich dafür entscheidet, als konservativer Hindu aufzuwachsen, also als jemand, der zum Mitgefühl für Menschen aller Schichten, auch für die Ärmsten, erzogen wird, aber den Intellektuellen, die alle Religionen nicht diskriminieren wollen, skeptisch gegenübersteht. Er ist streng konservativ, und all seine Sympathien gelten den Engstirnigen.

Gora bedeutet auf Bengali etwas, das weißlich ist, nicht dunkel. Der Junge war als Gora bekannt, weil er hellhäutig und überhaupt nicht dunkel war, was für diese ethnische Gruppe eher ungewöhnlich ist. Er wusste nichts über seine biologische Herkunft und nahm an, er sei ein natürlicher Nachkomme der beiden Personen, die er als seine Eltern kannte. Eines Tages offenbarte ihm seine Mutter jedoch, dass er in Wirklichkeit ein Adoptivkind war, das als Säugling aufgenommen wurde, als seine irischen Eltern während des Indischen Aufstands

---

* Rabindranath Tagore, গোরা [Gora], Kalkutta 1910. *Deutsch:* Gora. Roman in 2 Bänden. Nach der vom Autor selbst veranstalteten englischen Ausgabe ins Deutsche übertragen von Helene Meyer-Franck, München 1924.

im Jahr 1857 getötet wurden. Gora erkannte plötzlich, dass er als konservativer Hindu kein Ansehen genießen würde und dass ihm als Angehörigem einer anderen Gruppe und Kaste sämtliche Türen der Hindu-Tempel verschlossen bleiben würden. Sein Eintreten für den Hindu-Konservatismus hatte keinerlei ererbte Rechtfertigung.

Der tiefe Aufruhr, den diese neue Erkenntnis in Goras Geist auslöst, zwingt ihn, seine eigene Stellung in der Welt und seine Beziehung zu allen anderen Menschen zu überdenken. Mit diesen Überlegungen, die ihn dazu bringen, über die Menschen in der Welt neu nachzudenken, endet der Roman.

In Goras Kopf spielen sich vor und nach seiner neuen Erkenntnis viele Konflikte ab, doch die Notwendigkeit, sich mit der Realität zu arrangieren, egal wie wenig sie mit den bisherigen Überzeugungen in Einklang steht, ist ein unvermeidlicher Gegenstand der Überprüfung, dem Gora nicht ausweichen kann.

Das ist eine recht grobe Zusammenfassung einer komplizierten, aber aufschlussreichen Geschichte, und ihre Relevanz für die heutige Welt ist kaum zu übersehen.

Und da es bei einer Geschichte, die eine komplexe Realität auf den Punkt bringt, wichtig ist, sich kurz zu fassen, bezweifle ich nicht, dass Tagore als tiefsinniger Denker an den verschiedenen Möglichkeiten interessiert gewesen wäre, wie Goras Überlegungen weitergehen und sich entwickeln können.

Aus dem Englischen von Andreas Wirthensohn

DADA

Strategien und Praktiken
von Möglichkeitsräumen:
Exposé zu einem Buch, das auf
sein Erscheinen noch wartet

Von Thomas Krüger

1. Der dadaistische Urknall

Peter Weiss baute in sein Theaterstück «Trotzki im Exil» eine fiktive Szene ein, die er auf den Herbst 1916 datierte und in der Spiegelgasse 14 in Zürich lokalisierte. Dort verbrachten W. I. Lenin und N. K. Krupskaja ihre Exilzeit, bevor sie zur Oktoberrevolution aufbrachen. Weiss schildert, wie die Dadaisten, die im nahegelegenen Cabaret Voltaire in der Spiegelgasse 1 ihre Lautgedichte zum Besten gaben, in Lenins Wohnung eindrangen, sich über ihn lustig machten und sich als die «wahren Internationalisten» präsentierten. Als der Spuk vorbei war, erleidet Lenin psychosomatische Anfälle. Der Zweifel nistet sich in die Revolution ein.

Der zeitgeschichtliche Kontext des Ersten Weltkriegs ist entscheidend. Erwin Piscator: «Meine Zeitrechnung beginnt am 4. August 1914. Von da ab stieg das Barometer. 13 Millionen Tote / 11 Millionen Krüppel / 50 Millionen Soldaten, die marschierten / 6 Milliarden Geschosse / 50 Milliarden Kubikmeter Gas / Was ist da persönliche

Entwicklung? Niemand entwickelt sich da persönlich. Da entwickelt etwas anderes ihn.» Dada wird sowohl als melancholische Verzweiflung, als auch als befreiendes Lachen sichtbar. Die Dadaisten der Gründergeneration, unter ihnen viele Deserteure und Pazifisten, verfielen aber nicht in Depression, sondern proklamierten den «Neuen Menschen» und gingen in die Offensive: «Dilettanten erhebt Euch» (Max Ernst), «Hinein in den Schutt» (George Grosz) mit Kesselpauke und Trommel, und jede kunstvolle Tat zu einem «geistigen Pistolenschuss» (Tristan Tzara) machen.

2. «Ironie als Waffe»

Subversives Lachen ist nichts Neues. In Narrenspielen und im Karneval spielt ein kynischer Reflex von Machtkritik schon lange eine Rolle, die sich die Mächtigen, ohne Konsequenzen zu befürchten, gefallen lassen konnten. In der Moderne jedoch wird Ironie brandgefährlich. Mit dem «Ende der großen Erzählungen» (Lyotard) haben die Praktiken des Lachens leichteres Spiel. Sie feiern ihre Erfolge mit radikaler Dekonstruktion. Es schlägt die Stunde von Dada. Deren Protagonist*innen setzen die Einzelteile wieder zusammen, aber so, dass sie keinen Sinn ergeben und als Unsinn daherkommen. Der russische Kunsttheoretiker Michail Bachtin hat in der Zeit der Dadaisten in dem nach ihm benannten Kreis die literarische Rolle von Ironie und Lachen reflektiert. An seinem eigenen Schicksal, insbesondere an seinem als Dissertation eingereichten Rabelais-Text, lässt sich zeigen, dass die als weltverbessernde Macht angetretene kommunistische Diktatur beim Lachen überhaupt keinen Spaß versteht.

Die geistesgeschichtlichen Wurzeln einer Philosophie des Lachens kommen an F. Nietzsche nicht vorbei: «Wir sind das erste studierte Zeitalter... zur transzendentalen Höhe des höchsten Blödsinns und der aristophanischen Weltverspottung. Vielleicht, dass wir... das Reich... entdecken,... wo auch wir noch original sein können, etwa als Parodisten der Weltgeschichte und Hanswürste Gottes – vielleicht dass, wenn auch nichts von heute sonst Zukunft hat, doch gerade unser Lachen noch Zukunft hat.» *(Jenseits von Gut und Böse)* Nietzsche-Leser Huelsenbeck nimmt dieses Zitat in den *Dada Almanach* auf, denn das Lachen ist für Dada konstitutiv.

3. Dada-Praktiken

Auf die Abwertung aller künstlerischen Artefakte durch den Krieg antwortet Dada mit neuen Formaten:

Die Collage – von den Dadaisten aufgegriffen und mit vielfältigem Material weiterentwickelt (Hanna Höchs Fotocollage «Schnitt mit dem Küchenmesser Dada durch die letzte Weimarer Bierbauchkulturepoche Deutschlands»).

Die Assemblage – als dreidimensionales, aus verschiedenen Materialien zusammengesetztes Objekt (Der «Merzbau» mit der «Kathedrale des erotischen Elends» von Kurt Schwitters).

Das Readymade oder auch *Objet trouvé* – aus einem Alltagsgegenstand wird ein Kunstwerk (zum Beispiel Marcel Duchamps «Fahrrad-Rad», später auch Picassos «Stierschädel»).

Aleatorik – bei der Schaffung von Kunstwerken werden Zufallsspiele eingesetzt. Das Kunstwerk wird nicht nach einem menschlichen Plan geschaffen, sondern der Natur überlassen.

Performancekunst – In den Dada-Salons Europas werden Gedichte rezitiert (Emmy Hennings, Raoul Hausmann), spontane Manifestationen (Richard Huelsenbeck) performt.

Lautgedicht, Noise und Punk – musikalische Artefakte durchbrechen Grenzen: Zwölftonmusik, zeitgenössische Komposition, Dekonstruktion der Populärmusiken in Noise, Punk und Free Jazz (Kurt Schwitters «Ursonate»).

4. Dada – willst du ewig leben?

4.1. Neo-Dada

Dada geht nicht unter. In den 1950er Jahren formiert sich eine Bewegung, die sich um ein Zusammendenken von Kunst und Leben bemüht. Jasper Johns, Robert Rauschenberg und in der Musik allen voran John Cage lehnen reine Abstraktion ab und ebnen der Pop Art den Weg. In Deutschland machen Joseph Beuys, Nam June Paik und die Fluxusbewegung auf sich aufmerksam.

4.2. Dada im Ostblock

Dada erlebt in der gerontokratischen Zeit nach Stalins Tod und der bald danach einsetzenden Gerontokratie eine Renaissance. Legendär die Rolle der «Plastic People of the Universe», einer tschechoslowakischen Underground-Band, die 1976 verhaftet und verurteilt wurde und damit die Charta 77 in Gang setzte. Auch in der DDR war die subkulturelle Szene von Dada inspiriert und ging auf Distanz zum offiziellen Kulturbetrieb (die Künstlergruppe ClaraMosch, später Dada-Aktivist Matthias Baader Holst sowie Wenzel und Mensching, die ihr Programm sogar «Altes (später «Neues») aus der DaDaeR» nannten). In Slowenien provozierte ab 1980 die Band Laibach mit religiösen und ideologischen Symboliken wie dem «Schwarzen Kreuz» von Malewitsch sowie Fotomontagen von John Heartfield. Aus dem Umfeld der Band entstand das Künstlerkollektiv IRWIN, das die Neue Slowenische Kunst proklamierte (NSK) und in bester Dada-Manier einen eigenen Staat ausrief.

4.3. Punk

Als Auferstehung von Dada können auch die Auftritte von Clash und AC/DC interpretiert werden. David Byrnes' Talking Heads und Brian Eno haben auf «Fear of Music» Hugo Balls «Gadji beri bimba» reenactet. Ohne Zweifel war der «echte» Punk eine an die Wurzeln von Dada anknüpfende antibürgerliche Revolte. Im deutschen Post-Punk wird bei der Band Trio mit dem Song «Da da da» auf Dada Bezug genommen.

5. Dada als westliche Kunstproduktion?

Der dadaistische Impuls als antibürgerliche Geste auf die westlich codierte Moderne hat aber Schattenseiten. Marcel Janco, einer der Gründerväter des Züricher Dada, wanderte nach seiner Rückkehr nach Rumänien wegen des wachsenden Antisemitismus nach Israel aus und begründete dort das Künstlerdorf En Hod. Unerzählt bleibt dabei oft, dass die Bewohner des ursprünglich arabischen Dorfes Ayn Hawd 1948 vertrieben wurden, in deren Häuser die Künstler um Janco nach etlichen Besiedlungsversuchen 1953 einzogen. Hier lebte Janco seinen Dada-Traum weiter und richtete in der ehemaligen Moschee ein Restaurant ein, das dem Cabaret Voltaire nachempfunden war.

Gleichwohl ist Dada kein Privileg des weißen Westens geblieben. 1964 publizierte der afroamerikanische Dichter und Musikkritiker Amiri Bakara den Text *Black Dada Nihilismus*, problematisierte die Diskriminierung afroamerikanischer Künstler*innen und bediente sich dabei des dadaistischen Repertoires. Sein Gedicht fängt zum Beispiel mit der Setzung eines Punktes an und macht den Blick frei auf Vorgeschichte und Ausblendungen.

6. Dada als politische Antimacht

Dada-Künstler*innen* thematisierten Ausblendungen an der Gender-Front. Die anstrengende Beziehung zu Raoul Hausmann beschreibt Hanna Höch in einem Brief an ihre Schwester: «Für Frauen, wie wir es sind, gibt es heute noch keine Männer, sicher bringt die Zeit, die aus unserer Revolutionierung geboren wird, einmal auch unseresgleichen den Ausgleich, wir aber sind Kämpfer.»

Das feministische Paradigma «Das Private ist politisch» antizipierend, griff Dada stets gleichzeitig gesellschaftspolitische wie machtpolitische Widersprüche an. Machtkritik ist dabei so radikal wie komisch, so pazifistisch wie maßlos. Der Oberdada Baader etwa begab sich in die Weimarer Nationalversammlung, unterbrach die Sitzung und verlangte die Ablösung der Regierung durch die «Gruppe

Dada». Er warf sein Flugblatt «Die grüne Leiche» ab und kündigte die Ankunft des Oberdada auf einem Schimmel an. Auch der heutige ukrainische Präsident W. Selenskyi kennt sich mit Dada aus. Er hat «Studio Kwartal 95» begründet und in der dort produzierten Serie «Diener des Volkes» die Kunstfigur Wassyl Holoborodko kreiert, einen Geschichtslehrer, der über die Korruption in der Ukraine sauer ist und sich über eine Crowdfunding-Kampagne zum Präsidenten wählen lässt. Als Selenskyi selbst zur Wahl antrat, benannte er seine Partei nach der Serie – eine wahrhaft dadaistische Blaupause. Die dunkle Seite der Macht schlug allerdings zurück und machte aus dem Dadaistenpräsidenten einen Freiheitskämpfer, der sich kommunikativ clever in Szene setzt. Kämpft sein Gegenüber W. Putin in Wirklichkeit gegen den Dadaismus?

Peter Sloterdijk versucht sich in seiner *Kritik der zynischen Vernunft* an einer Einordnung der dadaistischen «Chaotologie»: «Als Methodologie des Bluffs ... zeigt Dada ironisch, wie moderne Ideologie funktioniert: Werte aufstellen und so zu tun, als glaube man daran, und dann zeigen, dass man nicht daran denkt, an sie zu glauben. Mit dieser Selbstaufhebung von Weltanschauung verrät Dada den modus operandi des modernen Bewusstseins mit all seinen notorischen Sinn-Schwindeleien.»

7. Dada schafft Möglichkeitsräume

Das Methodenrepertoire des Dadaismus öffnet Möglichkeitsräume. Diese bleiben zwar umkämpft, aber die Welt braucht sie, um dem täglichen Wahnsinn nicht auf den Leim zu gehen. Dabei verfolgen die Dadaisten keine Strategie des *anything goes*. Sie bleiben inklusiv und pazifistisch, nehmen sich aber das Recht heraus, über alles zu lachen, was mit «der Wahrheit» um die Ecke kommt. Kurt Schwitters' «Merzbau» in Hannover, auf den Exilstationen der norwegischen Inseln Hjertøya, Lysaker und in London war ein lebenslanger Schaffensprozess, der seinen Lebensraum dadaistisch restrukturierte. Der «Neue Dada Mensch» ist nämlich im Kern ein freier Mensch. Entscheidend ist der «kreative» Umgang mit den Abgründen der Moderne und nicht der «richtige». Man könnte von der Geburt der Utopie aus dem Geist dadaistischen Handelns sprechen…

8.

Ursonate S.Arabien

MAX WEBER

Wissenschaft als Beruf *und* Politik als Beruf

Plädoyer für eine Re-Lektüre
in Zeiten vermehrter
wissenschaftlicher Interventionen

⟶

Von Jürgen Kocka

Max Weber gehört zu den wenigen Wissenschaftlern, die nach ihrem Tod noch bedeutender und berühmter wurden, als sie es zu Lebzeiten schon waren. Auch in Zukunft wird Webers Werk als Weg zur kritischen Analyse der Moderne aus universalgeschichtlicher Sicht unverzichtbar sein. Die beiden Aufsätze «Wissenschaft als Beruf» und «Politik als Beruf» von 1917 und 1919 sind Schlüsseltexte, die kurz, knapp und sprachgewaltig in Kerngedanken von Webers

---

* Max Weber, Wissenschaft als Beruf, in: Geistige Arbeit als Beruf. Vier Vorträge vor dem Freistudentischen Bund, Erster Vortrag, München/Leipzig 1919; Max Weber, Politik als Beruf, in: Geistige Arbeit als Beruf. Vier Vorträge vor dem Freistudentischen Bund, Zweiter Vortrag, München/Leipzig 1919; neuere Ausgabe: Max Weber-Gesamtausgabe, Band I/17, Wissenschaft als Beruf 1917/1919 / Politik als Beruf 1919. Herausgegeben von Wolfgang J. Mommsen, Wolfgang Schluchter, in Zusammenarbeit mit Birgitt Morgenbrod, Tübingen 1992.

Lebenswerk einführen und einige seiner Ergebnisse resümieren. In den beiden sehr grundsätzlichen Texten – ursprünglich Vorträge vor einem primär studentischen Münchner Publikum – entwickelt er Thesen zu Wissenschaft und Politik, wie sie sein sollten, zu ihren möglichen Leistungen, ihrer notwendigen Selbstbegrenzung und ihrer «Kulturbedeutung». Die Thesen sind weiterhin aktuell, wenngleich auf anderer Grundlage und unter anderen Krisenbedingungen als bei ihrer Entstehung vor gut einhundert Jahren.

Weber analysiert Wissenschaft als immer unvollendeten Prozess und Wissenschaftler als Subjekte, die in strenger Spezialisierung arbeiten und wissen, dass ihre Leistung zukünftig überholt sein wird. Er betont, was Wissenschaft nicht kann: Sinn stiften, sagen, was getan werden soll, politisch entscheiden. Gute Wissenschaft setzt für ihn Nüchternheit und harte Arbeit, aber auch Leidenschaft und Eingebung voraus. Sie verlangt neben fachlichem Können Offenheit, Mut und «intellektuelle Rechtschaffenheit».

Weber betont, dass Macht und Kampf zentral zur Politik gehören, aber er plädiert nicht für reine Macht- oder Realpolitik, wie er umgekehrt purer Gesinnungspolitik tief misstraut. Vielmehr verlangt er vom guten Politiker Leidenschaft, Augenmaß und Verantwortlichkeit, zudem Selbstverpflichtung auf «letzte Werte». Welche das sind, entscheidet der Einzelne nach eigener Wahl; dies sei keine Frage, die wissenschaftlich entschieden werden könne. Webers Unterscheidung zwischen Gesinnungs- und Verantwortungsethik wird ubiquitär zitiert, aber wichtig ist, dass Weber sie nicht als absolute Gegensätze sah, sondern als «Ergänzungen, die zusammen erst den echten Menschen ausmachen, den, der den ‹Beruf zur Politik› haben *kann*». Denn «alle geschichtliche Erfahrung bestätigt es, dass man das Mögliche nicht erreichte, wenn nicht immer wieder in der Welt nach dem Unmöglichen gegriffen worden wäre».

Beruflich-fachliche Qualifikation, damit verbundene Selbstbeschränkung, rückhaltlose Hingabe an eine «Sache», eine eigenartige Verbindung von Werturteilsfreiheit und Wertebezug, «asketischer humanistischer Individualismus» (Schluchter) – diese Merkmale zeichnen gute Wissenschaftler nach Weber ebenso aus wie gute Politiker, sosehr sich ihre Tätigkeiten im Übrigen unterscheiden, zu verschiedenen Sphären mit eigenen Logiken gehören und in Konflikt miteinander treten können. Webers in sich pluralistischer, wenn nicht gar widersprüchlicher Wirklichkeitsbegriff, seine langfristig so einflussreiche Theorie der Ausdifferenzierung der historisch-gesellschaftlichen Wirklichkeit in unterschiedliche Sphären mit oft konfligierenden Wertbezügen wird in diesen beiden Aufsätzen sehr deutlich und überdies durch weit ausholende religions- und philosophiehistorische Argumente zum Verhältnis von Ethik und Politik bekräftigt.

Webers Zeitgebundenheit, seine Einseitigkeiten und Blindstellen sind ausgiebig diskutiert worden. Sie sind als Folge tiefgreifender Wandlungen von Wissenschaft und Politik immer schärfer hervorgetreten. Da ist die übermäßig schroffe Entgegensetzung von logisch und empirisch begründeter wissenschaftlicher Erkenntnis einerseits, lebenspraktischer und politischer Wertung andererseits, so als ob es nicht die vielen feinen Verästelungen gäbe, die wissenschaftliches und politisches Argumentieren verbinden können. Da ist Webers Fixierung auf den einzelnen spezialisierten Wissenschaftler in Gestalt des monologisierenden Professors im Hörsaal (statt im Seminar oder im Labor), unter Vernachlässigung der wechselseitigen kollegialen Kritik, der Kooperation und der Interdisziplinarität als Quellen wissenschaftlicher Produktivität, die schon im wilhelminischen Reich nicht fehlten und in den folgenden Jahrzehnten immer wichtiger geworden sind. Und da ist die Unterschätzung von Konsenssuche und Konsensherstellung durch Argumente, Anreize und Kompromiss, die neben Macht und Kampf zu guter Politik dazugehören. Manches in Webers Ausführungen – so auch die Hochschätzung herber Männlichkeit als intellektuell ergiebige Tugend – erscheint uns heute wie aus einer anderen Welt. Die Historisierung ist insofern die Hauptstrategie, um sich Weber und seinem Werk zu nähern.

Doch verstellt dies nicht die Bewunderung für diesen Autor, der mit den beiden Aufsätzen auch die Erfahrung des nationalen Absturzes in der Niederlage des Großen Krieges und den daraus folgenden revolutionären Umsturz mit seinen rasch einsetzenden Enttäuschungen verarbeitete – aus der ihm eigenen nationalen, liberalen und zugleich sozialwissenschaftlichen Sicht. Überdies bleiben Webers bohrende Überlegungen zum angemessenen Verhältnis von Wissenschaft,

Lebensführung, Moral und Politik aktuell in einer Zeit, in der wissenschaftliche Akteure und Institutionen sehr direkt und unverblümt politisch intervenieren, sei es durch direkte Unterstützung sozialer und politischer Bewegungen, sei es mit parteiergreifenden Gutachten und Stellungnahmen, sei es in anderen Formen. Jetzt und in Zukunft ist es keineswegs leicht, die sich damit stellenden Probleme auf der intellektuellen Höhe zu diskutieren, die Webers zugleich nüchterne und leidenschaftliche Abhandlungen vorgegeben haben. Aber wir sollten es versuchen.

FRIEDRICH CURTIUS

Deutschland und das Elsaß

«Mahner und Klärer,
der der Zukunft dienen will»

⌒

Von Ernst-Peter Wieckenberg

Nicht wenige Bücher, die vermeintlich nur Rückblicke oder Erinnerungen enthalten, sind gleichzeitig im Blick auf eine Zukunft geschrieben. Das gilt auch für einige Werke von Friedrich Curtius (1851–1933), dem heute nahezu Vergessenen.[1] Curtius war nach seinem in Deutschland abgelegten juristischen Examen ins Elsass gegangen, um dort in der Verwaltung zu arbeiten. Kurz zuvor, 1871, hatte Frankreich das Elsass an das neugegründete Deutsche Reich abtreten müssen.[2] Curtius war dort dank seiner fachlichen Qualifikation beruflich erfolgreich und wegen seiner durch keine Parteilichkeit getrübten politischen Entscheidungen auch bei französischen Elsässern hochgeachtet.

Die durch die erzwungene «Deutschwerdung» des Landes entstandenen Spannungen zwischen deutschen und französischen Elsässern erloschen nie wirklich. Immerhin beurteilte Curtius Anfang 1912

---

* Friedrich Curtius, Deutschland und das Elsaß, Stuttgart/Berlin 1919.

«die Lage» im Elsass mit guten Gründen als «hoffnungsvoll».[3] Im selben Jahr erschien die Anthologie *Der Elsässische Garten*, in der bereits veröffentlichte oder eigens für sie geschriebene Texte versammelt waren. Sie wurde von Ernst Robert Curtius, Friedrichs Sohn, zusammen mit dem geradezu hymnischen Text «Elsaß» eröffnet. Viele Zeitgenossen und wohl auch die beiden Curtius selbst sahen in der Anthologie den Aufruf zu einem friedlichen Zusammenleben von Deutschen und Franzosen.[4]

Diesen Hoffnungen wurde im Oktober 1913 durch die sogenannte «Zabern-Affäre» ein Ende gemacht. In der elsässischen Garnisonsstadt Zabern (frz. Saverne) hatte der deutsche Leutnant von Forstner sich bei der Rekrutenausbildung in rüpelhafter Weise gegenüber der einheimischen Bevölkerung verhalten. Das führte nicht etwa zu einem Einschreiten seiner Vorgesetzten; es war vielmehr, wie Curtius später schreibt, «offenbar, daß ein Konflikt gewünscht wurde».[5] Es kam denn auch zu starken Übergriffen des deutschen Militärs gegen die französische Bevölkerung.[6] Friedrich Curtius hat diese Vorgänge und ihre Nachwirkungen später resigniert dargestellt. Sein Fazit lautete: «Man muß es im Elsaß selbst erlebt haben, wie gerade die überzeugtesten Anhänger Deutschlands auf das tiefste bestürzt waren und die entschiedenen Franzosen ihre Genugtuung nicht verbargen. Die Unmöglichkeit einer Versöhnung zwischen dem politischen Geist des Elsaß und dem Wesen des deutschen Staats schien durch die Vorgänge von Zabern klar erwiesen zu sein. [...] Seit Zabern gab es keine freudige, hoffnungsvolle Beteiligung an der elsässischen Politik mehr. Der deutsche Militarismus hatte mit durchschlagendem Erfolg für die Franzosen gearbeitet.»[7] Curtius sah danach keine Möglichkeit mehr, seine Arbeit fortzusetzen, und reichte sein «Abschiedsgesuch» ein. Am 22. Dezember 1914, so schrieb er, «habe ich das Haus am Thomasstaden und die Stadt, die mir Heimat geworden war, verlassen».[8]

Curtius hat nach dem Krieg, nunmehr in Deutschland, drei Bücher geschrieben, die der neueren Geschichte des Elsass gewidmet sind: *Deutschland und das Elsaß* (1919), *Deutsche Briefe und Elsässische Erinnerungen* (1920) sowie *Erinnerungen aufgeschrieben für meine Kinder 1932*, die jedoch bis heute nur als Typoskript vorliegen.[9] Das nur knapp 80 Seiten umfassende Buch *Deutschland und das Elsaß* ist ein bitterer

Rückblick auf die kurze deutsch-elsässische Geschichte. Während dieses Buch 1919 noch in Stuttgart und Berlin erschien, kam *Deutsche Briefe und Elsässische Erinnerungen* 1920 in der Schweiz heraus, vermutlich weil Curtius sich nicht der Kontrolle deutscher Zensurbehörden ausliefern wollte.

Das Buch *Deutsche Briefe und elsässische Erinnerungen* lässt schon im Titel seine Doppelnatur erkennen. Der beinahe 200 Seiten umfassende erste Teil gibt unter der Überschrift «Deutsche Briefe» Aufsätze über das Elsass wieder, die Curtius 1920 in den *Basler Nachrichten* veröffentlicht hatte. In dem 75 Seiten umfassenden zweiten Teil, «Elsässische Erinnerungen», berichtet er über seine eigene, 35 Jahre währende Arbeit als Jurist in der Verwaltung des Elsass. Auffallend ist der Stilwechsel innerhalb dieses Buches. Im ersten Teil bietet Curtius eine sichtlich um Objektivität bemühte Darstellung von Politik, Wirtschaft und Kultur des Elsass. Für den zweiten Teil ist charakteristisch, dass Curtius immer wieder in der Ich-Form von persönlichen Erfahrungen mit deutschen oder französischen Elsässern berichtet. Das zu vermutende Vertrauen der Leser in seine Redlichkeit als Urteilender dürfte noch dadurch verstärkt worden sein, dass er dabei ohne Einschränkungen die Schuld der Deutschen an der «Zabern-Affäre» darstellte.

«Mein Leben», schreibt Curtius am Ende des Buches, «hat durch das Schicksal Deutschlands einen tragischen Zug erhalten. Der Verlust des Elsaß scheint für mich ein verlorenes Leben zu bedeuten. Aber mein Glaube widersetzt sich einem hoffnungslosen Pessimismus. (…) Vielleicht ist es die Aufgabe des Elsaß, in einer noch fernen, aber dem geschichtlichen Denken nicht unfaßbaren Zukunft, die Versöhnung der Nachbarvölker herbeizuführen.»[10]

Kein Geringerer als Theodor Heuss, der spätere deutsche Bundespräsident, hat 1919 in einer knappen Besprechung der Bücher von Friedrich Curtius *(Deutschland und das Elsaß)* und Isolde Kurz *(Deutsche und Italiener)* geschrieben: Beide, «Vertreter feiner und reifer Geistigkeit, sprechen vom Verhalten des neuen Deutschtums gegenüber anders gearteter, geschichtlich begründeter Kultur und sprechen von seinen Sünden. Aber nicht als Bußprediger und nicht als scheltende Fahnenflüchtige, sondern als Mahner und Klärer, die der Zukunft dienen wollen.»[11] *Deutsche Briefe und Elsässische Erinnerungen* war zu diesem Zeitpunkt noch nicht erschienen. Es gibt keinen Zweifel daran, daß Theodor Heuss dieses Buch und seinen Verfasser noch nachdrücklicher gelobt hätte.

Anmerkungen

1 Rudolf von Thadden, Friedrich Curtius, Elsaß-Lothringen und das Kaiserreich, in: Das Vergangene und die Geschichte. Festschrift für Reinhard Wittram zum 70. Geburtstag. Herausgegeben von Rudolf von Thadden, Gert von Pistohlkors und Hellmuth Weiss, Göttingen 1973, S. 79–104.
2 Dazu und zum Elsaß jener Zeit generell Stefan Fisch, Das Elsass im deutschen Kaiserreich (1870/71–1918), in: Michael Erbe (Hg.), Das Elsass. Historische Landschaft im Wandel der Zeiten, Stuttgart 2002, S. 123–146.
3 Friedrich Curtius, Deutsche Briefe und Elsässische Erinnerungen, Frauenfeld 1920.
4 Dazu zum Beispiel Curtius, Deutsche Briefe, S. 241.
5 Ebenda, S. 242.
6 Dazu besonders Rudolf von Thadden, S. 90 ff.
7 Curtius, Deutsche Briefe, S. 243. Zur staatsrechtlichen Dimension der «Zabern-Affäre» s. Hans-Ulrich Wehler, Der Fall Zabern von 1913/14 als Verfassungskrise des Kaiserreichs, in: ders., Krisenherde des Kaiserreichs 1871–1918, 2. Auflage, Göttingen 1979, S. 70–88.
8 Ebenda, S. 249.
9 Das Buch wurde jedoch von der Familie immer großzügig Wissenschaftlern zugänglich gemacht.
10 Curtius, Deutsche Briefe, S. 249.
11 Mir lag nur eine Kopie des Textes ohne Quellenangabe vor. Die Rezension erschien in: Literarisches Echo vom 15.9.1919, Sp. 1519/20. Für den Quellennachweis sei Herrn Dr. Becker von der Theodor-Heuss-Stiftung herzlich gedankt.

JEWGENI SAMJATIN

Wir

Der Kreis schließt sich

⎯⎯

Von Thomas Urban

Vor genau hundert Jahren war Jewgeni Samjatin einer der führenden Köpfe in der Literaturszene Petrograds, der Hafenstadt an der Newa, in der der Bolschewik Wladimir Lenin in einem zur Oktoberrevolution verklärten Putsch die Macht ergriffen hatte und die seit seinem Tod 1924 auch seinen Namen trug. Im selben Jahr erschien bei E. P. Dutton in New York Samjatins Roman *We*; auf dem Umschlag waren kubistische Formen abgebildet, wie sie damals die Malerei revolutionierten. Die Auflage war klein, die dystopische Satire sollte nie das breite Publikum erreichen.

Dennoch hatte sie eine enorme Wirkung, denn sie stand Pate für die zu Weltbestsellern gewordenen schwarzen Sozialutopien von Aldous Huxley und George Orwell, *Brave New World* und *1984*, die beide politische Debatten auslösten. *Wir* gilt als Urmodell der furchteinflößenden Vision von der totalen Manipulation der Menschen durch Propaganda und technische Mittel. Samjatin setzte somit einen

---

* Jewgeni Samiatin, Мы, New York 1924. *Deutsch:* Wir. Roman. Aus dem Russischen von Gisela Drohla, Köln 1958.

Kontrapunkt zu den Romanen in der Tradition von Thomas Morus' *Utopia*, die dem technischen Fortschritt positive Effekte für die Menschheit abgewinnen, so bei Jules Vernes, dem populärsten Meister dieser Gattung. Hingegen warf *Wir* erstmals die Frage auf, wie die Dominanz der Technik über den Menschen verhindert werden kann. Es war auch ein Beitrag des Skeptikers Samjatin zur damals virulenten Debatte um die Psychologie der Massen, wie sie Gustave Le Bon beschrieb.

Formal handelt es sich um das Tagebuch des Raketeningenieurs D-503 im 26. Jahrhundert. Er lebt in einem Hochhaus mit gläsernen Innen- wie Außenwänden im «Einzigen Staat», der nach dem apokalyptischen zweihundertjährigen Krieg entstanden ist. Über die Städte und Siedlungen wölben sich riesige Glaskuppeln, unter denen das Klima gleichförmig reguliert ist. Die Menschen tragen Uniformen, sie haben keine Namen mehr, sondern sind nummeriert. Ihr Tagesablauf ist bis auf die Minute durch die «Stunden-Gesetzestafel» vorbestimmt, Geheimpolizisten, die «Beschützer», kontrollieren jeden Lebensbereich. Ihre Aufgabe: «Das einzige Mittel, die Menschen vor Verbrechen zu bewahren, ist, ihn vor der Freiheit zu bewahren.»

Ein Verstoß gegen die Regeln kann leicht zu einem Todesurteil führen, eine Verteidigung der Angeklagten ist nicht vorgesehen. Die Exekution wird durch einen Stromschlag per Guillotine vollstreckt, wobei der Körper des Delinquenten sich im Bruchteil einer Sekunde in ein Häufchen verbrannter Materie und eine Wasserlache verwandelt. Die öffentlichen Hinrichtungen sind als eine Art Menschenopfer für den «Wohltäter» inszeniert. Zu diesem Vorläufer von Big Brother wird gebetet, er wird besungen, keiner der Menschen bekommt ihn aber je zu Gesicht. Jegliche individuellen Gedanken werden ihnen durch die ständige Wiederholung von Parolen ausgetrieben, Gefühle gelten als Krankheit. Die körperliche Ertüchtigung beruht vor allem auf Märschen, vorzugsweise in Viererreihen. Auch das Sexualleben ist reglementiert: Die Sexualpartner werden einander zugeteilt.

D-503 ordnet sich ein, bis er bei einem Spaziergang die Frau I-330 kennenlernt und sich in sie verliebt. Schnell wird offenbar, dass sie längst aus dem System ausgebrochen ist, sie raucht, sie flirtet mit dem bislang nur in mathematischen Formeln denkenden Ingenieur; vor allem hat sie Kontakt zu den Menschen, die außerhalb der genormten Städte hinter der «grünen Mauer» leben und eine Revolution anstreben. Doch die Liebesgeschichte zwischen den beiden entgeht den «Beschützern» nicht. Ein Arzt gelangt zu der Diagnose, dass D-503 eine Seele habe. Durch die Bestrahlung des «Zentrums der Phantasie» in seinem Gehirn verliert er die Fähigkeit zu lieben, er verrät I-330, sie wird zum Tode verurteilt. D-503 aber gehört wieder zum Kollektiv, zum «Wir».

In den Roman sind Samjatins persönliche Erfahrungen eingeflossen. Als Student schloss er sich vor dem Ersten Weltkrieg vorübergehend den Bolschewiken an. 1914 war er von der Kriegsbegeisterung im Zarenreich angewidert, er erfuhr, dass es in anderen Ländern nicht anders war. Als junger Schiffbauingenieur wurde er nach England abgeordnet, um dort den Bau von Torpedobooten und Eisbrechern zu studieren. So bekam er einen Eindruck von dem technischen Machbarkeitswahn in der Industrie. Nach dem Sturz des Zaren in der Februarrevolution 1917 hoffte er auf eine humane sozialistische Gesellschaftsordnung, den «roten Terror» der Bolschewiken lehnte er ab. Er sah voraus, dass Konzepte wie die «Schaffung des neuen Menschen» durch «Ingenieure der Seele» oder die «Lehre von der permanenten Revolution» laut Lew Trotzki nur zu einem System der totalen Bevormundung und Kontrolle führen würden.

Den Parteifunktionären missfiel überaus, dass Samjatin in Zeitungsartikeln der neuen Führung vorwarf, sich an Utopien zu berauschen, anstatt die Lösung gesellschaftlicher Probleme im Konsens zu suchen. Zudem las er in den Petrograder Literaturzirkeln aus dem *Wir*-Manuskript, auch die Stellen, in denen sich der Protagonist über den Kult um die Revolution und ihre Führer mokiert. Samjatin bekam keine Druckerlaubnis für den Roman, es war das erste verbotene Buch unter der Sowjetmacht; nur die Übersetzung erschien in New York. Unter Pseudonym veröffentlichte er subtile Kritik an der Zensur und dem Konzept einer Einheitspartei, doch wurde er als Autor enttarnt und mit Publikationsverbot belegt; er gilt als erster Dissident unter den Schriftstellern in der Sowjetunion. Angesichts des starken Drucks auf ihn wagte er einen mutigen Schritt: Er beschwerte sich 1931 in einem Brief an Stalin. Maxim Gorki, der sich durch Privilegien korrumpieren ließ, setzte sich im Kreml für ihn ein, so dass ihm die Ausreise nach Frankreich gestattet wurde. Er starb 1937 in Paris, nur dreiundfünfzig Jahre alt.

Ein knappes Jahrzehnt später fiel ein Exemplar der New Yorker Ausgabe George Orwell in die Hände. Er verfasste eine flammende Rezension, in der er auch auf formale wie inhaltliche Parallelen zwischen *Wir* und Huxleys 1932 erschienener *Brave New World* hinwies. Dieser aber behauptete, Samjatins Buch nicht gekannt zu haben, was unter Literaturexegeten heute als plumpe Falschaussage gilt. Orwell selbst bekannte sich dazu, dass Samjatin ihm wichtige Denkanstöße für *1984* gegeben habe. In der Sowjetunion aber blieben dessen Werke bis 1988 tabu. Im postsowjetischen Russland wurde *Wir* zunächst in großen Auflagen gedruckt, doch unter Putin aus den Lektürelisten für den Schulunterricht gestrichen, fast genau ein Jahrhundert nach dem Druckverbot unter den Bolschewiken. Somit hat sich der Kreis geschlossen.

JOHN DEWEY

Die Öffentlichkeit und ihre Probleme

Arbeit an der Demokratie

⌒

Von Paul Nolte

Die zwanziger Jahre: schwierige Zeiten für die Demokratie. Der Optimismus früherer Jahre über die Selbstverständlichkeit und globale Durchsetzung dieser politischen Lebensordnung ist verflogen. Demokratische Staaten, auch mitten in Europa, wenden sich von liberalen Idealen ab und hängen autoritären Sehnsüchten an. Die äußeren Gegner, die manifesten Ordnungen der Unfreiheit und Repression lassen sich relativ leicht identifizieren. Doch mindestens ebenso große Gefahren lauern im Innern demokratischer Gesellschaften. Das Bewusstsein von Zusammengehörigkeit zerfällt in partikulare Identitäten, die ihre je eigenen Wahrheiten kennen und pflegen. Technologischer Wandel, eben noch als Fortschritt gefeiert, untergräbt die Strukturen der Öffentlichkeit, zersplittert sie, erschwert die Kommunikation unter Gleichen und damit das Ethos wie die Funktionsmechanismen der Demokratie. Soll man auf diese Karte überhaupt noch setzen?

---

* John Dewey, The Public and Its Problems, New York 1927. *Deutsch:* Die Öffentlichkeit und ihre Probleme. Aus dem Amerikanischen von Wolf-Dietrich Junghanns, Bodenheim 1996.

«Optimism about democracy is today under a cloud», seufzte der amerikanische Philosoph und Pädagoge John Dewey in einer schlanken Schrift von gut 200 Seiten, die 1927 im New Yorker Verlag Henry Holt erschien, zwei Jahre vor dem Börsencrash an der Wall Street und damit dem Beginn der Weltwirtschaftskrise, die zwei Länder besonders schlimm und folgenreich traf: Deweys Vereinigte Staaten von Amerika und das Deutschland der Weimarer Republik. Der Titel dieser Schrift: *The Public and Its Problems*, klang ebenfalls eher düster; eine Lösung, eine strahlende Zukunft verkündete er jedenfalls nicht. Aber den Untergang des Abendlandes, der zur gleichen Zeit im deutschsprachigen Mitteleuropa und darüber hinaus auf dem alten Kontinent Furore machte, sah der seit 1904 an der Columbia University lehrende Professor nicht voraus. Überhaupt war ihm die Geschichtsphilosophie ebenso fremd wie die dogmatischen Lehrgebäude linker und rechter Provenienz, die dort ihre Anhänger und Gegner mobilisierten. Der Pragmatismus John Deweys, der wesentliche Impulse aus der Psychologie von William James (1842–1910) bezog, stützt sich auf Erfahrung – auf ganz konkrete Lebenserfahrungen, die Menschen machen, auf Erfahrungen, die Weltbilder konstituieren und Handlungen anleiten. Erziehung und Bildung spielen dabei eine zentrale Rolle; *Democracy and Education* heißt ein 1916 erschienenes Hauptwerk. Zivilgesellschaft und lebendige Öffentlichkeit bilden die zweite tragende Säule seiner Vorstellung von Demokratie als Erfahrung und Lebensform, die weit über ein Ensemble von Institutionen, über ein Regelwerk der Regierung des Volkes hinausreicht.

Als er *The Public and Its Problems* schrieb, war der 1859 geborene Dewey bereits im veritablen Ruhestandsalter, aber Ruhe geben wollte er nicht und tat es nicht bis zu seinem Tod im Jahre 1952. Seine Intervention zu Demokratie und Öffentlichkeit in schwierigen Zeiten richtete sich jedoch nicht gegen europäische und zumal deutsche Positionen, die zur gleichen Zeit entwickelt wurden, etwa die ebenso schneidend klaren wie verhängnisvollen Schriften Carl Schmitts zur Lage des Parlamentarismus oder, ebenfalls 1927, zum *Begriff des Politischen*. Dewey bezog vielmehr Stellung in einer amerikanischen Debatte. Der Journalist Walter Lippmann, dreißig Jahre jünger als Dewey, hatte in zwei vielbeachteten Büchern den Wandel des Verhältnisses von

Demokratie und Öffentlichkeit beschrieben. Wie nicht wenige seiner Generation in Europa, etwa der Leipziger Soziologe Hans Freyer, sah Lippmann die aus dem 19. Jahrhundert überlieferten Ideale und Praktiken der Demokratie von neuen wissenschaftlich-technologischen Realitäten des 20. Jahrhunderts überrollt. Sein Augenmerk richtete sich nicht mehr auf die genuine Artikulation der Bürgerinnen und Bürger, sondern auf ein Bündnis von regierender Klasse (demokratisch gewählt und legitimiert, das war für Lippmann keine Frage!) und Experten. Das gewöhnliche Volk bezog sein Wissen und seine Weltdeutung aus den Medien, aus dem, was Journalisten aus der Welt von Elite und Experten vermittelten.

Die rasanten Veränderungen, die tiefgreifende Umformung der zumal in den USA idealisierten ländlich-kleinstädtischen Welt einer Urdemokratie europäischer Siedler leugnete John Dewey überhaupt nicht. Noch vor dem Bürgerkrieg geboren, hatte er den Aufstieg des Industriekapitalismus, das explosive Wachstum von Städten wie New York, Chicago und Detroit, neue Wellen der Einwanderung und die zunehmende organisatorische Verfestigung einer ehemals fluiden Gesellschaft selber erlebt – das, was der fünf Jahre jüngere Max Weber schon 1904 das «stahlharte Gehäuse» genannt hatte, zu dem die Ideen der neuenglischen Puritaner inzwischen erstarrt waren. Aber dem durfte man sich doch nicht, daran hielt Dewey fest, fatalistisch ergeben, und erst recht nicht, wie man wiederum mit einem Seitenblick auf Deutschland in den 1920er Jahren sagen kann, vermeintliche Sachzwänge dezisionistisch und heroisch zu überbieten versuchen, in einer Art vorauseilendem Gehorsam gegenüber der ohnehin dem Tode geweihten Demokratie. Dewey suchte Halt in der Vergangenheit; gewiss mit einem Schuss Nostalgie forderte er, die Bürgerinnen und Bürger wieder zu aktivieren, sie in den Diskurs einer – so würde es Jürgen Habermas viel später sagen – deliberativen Demokratie einzubeziehen und kommunikative Ressourcen lebensweltlicher Erfahrung zur Geltung zu bringen.

Eine «Great Community» zu schaffen, das war Deweys Vision in seiner Schrift von 1927. Die Sehnsucht nach der Gemeinschaft war in dieser Zeit durchaus transatlantisch. Aber das «Wir» bei Dewey butterte das «Ich» nicht unter, es meinte keinen sozialen Konformismus, es zielte nicht auf eine Homogenität des Volkes wie häufig in der deutschen Staats- und Sozialtheorie dieser Zeit, selbst bei Sozialdemokraten wie Hermann Heller. Es müsste doch möglich sein, sich dem technologischen und ökonomischen Wandel nicht auszuliefern, sondern auch unter diesen Umständen eine partizipatorische Demokratie zu gestalten, eine Demokratie von unten, aus der Lebenserfahrung, aus der Begegnung von Menschen in räumlicher Nähe und Nachbarschaft, aber auch darüber hinaus, in der Solidarität und Kommunikation mit dem «fernen Nächsten». Und sind es nicht gerade technologische Innovationen, die das möglich machen – Telefon und Radio zu Zeiten Deweys, das Internet und die sozialen Medien zu Beginn des 21. Jahrhunderts? Fast ein Jahrhundert später ist solche Überzeugung jedenfalls nicht ins Unrecht gesetzt. Eher haben Lebendigkeit und Kreativität der Demokratie ihre Totsprecher und Totengräber stets aufs Neue widerlegt. «In this sense, the cure for the ailments of democracy is more democracy», schrieb Dewey 1927. Dieser Satz hat sich ebenso historisch bestätigt, wie er Auftrag für die Zukunft ist.

ROBERT MUSIL

Der Mann ohne Eigenschaften

Eine Übung im conjunctivus potentialis

⌐

Von Joseph Vogl

Robert Musils Roman verfolgt eine Unterscheidungskunst, welche die erzählten Ereignisse, Dinge und Wesen auf ihren Aggregatzustand und ihr spezifisches Gewicht hin überprüft. Dies ergibt ein Spektrum von Erscheinungen, das von der Schwere der Tatsachen zum Hauch der Möglichkeiten, von versteinerten Weltlagen zu einem Dunst aus Ahnungen und Ideen, von der festen Materie der Gegebenheiten zu einem feineren Gespinst aus «Einbildung, Träumerei und Konjunktiven» reicht. Die Gestalten des Wirklichen changieren zwischen der Statik von stoßfesten Ordnungsgefügen und einem Schwarm von Begebenheiten, der eher statistisch, als Molekulargestöber kinetischer Gastheorie zu fassen ist und den Lauf der Geschichte selbst in Wolkenbahnen verlegt. Der Wechsel von Festkörperphysik und den Fallgesetzen der Gravitation zu den Hebungen eines unbestimmten Schwebens prägt einen gebrochenen, ikonoklastischen Realismus, der Welt und Wirklichkeit eben nicht an Bildern und Formen, sondern

---

* Robert Musil, Der Mann ohne Eigenschaften, Band 1, Berlin 1930; Band 2, Berlin 1933; Band 3, Lausanne 1943.

an Unschärferändern und Werdensprozessen untersucht und dabei zwangläufig in ein Feld dynamischer und gegenstrebiger Kräfte gerät.

Die einen davon hat Robert Musil mit einem «Seinesgleichen geschieht» umschrieben und damit jene sozialen, politischen und ökonomischen Gravitationslinien gemeint, die vor Beginn des Ersten Weltkriegs über die Köpfe der Einzelmenschen hinweg Handlungen mit Handlungsfolgen verknüpfen, Ereignisketten ausrichten und die Verantwortung für das Gesamtgeschehen in die Effektivität von Sachzusammenhängen verschieben. Die hierin wirkende Schwerkraft verpasst dem Geschehen einen gleichsam ballistischen Charakter und nimmt mit der Trajektorie eines verunglückten «schweren» Last- bzw. Kraftwagens im Anfangskapitel jene Einschläge vorweg, die jenseits der Horizontlinie des Romans von Artilleriegeschossen nach Kriegsausbruch 1914 verantwortet wurden. Dabei identifiziert der Romantext gerade solche Regungen und Bewegungen in der Vorkriegszeit, die von unmerklichen Luftveränderungen bis zum Erwachen der Schlafwandler beim Zusammenprall führten: sei es ein «atmosphärischer Hass» oder eine «Abneigung» aller gegen alle, der sich zu einem neuen «Gemeinschaftsgefühl» steigerte; seien es affektive Mobilisierung, die Wechselerregung ideologischer Gegensätze und das Ressentiment als Geschmacksverstärker für jene Ichgefühle, die in der Organisation von Funktionssystemen längst ausgedünnt wurden; sei es schließlich ein nationalistischer und völkischer Lärm oder die Apparatur eines Kapitalismus, der – wie es in einer Nachlassaufzeichnung heißt – das «Entstehen der größten Verbrechen durch Gewährenlassen» ermöglicht.

«Alle Linien münden in den Krieg», hatte Musil folgerichtig in den dreißiger Jahren zu den Plänen seines Romanprojekts notiert, und: «Jeder begrüßt ihn auf seine Weise.» Allerdings stiftet das Präsens dieser Sätze in der Zeit ihrer Niederschrift eine referentielle Verwirrung, die das Datum des Vorkriegsjahrs 1913 in der erzählten Romanhandlung und die Aktualität eines Vorkriegs in der Schreibgegenwart ineinander schiebt. Projektiert bereits im ersten Jahrzehnt des 20. Jahrhunderts, ist der Roman seit den zwanziger Jahren zu einem Vorhaben geworden, das in der vergangenen Vorkriegszeit mehr und mehr die gegenwärtige zu lesen versucht und sich einer Oszillation der Zeitschichten verschreibt. Gerade die Art und Weise, wie sich die ahnungsvolle Bedrängnis am Vorabend des Ersten Weltkriegs mit den Bedrängnissen des Schriftstellers im Zeichen von «nationaler Revolution», Naziregime, Kriegsrüstung und «heutigem Elend» kurzschließt, hat die Auftragslage dieses Schreibens geschärft, nämlich die Katastrophe beider Kriege – des einstigen wie des künftigen – zu entziffern, bevor sie passieren. Unter der Hand und durch die Zeitumstände getrieben sind historischer und Gegenwartsroman ununterscheidbar geworden, und damit durchfährt man mit diesem Romanfragment wie in einem Lift die Vor- und Zwischenkriegszeiten des letzten Jahrhunderts und kommt schließlich in der heutigen Gegenwart an.

Auch wenn die unwiderlegbare Fatalität des historischen Geschehens in dessen allmählicher Verfertigung vorgeführt wird, ist das gesamte Vorhaben als Einspruch gegen den scheinbar unausweichlichen Geschichtsverlauf angelegt und hat die entsprechenden Gegenkräfte aktiviert. So wurde mit der Einsicht in die Tatsache, dass historische Notwendigkeiten keine gesetzlichen sind, der Platz für jene Aktivitäten freigeräumt, mit denen sich Literatur als «Gleichgewichtsstörung des Wirklichkeitsbewusstseins» begreift, als Brückenbau, der sich «vom festen Boden so wegwölbt», als besäße er ein stabiles Widerlager im «Imaginären». Je näher das Erzählgeschehen aus dem Jahr 1913 an den Sommer 1914 heranrückt, desto mehr bemächtigt sich der Roman des Unwirklichen, privilegiert er das Unfeste, Schwebeereignisse und Imponderabilien, mit denen die Welt nicht in ihrer Fertigkeit, sondern in flüchtigen und veränderlichen Aggregatzuständen aufgesucht wird. Er nimmt damit das Projekt seines Protagonisten Ulrich selbst auf, der sich mit seinem «Urlaub vom Leben» der Erprobung eines «Möglichkeitssinns» und dem Imperativ eines «hypothetischen» Lebens verschrieb. Gegenüber den Schwerkräften der Vorkriegsrealität hält der Roman damit an möglichen Abzweigungen und Abdriften fest, mithin an einem Übergang zu einer Welt mit geringerem oder unbestimmtem Existenzgehalt, in der die Realien allenfalls embryonal enthalten sind. Die Ereignisse sind hier Ereigniserwartung und führen in eine ungeborene Welt, die wie eine Krypta in der wirklichen, historischen Welt insistiert. Damit beansprucht Musils Roman Anteil an einer Universalgeschichte der Kontingenz, für welche die Gegenwart – im «conjunctivus potentialis» – auch anders als die tatsächliche Zukunft ihrer Vergangenheit möglich gewesen wäre: um die «noch nicht erwachten Absichten Gottes» und die «in die Welt versenkten Versprechen» nicht zu vergessen.

SIBYLLE UND EVA ORTMANN

Wir leben nun mal auf einem Vulkan

Beispielhafter Humanismus

︵

Von Ruth Keen

Was bewegt einen jungen Menschen, alles hinter sich zu lassen – seine Wurzeln, seine Familie, sein soziales Umfeld, seine Muttersprache –, um in eine ungewisse Zukunft aufzubrechen?

Eine nüchterne Weitsicht trieb Sibylle Ortmann zu ihrem Schritt ins Exil. Denn sie hatte keine Zweifel, was ihrem Land und ihr selbst drohte, seitdem in Deutschland die Nationalsozialisten an die Macht gekommen waren. Sie war erst fünfzehn Jahre alt, als sie im Oktober 1933 auf eigenen Wunsch ihre Heimatstadt Berlin verließ und sich mit nur zwanzig Dollar in der Tasche allein nach England aufmachte. Sie wusste, dass ihr eine weitere Ausbildung, die sie unbedingt anstrebte, in Deutschland verwehrt werden würde, und ihr war klar, welche Gefahren auf Juden und Regimegegner zukommen würden. Ihre Mutter Eva gab Sibylle schweren Herzens die Zustimmung zu ihrem mutigen Vorhaben, von dessen Richtigkeit gerade

---

* Sibylle und Eva Ortmann, Wir leben nun mal auf einem Vulkan. Korrespondenz 1932–1946. Herausgegeben von Peter Crane, mit einem Vorwort von Walter Laqueur (mit einem Fototeil), Übersetzung der englischen Begleittexte von Rolf Bulang, Bonn 2005.

sie als Nazigegnerin zutiefst überzeugt war. Nach ihrer Ankunft in London schilderte Sibylle ihr in langen Briefen all die Bemühungen um ein Aufenthaltsvisum, um eine Wohnmöglichkeit und einen Ausbildungsplatz, die vielen Bittstellergänge zum Jewish Refugees Committee, einer Anlaufstelle für jüdische deutsche Emigranten. Über einen ihrer frühen Besuche dieser Organisation schreibt sie am 8. November 1933: «Zuerst bei L. Montagu, einer älteren, häßlichen und sehr beschäftigten Dame, die mich so behandelte, wie eben die Leute heute das Recht haben, einen zu behandeln: herablassend, kühl, mit einem Unterton des Mitleids –, mich unnötigerweise 2 Stunden warten ließ, um mir daraufhin Bescheid zu geben, ich könne leider noch nicht genug Englisch – vielleicht, wenn ich es besser könnte, würde man sich eher nach einem Stipendium umsehen können.» Danach fuhr sie zu Rabbi Mattuck, für den sie ein Empfehlungsschreiben besaß: «... ich kam zu einem bezaubernden Mann, der – obwohl er keinen Buckel hatte und elegant angezogen war – wie ein zum Leben erwachtes Bild von Moses Mendelssohn aussah. Der jüdische Gelehrte, wie er im Buche steht. Er war ganz reizend zu mir, behandelte mich als erwachsenen, ernstzunehmenden Menschen, dem man nicht dauernd im Tone bitterer Vorwurfs sagt: ‹Sie sind aber wirklich noch sehr jung mit 15 Jahren!›, wie die Hexe davor es gemacht hatte.»

Sybille entstammte einer literarischen und musikalischen Familie. Ihr Großvater mütterlicherseits war Raphael Löwenfeld, Mitbegründer und erster Direktor des Berliner Schiller-Theaters und Tolstoi-Übersetzer, ihre Mutter Eva war Opernsängerin und hatte sich früh von Sibylles Vater, dem Graphiker Wolfgang Ortmann, getrennt. Alleinerziehend und infolge der Inflation völlig verarmt, nahm sie in ihrer Wohnung Untermieter auf; bald versteckte sie dort Verfolgte. Es begab sich also kein luxusverwöhntes Kind aus großbürgerlichen Verhältnissen in die Arme gutsituierter Verwandter, sondern es musste sich ein mittelloses, auf sich selbst gestelltes junges Mädchen in einem fremden Land durchkämpfen. Sibylle gelang es, nach Überwindung von hunderterlei Hürden, sich erfolgreich in einer Handelsschule einzuschreiben, neue Freundschaften zu schließen und alte Freundschaften mit Emigranten, die aus Berlin eintrafen, wiederzubeleben. Letztlich bot ihr eine wohlhabende jüdische Familie in London großzügig Unterkunft, Gastfreundschaft und Unterstützung.

Zum Glück sind auch die Briefe der anderen Seite erhalten. Sibylles selbst noch junge Mutter Eva berichtet über die zunehmend einschnürende Lage der Daheimgebliebenen. Berührend ist der gegenseitige Beschützerinstinkt, von dem Mutter und Tochter geleitet waren; keine will der anderen Sorgen bereiten. Ihr Ton ist selten niedergeschlagen, und, trotz ihrer klaren Einschätzung der immer bedrohlicheren Weltlage, zuversichtlich und voll bitteren Humors. Wie schwer der Anfang in London ist, wie unerträglich der Berliner Alltag und die Verhältnisse im Jüdischen Kulturbund sind, das schildern sie einander lieber nur insoweit, als es Aufschluss über die Nöte ihrer Mitmenschen gibt. Briefe wurden zensiert und manches konnten sie nur verklausuliert äußern. So schreibt Eva am 25. Februar 1934: «Daß Du gerne mal über vieles gesprochen hättest, kann ich gut verstehen, obwohl ich nicht Deiner Ansicht bin in bezug auf die Schnelligkeit der Ereignisse. *(Eva schrieb kaschiert und bezog sich auf Sibylles Prognosen von Krieg und Katastrophen in Europa, die sie in ihren Briefen vom 9. und 17. Februar geäußert hatte.)* Im Grunde hat ja eigentlich niemand Lust, etwas zu unternehmen, mit einer Ausnahme *(gemeint ist Hitler)* (...) zum Schluß muß ich Dir noch von einer Feier erzählen, die gestern in der Prinzregentenstraße stattfand. Ein Herr des Vorstands sprach davon, daß sich das Dunkel zu lichten beginne, er sehe Silberstreifen am Horizont, etc. Zum Schluß erflehte er Gottes Segen auf unseren verehrten Herrn Reichspräsidenten und die gesamte Reichsregierung herab. Es ist wirklich eine Freude, daß auch die Juden endlich mit ihrer zersetzenden Kritik aufhören und Begriffe wie Stolz und Würde nicht in unangebrachter Weise zur Schau tragen. Findest Du nicht auch?» *(Eva nahm an, daß ihre Ironie über dem Horizont derjenigen lag, deren Aufgabe es war, die Post zu öffnen und zu lesen.)*

Die hier kursiv in Klammern und im Buch unten auf die Seiten gesetzten Anmerkungen hat Peter Crane hinzugefügt. Er ist der Sohn von Sibylle und Evas Enkel. In Evas Schrank fand er 1988, nach ihrem Tod, diese Briefe. Als Historiker und Herausgeber der Korrespondenz hat er diese mit erhellenden Kapiteleinführungen ergänzt und in den Kontext der (tages-)politischen Ereignisse eingebettet.

Treffender als mit dem titelgebenden Satz lassen sich die großen Krisen des zwanzigsten Jahrhunderts, die in den Zweiten Weltkrieg steuerten, kaum skizzieren. Sibylle schrieb ihn am 11. Juni 1937 an ihre Mutter, der inzwischen die Flucht nach New York gelungen war; sie selbst konnte ihr kurz darauf nachfolgen. Obgleich beide in ihrem neuen Exil erst wieder mühsam Fuß fassen mussten, kümmerten sie sich sofort und unermüdlich darum, Menschen zu retten, die in Deutschland festsaßen, indem sie Affidavits beschafften, was ihnen in einigen Fällen wunderbarerweise gelang.

Wenig ist in diesem Beitrag von der großen stilistischen Eloquenz der beiden Briefeschreiberinnen die Rede, die in ihren klugen Beobachtungen des damaligen Zeitgeschehens an die Darstellungen eines Viktor Klemperer heranreichen. Angesichts der Millionen von Flüchtlingsschicksalen in der Welt dieser Jahre und Tage war es mir wichtig, jenen tiefen Humanismus zu vergegenwärtigen, der diese beiden Frauen damals bewegte, und den wir uns gerade heute zum Vorbild nehmen sollten. Darin ist *Wir leben nun mal auf einem Vulkan* zukunftsweisend – für alle Zeiten.

JOSEPH ROTH

Radetzkymarsch

Ambivalente Sehnsucht nach Ordnung

⌇

Von Sybille Steinbacher

Das «Gesicht der Zeit» zu zeichnen, war Joseph Roths Grundsatz. Er wollte genau auf die Menschen und ihre Lebenswirklichkeit schauen, was ihm als Journalist ebenso gelang wie als Romanautor. Roth besaß eine große Beobachtungsgabe, war ein glänzender Erzähler und ein eminent politischer Kopf. Die Arbeit am *Radetzkymarsch* nahm er im Herbst 1930 auf. Vieles spricht dafür, dass er seinen Roman über die Habsburgermonarchie und ihren Verfall unter dem Eindruck der Geschehnisse in der Weimarer Republik schrieb. Sein Text erschien 1932, zunächst als Fortsetzungsroman in seinem Blatt, der *Frankfurter Zeitung*, im Herbst auch als Buch im Verlag Gustav Kiepenheuer in Berlin. Vor dem Nationalsozialismus hatte er bereits früh und hellsichtig gewarnt.

Roth, von dem es heißt, er sei ein Förderer des Habsburgermythos, war lange ein ausgewiesener Antimonarchist. In Essays und Reportagen lehnte er die Donaumonarchie rigoros ab und verhöhnte sie. Dass sich dies änderte und er damit begann, sich das politische und gesell-

---

* Joseph Roth, Radetzkymarsch, Berlin 1932.

schaftliche Ambiente seiner Kindheit und Jugend im galizischen Brody, wo er 1894 geboren wurde, und in einer jüdischen Familie aufwuchs, zu vergegenwärtigen, lässt sich um 1928 festmachen und hatte viele Gründe, private wie berufliche.

Im *Radetzkymarsch* blickt Roth auf das Ende der Donaumonarchie und den schleichenden Verfall der alten Ordnung, den er anhand der Geschichte der Familie Trotta erzählt. Im Zentrum steht der Umstand, dass Joseph Trotta, Leutnant der Infanterie, in der Schlacht von Solferino 1859 dem jungen Kaiser Franz Joseph I. das Leben rettet. Als «Held von Solferino» wird er ausgezeichnet, zum Hauptmann befördert und in den Adelsstand erhoben. Fortan darf er sich Joseph Trotta von Sipolje nennen. Das slowenische Dorf, aus dem seine Vorfahren stammen, allesamt ärmliche Bauern, wird ihm zum Adelsprädikat. Weil er Jahre später im Schullesebuch seines Sohnes Franz einen Text zur Schlacht von Solferino liest, die seine Tat entstellt und verkitscht, ist er empört. Er beschwert sich über die Geschichtsverdrehung sogar beim Kaiser, der ihn zwar versteht, aber beschwichtigt und ihn in den Freiherrnstand erhebt. Joseph ist nun Baron, hat aber seinen Glauben an die Monarchie verloren und verlässt verbittert die Armee. Seinem Sohn Franz verbietet er, Soldat zu werden. Der wird Jurist, macht eine Beamtenkarriere und wird durch Protektion des Kaisers Bezirkshauptmann in der mährischen Provinz. Seinen Sohn Carl Joseph wiederum schickt Franz auf die Kavalleriekadettenschule, damit der den Weg einschlagen kann, der ihm selbst verwehrt geblieben war. Carl, dem Enkel des «Helden von Solferino», werden alle Wege geebnet, aber er ist vom Militär gelangweilt. Verwundet wird er nicht wie einst sein Großvater beim Kampf ums Vaterland, sondern bei der Niederschlagung eines Aufstands galizischer Arbeiter. Nicht wie dieser rettet er das Leben des Kaisers, der im Übrigen seine unehrenhafte Entlassung aus der Armee abwendet, sondern nur ein Bild des Kaisers aus einem Bordell. Nur dumpf nimmt er die nationalistischen Bestrebungen im Vielvölkerstaat und den allmählichen Verlust der kaiserlichen Autorität wahr. Am Ende zieht Carl in den Ersten Weltkrieg und stirbt denkbar unheroisch von einer feindlichen Kugel getroffen, als er für seine Truppe Wasser aus einem Dorfbrunnen holt. Nicht das Gewehr, sondern zwei Eimer hält er in der Hand. Als zwei Jahre später der

Kaiser stirbt, verscheidet am Tag seiner Beisetzung auch Franz. Das Geschlecht der Trotta von Sipolje ist nun ausgelöscht. Der sterbende Kaiser seufzt noch: «Wär' ich nur bei Solferino gefallen!» Ein Wunsch, der erweist, wie wenig bedeutsam die Trottas doch waren.

Dass Roth sich mit der Habsburgermonarchie befasste, wurde ihm als Flucht in nostalgische Phantasien ausgelegt. Da mag etwas dran sein, zumal er im Pariser Exil unter dem Eindruck der Geschehnisse um den «Anschluss» Österreichs, mehr und mehr zum Legitimisten wurde. Jedoch bedient und überhöht er in seiner postkakanischen Wehmut den Habsburgermythos nicht einfach, sondern spielt ironisch mit Klischees und durchdringt den Mythos kritisch auf subtile Weise. Der Radetzkymarsch, der im Roman leitmotivisch als Symbol alter Glorie erklingt, ist, wie Roth an anderer Stelle schrieb, in Österreich nichts anderes als «die Marseillaise des Konservatismus». Der Marsch, 1848 von Johann Strauß dem Älteren zu Ehren von Feldmarschall Radetzky komponiert, der dem Kaiserreich im selben Jahr triumphale Siege bescherte, steht für zweierlei: sowohl für die territoriale Integrität und die Idee der Einheit des Vielvölkerstaates als auch für das Scheitern der Revolution von 1848. Gefeiert wurde Radetzky auch dafür, dass der Umsturz im Inneren ausblieb, demokratische und nationale Bestrebungen ins Leere liefen und sich die Ordnung im Sinne der imperialen Tradition wiederherstellen ließ. Kaiser wurde jetzt Franz Joseph I.

Im Roman spielt eine Militärkapelle vor dem Haus des Bezirkshauptmanns Franz von Trotta jeden Sonntag ein Platzkonzert und immer ertönt dabei der Radetzkymarsch. Der junge Carl steht dann oft auf dem Balkon, fühlt sich als Held und nimmt die Marschklänge geradezu als Huldigung entgegen. Der Erzähler kommentiert nüchtern: «Einmal in der Woche war Österreich». Die Einheit des Reiches bröckelte längst, aber im klingenden Spiel des Radetzkymarsches ließ sich an sie und den Glanz des Militärs noch glauben.

Der Gegenwartsbezug seines Romans ist unübersehbar, auch wenn Roth sich dazu nicht äußerte. Das «Gesicht der Zeit» zeigt er nicht bloß mit Blick auf die untergegangene Donaumonarchie, sondern auch für seine eigene Lebenswelt. Zur selben Zeit, als die Nationalsozialisten im Herbst 1930 zur zweitstärksten Kraft im Deutschen

Reichstag avancierten, lenkt Roth mit dem *Radetzkymarsch* den Blick auf die Vorgeschichte des Epochenbruchs von 1918 und zeigt anhand der Familiengeschichte der Trottas, welche langfristigen Entwicklungen in Kultur und Gesellschaft den Bruch herbeiführten. Die Frage, die ihn umtreibt und seinem Roman Orientierungsfunktion auch für die weitere Zukunft verleiht, lautet: Wo in der Geschichte liegen die Ursachen für die Situation in der Gegenwart?

Was Roth im *Radetzkymarsch* beklagte und worin er den Niedergang des Habsburgerreiches wesentlich begründet sah, waren der Verlust der Ordnung und die Entfernung von den Traditionen, die sie zusammenhielten, nicht zuletzt den religiösen. Ambivalenz schimmert bei ihm immer durch, denn eindeutige politische und soziale Ordnungen lehnte er ab. Es gehört zu den vielen Widersprüchen, die Roth auf sich vereint, dass er Individualitätsverlust anprangert und sich gleichzeitig nach staatlicher Ordnung sehnt: einer behütenden, gewaltfreien Ordnung. Die Demokratie war keineswegs sein Ideal, auch sie verspottete er oft, wobei ihm ein gewisser Kulturpessimismus nicht fremd war. Dass in einer nationalsozialistisch bestimmten Gegenwart sein Ideal von Ordnung denkbar unerreichbar sein würde, gehört zu den Botschaften seines Romans.

ERNST JÜNGER
Der Arbeiter

FRIEDRICH GEORG JÜNGER
Die Perfektion der Technik

Große Produktion und großer Verzehr

Von Helmuth Kiesel

Zwei Bücher über den Weg der technologischen Moderne, die genetisch eng zusammengehören und doch unterschiedlicher kaum sein könnten: Ernst Jüngers *Der Arbeiter. Herrschaft und Gestalt* (1932) und Friedrich Georg Jüngers *Die Perfektion der Technik* (1939/46). Das eine gilt als anrüchig, das andere ist zu Unrecht vergessen.

Ernst Jüngers Gesellschaftsvision *Der Arbeiter* wurde als «eine Art magna charta der konservativen Revolution» bezeichnet. Indessen fehlt diesem Buch, obschon es zeitgemäß auf Kollektivierung und Mobilisierung drängte, alles, was den Nationalsozialismus in seinem Kern ausmacht: Rassismus und «Lebensraum»-Imperialismus sowie Antikommunismus und Antisemitismus. Stattdessen lobte Jünger die

---

* Ernst Jünger, Der Arbeiter. Herrschaft und Gestalt, Hamburg 1932.
Friedrich Georg Jünger, Die Perfektion der Technik, Frankfurt am Main 1946.

sowjetische «Erschließung sibirischer Distrikte» und die «zionistische Besetzung Palästinas» (299). Mit Rückgriff auf Heinz Dieter Kittsteiners *Formprobleme der Moderne* (2006) kann man den *Arbeiter* denn auch eher als Manifestation der «heroischen Moderne» verstehen, in welcher die neuzeitliche «Weltbemächtigung» in einem letzten gewaltigen Erschließungs- und Organisationsakt zum Abschluss gebracht und die Menschheit durch die «große Produktion» (Bertolt Brecht, *Kleines Organon für das Theater*, 1949, §§ 19 und 20) von aller Not befreit werden sollte. Sowjetkommunismus und Nationalsozialismus waren zwei – unterschiedlich motivierte – Versuche, dieses Modernisierungsziel auf totalitäre und überdies verbrecherisch rücksichtslose Weise zu erreichen, sind aber trotz ambitionierter Vierjahrespläne kläglich gescheitert und hinterließen ruinierte Länder. Viel erfolgreicher war der moderne, undoktrinäre Kapitalismus mit seinen weltweit flexibel operierenden Finanz-, Energieförderungs-, Produktions- und Logistikkonzernen.

Ernst Jünger hatte Mitte der 1920er Jahre mit den Nationalsozialisten sympathisiert, war aber um 1929 auf Distanz gegangen und hatte auch den nationalistischen Standpunkt zugunsten eines «planetarischen» Denkens hinter sich gelassen. Im Zentrum seiner gesellschaftspolitischen Reflexionen in den Jahren um 1932 stand die Erschließung der Welt, für welche die Nationen nur als Arbeitskollektive interessant waren, nicht aber als Träger spezifischer nationaler Werte oder Missionen. Nicht von «deutscher Kultur» oder vom «ewigen deutschen Reich» ist im *Arbeiter* die Rede, sondern von der ubiquitär geleisteten Arbeit des modernen, auf Aktivität und Effizienz getrimmten Menschen, dessen ganzes Dasein – von der beruflichen Tätigkeit über die sportliche Ertüchtigung oder die musische Entspannung bis zum regenerativen Schlaf – im Dienst der kollektiven Erschließung und Nutzung der Welt steht. Was Jünger beobachtet und schwärmerisch anpreist, ist die Verwandlung der Welt in eine eng vernetzte «Werkstättenlandschaft» (176 und öfter), in der unablässig geschürft und produziert, transportiert und konsumiert wird. Was er erhofft, ist die Herausbildung einer «Planlandschaft» (247 und 299), in welcher die «weltwirtschaftlichen und welttechnischen Funktionen, die Erzeugung und Verteilung der Güter, die Begrenzung und Zuteilung der nationalen Aufgaben» sinnvoll geregelt sind (83) und Arbeit sich letztlich als «Element der Fülle und Freiheit» erweist (311). Der *Arbeiter* ist ein Hymnus auf die technische Weltbemächtigung, dem freilich auch apokalyptische Züge beigemischt sind, insofern er mit der Prophezeiung gewaltiger und gewaltgeprägter sozialer und kultureller Umschichtungen verbunden ist. Dabei werde es weder für die Menschen noch für die Natur Schonung geben; die überkommene Vorstellung von «Humanität» wird verabschiedet, und der Begriff «Ökologie», der damals schon bekannt war, taucht nicht auf.

Diesem bedenkenlosen Technik- und Fortschrittsenthusiasmus trat Friedrich Georg Jünger mit einem Buch entgegen, das um 1939 in fortlaufender Diskussion mit Ernst Jünger entstand und zunächst «Die Illusion der Technik» heißen sollte. Es wurde gesetzt, aber nicht gedruckt, weil der Verlag wegen der technikkritischen Tendenz wohl ein Verbot durch die NS-Behörden (und entsprechende Verluste) befürchtete. Eine überarbeitete Fassung erhielt dann den sowohl irreführenden als auch zutreffenden Titel «Über die Perfektion der Technik» und wurde 1943 gedruckt, fiel aber vor der Auslieferung einem Bombenangriff zum Opfer. Erst 1946 erschien das Buch unter dem Titel *Die Perfektion der Technik*.

Es ist eine für die damalige Zeit frappierende Abrechnung mit der neuzeitlichen Erschließung und Nutzung der Welt. Friedrich Georg Jünger sieht in ihr einen ubiquitären «Raubbau» und eine hemmungslose «Substanzvernichtung» am Werk: «Die Schätze der Erde werden ausgebeutet und verbraucht. [...] Die Luft wird verräuchert, die Wasser werden verpestet, die Wälder, Tiere und Pflanzen vernichtet.» (30) Technik «spendet» nicht, sie «verzehrt». (27) Wenn irgendwo «Überschüsse» erzeugt werden, dann nur deswegen, weil «die Verluste nach außen hin abgewälzt werden, dass sie dort erscheinen, wo man auf sie nicht achtet» (246). Und nicht nur die Natur, sondern «auch der Mensch gehört zu den Beständen, welche dem technischen Verzehr unterworfen werden. [...] Die Ausbeutung des Menschen nimmt ihren Anfang in der Proletarisierung der Massen, die zur Fabrikarbeit gezwungen und schlecht ernährt werden.» (30) Das mit Verbrauchsgütern überschwemmte Leben der modernen Überfluss- und Konsumgesellschaft muss «teuer bezahlt werden mit dem Blute und der Nervenkraft von Hekatomben von Menschen, die auf irgendeine Weise in das Getriebe von Rädern und Schrauben geraten sind» (157). Eine Korrektur dieser Ausbeutungs- und Verlustwirtschaft wird es erst geben, wenn die Verluste «einen Umfang annehmen, der den Schluß gestattet, dass wir sie nicht lange ertragen können» (158).

Ernst Jünger feierte mit seinem *Arbeiter* den Zug der Moderne zur «großen Produktion»; sein Bruder Friedrich Georg profilierte mit seiner *Perfektion der Technik* den damit verschränkten und desaströsen Zug zum «großen Verzehr». Ob es zwischen diesen beiden Tendenzen eine befriedigende Vermittlung geben kann, ist die große Frage unserer Zeit.

Zitierte Ausgaben

Ernst Jünger, Der Arbeiter. Herrschaft und Gestalt, in: Ernst Jünger, Sämtliche Werke, Band 8: Essays II, Stuttgart 1981, S. 9–317.
Friedrich Georg Jünger, Die Perfektion der Technik, 6. Auflage, Frankfurt am Main 1980, S. 370.

STEFAN ZWEIG

Triumph und Tragik des Erasmus
von Rotterdam

Wider die Gesinnungsunduldsamkeit

⌒

Von Manfred Hildermeier

Es ist schwer für einen Verlag, eine gute Mitte zu finden. Man erwartet von ihm, über seine thematischen Schwerpunkte hinaus ein Profil zu haben. Anderseits darf er natürlich nicht gängeln, erst recht keine Zensur ausüben. Dass qualitative Gesichtspunkte über die Aufnahme ins Programm entscheiden, versteht sich von selbst. Nur bedarf es darüber hinaus auch einer Art von geistig-moralischem Grundkonsens darüber, was zum eigenen Charakter und der gewünschten Fremdwahrnehmung passt und was nicht. Im wohlverstandenen Sinn wäre ein solches Leitbild kein Korsett, sondern Zielvision und vielleicht sogar Entscheidungshilfe.

Was würde ich einem Lektor empfehlen? Wenn er die Zeit aufbrächte – einen Blick in ein zu Unrecht vergessenes Büchlein zu werfen, das als «privatestes» eines bedeutenden deutschen Literaten des frühen 20. Jahrhunderts gilt, zumal dieser Autor nicht nur Erdachtes in kunstvolle Prosa verwandelte, sondern auch ein Faible für die Ge-

---

* Stefan Zweig, Triumph und Tragik des Erasmus von Rotterdam, Wien 1934.

schichte hatte: Stefan Zweigs *Triumph und Tragik des Erasmus von Rotterdam*. Sicher nicht zufällig am Vorabend der nationalsozialistischen Machtergreifung, als Zweig ahnte, was auf Deutschland und die gesamte europäische Kultur zukommen würde, schien ihm die Zeit gekommen, an eine historische Persönlichkeit zu erinnern, die er als Urheber jener «Welt von gestern» (so der Titel seiner ebenfalls lesenswerten Memoiren), ihrer Geisteshaltung und jener Grundwerte betrachtete, die er bedroht sah. Gleich in der Einleitung setzt er die Grundfarben, aus denen das folgende Porträt entsteht: Erasmus als «erster bewußter Europäer», als erster «streitbarer Friedensfreund», als «beredster Anwalt» des neuen «welt- und geistesfreundlichen» humanistischen Ideals, als Vorkämpfer von «Denkmut», als Feind aller *stultitia*, als Anhänger von Bildung und Aufklärung, der an die «Erziehungsfähigkeit» des Menschen durch Studium und Buch glaubte und hoffte, auf diese Weise der erträumten «Harmonisierung» und «Humanisierung» des Lebens näher zu kommen. Nicht länger sollten Waffen und Gewalt entscheiden, sondern Macht und Herrschaft dem Geist und dem Kunstsinn dienen – wie in jenen berühmten, von Zweig zum Symbol erhobenen Szenen, als sich Kaiser Karl V. zum Entsetzen seiner Höflinge höchstpersönlich bückt, um den Pinsel aufzuheben, den «der Hirtensohn Tizian» hatte fallen lassen, oder als Papst Julius II. die Sixtinische Kapelle verließ, weil ihn Michelangelo, der sich gestört fühlte, barsch dazu aufforderte. Auf der Hand lag dabei, dass sich dieser Siegeszug des Denkens und der Vernunft keiner Anordnung und keinem Zwang verdanken konnte, sondern allein der eigenen Entscheidung und «inneren Freiheit». Geist war ohne Autonomie und Individualität nicht zu denken, die beide zu Säulen jener «aufgeklärten» Gelehrtenrepublik werden sollten, die sich am humanistischen Horizont bereits abzeichnete.

Klar war bei solchen Attributen und Implikationen auch, was Zweig zum Feind der Geisteshaltung erkor, für die Erasmus stand: die «Gesinnungsunduldsamkeit», wie er programmatisch zu Beginn in einer ebenso neutralen wie präzisen Wortverbindung formuliert. Gemeint sind alle Formen von Einseitigkeit und Fanatismus, von blinder Leidenschaft und Radikalismus, sei es im Denken und Handeln eines Einzelnen, sei es als Massenbewegung «in aufgewühlter Zeit». Sie waren ihm zutiefst suspekt, weil sie dem Wahn oder bloßer Wut nahe kamen, weil sie abwägender Vernunft zuwiderliefen, weil sie sich von Emotion bestimmen ließen und Ungerechtigkeit in Kauf nahmen oder sogar förderten. Eine solche Haltung predigte Gehorsam statt freier Entscheidung und Gefolgschaft anstelle von Unabhängigkeit. Sie hatte keinen Platz in einer losen Assoziation autonomer Individuen, sondern passte eher zu einer verschworenen Gemeinschaft gleichgesinnter Eiferer.

Unschwer fand Zweig in der Zeit des Erasmus auch Akteure, die solche Einseitigkeit verkörperten. Wer seine *Maria Stuart* gelesen hat, mag sich darüber gewundert haben, dass der Reformator John Knox abschätziger und negativer gezeichnet wird als der brutale Haudegen Boswell. Hauptsächlich aber nimmt er den deutschsprachigen «Ur-Reformator» ins Visier, mit dem Erasmus in wachsender Entfremdung stritt: Martin Luther. Dabei geht es Zweig nicht um dessen Lehre und die Frage, wer die Bibel nun richtig auslegte. Vielmehr erkennt er in ihm einen anderen Typus nicht nur der Persönlichkeit, sondern der Geisteshaltung samt der ihr zugrundeliegenden Werte generell. Luther erscheint geradezu als Inkarnation all jener Eigenschaften, die er mit seinem Protagonisten ablehnte: fanatischer Sturheit, der Intoleranz, der Rechthaberei und des Fehlens aller *maze*. Auch wenn er im Rückblick den Zwang zur kompromisslosen Entscheidung in der gegebenen Situation nicht verkennt, ist sein Fazit doch eindeutig: «Das Erasmische und das Lutherische, Vernunft und Leidenschaft, Menschheitsreligion und Glaubensfanatismus, (…) das Biegsame und das Starre» sind so konträr wie «Wasser und Feuer».

Nun war Zweig nicht naiv. Er sah das Idealistische seines Plädoyers für ein vernünftiges Miteinander, für die Erziehung zu Toleranz, Gerechtigkeit und Menschlichkeit durch Bildung. Gerade in der Überschätzung ihrer zivilisierenden Kraft und der Unterschätzung der «Triebwelt» erkannte er einen tragischen «Fehlschluss» des humanistischen Programms. Auch *vor* dem nationalsozialistischen Terror konnte ihm die oft beschworene «Ambivalenz der Moderne», die Gleichzeitigkeit von fortschreitender Humanisierung und wachsendem Gewaltpotential, von Demokratisierung und totalitärer Gefährdung nicht entgehen. Und er kannte sicher Gleichgesinnte, die seine

Art der Diagnose teilten – in der subtilen, nichtpolitischen Form, deren er sich bediente, unter anderem Helmuth Plessners philosophisch-anthropologisches Plädoyer für die Achtung der *Grenzen der Gemeinschaft* und der «Hygiene des Takts», das sich an die Seite des «Erasmus» stellen ließe. Beide dürften auch mit John Stuart Mills Abhandlung *Über die Freiheit* vertraut gewesen sein, die kaum zufällig am Beginn des Siegeszugs der modernen Massengesellschaft eindringlich vor deren Gefahren warnte. Zweig hätte deren prinzipielle Erörterungen über die «Freiheit des Gedankens» oder die «Individualität» als Grundelement der «Wohlfahrt» ohne Abstriche unterschreiben können. Zugleich lag ihm in einer wesentlichen Hinsicht an mehr – an Geistesbildung und humaner Kultur, die jene Freiheit des Individuums in seinem Schutzraum vor Intoleranz, fanatischem Extremismus und Konformitätszwang erst möglich machte. Was könnte in einer Zeit ihrer Gefährdung durch autoritäre Regime und deren Kriege oder Kriegsdrohungen, verstärkt durch Erschütterungen der weltweiten wirtschaftlichen Abhängigkeiten und soziale Verwerfungen in deren Gefolge und der Globalisierung generell, besser als Kompass eines «Publikumsverlags» dienen als solche Werte?

MARC BLOCH

Apologie der Geschichtswissenschaft

Die Zukunft der Geschichte

Von Ralph Bollmann

Die optimistischsten Bücher entstehen oft unter den hoffnungslosesten Verhältnissen. Schon Condorcet schrieb sein Buch über die *Fortschritte des menschlichen Geistes*, vermutlich eine der zukunftsfrohesten Schriften aller Zeiten, als er sich vor den Häschern der Jakobiner verstecken musste; wenig später fiel er ihnen doch in die Hände.

Nicht viel anders verhält es sich mit dem leidenschaftlichsten Plädoyer für den gegenwärtigen und zukünftigen Nutzen der Historiographie, das je verfasst worden ist. Vorwerfen kann man ihm allenfalls seinen allzu defensiven Titel: *Apologie pour l'histoire – Verteidigung der Geschichte*, wird dem offensiven Charakter der Bekenntnisschrift nicht gerecht, die der französische Historiker Marc Bloch unvollendet hinterließ, als er am 16. Juni 1944 von den Schergen Klaus Barbies, des «Schlächters von Lyon», ermordet wurde.

---

* Marc Bloch, Apologie pour l'histoire ou Métier d'historien. Herausgegeben von Lucien Febvre, Paris 1949. *Deutsch:* Apologie der Geschichtswissenschaft oder Der Beruf des Historikers. Nach der von Étienne Bloch edierten französischen Ausgabe. Herausgegeben von Peter Schöttler. Aus dem Französischen von Wolfram Bayer, Stuttgart 2002.

Für Bloch ging es bei der Beschäftigung mit der Geschichte nicht nur um die Vergangenheit, sondern mindestens so sehr um die Gegenwart und Zukunft. Als er einmal mit dem belgischen Historiker Henri Pirenne die schwedische Hauptstadt Stockholm besuchte, so berichtet es Bloch in seiner *Apologie*, habe jener zuallererst das neu erbaute Rathaus aus dem Jahr 1923 sehen wollen – und gleich hinzugefügt, um dem Erstaunen des Kollegen zuvorzukommen: «Wenn ich Antiquitätenhändler wäre, hätte ich nur Augen für die alten Sachen. Aber ich bin Historiker. Deshalb liebe ich das Leben.»

In dieser Fähigkeit, sich auf das Leben einzulassen, sah Bloch «die wichtigste Tugend des Historikers», die nur «im ständigen Kontakt mit dem Heute» zu erwerben sei. «Ich bin der Auffassung, dass sich ein Historiker niemals langweilen kann; schon von Berufs wegen interessiert er sich für das Schauspiel der Welt», schrieb er einmal in einem Brief an seinen Sohn. Es sei eine «unglückliche Formulierung», die Geschichte als die Wissenschaft von der Vergangenheit zu betrachten.

An ihre Stelle setzte Bloch die Definition des Fachs als der «Wissenschaft von den Menschen in der Zeit». Sie ist damit ihrem Wesen nach eine «Wissenschaft der Veränderung» – und zugleich eine «Wissenschaft von der Vielfalt», wie er an anderer Stelle schreibt, eine «langandauernde Begegnung mit Menschen». Der gute Historiker gleiche dem Menschenfresser im Märchen, «seine Beute weiß er dort, wo er Menschenfleisch wittert».

Das bedeutet in anderen Worten: Historikerinnen und Historiker dürfen keine Nerds sein, sie müssen sich erst einmal mit der Gegenwart beschäftigen, um die nötige Menschenkenntnis zu erwerben, dürfen sich nicht «im Zeitalter des Automobils an der Mentalität des Ochsenkarrens festhalten». Ihr Ausgangspunkt ist die Gegenwart statt vermeintlicher Anfänge, sie schreiten «vom gut oder zumindest weniger schlecht Bekannten zum Unbekannteren» fort.

Kennen sie ihre Zeitgenossen, dann wissen sie auch, dass die Beweggründe der Menschen nicht immer rational sind, häufiger aus einem «Eitelkeits- und Verdrängungskomplex» entstehen als wegen bewusster Lüge oder materieller Interessen, von denen die meisten Menschen gar keine klare Vorstellung besitzen, weshalb das Konstrukt des kühl kalkulierenden Homo oeconomicus in Blochs Augen nichts ist als eine Illusion. Sich sprachlich klar auszudrücken, fällt den meisten Menschen ohnehin schwer, und frühere Geschichtsschreiber wie heutige Journalisten halten sich gern an rhetorische Konventionen.

Das alles zeugt von Selbstbewusstsein, auch was die Überlegenheit der Geschichtswissenschaft über andere Disziplinen betrifft, über die abstrakten Spekulationen der Philosophen etwa, die Irrtümer der Wirtschaftswissenschaft oder Wirklichkeitsblindheit der Juristen. Aber mehr noch: Bloch sieht die Historiker sogar auf Augenhöhe mit der Naturwissenschaft, die seit der Quantentheorie ebenfalls «Gewissheit durch das unendlich Wahrscheinliche ersetzt». Seither fällt es uns leichter, «Gewissheit und universelle Gültigkeit als etwas Graduelles zu betrachten». Zugegeben, komplexes menschliches Geschehen lässt sich nicht beliebig im Experiment wiederholen; dafür verfügt die Geschichtswissenschaft aufgrund dieser Komplexität über die größte Vielfalt an Werkzeugen und Methoden.

Das mutmaßlich provokanteste Kapitel im Buch aber blieb ungeschrieben, als der Widerstandskämpfer Bloch durch deutsche Kugeln starb: Es sollte von der Zukunft handeln. Der Historiker, hatte er bereits 1940 in seinem Buch über den deutschen Einmarsch in Frankreich, *Die seltsame Niederlage*, geschrieben, könne unter gewissen Umständen «die Zukunft ergründen». Da die Geschichtswissenschaft das menschliche Handeln zum Gegenstand habe, sei sie «in besonderem Maß vorherbestimmt, dem Menschen nützlich zu sein». Man müsse «zuallererst verstehen, um vernünftig handeln zu können».

Auch hier propagiert Bloch das Selbstbewusstsein eines Fachs, das über die Zukunft jedenfalls mehr zu sagen hat als die Vertreter mancher prognosefreudiger Disziplin – und hält damit Fachvertretern einen Spiegel vor, die ihre eigene Relevanz allzu voreilig kleinreden. «Der Historiker ist ein rückwärts gekehrter Prophet»: Gerade deutsche Fachvertreter sind mit diesem kaum verstandenen Satz Friedrich Schlegels schnell bei der Hand, ausgerechnet eines Vertreters der Romantik, deren «Lügensymphonie» mit all ihrem «alten Plunder» dem Franzosen ein Graus war.

Ebenso wenig glaubte Bloch an die aus seiner Sicht absurde Behauptung, von der allerjüngsten Vergangenheit solle sich die Geschichtsschreibung lieber fernhalten. «Die Eule der Minerva beginnt erst mit der einbrechenden Dämmerung ihren Flug»: Auch hier halten die Propagandisten einer disziplinären Selbstbeschränkung eine Standardfloskel bereit, in diesem Fall ausgerechnet aus Hegels Rechtsphilosophie. Dabei steht die Geschichtswissenschaft kaum einem Fach ferner als der Philosophie: Wo der Philosoph abstrakt spekuliert, hat es die Historikerin immer mit dem Konkreten zu tun.

Bloch fand es grundfalsch, «der keuschen Klio allzu hitzige Berührungen [zu] ersparen». Sonst wären die Historiker nichts als «eine Handvoll von Antiquitätenhändlern, die sich dem makabren Vergnügen hingeben, die Mumien toter Götter auszuwickeln».

So ist es vielleicht gar kein Understatement, wenn Bloch sein Buch das «Notizbuch eines Handwerkers» nennt. Schließlich ist die Nützlichkeit des Handwerks in Zeiten des Fachkräftemangels unbestritten. Um die Zukunft zu bauen, braucht man Leute, die sich in Zeiten des Klimawandels mit Wärmepumpen auskennen und mit Windrädern. Man braucht aber auch Historiker.

ANNE FRANK

Tagebuch

«Ich will fortleben,
auch nach meinem Tod»

⌒

Von Thomas Sparr

«Ich will fortleben, auch nach meinem Tod» schreibt Anne Frank am 15. April 1944 in ihr Tagebuch, das sie im Amsterdamer Versteck ihrer Familie in der Prinsengracht 263 seit zwei Jahren führt. Auf das Komma in diesem einen Satz fällt ein besonderes Gewicht, so als hätte das Mädchen von vierzehn Jahren geahnt, dass es ein Fortleben gibt, auch nach ihrem Tod, den sie wie ihre Familie, wie alle Untergetauchten Tag für Tag fürchtet. Am 4. August 1944 verhafteten die Nationalsozialisten die acht untergetauchten Jüdinnen und Juden im Haus in der Prinsengracht. Familie Frank wird einige Wochen später über das Lager Westerbork nach Auschwitz deportiert.

Worin besteht das Fortleben? In der millionenfachen Auflage, die dieses Buch zu einem der wichtigsten Zeugnisse der Verfolgung und

---

* Anne Frank, Het Achterhuis. Dagboekbrieven 14 Juni 1942 bis 1 August 1944, Amsterdam 1947. *Deutsch:* Anne Frank Tagebuch. Edition Mirjam Pressler, in: Anne Frank Gesamtausgabe. Herausgegeben vom Anne Frank-Fonds Basel. Aus dem Niederländischen von Mirjam Pressler, Frankfurt am Main 2013.

Ermordung des europäischen Judentums werden ließ? Im Widerstehen gegen Vorwürfe der Fälschung, gegen die Versuchungen von Kitsch und Sentimentalität? In der Vielfalt der Wirkung und Rezeption, die den Globus umspannt, die von Mittelschülerinnen in der DDR über das niederländische Königshaus bis zum Broadway reicht, von Hollywood und zahllosen Verfilmungen über die Onlineausgabe auf Arabisch bis zu Nelson Mandela im südafrikanischen Kerker? Und schließlich: Wie werden zukünftige Generationen dieses Tagebuch lesen, wenn die letzten Zeitzeuginnen, Weggefährten dieses Tagebuchs nicht mehr leben?

Die Vergangenheit eines Buches, des Tagebuchs der Anne Frank, garantiert nicht seine Zukunft. Es kann vergessen oder wiederentdeckt, neu gedeutet, ganz anders verstanden, noch einmal bewertet werden. Das Große bleibt groß nicht und klein nicht das Kleine.

In den ersten Wochen der Niederschrift ihres Tagebuchs, im Juni 1942, notiert Anne Frank:

«Es ist für jemanden wie mich ein eigenartiges Gefühl, Tagebuch zu schreiben. Nicht nur, dass ich noch nie geschrieben habe, sondern ich denke auch, dass sich später keiner, weder ich noch ein anderer, für die Herzensergüsse eines dreizehnjährigen Schulmädchens interessieren wird. Aber darauf kommt es eigentlich nicht an, ich habe Lust zu schreiben und will mir vor allem alles Mögliche gründlich von der Seele reden.»

Immer wieder entwirft Anne Frank in ihrem Tagebuch ihre eigene Zukunft, als Ehefrau, Mutter, Tochter oder Freundin, zweifelnd, fragend. In einem ist sie sich indessen ganz sicher: Sie will schreiben.

«Mit Schreiben werde ich alles los. Mein Kummer verschwindet, mein Mut lebt wieder auf. Aber, und das ist die große Frage, werde ich jemals etwas Großes schreiben können, werde ich jemals Journalistin und Schriftstellerin werden?»

Die Nachwelt hat auf die Frage von Anne Frank, die im Frühjahr 1945 im Konzentrationslager Bergen-Belsen umkam, die Antwort gegeben. Die Schwester Margot war einige Wochen zuvor in Bergen-Belsen umgekommen, die Mutter im Januar 1945 in Auschwitz. Der Vater Otto Frank erreichte nach einer Irrfahrt durch das zerstörte Europa im Sommer 1945 schließlich Amsterdam, wo er Annes Tagebuch aus den Händen der Helferin Miep Gies erhielt und über dreieinhalb Jahrzehnte an dessen Verbreitung arbeitete. Anne Franks Tagebuch wurde zu einem der meistgelesenen Bücher der Welt.

Das darf aber nicht den Blick auf den mühsamen Beginn verstellen, das Werk überhaupt zu veröffentlichen, auf die Hindernisse im Fortgang, Rückschläge, Vorwürfe, Mutmaßungen über seine Entstehung. Der Erfolg dieses Buches entpuppt sich bei näherem Hinsehen als Kette von Misserfolgen, Missverständnissen, Anfechtungen. Der Ruhm des Tagebuchs musste der Niedertracht des nachwirkenden Nationalsozialismus abgerungen werden, das Bild der Anne Frank zerfällt von Beginn an in zahllose Spiegelbilder. Und dennoch – oder gerade deswegen – hat kein anderes literarisches Werk nach 1945 eine solche Wirkung entfaltet wie dieses Buch. Kein Erwachsener in Europa oder anderswo hat nicht von Anne Frank und ihrem Tagebuch gehört oder es gelesen, eine Film- oder Theateraufführung davon gesehen.

Man hat in den vergangenen siebzig Jahren Anne Franks Tagebuch nahezu lückenlos erforscht, die Herkunft ihrer Familie, das Leben Otto Franks, den Kreis der Helfenden, der Freundinnen und Freunde. Die Anstrengungen um eine kritische Edition des Originals, um seine Digitalisierung dauern bis heute an.

Bis heute geht es um die Rekonstruktion des Tagebuchs, wie es entstand, seine Textstufen, um Ort und Zeit, um Opfer und Täter, Helfende und mögliche Verräter. Kinder können in einem eigens entworfenen Spiel das Haus in der Prinsengracht mit dem Versteck der Untergetauchten nachbauen. Damit dieses Kartenhaus nicht zusammenstürzt, werden zukünftige Generationen ihren Blick von der Rekonstruktion auf die Konstruktion des Tagebuchs wenden, dessen literarische Gestalt, auf eine junge entschlossene Schriftstellerin, deren Werk fortlebt, auch nach ihrem Tod.

HERMANN HESSE

Das Glasperlenspiel

Ein Abgesang

∼

Von Navid Kermani

Anfang oder vielleicht auch gegen Mitte des zwanzigsten Jahrhunderts – bis heute ist nicht ganz klar, ob vor, ob zwischen oder ob nach den beiden großen Kriegen – wurde an der Musikhochschule in Köln das Glasperlenspiel erfunden. Als es seine gültige Form gefunden hatte, wohl im zweiundzwanzigsten oder dreiundzwanzigsten Jahrhundert, konnten damit sämtliche Werke und Erkenntnisse der abendländischen Kultur in Beziehung gesetzt und nach festen mathematischen Gesetzen, gleichsam wie eine Fuge immer neu, ja unendlich variiert werden, die Literaturen der Welt, die unterschiedlichen Wissenschaften, die bildenden Künste und vor allem die Musik. Aber nicht nur die Werke, auch die Möglichkeiten des menschlichen Geistes führten die Glasspieler auf, indem sie mit abstrakten, hochsublimen Formeln aufeinander reagierten.

Das ist die Utopie, die Hermann Hesse im Angesicht des Nationalsozialismus, der Judenvernichtung und des Zweiten Weltkrieges

---

* Hermann Hesse, Das Glasperlenspiel. Versuch einer Lebensbeschreibung des Magister Ludi Josef Knecht samt Knechts hinterlassenen Schriften, 2 Bände, Zürich 1943.

entwarf. Man könnte sagen – und man hat unmittelbar nach Erscheinen des Romans im Nachkriegsdeutschland höhnisch gerufen: eine allzu bescheidene, unsinnliche, auf ein Reich der Zweckfreiheit, des bloßen ästhetischen Scheins hinauslaufende und zu allem Überfluß auch noch rein männlich gedachte Utopie – ein «Sciencefiction der Innerlichkeit», wie *Das Glasperlenspiel* belächelt wurde, weil es die sozialen und politischen Verhältnisse nur andeutet und die technische Entwicklung vollständig ausklammert. Unter allen Büchern Hesses ist ausgerechnet sein umfangreichster, ambitioniertester und eben auch letzter Roman auf das größte Unverständnis gestoßen. Dabei enthält *Das Glasperlenspiel*, wenn man Hesses Kastalien einmal gegen die damalige, aber auch unsere Wirklichkeit hält, eine der genauesten und zugleich prophetischen Zeitdiagnosen der modernen Literatur. Denn was als Utopie daherkommt, ist tatsächlich ein Abgesang auf die politische, soziale und geistige Welt, der Hesse angehörte: «Es waren anno 33 bei mir keinerlei angenehme Illusionen mehr zu zerstören, und auch die teuflischsten Verbrechen in Hitlers Reich könnten mich und meinen Blick nicht mehr verwirren. Nur hatte ich freilich, wie jeder, so leise gehofft, es sei vielleicht mit dem einen Krieg genug.»

Gewiß, ähnliche Gedanken finden sich auch bei anderen Intellektuellen, die dem nationalistischen Furor widerstanden. Bemerkenswert ist, wann Hesse so illusionslos über «anno 33» sprach – nämlich bereits am 22. März 1933. Man gehe die Reihe der großen, auch politisch wachen und mutigen Schriftsteller jener Zeit durch, beziehe selbst die kritischsten Philosophen ein – zwei Monate nach der Wahl Adolf Hitlers zum Reichskanzler hat noch kaum jemand das ganze Ausmaß der Katastrophe übersehen, in welche «die unheilvolle Tragik des Geistes, und speziell des deutschen Geistes» führen würde. Hesses Brief ist mehr als nur eine Diagnose, er ist eine ungewöhnlich frühe und präzise Voraussage. Entsprechend ist auch *Das Glasperlenspiel*, das er in ebenjenen Monaten zu schreiben begann, alles andere als ein naiver Aufbruchs-, nämlich ein verzweifelter Untergangsroman, und was da untergeht, ist nicht nur Deutschland, sosehr Hesse speziell an den deutschen Verhältnissen litt. Mit dem Dritten Reich ging für Hesse nichts Geringeres als das Abendland unter.

Ein Untergang? Ja, denn schaut man genau hin, dann bringt Kastalien keinerlei neuen Kunstwerke oder Erkenntnisse hervor. Die Glasperlenspieler und mit ihnen die Künstler und alle Gelehrten wetteifern schöpferisch nicht mit jenen Generationen, die zwischen dem Ende des Mittelalters und den großen, weltumspannenden Kriegen die europäische und im besonderen die deutsche Kultur der Neuzeit hervorbrachten. Ebenso epigonal wie ehrfürchtig bemühen sie sich lediglich, das Bild jener Kultur, deren Erben sie sind, lebendig zu halten, es wissenschaftlich immer tiefer zu erforschen, es auch künstlerisch zu ergründen und es so reiner und richtiger zu verstehen.

Den Befund vom Ende der europäischen als einer schöpferischen Kultur erinnert an ein Diktum, das nicht minder verlacht wurde als Hesses *Glasperlenspiel:* an Theodor W. Adornos Satz von 1949, nach Auschwitz könnten keine Gedichte mehr geschrieben werden. Tatsächlich machten sich eher die lächerlich, die Adorno dieses oder jenes Gedicht hinhielten, um ihn naseweis zu widerlegen. Denn dem Philosophen ging es nicht darum, ein Sprech- oder Dichtverbot zu verhängen. Sein Satz vom Ende der Dichtung ist ein Befund, daß Auschwitz für den Kulturraum, der sich erst im Zuge der Moderne und der Aufklärung abendländisch nannte, um ihn vom östlichen Mittelmeer, damit vom Entstehungsraum der biblischen Religionen, vom Islam und vom orthodoxen Christentum abzugrenzen – daß Auschwitz mehr als nur eine Zäsur bedeutet: Für die abendländische Kulturgeschichte sind die Gaskammern ein Endpunkt.

Ja, es entstanden auch nach den Kriegen, nach dem Holocaust in Deutschland und in Europa weiterhin große, bleibende Dichtungen. Allerdings erlangten sie ihre Geltung und Kraft daher, daß sie als ein Postludium auf die Erfahrungen der vorangegangenen Jahrzehnte bezogen waren. Unter den Deutschen war vermutlich Heiner Müller der letzte, im eigentlichen Sinne abendländische Dichter, der, selbst wenn er über die Gegenwart schrieb, im Bann der Vergangenheit stand. Und danach?

Ich halte nicht alles, was heute geschrieben wird, für wertlos. Täte ich es, wäre ich kein Schriftsteller und widmete mein Leben allenfalls noch philologisch der Literatur. Und doch stelle ich mir die Frage, warum keiner von uns Gegenwärtigen dem Vergleich mit Hölderlin oder Kafka, Proust oder Beckett standhielte, um diese vier einmal als Chiffre für die Größe der modernen europäischen Literatur zu nehmen. Unsere Romane, unsere Gedichte, unsere Dramen, sie mögen gut sein – aber sie definieren den Roman, das Gedicht, das Drama nicht mehr um.

Was tun wir also, die wir uns Schriftsteller nennen, oder Komponisten oder Künstler oder uns um die Vermittlung der Künste bemühen? Worin besteht unsere Legitimation, unser Antrieb, unsere Aufgabe, die uns bedeutend genug erscheint, um uns von der Öffentlichkeit – nicht nur der öffentlichen Hand, sondern auch dem Publikum – nähren zu lassen? Wäre ich ein Musiker oder Dirigent, läge die Antwort auf der Hand und wäre doch die falsche. Denn ein Orchester, das eine Symphonie von Mozart aufführt, liest die Noten schließlich nicht einfach ab; es interpretiert sie, trägt sie damit in unsere Gegenwart, eignet sie sich an, und unter allen Anmaßungen, die mit jedweder Interpretation verbunden sind, ist die größte wohl diejenige, die den subjektiven Anteil mit dem Begriff der Werktreue kleinredet. Auch das *Glasperlenspiel* beschränkt sich gerade nicht darauf, etwa Vorgegebenes zu rekapitulieren, sondern setzt es mit jedem Eingriff in eine andere Konstellation und faßt es neu auf, und diese neue Auffassung kommt tatsächlich einer Neufassung gleich, ist eine Aktualisierung, die natürlicherweise an die ausführende Person, den jeweiligen Ort, den historischen Augenblick gebunden ist. Im Ergebnis ist jedes gelungene Glasperlenspiel einmalig, nichts Wiederholendes, noch etwas Wiederholbares. Nur in dem Sinne ist es nicht schöpferisch, daß es keine zusätzlichen Elemente mehr braucht, keine neuen Sätze, Kadenzen, Zeichen und Symbole hinzufügt. Und ja, ich glaube, daß nicht nur ein Symphonieorchester oder ein Theaterensemble – ich glaube, daß wir, die wir als einzelne an unseren Schreibtischen arbeiten, ebenfalls die Werke Früherer immer weiter interpretieren, sie in immer anderen, überraschenden und dann auch notwendig eigenen, an die eigene Person, den jeweiligen Ort, die spezifische Zeit gebundenen Konstellationen nach- oder neuerschaffen.

Wir können das Zerbrechen eines zusammenhängenden Weltbildes nicht in mächtigere Sprache verwandeln als in den späten Gedichten Hölderlins, für die Verlorenheit des modernen Menschen keine treffenderen Metaphern finden als bei Kafka, die Struktur zwischenmenschlicher Beziehungen nicht genauer beschreiben als bei Proust, die Entleerung der Sprache nicht deutlicher machen als bei Beckett. Erst recht die Literatur, die als post-modern auftrat, nahm bewußt oder unbewußt Erzähltechniken auf, die aus der Vergangenheit stammten, ohne etwa Jean Paul oder gar Cervantes zu übertreffen, dessen *Don Quichote* den modernen Roman schon mit seiner Begründung in Frage stellte. Und doch hat die nachfolgende, also hoffentlich auch unsere Literatur ihre Berechtigung und Notwendigkeit, weil sie die Tradition fortführt und deren Zeichensprache auf neue Inhalte, Zustände und gesellschaftliche Situationen bezieht. Würden wir die früheren Werke nur nachahmen, verrieten wir die Zukunft, die auch unser Zeugnis braucht, um eine bessere zu werden.

RAPHAEL LEMKIN

Axis Rule in Occupied Europe

Ein Meilenstein im Kampf
gegen Völkermord

⌐

Von Wolfgang Benz

Als Lektüre ist *Axis Rule* vollkommen ungeeignet. Das Buch, publiziert 1944 von der Carnegie-Stiftung in Washington, enthält auf 674 Seiten vor allem Gesetze, Verordnungen und sonstige Rechtsnormen, mit denen Europa unter nationalsozialistischer und faschistischer Herrschaft regiert, verwaltet, unterdrückt und ausgeraubt wurde. Die Regeln, nach denen Massengewalt verübt und Menschen ermordet wurden, weil sie unerwünschten Minderheiten angehörten – als Juden, als Roma, als Slawen, als Mitglieder religiöser Gemeinschaften –, werden darin, ins Englische übersetzt, dargeboten. Eine Beweismaterialsammlung von juristischer Kargheit. Abstrakte Formeln, fern der individuellen Dimension menschlichen Leids, die uns in der Zeugnisliteratur des Holocaust und in den Dokumenten der Täter entgegentritt und emotionalen Zugang ermöglicht, das Unfassbare zu begreifen hilft.

---

* Raphael Lemkin, Axis Rule in Occupied Europe. Laws of Occupation, Analysis of Government, Proposals For Redress, Carnegie Endowment for International Peace, Washington 1944.

Das Buch *Axis Rule* untermauert dagegen eine Argumentation, die Völkerrecht schaffen will und in äußerster Stringenz fordert, Konsequenzen zu ziehen aus menschenfeindlichem Handeln staatlicher Macht aus ideologischem Anspruch. Die Kapitelüberschriften folgen dem Alphabet; sie beginnen mit Albania und enden mit Yugoslavia und sind Österreich, Danzig, dem Memelland, den baltischen Staaten, Belgien und der Tschechoslowakei, Polen und Luxemburg, den britischen Kanalinseln, Frankreich und Griechenland und allen anderen Territorien gewidmet, die von den Achsenmächten Deutschland, Italien und deren Verbündeten beherrscht waren.

Das Kompendium der Rechtsvorschriften wird eingeleitet mit einem Abriss zur Technik deutscher Besatzungsherrschaft – unter Einsatz von Verwaltung, Polizei, Gesetzgebung, Justiz und mit Zugriff auf Eigentumsverhältnisse, Finanzen sowie den Rechtsstatus der Juden. Das letzte dieser kurzen Kapitel trägt die Überschrift «Genocide». Mit diesem Begriff war Neuland beschritten. Völkermord als Methode staatlichen Handelns wird erstmals in der Geschichte analytisch und juristisch definiert.

Der Autor, Raphael Lemkin, ein Jurist, der 1943 die Dokumentation für die Abteilung Völkerrecht der Carnegie Endowment for International Peace zusammentrug – und zwar in dem Jahr, da der Judenmord und die Schlachten des Zweiten Weltkriegs einem Höhepunkt zustrebten –, war einer der Emigranten, denen die Flucht aus Europa gelungen war. Lemkin beriet damals Behörden der US-Regierung und unterbreitete Präsident Roosevelt eine Denkschrift, in der er forderte, die Alliierten müssten den Schutz verfolgter Minderheiten in Europa zum Kriegsziel erklären. Roosevelt ließ den unbequemen Juristen wissen, dass andere Prioritäten gesetzt seien. Lemkin nannte diese Handlung den zweiten Mord an den Juden Europas.

Im Nürnberger Prozess gegen die Hauptkriegsverbrecher assistierte Lemkin ab 1946 dem US-amerikanischen Chefankläger Jackson. Als Rafał Lemkin war er 1900 im ostpolnischen Dorf Bezwodne im Gouvernement Wilna zur Welt gekommen. Der Ort gehörte damals zum russischen Zarenreich, heute liegt er in Belarus. Rafał wuchs in einer bildungsbürgerlich geprägten jüdischen Familie auf. Der Vater war Landwirt, die Mutter beschäftigte sich mit Linguistik und Philosophie und malte. In Lemberg studierte Lemkin zunächst Philologie, dann Rechtswissenschaft, auch ein wenig Philosophie in Heidelberg. Nach der Promotion in Lemberg war er Sekretär der Kommission zur Kodifizierung polnischen Rechts in Warschau. 1929 wurde er Staatsanwalt.

Sein Motiv für die Wahl des Studiums und des späteren Engagements war der Völkermord im Osmanischen Reich an den Armeniern im Ersten Weltkrieg. Geweckt hatte sein Interesse der tödliche Anschlag eines jungen Armeniers auf einen Verantwortlichen, den einstigen Innenminister und Großwesir des Osmanischen Reiches Talaat Pascha. Er wurde im März 1921 in Berlin auf offener Straße ermordet. Der Prozess gegen den Attentäter, einen Überlebenden der Massaker, endete mit einem sensationellen Freispruch. Das sensibilisierte Lemkin für die Problematik staatlicher Massengewalt. In seiner Kindheit und Jugend hatte er sie selbst als Pogrome gegen die Juden erlebt.

1933 versuchte Lemkin, den Völkerbund für seine Idee einer internationalen Konvention gegen Massengewalt zu interessieren. Er berief sich auf den Völkermord an den Armeniern, dem mindestens eineinhalb Millionen Menschen zum Opfer gefallen waren. Die Teilnahme an der Konferenz in Madrid, bei der Lemkin seinen Vorschlag mit den Völkerbund-Juristen diskutieren wollte, verbot ihm der polnische Justizminister aus Rücksicht auf die türkische Regierung. Auch der Völkerbund hatte kein Interesse am Projekt einer internationalen Gerichtsbarkeit, die Urheber staatlich inszenierter Gewalt gegen Angehörige von Minderheiten zur Rechenschaft ziehen sollte. Über Lemkins Plan wurde auf der Madrider Konferenz debattiert, aber weil er Hitlerdeutschland als potenziellen Aggressor identifiziert hatte – das war 1933 visionär –, wurde ihm in Polen vorgeworfen, er habe «unsere deutschen Freunde» vor den Kopf gestoßen. Wenig später wurde Lemkin aus dem polnischen Staatsdienst entlassen. Nach dem deutschen Überfall am 1. September 1939 floh er nach Schweden. An der Universität Stockholm hielt er Vorlesungen über Völkerrecht. Gleichzeitig begann er die Sammlung der Rechtsvorschriften, die Deutschland auf okkupiertem Territorium erließ. Damit wollte er zeigen, wie der Weg zur Massengewalt durch legislative Normen bereitet wurde.

Ab dem Frühjahr 1941 lebte Lemkin in den USA. Die Duke University in North Carolina hatte ihn eingeladen und ihm einen befristeten Lehrauftrag erteilt. Später lehrte er auch an anderen Universitäten, darunter Yale und Princeton. Vor allem warb Raphael Lemkin in öffentlichen Reden für seine Idee, Massengewalt mit Hilfe des Völkerrechts zu verhindern und den Opfern Schutz und Wiedergutmachung erlittenen Schadens zu gewähren.

Die Verabschiedung der Genozid-Konvention durch die Generalversammlung der Vereinten Nationen in Paris am 9. Dezember 1948 war Lemkins persönlicher Erfolg und eine Wirkung seines Buches. Für die Ratifikation durch die Mitgliedstaaten kämpfte Lemkin bis an sein Lebensende. Dafür nahm er Entbehrungen auf sich, lebte in bitterer Armut als Pionier einer besseren Welt.

Ohne Auftrag betitelte er seine Autobiographie, die erst ein halbes Jahrhundert nach seinem Tod erschien. 1959 ist Raphael Lemkin in New York auf der Straße einem Herzinfarkt erlegen. Mehrfach hatte man den Autor des Buches *Axis Rule* für den Friedensnobelpreis vorgeschlagen. Erhalten hat er ihn nie. Als Humanist hat er die Ächtung des Verbrechens Völkermord bewirkt. Trotzdem sind weitere Genozide geschehen. Aber es gibt endlich auch einen Internationalen Strafgerichtshof, den die Täter zu fürchten haben.

KARL RAIMUND POPPER

Die offene Gesellschaft
und ihre Feinde

Weltverbesserungsphantasien
unterm Seziermesser

⌒

Von Ilko-Sascha Kowalczuk

Eines der berühmtesten Bücher des 20. Jahrhunderts hat eine bewegte Editionsgeschichte. Der im neuseeländischen Exil arbeitende Karl Raimund Popper (1902–1994) hatte mit der Niederschrift an diesem Opus magnum am 13. März 1938 begonnen – an diesem Tag besetzten Hitlers Truppen Poppers Heimatland Österreich. Im Februar 1943 schloss er das Manuskript ab. Es fand sich zunächst kein Verleger. Poppers Förderer Friedrich Hayek (1899–1992), der ihm zur gleichen Zeit auch eine Stelle an der London School of Economics and Political Science besorgt hatte, vermittelte einen englischen Verlag, Routledge. Es dauerte weitere zwölf Jahre, ehe es auf Deutsch – in der

---

* Karl Raimund Popper, The Open Society and Its Enemies, Volume 1: The Spell of Plato, Volume 2: The High Tide of Prophecy: Hegel, Marx and the Aftermath, London 1945. *Deutsch:* Die offene Gesellschaft und ihre Feinde, Band 1: Der Zauber Platons, Band 2: Falsche Propheten – Hegel, Marx und die Folgen. Aus dem Englischen von Paul K. Feyerabend, Bern 1957.

Schweiz – herauskam. Im kommunistischen Ostblock war das Buch verboten. In Russland kam es erstmals 1992 heraus. Obwohl in dem Buch kein einziges Mal der Name von Hitler, der Name von Stalin vorkam, war Poppers Buch gegen die beiden Großideologien im 20. Jahrhundert gerichtet: gegen den Nationalsozialismus/Faschismus und gegen den Kommunismus. Beide Massenverbrecher waren ihm so verhasst, dass er sein Buch durch ihre Erwähnung nicht beflecken wollte. In dem Pakt, den beide im August 1939 geschlossen hatten und der bis heute nachhaltige Auswirkungen zeitigte, erkannte Popper ein, wenn auch nur befristetes, so doch folgerichtiges Zusammengehen, da die eine Welterlösungsideologie so wenig ohne die andere zu verstehen ist wie umgekehrt.

Karl Raimund Popper, als Jugendlicher selbst Marxist, spürte ideengeschichtlich nach, woher der Kollektivismuswahn in seinem Jahrhundert kam, woher die ungezügelte Feindschaft gegen den Individualismus, woher der Glaube an das «Ende der Geschichte» – durch die angestrebte Verwirklichung einer Dystopie oder wahlweise von Arkadien. Popper nahm sich zunächst Plato vor, dem er in Band eins alles bescheinigte, was einer menschenfeindlichen Gesellschaft innewohnte. Hegel und Marx – ein großer zeitlicher Sprung, den Popper mühelos bewerkstelligte – erscheinen dann als jene Propheten, die zu den Stichwortgebern der Gegenwart avancierten. Geschichte vollziehe sich nach einem Plan, nach deterministischen Zusammenhängen, nach Gesetzen. Der Einzelne könne sich dem entgegenstellen, könne als Katalysator agieren, aber nicht verhindern, was im Großen vorherbestimmt sei.

Karl Raimund Popper hat den Begriff der «offenen Gesellschaft» nicht erfunden, den führte Henri Bergson 1932 ein. Doch Popper machte den Terminus berühmt. Im Unterschied zur «geschlossenen Gesellschaft», die er als eine kollektivistische bezeichnete, sei die «offene Gesellschaft» eine, «in der sich die Individuen persönlichen Entscheidungen gegenübersehen». Jürgen Fuchs brachte dies 1984 ohne Bezug auf Popper auf den Nenner: «Einmischung in eigene Angelegenheiten». Václav Havel sprach 1978 vom «Versuch, in der Wahrheit zu leben» bzw. im Original von der «Macht der Machtlosen» (Moc bezmocných). Kein Wunder, dass Menschen, die gegen eine Diktatur aufbegehrten, Poppers Theorie auf den Punkt bringen konnten.

Die offene Gesellschaft und ihre Feinde ist zwar ein Anti-Plato-, ein Anti-Hegel-, ein Anti-Marx-Buch, aber es ist vor allem ein Buch *für* die offene Gesellschaft. Popper, der Marx durchaus Sympathie entgegenbrachte, so wie es vielleicht nur ein früherer Marxist kann, verkannte nicht, dass Marx ehrlichen Herzens und ohne eigene Machtambitionen auf soziale Gerechtigkeit und politische Emanzipation der Ausgeschlossenen setzte. Allerdings, so Popper, konzipierte Marx einen Kapitalismus, den es so nie gab, weder im 19. Jahrhundert noch später. Der lebensfrohe Rauschebart aus Trier, Berlin, Köln, Paris, Brüssel und London verkannte die innere Entwicklungsdynamik und vor allem das Potential zur Veränderung dieses Systems. Popper sezierte die Welterlösungsphantasien, wie es wohl in dieser Dichte und Brillanz nur jemand kann, der selbst einmal – und wenn nur kurzzeitig – Anhänger dieser selbsternannten Weltenrichter war. Auch *Die Hauptströmungen des Marxismus* (1976), ein anderes Jahrhundertwerk, schrieb mit Leszek Kołakowski (1927–2009) ein früherer Marxist.

Popper wurde mit der *Offenen Gesellschaft* zu einem politischen Autor, der er gar nicht sein wollte. Viele seiner Werke verschließen sich einer einfachen Rezeption. Nicht so die *Offene Gesellschaft*. Das hängt mit seinen zukunftsweisenden Perspektiven zusammen. Radikal verneint er die Frage, ob Weltgeschichte einen Sinn habe. Da es keine Geschichts- und Gesellschaftsgesetze gebe, existiere auch kein solcher Sinn. Ein Sinn könnte nur funktionieren, wenn der Mensch lediglich als kollektivistisches Objekt im Rahmen der üblichen Geschichtsschreibung der Macht erscheine. Eine solche Geschichtsschreibung – die Popper richtig als Mainstream deklarierte – sei unsinnig, lebensfremd, menschenfeindlich. Eine Geschichte der Menschheit gibt es nicht, sehr wohl aber viele, noch zumal sich widersprechende Geschichten von Menschen.

Das Plädoyer Poppers war so einfach wie klar. Um Walter Benjamin zu adaptieren: Der Griff in die Speichen der Geschichte bleibt ein individueller, muss ein individueller sein. Geschichte ist gestaltbar, von jedem einzelnen. Das aber heißt nicht Willkür. Niemand anderes als Karl Raimund Popper schrieb in einer langen Anmerkung in Band 1 über das stets aktuelle «Paradoxon der Toleranz» in der Demokratie im Kampf gegen diejenigen, die an den Sinn der Weltgeschichte glauben und ihn mit allen Mitteln umzusetzen suchen: «Uneingeschränkte Toleranz führt mit Notwendigkeit zum Verschwinden von Toleranz. Denn wenn wir die uneingeschränkte Toleranz sogar auf die Intoleranten ausdehnen, wenn wir nicht bereit sind, eine tolerante Gesellschaftsordnung gegen die Angriffe der Intoleranten zu verteidigen, dann werden die Toleranten vernichtet werden und die Toleranz mit ihnen.» Popper trat dafür ein, (militante, jedenfalls die Demokratie bedrohende) Intolerante notfalls mit Gewalt zu unterdrücken. Dem «Paradox der Demokratie» hingegen, dass sich eine Mehrheit zur Herrschaft eines Tyrannen entschließt, wusste Popper nur wenige Jahre nach der Machtübertragung an Hitler, dessen Partei in mehreren Wahlen vor 1933 Gewinner war, nichts als den Rationalismus der Aufklärung entgegenzusetzen.

Es könnte zu wenig sein.

VARIAN FRY

Auslieferung auf Verlangen

Interessen und Werte

⌒

Von Uwe Wittstock

Kann ein Buch in die Zukunft weisen, das von einer achtzig Jahre alten Rettungsaktion berichtet und in keinem Satz den Blick über den Horizont ihrer Zeit hinaushebt?

Der Amerikaner Varian Fry berichtet 1945 in *Surrender on Demand* von der Arbeit des Emergency Rescue Committee in Marseille zwischen August 1940 und September 1941. Die deutschen Truppen hatten zuvor in nur sechs Wochen die Niederlande, Belgien, Luxemburg und Frankreich zur Kapitulation gezwungen. Damit gerieten Zehntausende von Exilanten, die vor den Nationalsozialisten aus Deutschland in diese Länder emigriert waren, in Lebensgefahr. Die meisten von ihnen flohen vor der anrückenden Wehrmacht ins unbesetzte Vichy-Frankreich, wo ihnen aber die Auslieferung an die Gestapo drohte. Unter ihnen waren gefeierte deutsche Schriftsteller, Künstler und Intellektuelle wie Hannah Arendt, Walter Benjamin, Alfred Döblin,

---

* Varian Fry, Surrender on Demand, New York 1945. *Deutsch:* Auslieferung auf Verlangen. Die Rettung deutscher Emigranten in Marseille 1940/41. Herausgegeben und mit einem Anhang versehen von Wolfgang D. Elfe und Jan Hans. Aus dem Amerikanischen von Jan Hans und Anja Lazarowicz, München 1986.

Max Ernst, Lion Feuchtwanger, Walter Hasenclever, Franz Hessel, Alfred Kantorowicz, Siegfried Krakauer, Golo Mann, Heinrich Mann, Walter Mehring, Anton Räderscheidt, Anna Seghers, Ernst Weiß oder Franz Werfel. Eine ganze Generation deutscher Vertreter der Moderne drohte in Konzentrationslagern zu enden.

Um sie zu retten, wurde im Juni 1940 in New York das Emergency Rescue Committee (ERC) gegründet. Es entstand durch zivilgesellschaftliches Engagement ohne staatliche Unterstützung. Es war eine NGO, bevor es den Begriff NGO gab. Varian Fry beschreibt in seinem Buch die Tätigkeit des Komitees, dem bis zu zweitausend Exilanten die Flucht aus Frankreich und damit das Überleben verdanken. Er reiste im August 1940 für vier Wochen nach Marseille, sah sich dort konfrontiert mit der extremen Not der Verfolgten und blieb schließlich dreizehn Monate. Eine Zeitspanne, in der er große persönliche Risiken in Kauf nahm.

Fry und sein Team hatten bei ihrer illegalen Arbeit in Marseille mit vier wesentlichen Gegenspielern zu rechnen. Zuallererst natürlich mit den deutschen Militär- und Polizeibehörden, die im nominell unbesetzten Teil Frankreichs durchaus präsent waren. Zweitens mit den zuständigen französischen Ämtern, die auf Anweisung der Vichy-Regierung sehr zurückhaltend blieben beim Ausstellen von Ausreiseerlaubnissen – was das Land für die Verfolgten buchstäblich zur Falle machte. Da die meistfrequentierte Fluchtroute aus Frankreich zu Lande nach Lissabon führte und von dort per Transatlantikliner nach Amerika, wurde die Vergabe von Durchreisevisa durch die spanischen und portugiesischen Behörden zu einem weiteren Nadelöhr. Und schließlich traf das amerikanische ERC auch beim amerikanischen State Department, das die Einreisevisa in die USA zu bewilligen hatte, auf spürbaren Widerstand. Das Ministerium war keineswegs bereit, einen unbegrenzten Zustrom von Flüchtlingen aus Deutschland bzw. Europa zu akzeptieren. Präsident Franklin D. Roosevelt hatte deshalb einen Beirat für politische Flüchtlinge geschaffen, der dem State Departement «hervorragende Europäer» vorschlagen konnte, denen in einem beschleunigten Verfahren sogenannte «Emergency Visa» erteilt werden konnten. Dennoch blieben die Beamten in vielen Fällen restriktiv und versuchten vor allem, die Einreise politisch unliebsamer Aktivisten zu unterbinden. Es war diese Abwehr durch amerikanische Behörden, die Varian Fry in besonderem Maße erbitterte.

In dieser Lage hat Eleanor Roosevelt, die humanitär engagierte First Lady, ihren Mann in einem Telefongespräch mit folgendem verbürgten Satz bedrängt: «Falls Washington sich weigert, diese Visa sofort zu bewilligen, werden die deutschen und österreichischen Emigrantenführer mit amerikanischer Hilfe ein Schiff mieten, mit diesem Schiff möglichst viele der in Frankreich gefährdeten Flüchtlinge über den Atlantischen Ozean bringen und, wenn nötig, entlang der amerikanischen Ostküste so lange kreuzen, bis das amerikanische Volk, beschämt und verärgert, den Präsidenten und den Kongress mit Demonstrationen zwingt, diesen Opfern politischer Verfolgung zu erlauben, in Amerika an Land zu gehen.»

Die Parallelen zu Rettungsaktionen verschiedener NGOs, die heute Schiffe chartern, um afrikanische Flüchtlinge im Mittelmeer vor dem Ertrinken zu bewahren, aber mitunter wochenlang vor den Häfen der EU kreuzen müssen, bevor sie die Geretteten an Land bringen dürfen, liegen auf der Hand. Der Zwiespalt, von dem Varian Fry in seinem Buch berichtet, besteht bis heute fort und scheint sich zu vergrößern. Ministerien tendieren dazu, die tatsächlichen oder vermeintlichen Wirtschafts- und Sicherheitsinteressen ihrer Länder in den Vordergrund zu rücken – NGOs aber dazu, die humanitären Werte dieser Länder für wichtiger zu halten.

Ein Konflikt, der nach wie vor ungelöst ist und also in die Zukunft weist. Er ist schwerer zu entscheiden, als es im ersten Moment den Anschein hat. Je selbstverständlicher die Öffentlichkeit akzeptiert, dass humanitäre Aufgaben von nichtstaatlichen Organisationen übernommen werden, desto hartnäckiger setzt sich der Eindruck fest, Regierungen seien humanitären Aufgaben gegenüber nicht aufgeschlossen genug. Ein Eindruck, der in demokratisch verfassten Staaten zur Erosion des Wählervertrauens in die Regierung beitragen kann und allerlei Zündstoff in sich birgt. Denn NGOs entziehen sich letztlich der demokratischen Kontrolle und neigen dazu, die selbstgesteckten Ziele eher unter moralischen bzw. gesinnungsethischen Gesichtspunkten als unter politischen bzw. verantwortungsethischen

Rücksichten zu betrachten. Darin liegt ihre Stärke, aber auch ihre Schwäche. Was sich an Varian Frys achtzig Jahre alten Erfahrungen modellhaft ablesen lässt, wird uns noch lange beschäftigen.

PRIMO LEVI

Ist das ein Mensch?

Denket, dass solches gewesen

⌇

Von Luca Giuliani

Ist Primo Levis Auschwitz-Buch ein Buch, das in die Zukunft weist? Man möchte es sich kaum wünschen. Jedenfalls war Levis Blick unmittelbar nach Ende des Krieges nicht in die Zukunft, sondern auf die unmittelbare Vergangenheit gerichtet. Er versuchte, die Erinnerung festzuhalten an etwas, worüber damals kaum einer sprechen wollte, sprechen konnte.

Geboren wurde Primo Levi 1919 in eine Familie der jüdischen Mittelschicht in Turin. Er studierte Chemie, promovierte und arbeitete dann fast dreißig Jahre lang für eine kleinere Fabrik nahe bei Turin, zunächst als Techniker, später als Direktor. In seiner Freizeit schrieb er – mit zunehmendem Erfolg. Er heiratete und hatte zwei Kinder, ist aber niemals aus der Wohnung ausgezogen, in der er geboren worden war. 1987 ist er gestorben. Das klingt nach einem undramatischen Lebenslauf – aber ich habe ein entscheidendes Element ausgelassen, und das ist Auschwitz.

* Primo Levi, Se questo è un uomo, Torino 1947. *Deutsch:* Ist das ein Mensch? Erinnerungen an Auschwitz. Aus dem Italienischen von Heinz Riedt, Frankfurt am Main 1961.

Im Herbst 1943 schloss sich Levi, damals vierundzwanzig Jahre alt, einer Gruppe von Partisanen an. Die Mussolini-Regierung war gestürzt, die neue Regierung hatte einen Waffenstillstand mit den Alliierten geschlossen – aber Norditalien war nach wie vor unter der Kontrolle der Faschisten. Levi wurde schnell gefasst und in ein Gefängnislager überführt. Im Februar 1944 übergaben die Faschisten das Lager an die SS. Eine Woche später wurden alle jüdischen Lagerinsassen in einen Zug geladen und nach Auschwitz verfrachtet, in das Lager von Monowitz (Auschwitz III), 7 Kilometer entfernt von Auschwitz I. Dieses Lager war verbunden mit einer Fabrik der IG-Farben, in der künstlicher Gummi produziert werden sollte. IG-Farben hatte den Bau des Lagers finanziert; dessen Insassen sollten für die Fabrik arbeiten. Technisch gesehen war Monowitz kein Vernichtungslager wie etwa Birkenau (Auschwitz II, wo die Gaskammern standen), sondern ein Arbeitslager. Aber die technische Unterscheidung sagt nicht viel aus; die Zwangsarbeit war so eingerichtet, dass sie im Regelfall zum Tod führte. Die Lebenserwartung der Gefangenen betrug in Monowitz etwa vier Monate. Levi hat nahezu ein Jahr dort verbracht. Am 27. Januar 1945, als die Rote Armee das Lager befreite, war er zwar ernsthaft krank, aber noch am Leben. Levi selbst hat sein Überleben immer für einen Zufall gehalten, aber dieser Zufall hatte doch Gründe. Levi verstand – im Gegensatz zu den meisten Mitgefangenen – etwas Deutsch, da er mit deutschen Lehrbüchern studiert hatte. Dazu kam, dass er als ausgebildeter Chemiker identifiziert wurde: Im November 1944 wurde er als spezialisierte Arbeitskraft einem Labor zugewiesen, wo er nicht mehr der Witterung und der Kälte ausgesetzt war. Vor allem aber hatte er sehr schnell begriffen, dass er in etwas hineingeraten war, was es in der ganzen Menschheitsgeschichte noch niemals gegeben hatte. Dem ausgebildeten Experimentalwissenschaftler erschien die ganze Lagermaschinerie als ein einzigartiges, monströses Gesellschaftsexperiment: Umso wichtiger war es, zu beobachten und zu verstehen, was dort geschah. Das war ein Projekt, das seine Sinne und seinen Verstand voll in Anspruch nahm. Später pflegte er zu sagen, seine Erinnerungen an die Zeit in Monowitz seien so lebhaft und so genau wie keine andere Erinnerung aus früherer oder späterer Zeit.

Die Erfahrung des Konzentrationslagers hat Levi zum Schriftsteller gemacht. Im Herbst 1945 war er wieder zuhause in Turin und begann zu schreiben. Das fertige Manuskript wurde von einem kleinen Verlag angenommen und erschien 1947 unter dem Titel *Se questo è un uomo*. Es gab positive Rezensionen, aber das Buch verkaufte sich nicht. Eine zweite, leicht veränderte Auflage erschien 1958, diesmal bei Einaudi, einem der führenden italienischen Verlage: Das Echo war wesentlich stärker. Eine englische Übersetzung erschien 1960, eine deutsche ein Jahr später. Seit den frühen siebziger Jahren gehörte der Text zur Standardlektüre in italienischen Schulen. Längst gilt Levis Bericht als eines der großen Bücher des 20. Jahrhunderts und – nicht zuletzt – als ein Meisterwerk ethnographischer Literatur.

Levi hatte als Buchtitel ursprünglich vorgesehen *I sommersi e i salvati* («Die Untergegangenen und die Geretteten»). Das erinnert an Dante, der die Seelen im Paradies als die Geretteten, die in der Hölle hingegen als die Untergegangenen bezeichnet (*Inferno* 20,3). Bei Levi hat sich die Bedeutung beider Begriffe verschoben: Untergegangen sind für ihn die, die im Lager ermordet wurden; die Geretteten haben überlebt – aber zu welchem Preis? Levi hat Dantes *Inferno* als kognitives und expressives Gerüst verwendet, um die Erfahrung des Lagers in Worte zu fassen. Dennoch sind die Unterschiede unübersehbar. Dantes Hölle ist schmerzlich und hoffnungslos, aber sie wurde von Gott eingerichtet und steht im Zeichen göttlicher Gerechtigkeit. Das Lager ist hingegen eine Hölle bar jeder theologischen Dimension, auch lässt sie keine wie auch immer geartete Beziehung zu Gott mehr zu. Deutlich wird das im Kapitel «Oktober 1944». In Levis Baracke hat gerade eine Selektion stattgefunden. Nun beginnt einer der Gefangenen, der alte Kuhn, laut zu beten und dankt Gott dafür, dass er selbst nicht ausgesondert wurde. «Begreift denn Kuhn nicht, dass heute ein Gräuel geschah, das kein Sühnegebet, keine Vergebung, kein Büßen der Schuldigen, nichts Menschenmögliches also, jemals wird wieder gutmachen können? Wäre ich Gott, ich spuckte Kuhns Gebet zu Boden.»[1]

Durchgesetzt hat sich allerdings nicht der von Levi vorgesehene Titel, sondern einer, den der erste Verleger vorgeschlagen hatte: *Se questo è un uomo*. Es handelt sich um das Zitat aus einem Gedicht am Anfang des Buches, das sich seinerseits auf eines der zentralen jüdischen Gebete bezieht: *Höre, Israel* (*Deuteronomium* 6,4–9). Wieder sind die Unterschiede zwischen Levis Gedicht und dem Vorbild unübersehbar. Das jüdische Gebet wendet sich an das Volk Israel mit der Mahnung, das Wirken Gottes und die Befreiung aus der Gefangenschaft nicht zu vergessen. Levis Gedicht hingegen fordert die Nachgeborenen dazu auf, die Haft im Lager in Erinnerung zu behalten: «Denket, dass solches gewesen. / Es sollen sein diese Worte in eurem Herzen. / Ihr sollt über sie sinnen, wenn ihr sitzet / in einem Hause, wenn ihr gehet auf euren Wegen.» Auf das Gebet folgt in der Bibel eine Fluchformel, und damit endet auch das Gedicht: «Oder eure Wohnstatt soll zerbrechen, / Krankheit soll euch erniedrigen, / eure Kinder sollen das Antlitz von euch wenden.» Von Befreiung kann keine Rede mehr sein.

Anmerkung

1 Zitiert nach der deutschen Übersetzung von 1961, S. 156.

HEINRICH FICHTENAU

Das karolingische Imperium

Wider die Heldenverehrung

Von Herwig Wolfram

Im Oktober 1952 betrat der achtzehnjährige Maturant erwartungsvoll die ehrwürdige Alma mater Rudolphina an der Wiener Ringstraße, um Latein und Geschichte vor allem des 18. Jahrhunderts zu studieren, worauf ihn sein großartiger Gymnasiallehrer Erwin Hahn (Jahrgang 1912) bestens vorbereitet hatte. Der junge Student begegnete dort aber wahrlich mehr durch Zufall als geplant einem jungen Extraordinarius (ebenfalls Jahrgang 1912) namens Heinrich (von) Fichtenau, der ihn außerordentlich begeisterte und zum Mediävisten machte. Mit ihm erlebte der Anfänger eine Befreiung aus der Enge des von den Alliierten vierfach besetzten Österreichs, und die Ursache war, dass keine drei Jahre zuvor Fichtenaus *Karolingisches Imperium* erschienen war. Dieses Buch schuf eine Atmosphäre, die der junge Student damals mehr hoffnungsvoll verspürte als bereits intellektuell voll erfasste, wenn er in der Einleitung des Buches Folgendes, heute noch mehr denn je Aktuelles lesen konnte:

---

* Heinrich Fichtenau, Das karolingische Imperium. Soziale und geistige Problematik eines Großreiches, Zürich 1949.

«Daß der Glanz geschichtlicher Größe zumeist mit Not und Bedrückung erkauft wird, daß mit der Macht die Gefährdung ihrer Träger wächst und sich hinter der autokratischen Strenge schon Zeichen kommenden Verfalls andeuten – all dies gehört zu den Binsenwahrheiten für die Zeitgenossen der Weltreiche und wurde wenig später doch so oft und so willig vergessen. Es ist eben angenehmer, auf das Wunschbild einer Vergangenheit oder Zukunft zu blicken, die Stolz und selbstherrliche Kraft der Menschen auf einem Höhepunkt zeigt, als auf ihre tatsächliche Begrenztheit und Schwäche in jeder Gegenwart.

Illusionen sind doppelt gefährlich in einer Zeit, die das Wissen um Maß und Ordnung des Menschlichen so sehr verloren hat wie die unsere. Wir müssen klar sehen lernen, auch dort, wo ein Mythos den Europäern so lieb geworden ist wie der von der Herrlichkeit des Karlsreiches. Dazu ist es nötig, die dunklen Seiten dieser Epoche sehr stark hervorzuheben, in bewußtem Gegensatz zu der geläufigen Ansicht – nicht um diese zu ersetzen, was auch kaum gelingen dürfte, sondern zu ihrer Ergänzung, und nur zu dieser. Das kontrastreiche Gesamtbild, das sich damit ergibt, dürfte der Wahrheit jedenfalls näher kommen als die übliche Harmonisierung und Verklärung. Sicherlich wird dieses Beginnen auf Widerspruch stoßen.»

Darauf musste der Autor nicht lange warten. Die beiden verlorenen Weltkriege, von «Schlafwandlern» begonnen der erste und von Verbrechern vom Zaun gebrochen der zweite, hatten dem deutschen Offizier den Helden-Nimbus genommen. Dafür sollte der Geschichtsprofessor den leeren Denkmalsockel besteigen und mit ihm die Helden einer großen Vergangenheit. Und nun erdreistete sich der junge Wiener Privatdozent namens von Fichtenau, dessen bisherige «revolutionäre» Arbeiten schon wenig freundliche Aufnahme gefunden hatten, das Denkmal gänzlich umzustoßen und am Beispiel des großen Karl jeglicher Heldenverehrung den Kampf anzusagen. Nachzulesen in den Besprechungen namhafter historischer Zeitschriften. «Dass das Buch, in dem eben Durchlebtes mitschwang, der stillen oder auch lauten Ablehnung deutscher Historiker verfiel, war zeitbedingt, ebenso wie sein Erfolg im außerdeutschen Sprachraum.» So beurteilte Fichtenau 1971 selbst die deutschsprachige Reaktion auf sein Buch wie dessen Übersetzungen in englischer, französischer und italienischer Sprache, die in den späten 1950er Jahren erschienen. Der Autor erwähnte jedoch – wenn überhaupt – nur nebenbei, dass dieser Erfolg zugleich auch dazu beitrug, dass die unterbrochene Einbindung der deutschsprachigen Mediävistik in die internationale Forschung zum Thema ermöglicht wurde. Fichtenaus *Karolingisches Imperium* war nicht nur die erste Darstellung der Karolingerzeit, die in deutscher Sprache nach dem Krieg erschien, sondern setzte neue «sozialkritische und religionspsychologische Akzente» und schloss an die aktuelle frankophone Forschung an. Diese hatte zwar unmittelbar nach 1945 die herkömmlichen Pfade noch nicht verlassen, war aber nun für eine neue Sicht der Dinge offen geworden.

Östlich des Rheins ging es weiterhin vor allem um Karls Haltung gegenüber dem Kaisertum: Lehnte er als germanischer König die verdorbene «welsche» Institution ab, wie man aus einer Stelle in der Karlsvita Einhards und der von ihr abhängigen Texte herauslas, oder wollte er tatsächlich Kaiser werden? Aufgrund einer genauen Kenntnis von antiken Autoren, die sich wie Sueton mit dem römischen Kaisertum und seinen Inhabern beschäftigten, aber auch nicht zuletzt mit Hilfe von hilfswissenschaftlichen Studien an der Wiener Handschrift der *Annales Laureshamenses* (Lorscher Jahrbücher), die bis dahin von der Forschung wenig geschätzt wurden, versuchte Fichtenau 1953 deutlicher als zuvor in seinem Aufreger-Buch zu zeigen, dass die Wiederherstellung des westlichen Kaisertums zum politischen Programm Karls und seiner Umgebung zählte. Und er vertrat seine Erkenntnisse in ausgesprochenem Gegensatz zu einem Giganten der damaligen deutschen Mediävistik wie Percy Ernst Schramm.

Bereits 1971 stellte Fichtenau fest, dass die Literatur über Karl den Großen und seine Zeit «ins Ungemessene gewachsen» war. Die Flut der Publikationen wurde auch danach nicht unterbrochen. Im Gegenteil. Die Jubiläumsjahre 2000 – 1200 Jahre seit der Kaiserkrönung Karls durch den Papst am Weihnachtstag in St. Peter – und 2014 – 1200. Todestag Karls am 28. Januar – brachten einen neuen Höhepunkt der Veröffentlichungen durch namhafte Autoren und Autorinnen im In- und Ausland. Es ist unmöglich, hier ihre Namen aufzuzählen. Aber drei sollen genannt sein: die ehemaligen

Heidelberger Professoren Peter Classen und Stefan Weinfurter sowie der ehemalige Präsident der Monumenta Germaniae Historica Rudolf Schieffer. Fichtenaus *Karolingisches Imperium* steht am Beginn des Weges, der zu ihnen und ihren zahllosen Mitstreitern und Mitstreiterinnen in aller Welt führt.

GEORGE ORWELL

1984

Nur wer die Vergangenheit kontrolliert,
kontrolliert die Zukunft

⌒

Von Gerd Koenen

1984 ist vielleicht die beklemmendste literarische Dystopie, die je geschrieben worden ist. Tatsächlich spiegelt dieser 1947/48, an einer Wasserscheide des 20. Jahrhunderts, verfasste Roman eine reale historische Erfahrung wider, in deren Schatten wir bis heute leben und deren psychische Mechanismen und mentale Folgen noch kaum ganz ausgeleuchtet sind: nämlich die Erfahrung totaler Herrschaft.

Dabei wollte Orwell seinen Roman weder als Prognose verstanden wissen noch als politische Warn- oder Kampfschrift, auch nicht als Fortführung seiner Parabel *Animal Farm* von 1945, die eine recht unzweideutige Parodie auf den Stalinismus war. Den Ideologen des entbrennenden «Kalten Kriegs», die die Sowjetunion als eine übermächtige neue Bedrohung an die Wand malten, hielt er nüchtern ent-

---

* George Orwell, Nineteen Eighty-four (1984). A Novel, London 1949. *Deutsch:* 1984. Der dystopische Klassiker mit einem Nachwort von Daniel Kehlmann. Übersetzt von Michael Walter, Berlin 2017.

gegen, dass totalitäre Staaten letzten Endes schwächer seien, als ihre Propaganda suggeriere und ihre Parteigänger wie ihre Gegner annähmen. Die Sowjetunion (er nannte sie, wie viele im Westen, «the Russian regime») werde sich irgendwann demokratisieren oder selbst zerstören, aber «nicht überdauern, weil Sklaverei keine stabile Grundlage für eine menschliche Gesellschaft mehr ist». Und das war eine Prognose, die sich 1989 sogar zu bestätigen schien.

Warum dann aber die fugen- und aussichtslose Dystopie *1984*? Als Endpunkt seines zwanzigjährigen Schreibens war dieser buchstäblich mit letztem Lebensatem verfasste Roman Orwells eher ein literarisch-philosophisches Experiment, das die in seiner Lebenszeit aufgeschienene historische *Möglichkeit* einer totalitären Herrschaft bis in ihre letzten Konsequenzen und Voraussetzungen hinein zu verfolgen suchte.

Und so vieles darin erinnerte an das stalinistische Regime, das mit seiner Mischung aus Führerkult, Massenterror, Indoktrination und Parteiregime dem Begriff des Totalitarismus tatsächlich am nächsten kam. Das «Ozeanien» des Romans mit seiner verfallenden Hauptstadt London liegt jedoch nicht zufällig im Westen, im eigenen Land des Autors, der die Anfälligkeit von Teilen der britischen Eliten sowohl für den Nationalsozialismus als auch für den Stalinismus ebenso alarmiert registrierte wie die Brutalität des eigenen kolonialen Weltregimes.

So enthielt der in *1984* romanhaft beschriebene Idealtypus totalitärer Herrschaft eben doch eine Warnung, nämlich vor einer Kombination der schlimmsten Aspekte von Imperialismus, Kolonialismus, Faschismus und Kommunismus. Im Umkehrschluss ließ sich dieses hermetische Bild allerdings auch als Hoffnungszeichen lesen. Denn ein perfektes totalitäres Regime war, um auf Dauer gestellt zu sein, doch an eine Vielzahl von Bedingungen geknüpft.

Dazu gehörten eine künstliche Kriegsspannung und die völlige Isolierung des Landes, da jeder ernste äußere Konflikt ebenso gefährlich werden kann wie jeder friedliche Austausch und Verkehr. Nur das vermochte die Errichtung einer Gesellschaft zu ermöglichen, in der die 85 Prozent der «proles», der einfachen Arbeiter, als eine mit mageren Rationen, billigem Fusel und primitiver Unterhaltung abgespeiste menschliche Herde und ausgebeutete Masse stillgestellt werden könnten. Aber auch die in sozialer Apartheid lebende «Partei» der Staatsdiener müsste von einer anonymen «Inneren Partei» im Namen eines ominösen «Big Brother» nicht nur permanent überwacht, sondern mittels «double-think» und «newspeak» und gemäß den als wissenschaftlich unfehlbar deklarierten Grundsätzen des «Ingsoc» ihrer Sprach- und Denkfähigkeit systematisch beraubt werden. Und um alle gesellschaftlichen und politischen Erinnerungen zu löschen, müssten die vergangenen Ereignisse ständig «korrigiert» werden, bis sie nie wieder rekonstruiert werden können. Eben das ist der prekäre, für geheime Zweifel offene Job der Hauptfigur, des Beamten im Wahrheitsministerium Winston Smith.

Aber auch damit nicht genug: Um sämtliche familiären und persönlichen Bindungen auszulöschen, müssten die Menschen in allen ihren vitalen Lebenstrieben beschnitten werden, so in ihren Wünschen nach Besitz, Konsum und Erfolg. Alles Wirtschaften in «Ozeanien» ist daher bewusst auf Stagnation und Verfall, alle Technik auf Kontrolle und Zerstörung angelegt. Aber vor allem müssten jegliche erotischen Regungen und Begierden unterdrückt werden, da aus Sex eben doch Liebe und aus Liebe neue Bindung entstehen kann.

Und genau das ist der Kern und die Pointe der Story von der fatalen kurzen Liebesaffäre Winstons mit der jungen Keuschheitsliga-Aktivistin Julia. Die allpräsenten Teleschirme, aus denen sich ein Dauerstrom von Pseudonachrichten und Hasstiraden ergießt, sind zugleich Organe des Wächterstaats, die jede private Lebensregung registrieren. Und die allen bewusste, unentrinnbare Drohung mit Verhaftung und «Vaporisierung» (Liquidierung) dient längst keiner politischen Einschüchterung mehr, so wie auch die grauenhaften Foltern, die einer Verhaftung folgen, keine Verfehlungen oder «Gedankenverbrechen» mehr enthüllen sollen, die die Inquisitoren sowieso schon kennen. Sondern das alles dient nur dazu, alle noch vorhandenen Liebes- und Bindungssehnsüchte in einem letzten Akt des Verrats auf den Großen Bruder zu übertragen. Damit endet der Roman dann auch: Der als moralisches und physisches Wrack auf Zeit entlassene Winston bereut endlich aufrichtig und spürt, wie sehr er IHN wirklich liebt: den Großen Bruder, der von der Wand auf ihn herabschaut ...

Nein, dieses *1984* hat es so noch nicht gegeben. Allerdings könnte es sein, dass das heutige Nordkorea ihm schon ziemlich nahe kommt; so wie das chinesische «Himmelsnetz» mit seinen Milliarden von AI gesteuerten Kontrollkameras unter dem Porträt des Großen Bruders Xi durchaus an *1984* erinnern kann. Und auch Donald Trumps «alternative Fakten» scheinen eine beliebig manipulierbare Auflösung der Realität selbst anzudeuten; so wie die Gefühle einer totalen Überwachung durch das Internet, das alle unsere Wünsche und Begierden schon kennt, auf eine Möglichkeit zu verweisen scheinen, die gleich hinter der Wand liegt.

Deshalb hat diese im Kernschatten des vergangenen Jahrhunderts verfasste Dystopie vor allem jungen Lesern schon in zweiter oder dritter Generation stets genügend Flashlights geliefert, die Konturen ihrer Gegenwart freilegen. Und sie hat nicht zufällig Wörter und Begriffe in den allgemeinen Wortschatz eingeführt, wie «double-think» oder «memory hole», von denen zu Recht ein metaphysischer, aber keineswegs fiktiver Schrecken ausgeht. Am meisten gilt das aber vielleicht für jenen Lehrsatz des Großen Bruders, dem fast alle Autokraten unserer Zeit fanatisch zu folgen scheinen: «Wer die Vergangenheit kontrolliert, kontrolliert die Zukunft. Wer die Gegenwart kontrolliert, kontrolliert die Vergangenheit.»

ZWEITE HÄLFTE DES 20. JAHRHUNDERTS

HANNAH ARENDT

Elemente und Ursprünge totaler Herrschaft

Ein Aufriss nicht bloß vergangener Schrecken

Von *Norbert Frei*

Als Hannah Arendt im Herbst 1949 die ursprüngliche Fassung ihres Opus magnum fertigstellte, war Hitler gut vier Jahre tot und Stalin hatte nicht mehr ganz vier Jahre zu leben. In einem Vorwort zur Neuausgabe der *Origins of Totalitarianism*, verfasst im Frühjahr 1966, erinnerte Arendt an diese Entstehungskonstellation. Der ausführliche neue Text («Macht sehr viel Lese-Arbeit», klagte sie gegenüber Karl Jaspers)[1] ist jedoch erst dem dritten Abschnitt des Werkes vorangestellt. Diese Anordnung verstärkte nicht nur den schon zeitgenössisch formulierten Eindruck, dass es sich bei dem im Deutschen mit «Totale Herrschaft» überschriebenen Teil im Grunde um ein eigenständiges Buch handelt, klar abgesetzt von den beiden im

---

* Hannah Arendt, The Origins of Totalitarianism, New York 1951. *Deutsch:* Elemente und Ursprünge totaler Herrschaft. Antisemitismus, Imperialismus, Totalitarismus. Herausgegeben von Thomas Meyer, mit einem Nachwort von Jens Hacke, München 2023.

Umfang etwa gleichgewichtigen Teilen über Antisemitismus und Imperialismus im 19. Jahrhundert; sie unterstrich auch den verhaltenen Optimismus, den Arendt sogar noch vor dem Hintergrund der eskalierenden amerikanischen Kriegführung in Vietnam für vertretbar hielt: «Stalin starb, wie Hitler, mitten in der Durchführung neuer, grauenhafter Vorhaben. Mit seinem Tod fand die Geschichte, die dieses Buch erzählen muss und erfassen und verstehen will, zumindest ein vorläufiges Ende.»[2]

Mitte der sechziger Jahre waren aber nicht nur die geopolitische Konstellation und die ideenpolitische Lage grundlegend verschieden von dem historischen Moment, in dem Arendt ihre Arbeit, nach eigenen Worten mit dem «rückwärtsgerichteten Blick des Historikers» und dem «analytischen Eifer des Politologen», begonnen hatte; auch das damalige Wagnis des asymmetrischen Vergleichs war gewissermaßen entfallen. Nun, zwei Jahrzehnte nach dem Ende des Zweiten Weltkriegs, ließ sich die vergleichende Analyse der beiden Herrschaftssysteme abschließen. Denn nicht nur war inzwischen auch Stalin Geschichte, sondern es stand mit dem – ironischerweise von den Nationalsozialisten erbeuteten und dann in Deutschland von den Amerikanern entdeckten – «Smolensker Archiv» eine aufschlussreiche Sammlung sowjetischer Quellen zur Verfügung, die als Entsprechung zu den Nürnberger Dokumenten gewertet und ausgewertet werden konnte.

Schon 1958, bei einer ersten Überarbeitung, hatte Arendt zahlreiche Ergänzungen im Text und in den Fußnoten vorgenommen; diese aber, so erklärte sie acht Jahre später mit der ihr eigenen Bestimmtheit, hätten zu «einschneidenden Veränderungen» in der Darstellung keinen Anlass gegeben, «weder in der Analyse, noch in der Argumentation».[3] Tatsächlich blieben die Anschaulichkeit ihrer Beobachtungen und die Unmittelbarkeit ihrer meist pointierten Urteile über alle Bearbeitungsstufen erhalten; sie machen die Lektüre bis heute so reizvoll und im Grunde zu einer Quelle eigener Art, vor allem für die zeitgenossenschaftliche Wahrnehmung des «Dritten Reiches».

Die Essenz ihres nunmehr also abgeschlossenen Vergleichs fasste Arendt 1966 in einem zusätzlichen Kapitel zusammen: «Ideologie und Terror: eine neue Staatsform». Doch was die seit jeher Konjunkturen unterworfene Lektüre des Gesamtwerks und namentlich von «Totale Herrschaft» derzeit wieder einmal so lohnend erscheinen lässt, das ist weniger dieses letzte, manche berühmte Formulierung enthaltende Kapitel – etwa ihr Diktum «Dies hätte nicht geschehen dürfen», hier allerdings in überraschender, ja geradezu verstörender Parallelsetzung formuliert mit Blick auf die «Gaskammern des Dritten Reichs und die Konzentrationslager der Sowjetunion».[4] Was dem heutigen Leser ins Auge springt, sind wohl eher Kapitel wie jenes über das «Bündnis zwischen Mob und Elite» (wobei der «Mob» bei Hannah Arendt die Entstehung der Massengesellschaft nach dem Zusammenbruch des Klassensystems zur Voraussetzung hat und sich als ein «Abfallprodukt der Herrschaft der Bourgeoisie» darstellt).

Ein ähnliches Anregungspotential versprechen Arendts Darlegungen über Propaganda und Organisation totalitärer Bewegungen. Anders als die späteren, systematisch angelegten Arbeiten von Totalitarismustheoretikern wie Carl Joachim Friedrich und Zbigniew Brzeziński[5] bleiben Arendts Ausführungen auch in diesen Punkten empirisch dicht und gehaltvoll – und mit Blick auf die Schärfung unserer Urteilskraft in der Gegenwart höchst interessant. Ein Beispiel dafür sei hier wenigstens noch angedeutet: Als ein Wesensmerkmal totalitärer Massenpropaganda identifiziert Arendt das «Beisammensein von Leichtgläubigkeit und Zynismus». Dem «Vorurteil», wonach Leichtgläubigkeit vor allem bei Ungebildeten, Zynismus hingegen bei Gebildeten anzutreffen sei, mache die Massenpropaganda insofern ein Ende, als sie ein Publikum anspreche, «das jederzeit bereit ist, leichtgläubig alles hinzunehmen, und sei es noch so unwahrscheinlich, und es doch nicht im mindesten verübelt, wenn der Betrug sich herausstellt, weil es offenbar jede Aussage ohnehin für eine Lüge hält». Wer dächte bei dem Folgesatz nicht wenigstens einen Moment lang an Putin oder Trump – und sei es nur, um Unterscheidungen zu treffen und die eigene Urteilskraft zu schärfen, auf die es Arendt bekanntlich so sehr ankam: «Totalitäre Führer haben ihre gesamte Propaganda auf die psychologisch richtige Annahme gegründet, dass dieselben Menschen heute dazu gebracht werden können, die unglaublichsten Märchen zu akzeptieren, und morgen, wenn sie sich von der Unrichtigkeit der Märchen überzeugt haben sollten, dazu gebracht werden können, zynisch zu behaupten, sie hätten Lügen von vornherein durchschaut und seien stolz darauf, Führer zu haben, die so souverän andere Leute an der Nase herumzuführen verstünden.»[6]

Hannah Arendt wollte mit ihrem großen Buch natürlich gerade nicht determinierend «in die Zukunft weisen». Doch angesichts eines neuen großen Krieges in Europa und eines vielerorts ungebrochenen Rechtspopulismus steht zu befürchten, dass es uns als Aufriss nicht bloß vergangener Schrecken weiter begleiten wird.

Anmerkungen

1 Arendt an Jaspers, 19.2.1966, in: Hannah Arendt/Karl Jaspers, Briefwechsel 1926–1969. Herausgegeben von Lotte Köhler und Hans Saner, München/Zürich 1985, hier S. 663; vgl. auch dies., 18.4.1966, S. 669.
2 Dieses und die folgenden Zitate nach Hannah Arendt, Elemente und Ursprünge totaler Herrschaft, München 1986, hier S. 494.
3 Ebenda, S. 474.
4 Ebenda, S. 704.
5 Carl J. Friedrich, Totalitäre Diktatur. Unter Mitarbeit von Zbigniew Brzeziński, Stuttgart 1957.
6 Arendt, Elemente und Ursprünge totaler Herrschaft, S. 600 f.

RAY BRADBURY

Fahrenheit 451

Verbrennen wir wieder Bücher?

Von Heike B. Görtemaker

Als der amerikanische Schriftsteller Ray Bradbury 1953 seinen Zukunftsroman *Fahrenheit 451* veröffentlichte, tat er es in dem Bewusstsein, dass die Gesellschaften der westlichen Welt den Weg hin zu einer globalen Katastrophe bereits beschritten hätten. Nur acht Jahre nach Ende des Zweiten Weltkrieges beschrieb der damals Zweiunddreißigjährige die Probleme einer künftigen Welt, die heute, siebzig Jahre später, aktueller erscheinen denn je. Tatsächlich verwahrte sich Bradbury zeitlebens dagegen, als Science-Fiction-Autor bezeichnet zu werden, und erklärte, dieses Genre einer in der Zukunft spielenden Erzählung beruhe auf der Wirklichkeit: «Science fiction is a depiction of the real.» Wie aber sah die Wirklichkeit zu Beginn der 1950er Jahre aus? Und weshalb weist Bradburys düstere Vision von einem ferngesteuerten Leben in einem Überwachungsstaat mit der Vernichtung unwiederbringlichen Kulturgutes erstaunlicherweise noch immer in die Zukunft der Menschheit?

---

* Ray Bradbury, Fahrenheit 451, New York 1953. *Deutsch:* Fahrenheit 451. Aus dem Amerikanischen von Peter Torberg, Zürich 2020.

Die 1950er Jahre waren, ebenso wie die Gegenwart, eine Zeit des Umbruchs. Die Sowjetunion war von einem Verbündeten der Westmächte im Kampf gegen Hitler innerhalb weniger Jahre zum Feind der USA geworden. Während der amerikanische Präsident Franklin D. Roosevelt noch von einer neuen Weltordnung geträumt hatte, die die Sowjets miteinschloss, und Josef Stalin persönlich versicherte, er habe Vertrauen in dessen Ehrlichkeit und Verlässlichkeit, bekämpften die USA nach Zündung der ersten sowjetischen Atombombe 1949 und dem Beginn des Korea-Krieges die kommunistischen Systeme in China und Russland und unterstützten die Wiederbewaffnung Westdeutschlands. 1953 vollzog sich dann der Übergang von der Eindämmungspolitik Präsident Harry S. Trumans zur Politik des «roll back» unter dem neuen amerikanischen Außenminister John Foster Dulles: der Zurückdrängung des kommunistischen Einflusses in der Welt.

Inzwischen gipfelte die große Enttäuschung der Amerikaner über die Sowjetunion in einem extremen, von Verschwörungstheorien beherrschten Antikommunismus und einer beispiellosen Verfolgung und Verhaftung tatsächlicher und vermeintlicher Kommunisten im Innern der USA. Staatsbedienstete, Künstler, Intellektuelle – insgesamt drei Millionen Menschen – wurden vor dem Kongress öffentlichen Anhörungen über ihre politische Gesinnung unterzogen, Tausende verloren ihre Arbeit. Die hysterische Jagd auf Andersdenkende erzeugte eine Atmosphäre der Angst und des Misstrauens, in der Kontrolleure und Denunzianten – sogar innerhalb der eigenen Familie – angebliche Staatsfeinde bekämpften und das verfassungsmäßige Recht der Meinungsfreiheit der nationalen Sicherheit opferten. Diese Zeitspanne, benannt nach dem für seinen Fanatismus berüchtigten republikanischen Senator Joseph R. McCarthy, dessen Feldzug sich nicht nur gegen Kommunisten, sondern auch ganz allgemein gegen Gebildete und Privilegierte richtete, zeigte damit den Amerikanern plötzlich die Grenzen ihrer eigenen Freiheit auf.

Und so zeichnete Bradburys Dystopie, veröffentlicht auf dem Höhepunkt der McCarthy-Ära, das Schreckensbild einer künftigen Welt, in der Freiheit und Selbstverwirklichung nicht möglich seien und das moderne Leben von Anonymität, Einsamkeit, Schlaflosigkeit, Leere und emotionaler Kälte bestimmt werde. Anders als Aldous Huxley

1932 in *Brave New World* und George Orwell 1948 in seinem Roman *1984*, die ähnliche Szenarien einer durchgehend mechanisierten, kulturlosen Massengesellschaft entwarfen, in der die Menschen gleichförmig und von Hasspropaganda verführt in einer diktatorischen Ordnung existieren, die sie über ihre eigene Geschichte belügt und ihre Sprache säubert, gelten in *Fahrenheit 451* Bücher – das geschriebene Wort – als «Hauptmittel einer gefährlichen Verunsicherung» und werden deshalb unter dem Wahlspruch «Brenne sie zu Asche, dann verbrenne noch die Asche» vernichtet.

Die zentrale Figur der Erzählung, die einem Entwicklungs- bzw. Erziehungsroman ähnelt, ist der Feuerwehrmann Guy Montag, der sich von einem kritiklosen Vertreter des Systems zum Regimegegner wandelt. Hier löscht die Feuerwehr nicht die Brände, sondern legt sie. Denn ihre Aufgabe ist es, Bücher, deren Besitz verboten ist, ausfindig zu machen und zu zerstören. So verbrennt Montag im staatlichen Auftrag Bibliotheken, während seine tablettensüchtige Ehefrau Mildred in Scheinwelten flüchtet, in eine virtuelle Realität der Spiele, die kritisches Denken verhindert und gesellschaftliche Konformität erzeugt. Im Gegensatz zu Mildred, die der angepassten Konsum- und Medienwelt verhaftet bleibt, erkennt Montag letztlich die Bedeutung von Büchern als Träger von Kultur und Humanität. Er wird nicht nur zum Leser der verbotenen Bücher, sondern versucht diese vor der unaufhörlichen Vernichtung zu bewahren. Montag schließt sich einer Widerstandsgruppe an, deren Mitglieder Bücher auswendig lernen, um nach Krieg und Vernichtung «alles, was einmal gelesen wurde, wieder ins Gedächtnis zurückrufen» zu können. Ihre Hoffnung: dass eines Tages alle Bücher wieder niedergeschrieben werden – bis zur nächsten «Kulturdämmerung».

Heute, siebzig Jahre nach Erscheinen des Buches *Fahrenheit 451*, befinden wir uns abermals in einer Zeit des Umbruchs. Die westliche Hoffnung auf ein *Ende der Geschichte* (Francis Fukuyama) infolge der Auflösung der Sowjetunion und ihres Machtbereichs zu Beginn der 1990er Jahre und des Endes der bipolaren Welt, verbunden mit der Vorstellung, die «westliche Demokratie» werde sich nun endgültig als vorherrschende politische Ordnung durchsetzen, hat sich als Illusion, ja als gefährliche Träumerei erwiesen. Mehr noch: Vor dem Hintergrund eines neuen Rechtspopulismus und der Herausforderungen einer vernetzten, globalisierten Welt mit mehrheitlich nichtdemokratischen Gesellschaften scheint die parlamentarische Demokratie erneut bedroht. Werden wir nicht bereits durch digitale Medien politisch und sozial manipuliert, ja ferngesteuert? Sorgt nicht ein neuer «Bildersturm», eine sich ausbreitende «cancel culture», für die Vernichtung von Spuren der Vergangenheit, indem Bücher vom Markt genommen, zensiert und umgeschrieben werden, weil es dem Zeitgeist entspricht? Die Lektüre des Buches von Bradbury, das zu den Hauptwerken der amerikanischen Literatur zählt, ist noch immer ein eindrückliches Plädoyer gegen das Vergessen und die Geschichtslosigkeit. Originale, die Quellen der Vergangenheit, ohne die geschichtliche Entwicklung nicht erfahrbar ist, müssen für künftige Generationen erhalten werden, und sei es auch nur, um nicht zu vergessen, dass wir sterblich sind, wie es bei Bradbury heißt.

RAYMOND CHANDLER

Der lange Abschied

Über den Versuch,
aus dem Kriminalroman vielleicht
ein wenig mehr zu machen,
als ihm ursprünglich zugedacht war

⌒

Vor Paul Ingendaay

Es bereitet ein gewisses Vergnügen, an Romane zu denken, die etwas älter sind als man selbst und die, wären sie Menschen und hätten ein volles Arbeitsleben in der Buchindustrie hinter sich, schon ein paar Jahre vor einem selbst in Ruhestand gegangen wären. Einer dieser Romane stammt von Raymond Chandler, trägt den vielsagenden Titel *Der lange Abschied (The Long Goodbye)* und ist im Jahr 1953 erschienen. Nur dass der Ruhestand von Romanen etwas anders verläuft als der von Lektoren. Er besteht aus stillem Ausharren und dem Warten auf Wiederentdeckung durch neue Lesergenerationen. Und darin liegt schon fast die ganze Zukunft, auf die Bücher rechnen können: dass irgendjemand sich erinnert, das alte Buch von damals in sei-

---

* Raymond Chandler, The Long Good-Bye, Boston 1953. *Deutsch:* Der lange Abschied. Aus dem Amerikanischen von Hans Wollschläger, Zürich 1975.

nem Kopf bewegt und eine Ahnung davon bekommt, dass wahre Zukunft ohne Vergangenheit keine Zukunft wäre, sondern blindes Voranstolpern.

Im Fall von *Der lange Abschied*, Chandlers sechstem Roman um den Privatdetektiv Philip Marlowe, sieht die Sache günstig aus. Eine neue deutsche Übersetzung ist in Vorbereitung, die die angestaubte Version von Hans Wollschläger aus dem Jahr 1975 ersetzen soll (die ihrerseits an die Stelle einer unvollständigen Erstübersetzung getreten war). Drei Übersetzungen in siebzig Jahren: Das ist nicht schlecht und darf schon fast als Klassikerausweis gelten. Da manche Menschen immer noch den Unterschied zwischen hoher und flacher, ernster und unterhaltender Literatur machen, muss sich das Kriminalgenre, will es als seriös gelten, mindestens an der Kasse beweisen. So wanderte das Werk von Georges Simenon von billigen französischen Taschenbuchausgaben in die Abteilung mit Ewigkeitsstempel. Und so erging es auch dem 1888 geborenen Raymond Chandler: Zeit seines Lebens kämpfte er um die Reputierlichkeit der *mystery story*, indem er ihr stilistischen Glanz und eine einzigartige Atmosphäre verlieh. Oder gibt es eine Liste der zehn berühmtesten literarischen Helden des zwanzigsten Jahrhunderts, auf der Philip Marlowe fehlen würde? Heute ist Chandlers Gesamtwerk in Dutzenden Sprachen lieferbar, und jede noch so unbedeutende Erzählung, die der Autor in seinen Lehrjahren zwischen 1933 und 1939 für das bessere Pulp-Magazin *Black Mask* schrieb, wird ehrfurchtsvoll zwischen Buchdeckeln weitergereicht.

Der lange Abschied entstand unter schwierigen Bedingungen. Chandler hatte die Sechzig überschritten und kümmerte sich um die Pflege seiner kranken Frau, die ihrerseits schon die Achtzig erreicht hatte. Er hatte in seinem Leben unfassbare Mengen Alkohol getrunken und war ein labiler, langsamer Schreiber, der sparsam mit seinem Material umgehen musste und keine gelungene Szene zu verschenken hatte. *Der lange Abschied* enthält einige seiner besten Passagen; ihre Stimmung muss man wohl mit Entzauberung und Abgesang umschreiben. An einem typischen Morgen in seinem staubigen Büro findet Marlowe eine tote Motte auf seinem Schreibtisch. Dann dreht er sich um. «On the window sill a bee with tattered wings was crawling along the woodwork, buzzing in a tired, remote sort of way, as if she knew it wasn't of any use. She was finished. She had flown too many missions and would never get back to the hive again.»

Chandler liebt Tiervergleiche, man könnte einen lustigen Essay darüber schreiben. Natürlich dienen ihm – Chandler, aber auch Marlowe – die tote Motte und die müde Biene als Präludium für eine tiefere Reflexion über den Job und die Frage, ob nicht allmählich die Zeit zum Rückzug gekommen ist – ob die Sache überhaupt noch eine Zukunft hat: «What makes a man stay with it nobody knows. You don't get rich. You don't often have much fun. Sometimes you get beaten up or shot at or tossed into the jailhouse. Once in a long while you get dead. Every other month you decide to give it up and find some sensible occupation while you can still walk without shaking your head. Then the door-buzzer rings and you open the inner door to the waiting room and there stands a new face with a new problem. A new load of grief. And a small piece of money.»

Das ist Kapitel 21. Isn't it lovely? Noch nie war Marlowe so alt und so düster. In gewisser Weise demontiert *Der lange Abschied* die Krimi-Gattung selbst, denn der größere Teil des Romans handelt von Freundschaft unter einsamen Männern, wie Chandler selbst einer war, und wirft einen letzten, angewiderten Blick auf eine reiche kalifornische Gesellschaftsschicht, in der sich Philip Marlowe, *private dick*, bewegt wie ein Fremdkörper. Das Anziehende daran ist Chandlers direkte, sinnliche, enorm verdichtete Sprache, die den Roman im englischen Original heute so lesbar macht wie damals. Chandler ist der Meister einer gesprochen wirkenden Prosa, die nichts von ihrer Frische eingebüßt hat. «Alles, was mit Vitalität geschrieben ist, gibt dieser Vitalität Ausdruck», sagt er in seinem programmatischen Essay *The Simple Art of Murder*. Und weiter: «Es gibt keine langweiligen Sujets, nur langweilige Köpfe.»

Misst man das Understatement seiner Selbstaussagen an der pulsierenden Vitalität seines Romanwerks, zeigt sich eine verblüffende Diskrepanz. Aber Chandler lebte mit dieser Ironie, die möglicherweise sein Cover war, bis zum Ende. Sieben Wochen vor seinem Tod hielt er vor der Vereinigung der Mystery Writers of America, die ihn zu ihrem Vorsitzenden ernannt hatte, eine Rede. Er fasse die Ehre des neuen Amtes keineswegs «persönlich» auf, sagte er, sondern als Würdigung seiner langen Laufbahn, und er klingt dabei so korrekt und vereinspräsidentenhaft, dass man glauben könnte, er spreche von einer Stelle im Einwohnermeldeamt. «Es ist wahr», fuhr er fort, «ich habe den größten Teil meines Lebens über dem Versuch zugebracht, aus dem Kriminalroman etwas zu machen – ein wenig mehr vielleicht, als ihm ursprünglich zugedacht war –, aber ich bin mir ganz und gar nicht sicher, ob mir das auch gelungen ist.» So war er, bescheiden, zurückgenommen, nicht die zuverlässigste Quelle seiner selbst. Als Literaturtheoretiker wäre er übrigens noch zu entdecken, ebenso als einer der besten Briefschreiber, die Amerika im zwanzigsten Jahrhundert hervorgebracht hat: Das wäre wirklich eine Zukunft, die sich lohnt.

LEO BRANDT

Die zweite industrielle Revolution

So viel Zukunft, so viel Hoffnung

⌒

Von Ulrich Herbert

Ein richtiges Buch ist es eigentlich nicht. Eher eine Broschüre, herausgegeben vom Vorstand der Sozialdemokratischen Partei im Juli 1956, zu erwerben für dreißig Pfennige. Sie enthielt auch nur eine Rede, gehalten auf dem Parteitag der SPD vom 10. bis 14. Juli 1956. Leo Brandt, Jahrgang 1908, hatte sein Studium in Aachen und an der TU Berlin 1932 als Diplomingenieur mit dem Schwerpunkt Nachrichtenwesen abgeschlossen. Er war, selten genug für Studenten in dieser Zeit, ein aktiver Sozialdemokrat, Mitglied, schließlich Bundesvorsitzender des sozialdemokratischen Reichsbanners Schwarz-Rot-Gold. Nach dem Studium ging er zu Telefunken nach Berlin und war dort zuständig für Funk- und Radartechnik. In dieser Funktion wurde er während des Krieges ein wichtiger Spezialist für die Entwicklung von Radargeräten. Nach dem Krieg gelangte er, auch durch die alten Verbindungen aus dem Reichsbanner, recht schnell in das nordrhein-westfälische Ministerium für Wirtschaft und Verkehr, wo

---

* Leo Brandt, Die zweite industrielle Revolution, Referat auf dem SPD-Parteitag vom 10. bis 14. Juli 1956 in München, Atomplan der SPD, erarbeitet vom Ausschuss für Fragen der Atomenergie beim Parteivorstand der SPD, Bonn 1956.

er 1954 zum Staatssekretär aufstieg. In dieser Funktion wurde er innerhalb weniger Jahre einer der einflussreichsten Forschungspolitiker in seinem Bundesland, schließlich in der Bundesrepublik.[1]

Seine Tätigkeit während der Kriegsjahre hatte ihm gezeigt, dass unter dem Druck des Krieges Fortschritte bei Forschung und Entwicklung innerhalb weniger Monate möglich waren, zu denen in Friedenszeiten Jahre und Jahrzehnte benötigt wurden. Vor Energie und Gestaltungswillen schier berstend, standen ihm nun aber die Forschungsverbote der Alliierten in allen potentiell kriegswichtigen Bereichen im Wege, nicht zuletzt bei der Entwicklung der Atomenergie. In den für die Zukunft Deutschlands entscheidenden Bereichen der Wirtschaft und der Technologie, so warnte Brandt bei jeder sich bietenden Gelegenheit, entstehe dadurch ein schier unaufholbarer Rückstand für das Land.

Am 5. Mai 1955 aber trat der revidierte Deutschlandvertrag in Kraft, und mit ihm entfielen die alliierten Forschungsverbote. Nun endlich sollte der Rückstand aufgeholt, konnte die Zukunft Deutschlands aktiv gestaltet werden. Stärker als die bürgerlichen Parteien waren vor allem die Sozialdemokraten von den gewaltigen wirtschaftlichen, politischen, sozialen und kulturellen Chancen überzeugt, die sich fortan boten. Im Zentrum stand dabei die Nutzung der Atomkraft, deren zerstörerische Wirkung sich in Hiroshima und Nagasaki auf schreckliche Weise gezeigt hatte. Nun aber sollten diese gewaltigen Kräfte für das Friedenswerk, für Demokratie und Sozialismus genutzt werden. So wichtig war dieses Thema, dass ihm die SPD 1956 einen eigenen Parteitag widmete: den Atomparteitag 1956 in München.

Diesen eröffnete Leo Brandt mit seinem Beitrag über *Die zweite industrielle Revolution*. Die erste industrielle Revolution, so Brandt, habe sich nicht zum Nutzen, sondern zum Nachteil der Bevölkerungsmehrheit ausgewirkt: Verarmung, Sechzehnstundentag, Kinderarbeit, hohe Sterblichkeitsraten seien die Kennzeichen gewesen. Es liege nun, während der zweiten industriellen Revolution, an der Sozialdemokratie, dafür zu sorgen, dass sich solches nicht wiederhole. Wenn es aber gelänge, die Kernenergie planmäßig und sinnvoll einzusetzen, dann könnten damit der Reichtum eines Volkes vermehrt, die sozialen

Spannungen abgebaut, ja sogar Kriege verhindert werden, die ja vor allem um Bodenschätze und Energiequellen geführt worden seien. Dabei seien die Möglichkeiten der Atomkraft so gewaltig, dass damit die Energiesicherheit der deutschen Wirtschaft auf Jahrzehnte, wenn nicht Jahrhunderte garantiert werden könne. Nutze man diese Kräfte hingegen nicht, seien die Folgen unausweichlich: «Es geht um die schwächeren Schichten des Volkes, ihre Zukunft verdüstert sich, ihre Kinder werden vielleicht, wie vor hundert Jahren, nur den bitteren Weg des Auswanderns um jeden Preis vor sich sehen.»

Aber nicht nur für die Angehörigen des eigenen Volkes werde sich die Atomkraft positiv auswirken, sondern auch für die unterentwickelten Völker der Erde: «Sie werden aus ihrer Armut herausgerissen werden und ökonomisch, politisch und sozial gleichberechtigte Glieder in der Reihe der Nationen der Welt.» Denn nun sei es möglich, «Kleinkraftwerke als Dieselmotorenersatz» zu bauen und in kleine Aluminiumkisten zu verpacken. Die würden dann «in der Arktis im Eis eingegraben» oder am Ufer des Amazonasstroms. Dadurch erhalte man ein «1 ½ Jahre lang unbedient und ungewartet laufendes, 10 000 Kilowatt lieferndes, das heißt für eine Stadt von 20 000 Einwohnern ausreichendes Atomkraftwerk». Die Möglichkeiten waren schier grenzenlos: «Wüsten können durch Entsalzen des Meerwassers bewässert, Urwälder oder arktische Gebiete mit Hilfe von Elektrizitätswerken, die durch die Luft versorgt werden, erschlossen werden. Schiffahrt und Luftfahrt werden auf den neuen Brennstoff übergehen. Ein halbes Kilo davon wird künftig ein Flugzeug achtmal um die Erde treiben können.»

Solche euphorischen Zukunftsvisionen, maßgeblich die mit der Kernenergie verbundenen wirtschaftlichen und sozialen Hoffnungen, waren vor allem auf der Linken enorm verbreitet. Auch Ernst Bloch etwa sah im Atom die endgültige Lösung des Problems der Energie, ja des gesellschaftlichen Reichtums überhaupt: «Einige hundert Pfund Uranium und Thorium würden ausreichen, die Sahara und die Wüste Gobi verschwinden zu lassen, Sibirien und Nordkanada, Grönland und die Antarktis zur Riviera zu verwandeln.»[2]

Diese hier formulierten Überzeugungen wurden für die deutschen Sozialdemokraten in den folgenden Jahren zur Leitlinie ihres politischen Handelns. Nach den Katastrophen der beiden Weltkriege war nun die Zeit des Atoms gekommen, durch das es gelingen werde, die soziale Spaltung in den Industrieländern und die Armut und Abhängigkeit der «unterentwickelten Länder» des Südens aufzuheben. Der «Atomplan der SPD», beschlossen auf dem Münchner Parteitag 1956, folgte den Vorstellungen, die Brandt zuvor entwickelt hatte, bis in die Formulierungen und gipfelte in der Überzeugung, die Atomkraft werde «entscheidend helfen, die Demokratie im Innern und den Frieden zwischen den Völkern zu festigen».[3]

Drei Jahre später begann auch die Präambel des *Godesberger Programms* von 1959 mit den Worten: «Das ist der Widerspruch unserer Zeit, daß der Mensch die Urkraft des Atoms entfesselte und sich jetzt vor den Folgen fürchtet; daß der Mensch die Produktivkräfte aufs höchste entwickelte, ungeheure Reichtümer ansammelte, ohne allen einen gerechten Anteil an dieser gemeinsamen Leistung zu verschaffen ... Aber das ist auch die *Hoffnung* dieser Zeit, daß der Mensch im atomaren Zeitalter sein Leben erleichtern, von Sorgen befreien und Wohlstand für alle schaffen kann, wenn er seine täglich wachsende Macht über die Naturkräfte nur für friedliche Zwecke einsetzt.» Dies zu erreichen sei aber nur durch eine neue und bessere Ordnung möglich, den demokratischen Sozialismus.[4]

So viel Zukunft, so viel Hoffnung.

Anmerkungen

1 Zur Biografie Brandts vgl. Bernd A. Rusinek, Leo Brandt. Ein Überblick, in: Bernhard Mittermaier/Bernd A. Rusinek, Leo Brandt (1908–1971). Ingenieur – Wissenschaftsförderer – Visionär, Jülich 2009, S. 11–29.
2 Ernst Bloch, Das Prinzip Hoffnung. Grundrisse einer besseren Welt, Band 2, Frankfurt am Main 1959, S. 775.
3 «Atomplan der SPD», in: Brandt, Die zweite industrielle Revolution, S. 29–36.
4 Grundsatzprogramm der Sozialdemokratischen Partei Deutschlands, in: Ossip K. Flechtheim (Hg.), Dokumente zur parteipolitischen Entwicklung in Deutschland, Band 3, Nr. 187, S. 209–226.

GÜNTHER ANDERS

Die Antiquiertheit des Menschen

Ist die Technik unser Schicksal?

⌒

Von Wolfgang Beck

Leser des Philosophen Günther Anders wissen: Die Frage im Titel dieses Beitrags ist rhetorisch und drückt im Sinne von Günther Anders aus, was tatsächlich der Fall ist. Auch müssen sie, die Leser und Kenner von Günther Anders, nicht darüber belehrt werden, dass in seinem Denken und Schreiben dem Thema Technik – was Technik vermag und was sie aus den Menschen (in den Worten des Autors) «gemacht hat, macht und machen wird, noch ehe wir irgendetwas aus ihr machen können»[1] – eine zentrale Rolle zukommt. Gleich zu Beginn des ersten Bandes seines Hauptwerks *Die Antiquiertheit des Menschen* äußert er: Es «ist die Technik nun unser Schicksal. Und ist es uns vielleicht auch nicht möglich, die Hand unseres Schicksals zu leiten, ihm auf die Finger zu sehen, darauf sollten wir nicht verzichten.»[2] Günther Anders' Philosophie der Technik oder, was für ihn und seine Leser deckungsgleich ist, seine Überlegungen und Beobachtungen zu den Metamorphosen menschlichen Lebens inmitten eines –

---

* Günther Anders, Die Antiquiertheit des Menschen, Band 1: München 1956; Band 2: München 1980.

wie er an anderer Stelle sagt – «‹Technik› genannten Weltzustands»,[3] der immer rascher fortschreitet und sich ständig wandelt: Dieses Denken hier kurz vorzustellen, in seinem Wahrheitsgehalt und seiner fortgesetzten, ja noch zunehmenden Aktualität, möchte ich vesuchen.

Nicht geheim bleiben soll hierbei die nahe persönliche Beziehung des Verfassers dieser Zeilen zu Günther Anders. Schon als Gymnasiast bin ich ihm persönlich begegnet, im Haus meiner Eltern, und zwar – wenn ich mich recht erinnere – noch vor Erscheinen des ersten Bandes der *Antiquiertheit des Menschen* im Jahr 1956 im Verlag C.H.Beck und später manche weiteren Male, insbesondere, als ich seit den frühen siebziger Jahren in der Nachfolge meines Vaters Verleger von Günther Anders geworden war, zu einer Zeit, als er noch rege publizierte, unter anderem den 1980 erschienenen zweiten Band. Ich schätzte seinen scharfsinnigen Geist und seine menschliche Wärme und gehörte in verhältnismäßig jungen Jahren schon zu seinen Lesern, alsbald und immer mehr auch zu seinen Verehrern, Letzteres bis heute.

Im Jahr 1950 war Günther Anders nach siebzehnjährigem Exil in Paris, Kalifornien und New York nach Europa zurückgekehrt und hatte sich mit seiner zweiten Frau Elisabeth Freundlich in Wien niedergelassen. In erster Ehe war er von 1929 bis 1937 mit Hannah Arendt verheiratet gewesen. In einem Interview mit Mathias Greffrath im Jahr 1979 erzählt er von den «odd jobs», die er annehmen musste, um in den Exiljahren finanziell zu überleben. Und er bemerkt zugleich: «wie denn überhaupt die falschen jobs die richtigsten sind ... Ohne meine Fabrikzeit in Los Angeles wäre ich ... niemals fähig gewesen, meine Kritik des technischen Zeitalters, also mein Buch ‹Die Antiquiertheit des Menschen›, zu schreiben.»[4] Den 6. August 1945, den Tag der Bombe auf Hiroshima, erlebte Günther Anders in New York und begriff ihn sehr rasch, wie er im Interview sagt, als «den Tag Null einer neuen Zeitrechnung», biografisch gesehen als vehemente Zäsur, der «wohl schärfsten in meinem Leben».[5] Als Schriftsteller, als den er sich schon vor und in den Exiljahren verstand, fühlte er sich längere Zeit außerstande zu reagieren: «Ich blieb erst einmal stumm – aber nicht deshalb, weil ich die Ungeheuerlichkeit der Ereignisse nicht verstanden hätte, sondern umgekehrt deshalb, weil mein

Vorstellen, Denken, mein Mund und meine Haut vor der Ungeheuerlichkeit der Ereignisse streikte.»[6]

Unter dem Eindruck der – wie er sie später bezeichnete – «apokalyptischen Monstren» machte Günther Anders zunächst am eigenen Leib eine Erfahrung, die er – ebenfalls später – in der *Antiquiertheit des Menschen* als «prometheisches Gefälle» beschrieb, nämlich als eine Art von Versagen, als Lähmung des Denk- und Vorstellungsvermögens, als Erleben, «unseren eigenen Produkten und deren Folgen phantasie- und gefühlsmäßig nicht gewachsen»[7] zu sein. Es dauerte, so schildert es Anders, bis es ihm gelang, das Kapitel «Über die Bombe und die Wurzeln unserer Apokalypse-Blindheit» zu Papier zu bringen: Reflexionen, die Eingang fanden in die *Antiquiertheit des Menschen* und die das menschliche Dasein im Zeichen seiner nicht nur möglichen, sondern durchaus drohenden Selbstauslöschung in bislang nicht erreichter Gedankenschärfe ausleuchten. Die brisante Atom-Thematik ließ ihn auch danach nicht mehr los. In immer wieder neuen Ansätzen beschäftigte er sich mit ihr – in Reden, Aufsätzen, Thesenpapieren –, und gleichzeitig «desertierte er in die Praxis», wie er sich ausdrückte, er wurde aktiv in der internationalen Anti-Atom-Bewegung der fünfziger und frühen sechziger Jahre, bereiste Hiroshima und Nagasaki und führte einen Briefwechsel mit dem Hiroshima-Piloten Claude Eatherly, der seinerzeit die Wetterbedingungen über Hiroshima vor dem Bombenabwurf zu erkunden beauftragt war.

Die Bombe ist für Günther Anders das Extrembeispiel in einer «Welt- und Menschsituation», deren Diagnose er im Vorwort zur 5. Auflage des ersten Bandes der *Antiquiertheit* auf eine kurze Formel bringt: «daß wir der Perfektion unserer Produkte nicht gewachsen sind; daß wir mehr herstellen als vorstellen und verantworten können; und daß wir glauben, das, was wir können, auch zu dürfen, nein: zu sollen, nein: zu müssen».[8] Die von Anders geprägte Wendung des ‹prometheischen Gefälles›, die er in diesen Thesen artikuliert, formuliert er an anderer Stelle als «das Gefälle zwischen *Machen* und *Vorstellen*; das zwischen *Tun* und *Fühlen*; das zwischen *Wissen* und *Gewissen*», als die «wachsende *A-synchronisiertheit des Menschen mit seiner Produktewelt*»; er spricht von *«Vorsprung»* und *«Nachhumpeln»*, von der Unmöglichkeit, «in dem Verwandlungstempo, das wir unseren Produkten selbst mitteilen, auch selbst mitzulaufen».[9] Und verweist damit auf eine Schwäche, ein Zurückgebliebensein, ein gravierendes Ungenügen des modernen Menschen, das er im Titel seines Hauptwerks mit «Antiquiertheit» benennt, einem Attribut, von dem der Autor in seinen Schriften freigebigen und kontextabhängig mehrdeutig schillernden Gebrauch macht.

«Antiquiertheit» dient Günther Anders als eine Art Oberbegriff für gewaltige, mit scharfem Blick beobachtete Veränderungen: für einen Orientierungsverlust, eine Verlorenheit des Menschen inmitten einer immer expansiveren, «unersättlichen» Maschinenwelt; für einen drastischen Souveränitätsabbau, der von Freiheit in Unfreiheit umschlägt, oder, wie Anders sich mit der ihm eigenen Begabung für pointierte Formulierungen ausdrückt: «Kurz: *die Subjekte von Freiheit und Unfreiheit sind ausgetauscht. Frei sind die Dinge: unfrei ist der Mensch.*»[10] Viele im gleichen Sinne argumentierende Zitate lassen sich anreihen, etwa aus dem Vorwort zum zweiten Band der *Antiquiertheit*: «*die Technik ist nun zum Subjekt der Geschichte geworden*, mit der wir nur noch ‹mitgeschichtlich› sind».[11] Oder an späterer Stelle: «Was ich meine, ist die Tatsache..., daß wir uns entthront haben (oder haben entthronen lassen) und *an unseren Platz andere Subjekte der Geschichte, nein: ein einziges anderes Subjekt gesetzt haben: die Technik,* deren Geschichte... nun *die* Geschichte im Laufe der jüngsten Geschichte geworden ist.»[12] Sie verläuft in permanenter Revolution und *«bewegt sich nicht in Richtung: Freiheit des Menschen, sondern in Richtung: Totalitarismus der Geräte».*[13] Konsequent spricht Anders von einer «Diktatur der Technik»[14] und an anderem Ort vom «Automatismus» der technischen Entwicklung und davon, dass wir «dem autonomen Motor unserer eigenen Produktion gegenüber *ohnmächtig sind:* diesem eben nur unzulängliche Bremskraft entgegensetzen können».[15]

An solchen Gedanken und Formulierungen haben sich frühe Günther-Anders-Leser zuweilen gerieben. Sie empfanden sie als überzogen, während ihr Verfasser sie verteidigte als bewusste «Übertreibungen in Richtung Wahrheit». Heute, viele Jahrzehnte später, liegt ihr visionärer Charakter offen zutage, und es fällt schwer, sich ihrer Überzeugungskraft zu entziehen. Zum «heute» sei angemerkt: Je fortgeschrittener die Lebensjahre, desto deutlicher machen sich die Lern- und

Adaptionszwänge bemerkbar, die uns die technischen Entwicklungen in immer kürzeren Abständen auferlegen und die wir als Unfreiheit erleben. Mit dem Smartphone und dem häuslichen Kleincomputer sind wir symbiotisch verschmolzen, in völliger Abhängigkeit, die sich im Falle von Verlust oder Nicht-Funktionieren in pure Hilflosigkeit verkehrt. Ein unwiderstehlicher Vorwärtsdruck hat uns im Griff, angetrieben von gigantischen Internetunternehmen ebenso wie von unzähligen Start-ups in aller Welt. Abseits von demokratischer Willensbildung und Kontrolle vollzieht sich in immer schnellerem Tempo eine vor nichts Halt machende technische Expansion mit Neuerungen, welche die Welt zunehmend in «Sciencefiction» verwandeln und uns zu ihren Gefangenen machen, indem sie unsere Lebensbedingungen und unseren Alltag unausweichlich und tiefgreifend prägen und radikal verändern.

So viel ist klar: Abermillionen von Menschen finden in technischen Berufen ihre Lebensgrundlage. Unzählige Wissenschafter und Ingenieure in aller Welt, Informatiker, Physiker, Chemiker, Pharmakologen, Mediziner, Biologen, Ökologen, Ökonomen und viele weitere Berufe, beschäftigen sich mit nichts anderem, als die Welt durch technische Innovationen zu «verbessern». Es mag in diesem Zusammenhang unerwartet sein: ja, durchaus *auch* verbessern! In zurückliegenden Zeiten ganz erheblich, und auch heute noch. Wer möchte die vielfältigen technischen Fortschritte bestreiten, die sich zum Vorteil und Nutzen der Menschheit ausgewirkt haben? Zum Beispiel in der Medizin und Hygiene, denen wir Zuwächse der Lebenserwartung verdanken, die einstmals unvorstellbar schienen. Oder in den Techniken der Energiegewinnung, die Grundlagen schufen für Wirtschaftswachstum und Wohlstand seit bald zweihundert Jahren, die aber auch – vor verhältnismäßig kurzer Zeit erst – als Verursacher einer katastrophalen, möglicherweise menschheits-bedrohenden Klimaentwicklung identifiziert wurden, deren Vorboten sich bereits in beängstigender Weise bemerkbar machen – ein Wissen, das so spät kam, dass Günther Anders es in seinem Denken nicht mehr berücksichtigen konnte.

Ambivalenz, so scheint es, ist moderner Technik in die Wiege gelegt. Man denke nur an die heute alles dominierende digitale Welt, die hierfür zahlreiche Beispiele liefert, von denen ich nur eines andeuten möchte: Bekanntlich haben sich die sogenannten sozialen Medien als fruchtbares Freigelände erwiesen, in dem Hass- und Verschwörungsbotschaften, Lügenerzählungen, Hetzjagden, Empörung und Schimpfkanonaden von Wutbürgern üppig gedeihen. Man spricht von «digitalen Brandbeschleunigern», von Förderung politischer Radikalisierung und Polarisierung, von massiver Beschädigung der Fundamente eines funktionierenden demokratischen Gemeinwesens, das eine einigermaßen vernünftig räsonierende politische Öffentlichkeit dringend nötig hat (um hier Habermas'sche Begrifflichkeit in Anspruch zu nehmen). Mit «Pferdefuß» wäre wohl verharmlosend bezeichnet, was schwerwiegende Übel sind, die meist erst mit Zeitverzögerung offenkundig werden, wenn die neuen Technologien längst ihre Siegeszüge feiern. Denn selbstverständlich locken sie mit attraktivsten Versprechungen, mit faszinierenden Anwendungen, mit handfesten, fraglos realen Vorteilen, mit Bequemlichkeits- und Zeitgewinnen, mit der Lösung von Problemen, die frühere Techniken hinterlassen oder erst geschaffen haben. Dies alles vollzieht sich in Konstellationen von Konkurrenz, Wettbewerb, Rivalität – auf internationaler Bühne auch von Gegnerschaft. Akteure aller Art, Kollektive vor allem, aber auch Individuen, sehen sich genötigt, an einem technologischen Überbietungswettlauf teilzunehmen, der in summa den von Günther Anders beschriebenen «Automatismus», den «autonomen Motor», die Eigendynamik und Selbstläufigkeit des technischen Geschehens in Gang setzt und vehement befeuert. Hierin ist der Mensch, als Einzelwesen und als Gattung, nur noch einflussloser «Mitmacher», in Günther Anders'scher Diktion ein «hechelnder» Mitläufer, eine schwache Figur, die nichts steuert, nichts lenkt oder auch nur begreift, was vor sich geht, die sich unfrei, macht- und willenlos einem vorwärts stürmenden technischen Geschehen ausliefert, das als «Subjekt der Geschichte» das Heft in die Hand genommen hat.

Eine sehr ernste, unschöne Diagnose und ein wenig erbaulicher Schluss ist das – doch ist es auch der Hinweis auf ein Dilemma, das keine Auswege kennt? Möglicherweise ist es so, aber zumindest eine gewisse Abmilderung und Entschärfung sollten erreichbar sein. Wobei das Werk von Günther Anders den Weg weisen könnte. Denn es verändert den Blick auf Technik, schärft die Sinne, fördert Bewusstwerdungs- und Denkprozesse, weckt Widerstands- und «Bremskräfte» und ermutigt, mit kritischem Denken Günther Anders'scher Spielart auch unsere aktuelle Gegenwart zu beleuchten. Vielleicht ist die Hoffnung nicht völlig illusorisch, dass sich daraus eine Stärkung des Menschlichen, ein Stück «Humanisierung» des Technischen, ein Zuwachs an geistiger Parität des Menschen mit seiner technischen Produktion ergeben könnten – und eine Verringerung seiner Antiquiertheit.

Anmerkungen

1 Zitiert nach Günther Anders, Die Antiquiertheit des Menschen, Band 1, 4. Auflage, München 2018, S. 20.
2 Ebenda, S. 20.
3 Die Antiquiertheit des Menschen, Band 2, 4. Auflage, München 2018, S. 9.
4 Elke Schubert (Hg.), Günther Anders antwortet, Berlin 1987, S. 38.
5 Ebenda, S. 41 f.
6 Ebenda, S. 42.
7 Anders, Die Antiquiertheit des Menschen 1, S. 303.
8 Ebenda, S. 7.
9 Ebenda, 28 f.
10 Ebenda, S. 48.
11 Anders, Die Antiquiertheit des Menschen 2, S. 9.
12 Ebenda, S. 310.
13 Ebenda, S. 121.
14 Ebenda, S. 119.
15 Günther Anders, Die atomare Drohung, 8. Auflage, München 2022, S. 22.

HANS-GEORG GADAMER

Wahrheit und Methode

Die Voraussetzung,
miteinander zurechtzukommen

⌒

Von Jörg Baberowski

Sein, das verstanden werden kann, ist Sprache, sagt Hans-Georg Gadamer, eine Sprache, die das Innere aussprechen will, ohne dass ihr dies gelänge. Deshalb zeige sich der universelle Aspekt der Hermeneutik im «verbum interius», im inneren Wort. «Die Universalität liegt in der inneren Sprache, darin, dass man nicht alles sagen kann.»[1] Offenbar sind die Sache und das Wort, das diese Sache bezeichnet, nicht dasselbe. Wie oft haben wir schon die Erfahrung gemacht, dass wir nicht sagen können, was wir fühlen, weil uns dafür die Worte fehlen, weil wir fürchten, missverstanden zu werden, oder wir nicht begreifen können, was die Anderen uns sagen. Es erscheint uns unverständlich, was sie mitteilen. Die Sprache spricht offenbar nicht restlos aus, was wir eigentlich meinen, wenn wir etwas sagen, hören oder lesen. Aus diesem Dilemma gibt es kein Entkommen. Man mag in der Sprache

---

* Hans-Georg Gadamer, Wahrheit und Methode. Grundzüge einer philosophischen Hermeneutik, Tübingen 1960.

der Kunst sagen, was Wörter und Texte nicht vermögen, stets aber bleibt das Ungenügen, dass die hinter den Worten, Bildern und Tönen lauernde innere Sprache uns verborgen bleibt.

Nun ist das Verstehen aber kein zusätzliches Können, das noch erlernt werden muss, sondern es ist die Weise, wie wir unser Leben führen, verstehend, Sinn entschlüsselnd. Wir sind als Verstehende in der Welt, noch bevor wir überhaupt etwas zu verstehen versuchen, stets dem Rätsel auf der Spur, das niemals gelöst werden wird. Dieser Einsicht verdanken wir zweierlei. Sie verweist uns auf die Grenzen unserer Existenz und darauf, dass es eben jene Grenze ist, die uns überhaupt erst dazu befähigt, auf der Suche nach Sinn etwas zu finden, was wir noch nicht kannten. Die Suche nach dem inneren Wort führt uns vor Augen, dass noch nicht alles geklärt und bewiesen, dass die Welt ein Entwurf ist, der Fragen aufwirft und auf Antworten wartet. Der ununterbrochene Dialog ist der Grund, auf dem sich die Kultur entfaltet, er ist der Ort, an dem Menschen, Gäste des Lebens, zu Hause sind.

Verstehen heißt gewöhnlich: lesen, was dasteht, und hören, was gesagt wird. Aber was steht eigentlich da, und was wird gesagt? Ich höre jemandem zu, und es scheint mir unverständlich und wirr, was ich höre, ich lese einen Text und verstehe ihn nicht, sehe ein Bild, und es sagt mir nichts. Immerzu fragen wir nach dem Sinn des Gehörten, Gelesenen und Gesehenen und versuchen, selbst etwas so zu sagen, dass wir hoffen dürfen, richtig verstanden zu werden. Alles Verstehen beruht darauf, Handlungen Bedeutungen beizumessen und ihren Sinn zu entschlüsseln. Wir sind ins Verstehen verstrickt. Nur deshalb kommt es überhaupt zu Veränderungen, zu Fragen und Antworten. Gesellschaft heißt, mit anderen in einer ausgelegten Welt leben.

Von all dem weiß man gewöhnlich gar nichts. Im Strom des alltäglichen Lebensvollzugs werfen wir uns einen Sinn voraus, ohne dass wir uns dessen bewusst sind. Erst wenn zu Bewusstsein kommt, was wir eigentlich tun, wenn wir etwas zu verstehen versuchen, entfaltet sich ein Prozess der Selbsterkenntnis, der uns das Geschehen aus einer anderen Perspektive zeigt und uns über uns selbst aufklärt. Nun begreifen wir, dass uns die Welt nicht zur freien Verfügung steht, dass die Überlieferung nicht uns gehört, sondern wir vielmehr der Überlieferung gehören. Wir haben einen Horizont, er ist etwas, in das wir hineinwandern und das mit uns mitwandert. Wir sehen ihn erst, wenn wir den Kopf heben und in die Ferne schauen, aber wir können auch nicht über ihn hinaus. «Der Horizont ist der Gesichtskreis», sagt Gadamer, «der all das umfasst und umschließt, was von einem Punkt aus sichtbar ist.»[2] Solche Begrenzung ist kein Mangel, dem abzuhelfen wäre, sondern jene Voraussetzung, die Wissen über andere und uns selbst überhaupt erst ermöglicht. Diese Erfahrung der Ambivalenz macht uns bescheiden und verweist uns auf den Ort, von dem aus wir und die anderen einander zu verstehen versuchen.

Sobald man sich über die eigenen Vor-Urteile aufgeklärt hat, mit denen man die Welt ausmisst, kommt einem zu Bewusstsein, dass man immer schon verstanden hat, bevor man etwas zu verstehen versucht. Wir stehen in Überlieferungszusammenhängen, die durch Sozialisation bestärkt und bestätigt werden und uns ein Zurechtkommen in der Welt ermöglichen. Immer schon werfen wir uns einen Sinn voraus, wenn wir verstehen. Zwar sind wir durch Tradition, Autorität und Kultur an einen Ort gebunden, von dem wir uns nicht einfach lösen können. Aber wir haben es in der Hand, eine reflexive Haltung zu den Bindungen einzunehmen, die unsere Vormeinungen formen. Denn es sind die undurchschauten Vorurteile, die uns blind machen für die Überlieferung, in der wir und die anderen stehen. Das historische Denken muss also seine eigene Geschichtlichkeit mitdenken.

Aber woran sollen wir uns noch festhalten, wenn nichts mehr gewiss zu sein scheint? Darauf gibt Gadamer eine Antwort, die freilich nur diejenigen zu trösten vermag, die den sicheren Hafen nicht brauchen und auch im Ungefähren und Ungewissen zu Hause sein können.

Sobald eingesehen ist, dass man den Zeitenabstand nicht überwinden, die Ketten nicht abwerfen, allenfalls elastischer und geschmeidiger machen kann, weitet sich der Horizont. Nun verwandelt sich das Verstehen in Auslegung und Deutung. Wer nun liest, hört und sieht, übersetzt. Erst im Licht der Selbstreflexion kann ein Text seine eigene Wahrheit gegen uns ausspielen. Wir lernen, dass auch der Andere Recht haben könnte, dass die Handlungen, die uns fremd erscheinen, einen Sinn ergeben. Wir machen sie uns nicht zu eigen, aber wir begreifen, dass es eine Vielzahl von Möglichkeiten gibt, der Welt ins

Gesicht zu sehen. Nun gelangt man auf ein Gelände, das die Sicht nicht länger versperrt, sondern uns erst ermöglicht, das Geschehen in seinen Möglichkeiten zu begreifen. Wirkliches Verstehen verlangt uns etwas ab. Wir müssen ein Opfer bringen, etwas aufgeben. Für manche ist diese Einsicht so schmerzvoll, dass sie sich lieber im Kerker ihrer ungeprüften Vormeinungen einschließen.

Stil und Skepsis – das ist der Geist, den *Wahrheit und Methode*, jenes Jahrhundertbuch, verströmt. Es ist ein Werk, das den Menschen über sich selbst und den Ort aufklärt, an dem er zu Hause ist, das Grenzen und Möglichkeiten des In-der-Welt-Seins in einer Weise zu Bewusstsein bringt, wie es nur Gadamer vermochte: mit jener bescheidenen, skeptischen Haltung, wie sie Menschen eigen ist, die dem irdischen Erlösungsversprechen und seinen letzten Wahrheiten misstrauen und sich auf dem Marktplatz der herausgerufenen Meinungen unwohl fühlen. «Offenheit für den anderen schließt also die Anerkennung ein, dass ich in mir etwas gegen mich gelten lassen muss, auch wenn es keinen anderen gäbe, der es gegen mich geltend machte.»[3]

Wir müssen in der vorgefundenen Welt miteinander zurechtkommen, ganz gleich, woran wir glauben und wie wir uns selbst verstehen mögen. Die Suche nach dem inneren Wort hört niemals auf. Aber wir gewönnen an Erfahrung und Weisheit, wenn wir uns selbst in die Lage versetzen könnten, die Welt mit den Augen der anderen zu sehen. Am anderen nicht vorbeihören und vorbeilesen. Damit fängt jeder Versuch an, anderen gerecht zu werden. Ein frommer Wunsch, gewiss, aber auch eine Hoffnung, mit der man im Leben zurechtkommen kann.

Anmerkungen

1 So Gadamer im Gespräch mit Jean Grondin, seinem Biographen. Jean Grondin, Einführung in die philosophische Hermeneutik, 3. Auflage, Darmstadt 2012, S. 9.
2 Hans-Georg Gadamer, Wahrheit und Methode. Grundzüge einer philosophischen Hermeneutik, 7. Auflage, Tübingen 2010, S. 307.
3 Ebenda, S. 367.

ASTRID LINDGREN
Madita

AMARTYA SEN
Die Idee der Gerechtigkeit

Neue Perspektiven für
Birkenlund und Bullerbü

Von Andreas Rödder

Bullerbü ist zu einem deutschen Sehnsuchtsort skandinavischer Harmonie geworden. Auch in unserer Familie war Astrid Lindgren die Favoritin für die Gutenachtgeschichten unserer Töchter. Besondere Beliebtheit genossen die eigensinnige Lotta aus der Krugmacherstraße und Madita, die schelmische Journalistentochter auf Birkenlund, einem anderen Idyll aus der schwedischen Erzählwelt.

Dort kommt freilich gleich in der ersten Szene das Thema Ungleichheit auf, wenn die Wäschefrau Linus-Ida darüber klagt, «wie

---

* Astrid Lindgren, Madicken, Stockholm 1960. *Deutsch:* Madita. Aus dem Schwedischen von Anna-Liese Kornitzky, Hamburg 1961.
Amartya Sen, The Idea of Justice, London 2009. *Deutsch:* Die Idee der Gerechtigkeit. Aus dem Englischen von Christa Krüger, München 2010.

erbärmlich es Armeleutekindern geht». Und in der Geschichte über die «Hilflosigkeit der Armut» verschafft sich die Nachbarsfrau die 250 Kronen, die ihre Familie dringend für die Rate ihres Hauses benötigt, da ansonsten Pfändung droht, indem sie das Recht an der Obduktion ihrer Leiche verkauft. Bedrückt darüber, dass Frau Nilsson dann nicht einmal ein Begräbnis haben könne, kauft Lotta ihre Leiche mit dem Geld zurück, das sie zur selben Zeit in einer Lotterie gewinnt – anstelle der armen Magd Alva, die immer Pech im Leben hat. Aber auch mit ihr teilt Madita den verbleibenden Rest ihres Gewinns, und am Ende ist alles in einem sozialharmonischem Gesamtzusammenhang auf Birkenlund aufgehoben.

Dennoch bleibt in Madita ein nagendes Gefühl der Ungerechtigkeit zurück, auch nachdem sie sich mit Mia geprügelt hat, der Mitschülerin aus ärmlichen Verhältnissen, die keinen Vater hat, dafür aber Läuse und Löcher in den Strümpfen. Der Rektor der Schule geht dazwischen, stellt aber nur Mia zur Rede und bestraft sie erbarmungslos, als sie sein Portemonnaie gestohlen hat, um ihren Mitschülern zu erzählen, sie habe doch einen Vater in Stockholm, der ihr Geld geschickt habe, von dem sie ihren Mitschülern Schokolade kauft.

Wie lässt sich Ungerechtigkeit begegnen, ohne das Gute und Ganze zu zerstören?

Die klassische bürgerlich-liberale Antwort lautet: indem man Voraussetzungen der Selbstentfaltung schafft, ohne die Gesellschaft zu modellieren, *equal opportunities* statt *equal outcomes*. Die Bildungsreformen der Bundesrepublik seit den sechziger Jahren folgten diesem Muster: Alva und Läuse-Mia sollten die Chance bekommen, ein Gymnasium zu besuchen. Das sprichwörtliche katholische Mädchen aus der Eifel wurde zum Rollenmodell eines Generationenprojekts, das in großer Breite Sozialaufstieg durch Bildung ermöglichte: für Frauen, für Mittelschichten, für Deutsche. Damit sind zugleich die Grenzen dieser einmaligen Erfolgsgeschichte umschrieben. Unterschichten und Migranten erzählten sie weitaus seltener.

Das hatte sehr verschiedene Ursachen. Eine lag in niedrigschwelligen Barrieren unterhalb bürgerlich-liberaler Wahrnehmungsgrenzen: den Vorurteilen des Rektors gegenüber dem vaterlosen Armeleutekind Mia; den mangelnden Sprachkenntnissen eingewanderter Eltern, die das Programm zur Förderung von Instrumentalunterricht in der Schule nicht verstanden, so dass diese Chance an Aliyah aus Milbertshofen-Am Hart vorbeiging; dem verzögerten Eingang von BAföG, den die Familie in prekären Verhältnissen nicht überbrücken konnte, die auch kein Geld für eine Tour zur Auswahl möglicher Hochschulorte hatte; und nicht zuletzt im mangelnden Wissen über die Möglichkeit von Stipendien, die Maditas Eltern bestimmt ganz genau kannten, nicht aber Mias Mutter.

In diesem Setting der Bildungsreformen hatte eine Mia mit Migrationshintergrund zwar Chancen. Aber sie konnte sie weit weniger nutzen als eine Madita aus den Mittelschichten in der Eifel. Was nutzt es dem Migrantenkind, wenn es auf das Gymnasium gehen kann, diese Option in der Lebensrealität seines Umfeldes aber keine Rolle spielt?

Genau hier setzt Amartya Sens Unterscheidung zwischen bloß «formalen» und tatsächlich umsetzbaren «realen» Chancen an. Er verbindet (individuelle) Fähigkeiten und ihre (soziale) Realisierung bzw. Realisierbarkeit, definiert Freiheit auf individueller Ebene als Möglichkeit der Selbstbestimmung und Verwirklichungschancen auf gesellschaftlicher Ebene als Kriterium für Wohlstand jenseits bloß materieller Grundgüter.

Damit transzendiert Sen klassische Ansätze von Gerechtigkeit und vermeidet zugleich deren Fallen. Illiberalen Vorstellungen von Gleichheit entgeht er, indem er die Identifikation notwendiger Verwirklichungschancen dem öffentlichen Diskurs überantwortet. Damit setzt er den Gerechtigkeitsbegriff nicht absolut, sondern bindet ihn an die demokratische Öffentlichkeit und damit an die liberale Bürgergesellschaft mit ihren republikanischen Wertentscheidungen, die klassischerweise unter dem Begriff «Bürgertugenden» firmieren. Zugleich lässt diese Vorstellung Raum für kulturelle, bedürfnis- und situationsbezogene Unterschiede von Gerechtigkeit, indem sie nicht von uniformen statistischen Kenndaten, sondern von individuellen Lebensverläufen ausgeht.

Die Konzentration auf das Individuum statt auf das Kollektiv, auf Chancen statt auf Ergebnisse, auf Lebensverläufe statt statistischer Kenndaten, auf Selbstbestimmung und Eigenverantwortung vermeidet die Fallen sowohl utilitaristischen als auch kollektivistischen Denkens und fordert aktive Bürgerschaft ein. Zugleich überwindet Sens Idee der Gerechtigkeit die Sichtbeschränkungen eines klassisch-liberalen Denkens, das sich allzu schnell mit formalen Chancen begnügte, indem er die Gesellschaft in die Pflicht nimmt, ihre Bürger tatsächlich in den Stand zu versetzen, die Möglichkeiten auch nutzen zu können – ohne es freilich zu müssen. Darin liegt zugleich Toleranz für Ungleichheit begründet – auf der Grundlage realer Chancen und des *Empowerment* ihrer potentiellen Nutzer, wenn sie auf fairen Voraussetzungen und freien Entscheidungen beruht.

Amartya Sens Idee der Gerechtigkeit ist für mich zum Leitstern einer modernen Bürgergesellschaft geworden, die individuelle Freiheit und gesellschaftliche Verantwortung in neuer Weise in Beziehung setzt und von der bürgerlichen Gesellschaft übersehene Ungerechtigkeiten und Blindstellen adressiert. Sens Idee der Gerechtigkeit kann Birkenlund und Bullerbü zu einer besseren Welt machen, ohne ihre einmalige Schönheit zu gefährden.

FRITZ STERN

Kulturpessimismus als politische Gefahr

Die gefährliche Macht von Büchern

⌒

Von Patrick Bahners

Doktorarbeiten werden für eine Zukunft geschrieben, die sie nicht mehr braucht. Ihre Lektüre erübrigt sich, wenn Gemeingut geworden ist, was sie in die Welt gesetzt haben. Die Dissertation über drei intellektuelle Stichwortgeber des Nationalsozialismus, die Fritz Stern 1953 an der Columbia-Universität in New York einreichte, ist eine Ausnahme. Das Buch, das im Original 1961 und zwei Jahre später in deutscher Übersetzung herauskam, wurde ein Klassiker, der Titel sprichwörtlich, in der englischen *(The Politics of Cultural Despair)* ebenso wie in der deutschen Fassung *(Kulturpessimismus als politische Gefahr)*. Zwei Jahrzehnte nach dem Erscheinen der Erstausgabe erhielt der Autor einen Brief von einem Leser, einem weltberühmten Wissenschaftler, dessen Interesse an dem Buch nicht fachlicher Natur war. Carl Friedrich von Weizsäcker eröffnete Stern, dass er in seiner Jugend

---

* Fritz Stern, The Politics of Cultural Despair. A study in the rise of the Germanic ideology, Berkeley, Calif. 1961. *Deutsch:* Kulturpessimismus als politische Gefahr. Eine Analyse nationaler Ideologie in Deutschland. Aus dem Amerikanischen von Alfred P. Zeller. Mit einem Vorwort von Norbert Frei, Stuttgart 2005.

Bücher von Paul de Lagarde, Julius Langbehn und Arthur Moeller van den Bruck gelesen hatte.

Der Brief, aus dem Stern in seinen Erinnerungen zitiert, wurde 1982 geschrieben. Weizsäcker war damals siebzig Jahre alt, seine Jugend war mit der Weimarer Republik zusammengefallen. Die Mitteilung des Atomphysikers mit philosophischer Zweitkarriere bestätigte eine Voraussetzung von Sterns Untersuchung, die Vermutung, dass das große Publikum der kulturkritischen Bestseller *Deutsche Schriften*, *Rembrandt als Erzieher* und *Das dritte Reich* auch Kreise mit höchstem Bildungsanspruch einschloss, obwohl die Verfasser Außenseiter des akademischen Betriebs waren und nach bürgerlichen Maßstäben als Gescheiterte gelten mussten. Auch im übertragenen Sinne repräsentiert die Familie von Weizsäcker den Adel des deutschen Bildungsbürgertums. Was hatte der Enkel eines Ministerpräsidenten, Sohn eines Staatssekretärs und Bruder eines Bundespräsidenten mit den Büchern anfangen können, die in Sterns Zusammenfassung das politische System des deutschen Nationalstaats von 1871 verwarfen, um eine Wiedergeburt der Nation aus dem Ekel über die Errungenschaften der eigenen Kultur zu propagieren?

Zu den Effekten der Jugendlektüre enthielt Weizsäckers Brief eine Fehlanzeige. Ob Lagarde, Langbehn oder Moeller: Der Starautor als Erzieher scheiterte an dem Schüler oder Studenten Carl Friedrich. Nach einiger Lesezeit habe er jedes Mal «das Gefühl» gehabt, «ich könne wohl auch glücklich werden, ohne begriffen zu haben, was dieser Mann will». So gab der Briefschreiber dem Historiker zu verstehen, dass er eben doch aus der Masse von dessen Beispielen herausfiel: Sein Streben nach Glück hatte dem fatalen Einfluss des Kulturpessimismus die Grenze gezogen.

Der Doktorand Stern verfolgte in seiner Sozialgeschichte der angelesenen Ideen einen pathologischen Ansatz: Seine drei Protagonisten «waren – selbst krank – die Analytiker einer zum Teil kranken Gesellschaft». Nahm Weizsäcker für sich in Anspruch, immun gewesen zu sein? Keineswegs. Er schloss in seinem Brief ein Bekenntnis an, das der Empfänger als «aufregend» würdigt. Ohne sich je für die Ideologie der Nationalsozialisten interessiert zu haben, sei er «sehr in Versuchung» gewesen, sich «in irgendeiner Form nach 1933 jener Bewegung anzuschließen». Das habe «nicht das Geringste mit den Meinungen dieser Leute zu tun» gehabt, sondern mit einer «elementaren Reaktion» auf das, was der Mediziner Wilhelm Kütemeyer, ein Schüler seines Onkels Viktor von Weizsäcker, «die Pseudoausgießung des Heiligen Geistes im Jahr 1933» genannt habe.

Der Titel von Sterns Memoiren, deren deutsche Übersetzung 2007 erschien, im Todesjahr Carl Friedrich von Weizsäckers, kündigt in der englischen *(Five Germanies I Have Known)* wie in der deutschen Version *(Fünf Deutschland und ein Leben)* eine Engführung von zeithistorischer und autobiografischer Perspektive an. Die Ätiologie des Systemwechsels von 1933, der die Emigration von Sterns Familie erzwang, wurde zur Lebensfrage des New Yorker Historikers aus einem Geschlecht Breslauer Ärzte und Professoren. Zu Weizsäckers Eigenanamnese notiert der Autobiograph Stern: «Ich schätze diesen Brief sehr.»

Obwohl Weizsäcker versichern zu können glaubte, dass es sich bei ihm nicht um einen Fall von literarischer Ansteckung gehandelt habe, entstammt sein Briefzeugnis der geistigen Welt, die Sterns Kulturpessimismus-Buch zerlegt. Nicht begreifen zu können, was der Autor genau wolle: Dieser Leseeindruck steigerte beim typischen Leser Lagardes, Langbehns und Moellers die Wirkung der Lektüre. Der Duktus der Unbestimmtheit wurde in der kulturkritischen Wendung gegen den Protokollstil von positivistischer Wissenschaft und parlamentarischer Politik zum Signum prophetischer Wahrheit. Auf den Inhalt und die Gründe der Meinungen der Wiedergeburtshelfer kam es weniger an als auf Willen und Haltung. Die Nation sammelte sich als Lesepublikum, das auf Überwältigung eingestimmt war.

Den Aktionen revolutionärer Okkupation des Staatsapparats ging die elementare Reaktionsbereitschaft voraus. Indem Lagarde ebenso begeisterte Leser in der «kulturellen Elite Deutschlands» fand wie in der politischen und kulturellen Unterwelt (die Übersetzung von 1963 milderte diesen Begriff ab), «entstand eine gewisse Verwandtschaft in den Ansichten dieser scheinbar völlig verschiedenen Gruppierungen innerhalb der deutschen Gesellschaft – eine Verwandtschaft, die nie ausgedrückt wurde, derer sich keine von ihnen bewusst war, die aber doch zu den großen Ausbrüchen nationalen Zusammengehörigkeitsgefühls im August 1914 und wieder in den Jahren des Niedergangs der Weimarer Republik und des Aufstiegs des Nationalsozialismus nicht unwesentlich beigetragen hat». Als die Unterwelt 1933 die Macht übernahm, riss sie sogar einen Carl Friedrich von Weizsäcker mit, der Lagarde unbekehrt aus der Hand gelegt hatte.

Fritz Sterns historiographischer Jugendstreich ist ein Buch über die gefährliche Macht von Büchern, die Zukunft vorwegzunehmen. Es will selbst kein prophetisches Buch sein. Dass seine Lektüre Carl Friedrich von Weizsäcker dazu bewegen konnte, das «freimütige Eingeständnis» abzulegen, für das ihm der Autor in den Memoiren dankt, zeigt allerdings: «Kulturpessimismus als politische Gefahr» teilt mit der Kulturkritik die Prämisse, dass die Wahrheitsfrage eine persönliche Dimension hat. Man studiert die Vergangenheit aus Neugier auf die eigene Zukunft.

FRANTZ FANON

Die Verdammten dieser Erde

Völker, hört die Signale!

Von Christoph Links

Es gibt ein Buch, das mein Leben wesentlich beeinflusst hat, mich bis heute begleitet und noch immer in die Zukunft weist. Es ist Frantz Fanons *Die Verdammten dieser Erde*.

Dass ich in Ost-Berlin die deutsche Erstauflage aus dem Frankfurter Suhrkamp Verlag überhaupt lesen konnte, war keinesfalls selbstverständlich. Während meines Studiums der Philosophie und Lateinamerikanistik in den 1970er Jahren hörte ich von dem Werk und versuchte, es zu beschaffen. Die Staatsbibliothek Unter den Linden, neben der Deutschen Bücherei in Leipzig die zweite deutschsprachige Belegbibliothek der DDR, verzeichnete den Titel zwar in ihrer Kartei, doch war hinter der Signatur ein dickes «W» angebracht. Das bedeutete, dass es zur «Sperrliteratur» gehörte und nur an Wissenschaftler mit einem entsprechenden «Giftschein» ausgehändigt werden durfte. Ich musste also andere Wege einschlagen und bat meinen Vater, der zu dieser Zeit beim Verlag für Auslandsliteratur Volk und Welt arbei-

---

* Frantz Fanon, Les damnés de la terre, Paris 1961. *Deutsch:* Die Verdammten dieser Erde. Aus dem Französischen von Traugott König, Frankfurt am Main 1966.

tete, ein dienstliches Prüfexemplar zu bestellen. Der Zoll ließ es durch, und nun ging das Buch im Freundeskreis von Hand zu Hand.

Als in unserem baufälligen Hinterhof in Prenzlauer Berg im Winter die gefrorenen Rohre platzten, wurde von der Wasserflut auch das rare Exemplar getroffen. Die Versicherung zeigte sich zum Glück großzügig und finanzierte die Rettung des mit vielen Anstreichungen versehenen Bandes durch einen privaten Buchbinder. So steht die frühere Broschur nun in schwarzes Leinen gebunden und mit rotem Rückenschild versehen in meinem Regal.

Bereits im Vorwort wurde damals klar, wo das Problem für die DDR-Offiziellen lag. Es stammte vom ideologisch geschmähten Existenzialisten Jean-Paul Sartre, der Fanon in seiner Einschätzung, dass Europa mit seiner bisherigen Politik ins eigene Verderben renne, kräftig unterstützte. Fanon, der in der französischen Kolonie Martinique in der Karibik aufgewachsen war und nach dem Zweiten Weltkrieg in Frankreich Psychologie studiert hatte, verweist in seinem antikolonialen Manifest von 1961 darauf, dass sich Wut und Hass auf die ehemaligen Kolonialherren in widerständiger Gewalt bis hin zum Terrorismus entladen werde, wenn sich die Politik des Nordens gegenüber dem Süden nicht grundlegend ändere. Er plädiert dafür, eine Kontinente übergreifende antikoloniale Bewegung zu schaffen, die für die Befreiung von Unterordnung und Entfremdung kämpft. Da das Proletariat im Süden weitgehend korrumpiert sei, müsse der entscheidende Impuls von der Bauernschaft ausgehen. Dies widersprach natürlich dem in der DDR herrschenden Dogma von der «führenden Rolle des Proletariats und seiner Partei».

Mich beeindruckte Fanons rücksichtslose Offenheit, mit der er nicht nur die katastrophale koloniale Situation in Afrika beschrieb, sondern zugleich die Wirkungen auf das Innere der Menschen darstellte. Dies ging bis zu einer differenzierten Kritik an den kolonisierten Intellektuellen. Er forderte nicht weniger als eine radikale Umwälzung des globalen Systems.

Die Lektüre löste bei mir im Norden – obwohl das Buch für die Leser im Süden konzipiert war – einen Impuls aus, der durchaus nachhaltig war. Als Journalist, Buchautor und schließlich Verleger wollte ich in der Folgezeit etwas zur Aufarbeitung der Kolonial-, Ausbeutungs- und Unterdrückungsgeschichte beitragen, wollte zeigen, dass es stets auch aktiven Widerstand gegeben hat.

In unserem 1989 entstandenen Sachbuchverlag starteten wir zur Jahrtausendwende zwei Reihen zur deutschen Kolonialgeschichte, eine mit gut illustrierten Sachbüchern und eine mit wissenschaftlichen Studien. Wir begannen mit den Kolonialkriegen in Ostafrika und dem Völkermord in Deutsch-Südwestafrika, es folgten Bände zur deutschen Herrschaft in Kamerun, Togo, Burundi und Ruanda sowie den Kolonialgebieten in China und der Südsee. Bald schon richteten wir den Blick auf die Situation in Deutschland selbst, die Rolle der Frauen in den Kolonialvereinen, die Kolonialplanungen der Nationalsozialisten und die Bestände in deutschen Museen und medizinischen Sammlungen.

Etwa zur gleichen Zeit begannen auch andere Verlage, das Feld intensiv zu bearbeiten. Bei C.H.Beck beispielsweise erschienen große Überblicksdarstellungen wie Jürgen Osterhammels *Kolonialismus. Geschichte – Formen – Folgen* und eine *Deutsche Kolonialgeschichte* von Sebastian Conrad. Der Ch. Links Verlag, seit 2020 unter dem Dach der Aufbau-Verlagsgruppe, hat sich derweil auf Fragen der Provenienz deutschen Museumsguts konzentriert. Zuletzt erschienen die antikoloniale Streitschrift *Unser Raubgut* des Münchner Autors Moritz Holfelder und *Die Schatzjäger des Kaisers. Deutsche Archäologen auf Beutezug im Orient* von Jürgen Gottschlich und Dilek Zaptçioğlu, die beide in Istanbul leben.

Frantz Fanon, der 1961 im Alter von sechsunddreißig Jahren an Leukämie starb, hat letztlich mit seiner Vermutung, dass ein Umdenken im Norden sehr, sehr lange dauern würde, recht behalten. Es blieb bei ihm – anders als im titelgebenden Lied *Die Internationale* – allerdings nicht bei dem Aufruf «Wacht auf, Verdammte dieser Erde», sondern er ging einen Schritt weiter. Am Ende des ersten Kapitels heißt es: «Die Massen Europas ... müssen in den kolonialen Fragen aufwachen, zu einem neuen Bewusstsein kommen und ihren verantwortungslosen Dornröschenschlaf ein für alle Mal aufgeben.»

Wir Verlagsleute können dazu Wesentliches beitragen.

JAMES BALDWIN

The Fire Next Time

Gefahren der Gegenwart

⟜

Von René Aguigah

James Baldwin hat die Zukunft hier fest im Blick, das liegt offen zutage. Gleich am Anfang spricht er seinen Neffen an, seinen Namensvetter: Der liebe James möge es einmal besser haben, besser als seine Vorfahren, die einst in Ketten von den Menschenhandelsküsten Afrikas nach Amerika verschleppt wurden, besser als die Generation des Autors, die in Ghettos aufwuchs, deren Elend dieses Buch 1963, hundert Jahre nach dem formalen Ende der Sklaverei, so eindringlich schildert. Der erste der beiden öffentlichen Briefe, die der Band zusammenbringt, richtet sich mit Rat, Liebe und Hoffnung an die Jugend. Zukunftsdurchdrungen ist der Tonfall insgesamt, man mag ihn kaum anders nennen als prophetisch, bis hin zum Crescendo gegen Ende, als Baldwin ausdrücklich eine «Prophezeiung» aus der Zeit der Sklaverei heraufbeschwört, die seine Zeitgenossen heimsuchen würde, wenn sie nicht jetzt dem «racial nightmare» ein Ende setzten: «No more water, the fire next time!»[1]

---

* James Baldwin, The Fire Next Time, London 1963. *Deutsch:* Nach der Flut das Feuer. ‹The Fire Next Time›. Aus dem amerikanischen Englisch von Miriam Mandelkow. Mit einem Vorwort von Jana Pareigis, München 2019.

Nun hat die Bürgerrechtsbewegung der 1960er Jahre den Rassismus bekanntlich nicht abgeschafft. Aber die Flamme, die Baldwin in diesem wohl dichtesten literarischen Manifest der Bewegung entzündet hat, brennt in jener Zukunft weiter, die unsere Gegenwart ist: bei #BlackLivesMatter ebenso wie bei nachgeborenen afroamerikanischen Autor*innen, etwa bei Ta-Nehisi Coates, wenn er sein Buch *Zwischen mir und der Welt* (2015) als öffentliche Briefe an seinen Sohn gestaltet, oder bei Jesmyn Ward, die die Sammlung antirassistischer Essays einer «New Generation» unter den Titel *The Fire This Time* (2016) stellt.[2]

Zukünfte sind verwickelte Angelegenheiten; sie lassen sich kaum von den Gegenwarten lösen, die sie ersinnen, ja nicht einmal von Vergangenheiten, die ihnen vorausgehen. Für Baldwins prophetischen Sound heißt das: Er zehrt wesentlich von der Lebensgeschichte seines Autors. Der zweite Brief (der zuerst als «Letter From a Region In My Mind» im *New Yorker* erschien) kreist eingangs um den «Sommer, in dem ich vierzehn wurde»,[3] und zwar so ausführlich, dass Leser, die Baldwins ersten Roman *Go Tell It On The Mountain* kennen, dessen Hauptfigur durchscheinen sehen. Denn auch der fiktive John feiert seinen vierzehnten Geburtstag, auch er, wie der nichtfiktive James, durchlebt einen ekstatischen Anfall in der Kirche seines Vaters.[4] Die Parallele zwischen Roman und Brief betont dieses Erlebnis: den körperlich ausgetragenen, existenziellen Ausdruck einer religiösen Krise. Der tyrannische Prediger-Vater, die heuchlerischen Gläubigen, die lustfeindliche Sexualmoral – alles Gründe, der Kirche erst im Stillen, später ausdrücklich den Rücken zu kehren. Im Moment des Zusammenbruchs sieht Baldwin, dass der Gott dieser Kirche weiß ist; für einen Schwarzen keine Chance auf «communion».[5] Aber so gründlich sich Baldwin seit jenem unchristlichen Erweckungserlebnis vom Christentum gelöst haben mag, so klar sieht er, dass ein Aspekt seiner kirchlichen Prägung zu tief sitzt, um ihn in diesem Leben noch abzulegen, nämlich das «excitement»,[6] das er während seiner Zeit als Jugendprediger in Harlem erfahren hat, in Gottesdiensten voller Musik, mit bebender Gemeinde. Noch die Episteln dieses Buches, das doch von der «pulverization»[7] seines Glaubens berichtet, zeugen von einer pathetischen und eben prophetischen Energie, die sich zuerst auf der Kanzel Bahn brach.

Und jenseits des Sounds? Trifft Baldwin Realitäten, die seine Gegenwart der sechziger Jahre überschreiten? Ganz sicher, anders wäre sein aktuelles Nachleben kaum zu erklären. Nur zwei Beispiele: Da sind zum einen seine Eindrücke von den Black Muslims um Elijah Muhammad und Malcolm X. Manche seiner Überlegungen zu deren «Nation of Islam» ließen sich umstandslos an die erbitterten Debatten anschließen, die heute unter dem Titel «Identitätspolitik» geführt werden. Dabei könnte Baldwins Inspiration darin bestehen, dass er differenziert bleibt: Sicher, die separatistische Politik für eine eigene Volkswirtschaft oder einen eigenen Staat für Afroamerikaner läuft Baldwins Bekenntnis zuwider, demzufolge es der Zusammenarbeit zwischen den «einigermaßen bewussten» unter den Schwarzen und den Weißen bedarf,[8] und entsprechend hat er für die Rede von den «weißen Teufeln» eher ein Lächeln übrig. Dass er selbstverständlich auch weiße Freunde hat – zu schweigen von einem weißen Liebhaber –, verarbeitet er in der schönen Episode, in der ihn ein Fahrer der Muslims nach der Audienz beim Ehrenwerten Elijah auf «enemy territory» absetzen muss, in einem der weißen Viertel Chicagos.[9] Auf der anderen Seite lässt Baldwin keinen Zweifel daran, dass er die Diagnose der Muslims teilt: «Die Brutalität, mit der Schwarze in diesem Land behandelt werden, lässt sich gar nicht übertreiben, auch wenn die Weißen das noch so ungern hören.»[10]

Und da sind zum anderen Sätze wie diese: «Letztlich aber ist es die über uns allen schwebende Drohung weltweiter Ausrottung, die ein für alle Mal die Wirklichkeit verändert und auf niederschmetternde Weise die tatsächliche Bedeutung der Menschheitsgeschichte hinterfragt. Wir Menschen haben heute die Macht, uns selbst auszulöschen; das scheint unsere ganze Errungenschaft zu sein.»[11] Die Zeit der nuklearen Konfrontation im Kalten Krieg klingt hier unüberhörbar durch, die Kubakrise, die kurz vor der Erstveröffentlichung des «Letter From A Region In My Mind» im Herbst 1962 ihren Höhepunkt hat. Unvorstellbar, dass diese Sätze heute keine Resonanz auslösen; heute, da auch nüchternen Temperamenten schwindlig würde, wenn sie die Gefahren priorisieren müssten, die einerseits von nuklear aufgeladenen Konflikten, andererseits von der Klimakatastrophe ausgehen. Es sind Passagen wie diese, die zeigen, dass Baldwin sein Kernthema, Rassismus, in eine weite Landschaft einträgt: Die Schwarzen können echte Freiheit nicht ohne die Weißen erlangen, und umgekehrt; die USA gehören einem christlichen Westen an, dessen Kultur seit dem Holocaust, verübt von einer christlichen Nation, keinen Anspruch auf Überlegenheit mehr erheben kann; der Westen ist umgeben von Ländern, die nach dem Ende des Kolonialismus eigene Wege suchen; und ob die Menschheit ihre Fähigkeit zur Selbstzerstörung einzuhegen lernt, ist fraglich. Baldwins Leistung, ein Bild zu zeichnen, das noch Jahrzehnte später Gegenwart und Zukunft von uns Heutigen trifft, hat weniger mit den vermeintlich hellseherischen Fähigkeiten eines Genies zu tun – eher mit seiner Bereitschaft, den Gefahren der eigenen Gegenwart illusionslos ins Gesicht zu blicken.

Der große weiße Liberale Richard Rorty hat aus James Baldwin einen patriotischen Denker gemacht, indem er eine Wendung aus dem Schlussabsatz von *The Fire Next Time* in den Titel seines letzten großen Buches hob: *Achieving Our Country*.[12] Tatsächlich hat Baldwin, trotz all seiner Jahre in Europa, die Orientierung auf die Vereinigten Staaten nie aufgegeben. Aber er schreibt als jemand, der den entscheidenden Schritt in Richtung planetarisches Denken schon gegangen ist.

Anmerkungen

1. James Baldwin (1963), The Fire Next Time, London 2017, S. 89; deutsche Ausgabe: Nach der Flut das Feuer. ‹The Fire Next Time›, aus dem amerikanischen Englisch von Miriam Mandelkow, München 2019, S. 112.
2. Ta-Nehisi Coates (2015), Zwischen mir und der Welt, aus dem Englischen übersetzt von Miriam Mandelkow, München 2016; Jesmyn Ward, The Fire This Time. A New Generation Speaks About Race, New York City 2016.
3. Baldwin, The Fire Next Time, S. 23 u. 37.
4. James Baldwin (1953), Go Tell It On The Mountain, London 2001, S. 223–256.
5. Baldwin, The Fire Next Time, S. 33 f.
6. Ebenda, S. 35.
7. Ebenda, S. 37.
8. Ebenda, S. 89 u. 112.
9. Ebenda, S. 72.
10. Ebenda, S. 62 u. 81.

11 Ebenda, S. 53 u. 71.
12 Richard Rorty, Achieving Our Country. Leftist Thought in Twentieth-Century America, Cambridge/Massachusetts 1998; deutsche Ausgabe: Stolz auf unser Land. Die amerikanische Linke und der Patriotismus. Aus dem Amerikanischen von Hermann Vetter, Frankfurt am Main 1999, S. 17 f.; vgl. Baldwin, The Fire Next Time, S. 89.

PETER L. BERGER, THOMAS LUCKMANN

Die gesellschaftliche Konstruktion der Wirklichkeit

Das dialektische Verhältnis von
Mensch und Gesellschaft

⌣

Von Friedrich Wilhelm Graf

Das Buch hat uns zu Millionären gemacht», erzählte mir Peter L. Berger 1999 mit einigem Stolz. In der Tat wurde *The Social Construction of Reality* zu einem der erfolgreichsten sozialwissenschaftlichen Bücher des letzten Jahrhunderts. Übersetzungen des englischen Originals in mindestens 19 Sprachen und immer neue Auflagen sorgten dafür, dass Gelehrte ganz unterschiedlicher Disziplinen und auch ein breites bildungsbürgerliches Publikum in aller Welt jene Sicht der Wirklichkeit zur Kenntnis nahmen, die Berger gemeinsam mit seinem Freund Thomas Luckmann 1966 entfaltet

---

* Peter L. Berger/Thomas Luckmann, The Social Construction of Reality. A Treatise in the Sociology of Knowledge, New York 1966. *Deutsch:* Die gesellschaftliche Konstruktion der Wirklichkeit. Eine Theorie der Wissenssoziologie. Mit einer Einleitung zur deutschen Ausgabe von Helmuth Plessner. Übersetzt von Monika Plessner, Frankfurt am Main 1969.

hatte. Berger, Jahrgang 1929, stammte aus einer Wiener jüdischen Familie, die wegen der nationalsozialistischen Judenverfolgung nach Palästina geflohen war, verstand sich nach seinem Umzug in die USA 1946 aber bald als ein «heterodoxer Lutheraner». Luckmann, geboren 1927 im Königreich Jugoslawien, war nach dem Studium in Wien und Innsbruck 1950 nach New York gegangen, wo er Berger an der New School for Social Research in den Seminaren des 1938 aus Österreich geflohenen Bankiers und «verstehenden Soziologen» Alfred Schütz begegnete.

The Social Construction of Reality ist kein leicht zu lesendes Buch – auch wenn es klar gegliedert ist. Einer Einleitung zum Problem der Wissenssoziologie folgen drei Hauptteile über «The Foundations of Knowledge in Everyday Life» (I.), die Gesellschaft als eine objektive Realität (II.) und III. die Gesellschaft als eine subjektive Wirklichkeit. Es dürfte der geniale Titel gewesen sein, der den Welterfolg des nur 200 Druckseiten umfassenden Buches begründete. Von «social construction» hatte bis dahin noch niemand gesprochen. Aber natürlich spielt der Titel auch auf Jean Piagets berühmte Studie *The Construction of Reality in the Child* aus dem Jahr 1937 an. Im Unterschied zu dem französischen Psychologen wollten Berger und Luckmann aber zeigen, dass jeder Mensch im Prozess seiner Sozialisation bereits eine immer schon strukturierte Lebenswelt vorfindet, in die er hineinwächst; was jemand für wirklich hält, ist nicht sein individuelles Konstrukt, sondern die kollektive Leistung einer sozialen Gruppe wie etwa einer Glaubensgemeinschaft oder eines bestimmten Milieus. Dabei gilt die von William Isaac Thomas formulierte Maxime: «If men define situations as real, they are real in their consequences.»

Für Bergers und Luckmanns «humanistische Soziologie» ist die freie Kombination ganz unterschiedlicher Theorietraditionen kennzeichnend. Sie verbinden Anregungen des jungen Marx mit Weber und Durkheim, aber auch mit Husserl und Mead, und natürlich haben sie Schütz' *Der sinnhafte Aufbau der sozialen Welt* aus dem Jahr 1932 gelesen. Die Pointe ihrer eigenen Gesellschaftstheorie ist der Ausgang von Beobachtungen des alltäglichen Lebens. Das soziologisch bedeutsamste Wissen des Menschen ist das nichttheoretische Alltagswissen. Es sind oft trivial wirkende, aber darin auch elementare Einsichten, die die Autoren zu entfalten suchen: Was wir Gesellschaft nennen, ist ein Produkt des Menschen, entstanden in alltäglichen Interaktionsprozessen. Zwar kann der Alltag des einen ganz anders als der Alltag einer oder eines anderen sein. Aber niemand lebt für sich allein, so dass jede Alltagsrealität mit irgendwelchen anderen geteilt wird. «Die fundamentale Erfahrung des anderen ist die von Angesicht zu Angesicht. Die Vis-à-vis-Situation ist der Prototyp aller gesellschaftlichen Interaktion.» Indem Menschen ihr Verhalten wechselseitig als subjektiv sinnhaft deuten, entstehen Rückkoppelungseffekte, die im Medium der Sprache gedeutet und verstärkt werden. Um die Vielfalt seiner oft widersprüchlichen alltäglichen Erfahrungen sinnhaft deuten zu können, errichtet der konstitutiv weltoffene Mensch grandiose symbolische Sinnwelten, die die heterogene Vielfalt ganz unterschiedlicher «Sinnprovinzen» auf letzte Einheit hin integrieren. Diese tendenziell allumfassenden Symbolwelten legitimieren Institutionen, die dadurch entstehen, dass man es eben so macht, wie es zuvor schon andere gemacht haben. In einer leicht hegelianisierenden Sprache deuten Berger und Luckmann den Aufbau der Gesellschaft in einem dialektischen Dreischritt von Entäußerung, Vergegenständlichung und Verinnerlichung. Der Vergegenständlichung gilt ihre besondere Aufmerksamkeit. Denn die aus menschlichem Handeln durch Vergegenständlichung erwachsenen Institutionen neigen zur Verdinglichung: Sie erscheinen dann als objektive Mächte, die unabhängig von ihrem Gemachtsein durch die Menschen Bindungskraft entfalten.

Warum soll man eine Theorie der Gesellschaft noch lesen, die eine wissenssoziologisch inspirierte Deutung der Art und Weise sein will, wie Menschen sich ihre Wirklichkeit schaffen? Aus einem einfachen Grund. Seit Berger und Luckmann wird in allen möglichen Sozial-, Kultur- und Geisteswissenschaften ein oft unreflektierter konstruktivistischer Jargon gepflegt. Alles ist irgendwie gemacht, und Bücher oder Aufsätze mit Titeln wie «Die Erfindung von ...», «The Making of ...» oder «Die Konstruktion von ...» sind seit 1966 zu Tausenden erschienen. Gerne berufen sich die postmodernen Sozialkonstruktivisten auf den Klassiker von 1966. Aber damit haben sie nur den heftigen Protest Bergers wie Luckmanns provoziert, die keine Konstruktivisten sein wollten. Gewiss baue der Mensch sich seine Gesellschaften. Aber darin gehe das Gesellschaftliche nicht auf. Denn, so das dialektische Argument, die Gesellschaft mache sich auch ihre Menschen. Verdinglichte Institutionen prägen den Menschen bis in das Innerste seiner individuellen Seele hinein. Kein Zufall, dass Berger und Luckmann nach dem Welterfolg von *The Social Construction of Reality* sich verstärkt der Religionssoziologie zuwandten, wo sie dann aber konkurrierende Deutungen vertraten. Religion wurde gleichsam zum paradigmatischen Feld der Erkundung von gesellschaftlicher Konstruktion. Die Menschen machen sich ihre Götter. Aber indem diese kultisch verdinglicht werden, gewinnen die Götter eine starke Macht über ihre Produzenten. Mit dem bürokratischen Anstaltsstaat und dem Kapitalismus ist es nicht anders.

BOB DYLAN

Blonde on Blonde

Ebenso avantgardistisch wie traditionell

⟶

Von Wolfgang Rohe

Im Sommer 1965 braucht Bob Dylan einen neuen Leadgitarristen für seine bevorstehende Tournee. Robbie Robertson, in New York zum Vorspiel eingeladen, erinnert sich an die Begegnung wie an eine Epiphanie: «This wasn't the folk traditionalist, Dylan; this was the emergence of a new species.» Der Schock über den ersten elektrisch verstärkten Auftritt Dylans beim Newport Folk Festival und dessen Ablehnung durch die Fangemeinde lagen da erst wenige Wochen zurück. Sollte noch Hoffnung auf Rückkehr des abtrünnigen Folksters bestanden haben, so zerstob diese beim Start jener Tournee mit Robbie Robertson und The Band, die von August 1965 bis zum Mai 1966 über drei Kontinente führte. Als stelle Dylan allabendlich zwei Musikkonzepte zur Abstimmung, bestanden die Konzerte aus einem akustischen und einem elektrisch verstärkten Set. Die Publikumsreaktion war eindeutig, die elektrisch verstärkten Teile der Konzerte wurden regelmäßig und allerorten heftig ausgebuht. Robbie Robertson hat das Reiz-Reaktions-Schema «When Dylan goes electric, you

---

* Bob Dylan, Blonde on Blonde, Vinyl, New York City, 20. Juni 1966.

boo» eine «mob mentality» genannt. Dylans Reaktion darauf war ebenso eindeutig, er verlegte sich nunmehr kompromisslos auf den vom Publikum bekämpften elektrifizierten Sound. Es scheint, als habe die allabendlich erfahrene Ablehnungsenergie des Publikums dem Künstler den Gegenschub verliehen, um seine Metamorphose hin zu einem neuen Sound in eben jene vom Publikum abgelehnte Richtung zu radikalisieren. Denn noch während der laufenden Tournee entsteht ein neues Album, wird aufgenommen und kommt bereits zwei Monate nach deren Ende auf den Markt: *Blonde on Blonde*.

Blonde on Blonde ist eine hochenergetische Mixtur aus vertrauten Phrasen und Motiven des Blues, expressiven Klängen von elektrischer Gitarre und Keyboard und einer Stimme Dylans, deren artifizielle Intensität gegenüber den Vorgängeralben noch einmal gesteigert erscheint, schneidend und somnambul, Vokale zerdehnend und ganze Sätze ohne Wortverlust im Staccato komprimierend. Die Brauanleitung dieses Sounds liefert das Album im Song «Stuck Inside of Mobile with the Memphis Blues Again» als immanente Poetik gleich mit: «The rainman gave me two cures / Then he said ‹Jump right in›, / The one was Texas medicine / The other was just railroad gin / An' like a fool I mixed them / An' it strangled up my mind / An' now people just get uglier / An' I have no sense of time.»

Diesem Sound ordnet der Künstler alles unter. Der Fluss der Verse folgt keiner kohärenten Linie, er mäandert assoziativ, bebildert flüchtige Stimmungen und wird vielfach geleitet vom Crescendo gleicher Laute, die mit den Strophen eines Songs länger werdende Ketten bilden: freeze, sneeze, Jeeze, knees; showed, corrode, fload, road, owed, loads, explodes («Visions of Johanna»). Mit der Preisgabe kohärenter semantischer Strukturen verlieren die Songs auch jede destillierbare Botschaft. Dass das Wort «Botschaft» für ihn nach einem Leistenbruch klinge und Songs mit Botschaften nervtötend seien, gibt Dylan im Erscheinungsjahr von *Blonde on Blonde* in einem Interview zu Protokoll. Von der Eindeutigkeit des politischen Protests seiner frühen Produktion hatte sich Dylan auch schon in den Vorgängeralben *Bringing It All Back Home* und *Highway 61 Revisited* entfernt. Immerhin aber legten Songs wie «Desolation Row» oder «It's Alright, Ma» in ihren jeweils letzten Strophen noch Anhaltspunkte für die einzunehmende Haltung gegenüber dem nahe, was als Sound- und Wortgewitter auf die Hörer niedergegangen war. *Blonde on Blonde* verweigert auch diese Rezeptionshilfe und überantwortet den Hörer einer Dynamik, in der Noten, Klänge und Worte in einem Soundereignis sui generis verschmelzen. Schon darin verweist das Album noch heute in die Zukunft. «Acting out those lyrics», so hat Levon Helm, der zeitweilige Schlagzeuger der Tournee, es genannt. Die Songs funktionieren nicht als vertonte Lyrik. Mit dergleichen quälte Allen Ginsberg das Musikerohr Robbie Robertsons: «when he started chanting and squeezing that harmonium, it could make you dizzy». Dylans Musikalität ist hingegen so überwältigend, dass sie Robertson die Geburt des Rock 'n' Roll aus dem Geist des Wortspiels vermuten lässt. «Rock 'n' Roll wasn't born of a sophisticated attitude toward wordplay, but you wouldn't know it from these songs.»

Dylan selbst hat den Sound als dünnen, wilden Quecksilber-Sound charakterisiert. Die mitwirkenden Musiker charakterisieren ihn als elektrisiert in einem Sinne, der weit über den Anschluss der Instrumente an Verstärker hinausreicht. Alle Beteiligten – auch Dylan selbst – sehen ein mathematisches Verfahren bei Komposition und Performance am Werk. Mathematisch erscheint das Verfahren, insofern es die Logik der Songs nicht auf Verstehen, Kohärenz und Sinn hin anlegt. Kurz: Die Songs sind als Texte und erst recht in ihrer Performance Kunstprodukte.

Im Kunstcharakter lag die eigentliche Provokation. Dave Van Ronk, der die musikalische Freiheit seines zeitweiligen Freundes gegen die Folkpuristen verteidigte, rechnete in diesem Punkt sehr grundsätzlich mit Dylans aus seiner Sicht obskuranter Songproduktion ab: «As someone once said, ‹When I hear the word ‹art› I release the safety catch on my Browning.› That whole artistic mystique is one of the great traps of this business, because down the road lies unintelligibility.»

Dieses Verdikt verfehlt aber eine entscheidende Dimension, durch die das Kunstwerk *Blonde on Blonde* mehr noch als durch seine hochgetunte Artistik in die Zukunft weist: Es steht tief in der amerikanischen Songtradition, speist sich aus ihr und will zugleich wiederum selbst in diese eingehen. *Blonde on Blonde* ist ebenso neu wie alt, avantgardistisch wie traditionell. Dylans Produktion stammt aus dem und geht ein in das Archiv der amerikanischen Songproduktion, welches er wie kein anderer kennt und in unterschiedlichen Medien immer wieder aufs Neue vergegenwärtigt, sei es in der *Theme Time Radio Hour* oder zuletzt in seiner *Philosophie des modernen Songs*.[1] Dylan kaschiert den Kunstcharakter seiner Songs, indem er sie in eine lange Tradition stellt: «Für mich ist meine Musik alt.» Zugleich betont er umgekehrt die Kunstfertigkeit des Traditionellen, etwa der Stücke Robert Johnsons: «Das Schreiben von Songs war für ihn ein ausgesprochen raffiniertes Geschäft.»

Elektrizität kann so die Metapher für etwas unerhört Neues sein, und zugleich war sie schon immer da. *Blonde on Blonde* war 1966 beides zugleich: ein Detektor am Spannungszustand der Musik und eine Aufladung ihrer Batterien.

Anmerkung

[1] Bob Dylan, The Philosophy of Modern Song, New York 2022. Deutsch: Die Philosophie des modernen Songs. Aus dem Amerikanischen von Conny Lösch, München 2022.

VLADIMIR NABOKOV

Erinnerung, sprich

Unirdische Immobilien

⌒

Von Helga Raulff und Ulrich Raulff

*M**ilieu.* Es ist eine dünne Schicht kultivierter und gebildeter Familien, aus der Vladimir Nabokov stammt. Ausgedehnter Grundbesitz auf dem Land, ein Stadtpalais in St. Petersburg. Die Kinder werden von Kindermädchen, Gouvernanten und Privatlehrern aus England, Frankreich und der Schweiz erzogen. Die Söhne gehen zum Studium nach England, in Einzelfällen nach Paris. In der Elterngeneration mehren sich die Liberalen; auch sie orientieren sich nach Westen, den Demokratien und konstitutionellen Monarchien. Die Ferien verbringt man in den berühmten Küstenstädten und Kurorten des alten Europa, Biarritz, Nizza, Abbazia, Davos... Auch wenn das große Geld noch nicht wie heute in Yachten fließt oder in Londoner Flats, zeichnet sich die Struktur schon ab: sein Geld in Russland verdienen und im Westen ausgeben. Der Vater ist der gute Patriarch, aufgeklärt, elegant, Politiker und Journalist, ein brillanter Redner und Stilist. Alles Negative, so es vorhanden war, ist abgespalten. Seine Ermor-

---

* Vladimir Nabokov, Speak, Memory. An autobiography revisited, New York 1966. *Deutsch:* Erinnerung, sprich. Wiedersehen mit einer Autobiographie. Deutsch von Dieter E. Zimmer, Hamburg 1984.

dung durch russische Rechtsradikale, zwei Monate vor Rathenau, umgibt ihn mit der Gloriole des Märtyrers.

Das Hotel. Das Gefühl von Heimatlosigkeit war Nabokov nicht neu. Er hatte es sozusagen geübt, mit Tamara, seiner ersten Geliebten: «diese ständige Suche nach irgendeinem Zufluchtsort». Als aus Spiel Ernst wird, will man es nicht fassen. Landbesitz, Landhaus, Stadtpalais, der ganze Besitz wird verlassen, aber eine verzweifelte Hoffnung lässt einen glauben, man werde in kurzer Zeit zurückkehren. Bald stellt sich das Wissen ein, dass alles verloren ist, und mit ihm «der stechende Schmerz des Exils». Der Rest des Lebens wird sich in Mietwohnungen abspielen, schon in Berlin muss die Familie untervermieten. Auch in Amerika, als sich seine finanziellen Verhältnisse bessern, auch nach dem Goldregen von *Lolita* denkt Nabokov nicht mehr an irdische Immobilien. Die letzten beiden Jahrzehnte seines Lebens verbringt er mit Vera im Hotel. Die Mutter hatte die Dienstbotenräume und die Küche nie betreten, das «phantastische Diebstahlskarussell» der Dienstboten wurde gelassen übersehen. Auch im Hotel muss man die Küche nicht betreten. Das Grand Hotel verbindet das Gedächtnis der alten feudalen Situation mit der sublimsten Form des Exils.

Farbige Schatten. Vererbung war es diesmal nicht. «Mein Vater hatte für die Jagd nichts übrig.» Vladimir ist noch ein Kind, als die eine beherrschende Leidenschaft seines Lebens in ihm erwacht. Die andere, für die Literatur, wird später kommen. «Ich muss acht gewesen sein, als ich in einem Speicher unseres Landhauses (…) auf einige wundervolle Bücher stieß.» Darunter sind Klassiker der Entomologie, genauer der Lepidopterologie. Eine ernste Krankheit bewirkt kurz darauf die Zäsur: «das Verlangen, eine neue Art zu beschreiben, ersetzte vollständig das Verlangen, eine neue Primzahl zu entdecken». Kaum eine Erregung, kaum ein stärkerer Ehrgeiz wird den gereiften Forscher beseelen als der Gedanke, seinen Namen in die Annalen der entomologischen Forschung einzutragen. Ein Leben lang bleibt der Schmetterling beides, Beute subtiler Jagden in vollkommener Einsamkeit – und absolute Metapher flüchtiger Schönheit. Farbige Flecke, die Nacht hinter den Lidern. Aber auch die entomologische Begeisterung kennt

Grenzen: «Die Puppensuche war niemals meine Stärke gewesen.» Und doch wird eines Tages die Metamorphose der Puppe oder *Nymphe* zum Motiv seines berühmtesten Romans werden.

Die Toten. «Immer wenn ich in meinen Träumen die Toten sehe, erscheinen sie schweigsam, besorgt und seltsam bedrückt, ganz anders als ihr eigentliches, geliebtes, strahlendes Selbst.» Nur dem toten Vater wird es vergönnt sein, in einem windgekräuselten weißen Sommeranzug in die Luft geworfen zu erscheinen, für alle Zeiten schwebend gegen das Kobaltblau eines Sommermittags, «einem jener paradiesischen Wesen gleich, die mit dem ganzen Faltenreichtum ihrer Gewänder mühelos am Deckengewölbe einer Kirche schweben.»

Der Regen. Die schattige Tiefe des Parks, die beweglichen Lichter des Waldes. Die kleine Lichtung, die, eben noch erkennbar, fünfhundert Meter entfernt liegt oder fünfzig Jahre vom Aufenthaltsort des Autors. Orte köstlicher Einsamkeit, die es gegen die lästige Gesellschaft anderer Menschen zu verteidigen gilt. Immer wieder muss man im Kopf die Wege des Parks abschreiten, bis man sie im Schlaf gehen und auf Papier nachzeichnen kann. Keine Biegung darf ausgelassen, keine Senke vergessen werden. Dort herrschte «jener eigentümlich boletische Geruch, der einem Russen die Nüstern weitet – eine dunkle, dumpfige, wohltuende Mischung aus feuchtem Moos, satter Erde, verfaulendem Laub». Ein ähnlicher Modergeruch geht von dem ehemaligen Kindermädchen aus, das später den Haushalt führt. Das Gedächtnis hält auch Gerüche fest, deren Herkunft sich nicht benennen lässt. In Cambridge war die Luft so warm wie auf der Krim «und voll von dem gleichen süßen, flockigen Geruch eines blühenden Busches, den ich niemals ganz identifizieren konnte». Aber auch das Draußen, die Natur, ist literarisches Draußen, erschriebene Natur. Tamaras Briefe zeigen es: «‹Warum waren wir so glücklich, als es regnete?› fragte sie in einem ihrer letzten Briefe und kehrte damit sozusagen zur reinen Quelle der Rhetorik zurück.»

Ferne Güter. Das Exil ist nicht ein Zwischenstopp auf dem Weg, der irgendwann zurückführt. Zurück an die Orte der Herkunft, in den alten Besitz. Es gibt keinen Weg, es gibt kein Zurück. All is lost. Und wird verloren bleiben. Der alte, erfolgreiche Schriftsteller stellt sich vor, wie er unter falschem Namen, mit gefälschten Papieren, in die Sowjetunion einreisen und die vertrauten Orte wiedersehen könnte. Er wird es nicht tun. Denn *diese* Orte gibt es nur in der Erinnerung. Sie bilden einen Besitz, über den der Autor ungehindert verfügt. Kostbare immaterielle Besitztümer. Die literarische Form der Erinnerung umgibt sie mit einer Hülle von Authentizität, unter der die Fiktion freies Spiel hat. Sentimentalität – «man gebe mir nur irgend etwas auf irgendeinem Kontinent, das der Landschaft um St. Petersburg gleicht, und mein Herz wird schmelzen» – verhüllt die List des Autors, der verschweigt, dass er einen Roman schreibt. Den Roman seines Lebens. «In seiner Vergangenheit ist man immer zu Hause.» Kein Rotarmist wird sie je betreten, aber auch kein kritischer Historiker. Zutritt nur für Heimatlose und Stilisten.

Ein Schachproblem. Im September 1946 schreibt Nabokov an einen amerikanischen Verlagslektor und versucht ihm zu erklären, was für ein Buch er als nächstes schreiben will. «Es wird eine neue Art von Autobiographie, oder vielmehr eine neue Hybridform zwischen Autobiographie und Roman (...) Verschiedene Schichten der persönlichen Vergangenheit bilden sozusagen die Ufer, zwischen denen ein Sturzbach körperlichen und geistigen Abenteuers fließt.» Kann man *Erinnerung, sprich* also wahlweise als authentische Autobiographie und als echten Roman lesen? Aber muss man sich zwischen Dichtung und Wahrheit entscheiden? Nie war die Trennwand zwischen erlebter Geschichte und Fiktion, Literatur und Leben dünner als in dieser Selberlebensbeschreibung. Ein Nichts von einem Interface, eine durchlässige Membran. Nabokovs Werk ist voll von unzuverlässigen Zeugen und trügerischen Biographen, in deren Bild sich der Autor spiegelt. Literarisches Schreiben gleicht dem Entwerfen eines Schachproblems: «Täuschungsmanöver bis zur Grenze des Diabolischen und eine Originalität, die ans Groteske grenzte, waren mein strategisches Ideal.» In mir habt ihr einen, auf den könnt ihr nicht bauen. Vertrauen lässt sich nur auf seine Sprache, seine Metaphern, seine Kunst. Seinen Stil. Für Nabokov ist Stil der eigentliche Inhalt. In der vermeintlichen Autobiographie steckt also nicht nur ein Roman. Sondern auch ein Sachbuch: Biographie eines Stils.

Die Wörter. Ein Foto aus dem Jahr 1929 (Seite 345 der deutschen Ausgabe) zeigt den Autor bei der Arbeit. Der Ort: ein Hotelzimmer in den Pyrenäen, der Arbeitsplatz: stark reduziert. Nur die Hände des Schreibenden finden Platz auf dem Tisch, seine Unterarme hängen ungestützt herab. Den Hauptplatz auf dem Tisch besetzt ein Stapel voluminöser Bücher. Es sind die vier Bände von Dahls *Erklärendem Wörterbuch der lebenden russischen Sprache,* das der Schriftsteller als Student in Cambridge antiquarisch erworben hat. Seitdem ist der Dahl sein ständiger Begleiter. Er hat sich vorgenommen, jeden Tag zehn Seiten darin zu lesen und sich alle farbigen Ausdrücke, die ihm gefallen, zu notieren. Er ist von der Angst besessen, seine Sprache, das einzige, was er aus Russland hat retten können, im Exil zu verlieren. Eine ähnliche Sorge wird ihn Jahre später erneut plagen, als er auf Englisch zu schreiben beginnt und befürchtet, «meine englische Prosa nie auch nur entfernt dem Niveau meiner russischen angleichen zu können». Sein Russisch ist, wie er nochmals später, anlässlich einer Rückübersetzung aus dem Englischen, bemerkt, ein ganz eigenes, idiosynkratisches Russisch: Umriss eines Körpers, Abdruck einer Seele. Dennoch ist die Anhänglichkeit an Dahls Wörterbuch nicht zufällig. Nabokov liebt die Lexik des Russischen, wie der Held seines Romans *Pnin* fetischisiert er einzelne Nomina. Als Kind hatte er die Atomisierung der Sprache bis auf die Ebene der Buchstaben getrieben, denen er bestimmte Farben beilegte *(audition colorée).*

Popanz. Als sei er der Gottseibeiuns, wird er bekämpft mit Beschimpfungen, Verwünschungen, Bannflüchen. *Der Wiener Quacksalber.* Dem Lieblingsfeind gegenüber lässt Nabokov allen Humor und jede Ironie fahren. Auf der Skala seines Zorns rangiert der Seelenarzt knapp hinter Lenin und Stalin. Eine der Geißeln des Jahrhunderts. Hat Nabokov je das Original gelesen, oder kennt er nur die amerikanische Vulgata? Aus welchen tieferen Quellen speist sich sein Widerstand gegen die Psychoanalyse? Frage an Doktor Freud.

Glück und Glas. Cambridge in den Zwanzigern ist voller Sympathisanten der Russischen Revolution. Als Beweis wird die russische Avantgarde herangezogen, die Freiheit der Künste, ihre Förderung durch Lenin. Der Student Nabokov versucht, seine Zuhörer von der wahren Natur des neuen Regimes und ihres Anführers zu überzeugen. Er übt Stilkritik: «Alle gebildeten und urteilsfähigen Russen wußten, daß dieser gerissene Politiker (das heißt Lenin) in künstlerischen Dingen ebensoviel Geschmack und Interesse hatte wie ein gewöhnlicher russischer Spießer vom Schlag des Flaubertschen épicier.» Aber entscheidender als Lenins Geschmack ist seine Brutalität: «Als (…) Lenin an die Macht gelangte, wurde von den Bolschewiki sogleich alles der Erhaltung dieser Macht untergeordnet, und ein Regime des Blutvergießens, der Konzentrationslager und der Geiselnahmen begann seine stupende Karriere.» Nabokovs Lebensgefühl der Welt gegenüber ist Glück, seine durchgängige literarische Haltung Ironie. Sein Glücksgefühl kann der Armut des Exils standhalten, angesichts der Realitäten der russischen Geschichte zerbricht es. Und die Ironie versagt. Seinen englischen Zuhörern verkündet er, «die Geschichte Rußlands könnte unter zwei Gesichtspunkten betrachtet werden: einmal als die Evolution der Polizei (…) und zweitens als die Entwicklung einer bewundernswürdigen Kultur.» Tscheka und Kultur: auch von dieser schmalen Gabel sollte, wie Nabokov deutlich sah, im Lauf der Zeit nur noch ein Zinken übrig bleiben.

RUDOLF BORCHARDT

Der leidenschaftliche Gärtner

Der Garten als Hort der Freiheit

Von Stefan Rebenich

Der Garten, eine Ordnung der menschlichen Seele, und allen anderen ihrer Ordnungen verwandt, ist eine Ordnung der ganzen Seele und nicht der halben, der tätigen und nicht der schlaffen, und kennt keinen ästhetischen Frömmler, es sei denn als den Spazierer, dem er nichts verargt: der Garten will den Gärtner.»

Mitten im Zweiten Weltkrieg erschienen in der Neuen Zürcher Zeitung drei Artikel zum Thema «Der Mensch und die Blume». Verfasser war der deutsche Schriftsteller Rudolf Borchardt, der am 9. Juni 1877 in Königsberg geboren worden war und damals in der Toskana lebte – als Mieter einer stattlichen Villa mit großem Park, in dem er leidenschaftlich gärtnerte. Borchardt war schon längst zu der Erkenntnis gelangt, dass sich die Welt nicht an Gedichten regenerieren könne. Aber konnte sie es an Blumen und Gärten?

Nach dem 30. Januar 1933 hatte Borchardt alle Hoffnung fahren lassen, in Deutschland wirken zu können. Für die Nazis war der kon-

---

* Rudolf Borchardt, Der leidenschaftliche Gärtner. Herausgegeben von Marie Luise Borchardt unter Mitarbeit von Ernst Zinn und Ulrich Ott, Stuttgart 1968.

servative Dichter ein jüdischer Schreiberling. Borchardt zog sich immer mehr zurück und kultivierte seine lebenslange Passion: den Garten, der ihm nicht nur das Ergebnis geschichtlicher Entwicklung war, sondern eine neue Form der Poesie, in der die Blumen die Worte ersetzten. Denn «die Blume zielt auf den Menschen. Darum blüht nur dem Menschen die Blume. Und darum ist nur das Kompendium des Menschen, der Dichter, der vollkommene Gärtner.»[1]

Gegen das totalitäre System in der Heimat, das die Welt mit Verfolgung, Mord und Krieg überzog, setzte Borchardt den Garten, der ihm zu einer Heterotopie wurde, in dem der Gärtner – wie der Dichter, nur mit anderen Mitteln – den Unterschied zur eigenen Zeit intensiv erlebte: «Wenn das Buch das Geistermittel ist, kraft dessen es menschlicher Freiheit vergönnt ist zu leben in welcher Zeit sie will und wählt, die Blume entfesselt die Freiheit der menschlichen Phantasie von den gleichen Gefängnissen des Raumes.»[2]

Die Arbeit an seinem Gartenbuch, unterstützt von einem großzügigen Zürcher Mäzen, sicherte Borchardt die Existenz. Der Garten war mehr als nur ein Zeitvertreib oder eine Spielerei. Der Autor hoffte zudem auf den Erfolg der geplanten englischen Übersetzung im Heimatland der Gartenliteratur. Doch nur die drei Schweizer Zeitungsbeiträge wurden veröffentlicht. Borchardt starb am 10. Januar 1945. *Der leidenschaftliche Gärtner* erschien erst postum 1951.

Was hat man nicht alles in dieses Buch hineingelesen, in dem Borchardt die vom Menschen gezüchteten Kulturpflanzen preist, für klare Strukturen im Garten plädiert, sich für edle Sorten begeistert, die Vielfalt der Wildblumen verschmäht und das Hohe Lied auf den Gärtner singt: «Der Mensch, der Blumen pflanzt, ist ein Gärtner. Um Blumen pflanzen zu können, muss man Blumen haben. Um sie zu haben, gibt es mehr als einen Weg. Man hat sie gesammelt, wo sie vorkamen; man hat, ohne sie zu verletzen, ihnen Teile entnommen und sie gesetzt; man hat sie aus ihrer wilden Saat hervorgerufen; und man hat die auf diese Weise besessenen aus ihrer neuen Nachfolge vermehrt und wieder umgepflanzt.»[3]

Doch die Aussage «Der Garten will den Gärtner» taugt nicht, um aus Borchardt einen grünen Imperialisten zu machen. Er hat vielmehr erkannt, dass die Blume wie das Gedicht Menschenwerk ist. Der Garten wird zu einer realen Anthologie, die ihre schöpferische Kraft aber nur entfalten kann, wenn sie «das uralte Traumbild und Wunschbild der Menschheit» spiegelt, «das von einem Garten zu einem Garten, von Eden bis Gethsemane»[4] reicht.

Ein solcher Garten ist grundsätzlich offen für Neues, er ist eine «gewaltige Demokratie».[5] Hier kommen Pflanzen und Samen aus aller Herren Länder gleichberechtigt zusammen, repräsentieren «die ganze Welt, in einen Zaun gefangen».[6] Gegen alte und neue völkisch Bewegte preist Borchardt den gestalteten Garten, in dem es nicht wild und ungeordnet zugeht. Hier überwindet menschliches Handeln und Wollen die biologische Vorbestimmung. Blumen, die an ihrem Ursprungsort ein anderes Klima gewohnt sind, werden geduldig an die neue Umgebung angepasst. Dieser vom Menschen erschaffene Garten ist allerdings nicht pflegeleicht und erst recht nicht im Gartencenter zu finden. Die billige Massenware ist vulgär, das «ready made» der «Todfeind und die Negation der Liebhaberei».[7] Daraus entsteht nur «ein übertünchtes Grab».[8] Der Kommerz funktionalisiert die einzelne Blume rücksichtslos, während Borchardt ihre Individualität respektiert.

Der anspruchsvollen Gartenpoetologie ist zugleich ein umfangreicher «Katalog der Verkannten, Neuen, Verlorenen, Seltenen, Eigenen»[9] beigegeben, der das profunde botanische Wissen, über das Borchardt verfügte, dokumentiert und in dem Theorie und Praxis auf wunderbare Weise zusammenfinden. Er sei heute und auch für die Zukunft noch jedem leidenschaftlichen Gärtner empfohlen!

Der auf jahrelangen Erfahrungen beruhende Katalog bestätigt die Grundaussage des Buches: Auch an Blumen und Gärten kann sich die Welt nicht regenerieren. Denn «die Leidenschaft, an der das Bild eines Gartens sich in der Phantasie entbindet, um sich der Wirklichkeit zu unterwerfen, entstammt nicht der Übersättigung mit Träumerei, sondern der Übersättigung mit Zufügen und Erleiden, der ungetäuschten Einsicht in die Wirklichkeit der Welt des Bösen, dem Atemholen im Drama des Kampfs mit dieser Welt».[10] Aber der kunstvoll gestaltete Garten ist auch in widrigsten Zeitläuften ein Ort der persönlichen Freiheit. Denn die nie endende Aufgabe des Gärtners besteht darin, durch sein individuelles Tun Ordnung in die Natur zu bringen. Eben deshalb bedarf der Garten seiner «ständigen Liebe und Pflege».[11]

Anmerkungen

1 Borchardt, Der leidenschaftliche Gärtner, Stuttgart 1968, S. 103.
2 Ebenda, S. 39.
3 Ebenda, S. 103.
4 Ebenda, S. 27.
5 Ebenda, S. 271.
6 Ebenda, S. 125.
7 Ebenda, S. 32.
8 Ebenda, S. 275.
9 Ebenda, S. 291 ff.
10 Ebenda, S. 85.
11 Ebenda, S. 275.

JOHN H. ELLIOTT

Die Neue in der Alten Welt

Ein Buch als Antidot

⌒

Von Daniel Deckers

Es gibt Bücher und Bücher. Das Schicksal der meisten ist es, einmal gelesen (wenn überhaupt), dem Betrachter den Rücken zuzuwenden. Und der Betrachter ihnen den seinen. Manche aber ziehen unwillkürlich immer wieder den Blick auf sich, und das nicht, weil sie partout einen breiten Rücken hätten. Mitunter ist ein Buch so schmal, dass es leicht in der Hand liegt, aber so gewichtig, dass es immer wieder in die Hand genommen werden will.

Nicht, dass es zuvörderst darum ginge, im Verblassen begriffene Erinnerungen aufzufrischen, als kehre man an einen Ort der Jugend zurück, der sich vielleicht als geistiger Jungbrunnen entpuppen könnte. Der Reiz solcher Bücher liegt auch nicht darin, Seite um Seite nach einst Unverstandenem oder leichthin Übersehenem abzusuchen. Um nicht nur Vergangenes einzuholen und womöglich die Gegenwart zu erhellen, sondern überdies in die Zukunft zu wei-

---

* John H. Elliott, The Old World and the New. 1492–1650 (Wiles Lectures given at the Queen's University Belfast, 1969), Cambridge u. a. 1970. *Deutsch:* Die Neue in der Alten Welt. Folgen einer Eroberung 1492–1650. Aus dem Englischen von Christa Schuenke, Berlin 1992.

sen, muss ein Buch zum Nachdenken über das eigene Denken einladen.

Denn was kann es Spannenderes geben, als wenn schon nicht im Gespräch mit Menschen aus der Trägheit der eigenen Gedanken gerissen zu werden, so doch in der Zwiesprache mit einem Buch, das als Antidot gegen die zutiefst menschliche Neigung daherkommt, sich in liebgewordenen Wahrnehmungsmustern und Denkformen einzurichten? Allein diese Subversivität ist ein Wechsel auf die Zukunft, und das nicht allein des Individuums, sondern auch der Gesellschaft. Das Buch, das in die Zukunft weist, wäre dann sicher auch ein Antidot gegen die immer wieder reale Gefahr der Verflachung, wenn nicht Vergiftung des öffentlichen, nicht zuletzt des akademischen Diskurses.

Anders gesagt: Vieles, was sich an «woken» Denk- und Sprachmustern im Namen eines wachen Bewusstseins für Diskriminierung und Unterdrückung jeder Art in Geschichte und Gegenwart verselbständigt hat, kommt oft einem performativen Widerspruch gleich, indem das Übel, das angeprangert wird, mit demselben Übel ein für alle Mal beseitigt werden soll. Nicht besser wird die Sache dadurch, dass die begrifflichen und theoretischen Grundlagen, so schwach sie oft sein mögen, durch den Gestus der moralischen Überlegenheit gegen jede Kritik immunisiert werden. Wenn aber drittens auch noch die empirischen Grundlagen so gewählt sind, dass eine Falsifizierung der eigenen Hypothese von Beginn an ausgeschlossen sein soll, dann ist es um die basalen Voraussetzungen dessen geschehen, was gerade seitens der intellektuellen Linken bis vor einer Generation als das aufklärerische Ideal der herrschaftsfreien Kommunikation verfochten wurde.

Doch wovon müsste ein subversives Buch handeln, um in die Zukunft zu weisen? Am wenigsten wohl von der fernen Zukunft selbst, erschöpfte sich dessen Funktion bestenfalls darin, vor Entwicklungen zu warnen, auf dass diese am Ende doch nicht eintreffen. Auf die nahe Zukunft hin geschriebene Gegenwartsdiagnosen wiederum lesen sich oft schon nach kurzer Zeit nicht nur so, als wären sie von gestern. Mitunter stellen sie auch den analytischen Fähigkeiten des Verfassers beziehungsweise der Verfasserin ein denkbar schlechtes Zeugnis aus.

Bleiben Bücher über wie auch immer Vergangenes. Dass nahezu alles auf irgendeine Weise in die Gegenwart hineinragt, ist eine Binsenweisheit und sollte daher nicht weiter der Rede wert sein. Ebenso müßig ist der Streit über die Frage, was es heißen könnte, aus der Geschichte zu lernen. Mittlerweile dürfte sich auch herumgesprochen haben, dass sich Geschichte nicht wiederholt, aber dass es gleichwohl Wiederholungsstrukturen in der Geschichte gibt. Bliebe, sich über Grund und Grenzen der Hermeneutik aufgeklärt einem Ereignis oder einer Epoche zu nähern, um sie durch die Augen derer zu betrachten, die das Geschehen zu verstehen und zu deuten versuchten, wie es der britische Historiker John H. Elliott in seinem 1970 erschienenen Buch *The Old World and the New* getan hat.

Dem langjährigen, im Jahr 2022 verstorbenen Regius Professor für die Geschichte der Neuzeit an der Oxford University ging es freilich nicht allein darum, ein quellengesättigtes Panorama der ungemein komplexen Wirkungen zu entfalten, die die Entdeckung des Seewegs nach Ostindien um das Kap der Guten Hoffnung sowie eines «orbis novus» in der westlichen Hemisphäre in und für Europa zur Folge hatten, sondern Elliott stellte auch auf die Risiken ab, die eine mit moralischen Intuitionen aufgeladene Geschichtsschreibung eingeht: «Schrieben die europäischen Historiker die Geschichte früher im Bewusstsein der Überlegenheit Europas, so tun sie dies heute im Bewusstsein der Schuld Europas», schrieb er schon 1970. Daran wäre nichts auszusetzen, würde damit nicht die Gefahr einhergehen, vor der er seine deutschen Leser im Jahr der fünfhundertsten Wiederkehr der Rückkehr des Kolumbus aus «Westindien» ausdrücklich warnte: «Die berechtigte und vielfach seit langem überfällige Sympathie mit den Opfern der europäischen Eroberer und Kolonisatoren darf jedoch nicht einem ernsthaften und sachlichen Bemühen im Weg stehen, die Gedankenwelt jener Europäer der frühen Neuzeit zu begreifen.»

Doch warum sollte ein solches Bemühen in die Zukunft weisen? Ohne jedes Pathos kann Elliott zeigen, dass die «aus der Überzeugung von der eigenen, natürlichen Überlegenheit herrührende Arroganz im Umgang mit den Eingeborenenvölkern Amerikas» nur den einen Teil der wechselvollen Geschichte der Beziehungen zwischen der Alten und der Neuen Welt bildet.

Den anderen Teil bilden das «geistige Ringen, die Zweifel und Unsicherheiten» der Europäer der Frühen Neuzeit angesichts von Phänomen, die nicht nur ihren räumlichen, sondern auch geistigen Erfahrungshorizont sprengen sollten – bis dahin, dass die Frage nach Nutzen und Schaden der Entdeckung der Amerikas für die Menschheit schon im 18. Jahrhundert Forscher wie Abbé Raynal und Cornelius de Pauw umtrieb, ehe sie schließlich 1782 in die Preisfrage der Académie française mündete, worin der Einfluss Amerikas «auf die Politik, den Handel und die Sitten Europas» bestanden haben könnte. Und hatten nicht schon spanische Theologen im 16. Jahrhundert in scharfem Gegensatz zu manchen aristotelisch geprägten Humanisten darauf bestanden, dass die Bewohner des «orbis novus» nicht Barbaren und daher Rechtlose, da mit minderen Verstandeskräften begabt, seien, sondern «veri homini» und daher auch «veri domini»?

Zweifel zulassen, Unsicherheiten ins Wort bringen, um die besseren Argumente ringen, wie es nicht nur viele der Protagonisten dieses schmalen Buches tun, sondern auch der Verfasser selbst – diese Haltung zu bewahren hieße Haltung bewahren angesichts einer stets vielseitigen und vieldeutigen Geschichte, einer von zahllosen Kontingenzen geprägten Gegenwart und angesichts aller Versuchungen und Versuche, das Kommende allein im Modus des Jetzt zu verstehen und gestalten zu wollen.

ERNST FORSTHOFF

Der Staat der Industriegesellschaft

Die Gegenwart der Verfassung

⌒

Von Florian Meinel

Angst vor miteinander zusammenhängenden Krisen aller Art greift um sich. Eine radikale, transnational vernetzte Protestbewegung formiert sich. Wohlmeinende beklagen die politische Polarisierung und sorgen sich um die Regierbarkeit des Landes. Alle ahnen, dass der ökonomische Status quo nicht von Dauer sein kann. Konservativ nennen sich die, die sich an Wertereden erwärmen und Minderheiten schlechtmachen, aber die wahren Konservativen mögen das Wort nicht mehr. Ohnehin ist die CDU in der Opposition zunächst einmal mit sich selbst beschäftigt. In der FDP wagt eine neue Generation das Regierungsbündnis mit den Sozialdemokraten.

So weit die Lage des Jahres 1971, als das schmale Büchlein des Heidelberger Juristen Ernst Forsthoff (1902–1974) über den Staat der Bundesrepublik als Band 77 der Beck'schen Schwarzen Reihe erschien. Schwarz statt bunt: Konkurrenz zur edition suhrkamp, aber zugleich betont abgesetzt vom Frankfurter Theoriesound. Betonte Sachlichkeit; günstige Aufmachung; Broschur. Gegenwartsdeutungen

---

* Ernst Forsthoff, Der Staat der Industriegesellschaft. Dargestellt am Beispiel der Bundesrepublik Deutschland, München 1971.

mit Anspruch. Was ist das für ein Buch, das in den Feuilletons seinerzeit durchfiel? Vieles an ihm ist seltsam: Es ist die intellektuelle Streitschrift eines emeritierten Intellektuellenverächters, in mancher Beobachtung nicht so weit entfernt von dem, was Jürgen Habermas wenige Jahre zuvor den «Spätkapitalismus» genannt hatte, aber ohne eigene Theorie. Wie für viele Krisendiagnosen der mittleren Bundesrepublik gilt sicher auch für diese im Rückblick: Glücklich das Land, das solche Probleme für existenziell hielt.

Forsthoffs *Staat der Industriegesellschaft* entstand, als sich die öffentliche Rede über Verfassungsfragen tiefgreifend änderte und zu der wurde, die die Bundesrepublik über Jahrzehnte geprägt hat. Was für Bücher können und sollen Staatsrechtler schreiben? Für das Jus Politicum waren ja neuerdings die Politologen zuständig, für Zeitdeutungen Philosophen und Soziologen. Der politische Professor war tendenziell kein Jurist mehr. Die Staatsrechtslehre wurde technischer, an der öffentlichen Verständigung wenig interessiert; zufrieden mit dem unvermindert großen Einfluss auf Regierungspraxis und Verfassungsgerichtsbarkeit. Der öffentlichen Rede des öffentlichen Rechts fiel die Rolle zu, zu reproduzieren, was die Verfassungsrechtsprechung im besten Fall ohnehin tat: politisch-soziale Konflikte durch verfassungsrechtliche Prinzipienabwägung zu vermitteln und zu entschärfen.

Aber was heißt in diesem Zusammenhang eigentlich Verfassung und Verfassungsrecht? Eben davon handelt Forsthoffs Spätwerk. Es stellt die nur auf den ersten Blick triviale Frage, was unter «Verfassung» in der Bundesrepublik zu verstehen ist. Die nachholende Aneignung der demokratischen Verfassungstradition in der Politikwissenschaft war Forsthoff suspekt. Als prononciertem Vertreter des «totalen Staates» von 1933 war sein Verhältnis zu den Remigranten, die jenes Fach und seine Fragestellungen prägten, gelinde gesagt schwierig. Die Verfassungsgerichtsbarkeit und die Kollegen, die die Verfassung als System von «Werten» interpretierten, hielt er für gefährliche Beschleuniger einer allgemeinen Auflösung der Begriffe. Was aber dann? Der *Staat der Industriegesellschaft* liest die Verfassung der Bundesrepublik weniger als Norm denn als Produkt einer ganz eigentümlichen sozialen, ökonomischen und administrativen Ordnung.

Forsthoffs Schlüsselbegriff war dafür seit den 1930er Jahren die

«Daseinsvorsorge». Mit diesem Begriff beschrieb er die Teilhabe an politisch organisierten Versorgungs-, Verteilungs- und Versicherungssystemen, die Abschirmung von Lebensrisiken, kurz: sozialen Schutz als Basisfunktion moderner Vergesellschaftung und Prinzip politischer Stabilität. Bürger ist, wer verwaltet wird und Steuern zahlt. Die bürokratische Architektur aus Versorgung, Schutz, Besteuerung, Umverteilung und Teilhabe ist das Gravitationszentrum des Politischen. Aber dieser Verwaltungsstaat, das war Forsthoffs Erklärung für das Neue der Bundesrepublik, ist gar kein Gegensatz zur marktwirtschaftlichen Ordnung. Die spezifisch deutsche Form industriekapitalistischer Produktion und die spezifisch deutsche Form des Wohlfahrtsstaates sind nur zwei Perspektiven auf ein und dasselbe. Das heißt aber auch: Keine Verfassungsfrage hat man wirklich verstanden, bevor man nicht das Verhältnis von Ökonomie und Verwaltung durchdrungen hat, das sie trägt.

Forsthoffs politische Antworten werden heute nur noch Nostalgiker überzeugen. Das gilt für die soziologisch kaum richtige Kennzeichnung des deutschen Wohlfahrtsstaates, für den autoritären Glauben an die Juristenverwaltung und für alle anderen konservativen Gemeinplätze, von denen das Buch kaum einen auslässt: die Überordnung des Staates über die Interessengruppen; die Geringschätzung von Parteien und Parlamentarismus; die Invektiven gegen die Niveaulosigkeit der Pädagogik und des Rundfunks. Nichts ist eben stabiler als die Struktur von Krisendiagnosen. Auch die implizite Geschichtsphilosophie und das Gegenwartspathos, demzufolge sich über *den* Staat an sich etwas in Erfahrung bringen lässt durch die Analyse des historisch avanciertesten, nämlich des deutschen «Falles», wirkt heute bestenfalls rührend.

Aber die Frage, wie sich die Verfassung der Bundesrepublik zu ihrer Sozialstruktur und ihrer politischen Ökonomie verhält, müsste im Moment der drastischen Veränderung dieser Sozialstruktur und ihrer politischen Ökonomie noch einmal auf der Höhe der Forsthoffschen Problemstellung bedacht werden: Bürgergeld. Pipelines. Green New Deal. Der Begriff der Daseinsvorsorge steht heute im Parteiprogramm der Grünen. War vielleicht gerade die obsessive Trennung von Verfassung und Ökonomie in der Bundesrepublik ihr großes politisch-ökonomisches Prinzip? Es sollte nicht so schwer sein, Forsthoffs Fragen zu verstehen und neu zu stellen.

JOHN RAWLS

Eine Theorie der Gerechtigkeit

1971 oder Die Wiederkehr
der Rechtsphilosophie

⌒

Von Dieter Grimm

Als ich im Sommersemester 1957 das Studium der Rechtswissenschaft an der Frankfurter Universität aufnahm, weniger aus genuin juristischem als aus politischem Interesse, war es unüblich, in Lehrveranstaltungen mit dem Titel «Rechtsphilosophie» zu philosophieren. Vielmehr wurden die Ideen früherer Philosophen abgehandelt. Mich wunderte das, weil ich mit einer anderen Erwartung an das Fach in die Universität gekommen war. Besonders vermisste ich, wohl wegen der politischen Motivation für das Jurastudium, eine philosophische Antwort auf die Frage nach der Gerechtigkeit von Recht und politischer Herrschaft. Aber auch in der Politikwissenschaft, die ich an meinen drei deutschen Studienorten immer mitbelegte, standen nicht diese, sondern ideengeschichtliche oder institutionelle Fragen im Vordergrund.

* John Rawls, A Theory of Justice, Cambridge, Mass. 1971. *Deutsch:* Eine Theorie der Gerechtigkeit. Aus dem Amerikanischen von Hermann Vetter, Frankfurt am Main 1975.

Wie ich später erfuhr, war der Philosophie die Gerechtigkeitsthematik schon im 19. Jahrhundert abhandengekommen. Seitdem dominierten Historismus und Positivismus. Zwar gab es nach der nationalsozialistischen Herrschaft in Deutschland eine Rückbesinnung auf Gerechtigkeitswerte, die sich in einer kurzzeitigen Renaissance des Naturrechts Ausdruck verschaffte. Aber im Grundgesetz schienen diese Werte nun befestigt, und damit verlagerte sich das Interesse auf die juristisch richtige Deutung und Anwendung der Verfassung, während die Rechtsphilosophie sich wieder in die Geschichte zurückzog. Offenbar galt das aber nicht nur für Deutschland. Auch an der Pariser Juristischen Fakultät, wo ich nach dem deutschen Examen 1962/63 für ein Jahr weiterstudierte, hatten die beiden rechtsphilosophischen Veranstaltungen, die ich belegte, ideengeschichtlichen Charakter.

Als diese Phase zu Ende ging, war ich nicht mehr Student, aber immer noch Jurist. Der Name, mit dem sich die Wende verbindet, ist *John Rawls*. Als Student in Harvard 1964/65 war ich ihm begegnet, weil mich jemand darauf aufmerksam gemacht hatte, dass er der bedeutendste zeitgenössische Philosoph der USA sei. Ich besuchte einen Vortrag von Rawls, in dem es nach meiner Erinnerung darum ging, ob es Verhalten gebe, das unter keinen Umständen zu rechtfertigen sei, also das absolut Böse. Doch das Studienjahr war schon zu weit fortgeschritten, um noch eine seiner Vorlesungen zu belegen. So hatte ich nur die Rechtsphilosophie-Vorlesung von Lon Fuller gehört, von der ich nicht gefesselt war, dazu außerhalb der Law School eine interessantere ideengeschichtliche Vorlesung von Louis Hartz, die mir viele bis dahin unbekannte Autoren nahebrachte, Tocqueville zum Beispiel.

Das Tor zu einem neuen Interesse an Fragen der politischen Gerechtigkeit stieß Rawls aber erst 1971 auf, als ich schon lange aus Harvard zurück war. Er tat es mit dem Buch *A Theory of Justice*, das der Rechtsphilosophie eine neue Zukunft eröffnete. Auch für Kritiker von Rawls wie Otfried Höffe[1] und Jürgen Habermas[2] steht dieses Verdienst von Rawls außer Frage. Habermas gilt Rawls' Buch als «Wiederkehr eines verdrängten Problems». Es war aber nicht nur hinsichtlich des Problems eine Wiederkehr. Rawls knüpfte auch unbefangen an die Vertragstheorien des Vernunftrechts und besonders an Kant an, ohne jedoch die Abkehr von der Metaphysik rückgängig machen zu wollen, die inzwischen stattgefunden hatte.

Auf die Frage, wie ihm das gelungen ist, kommt es hier nicht an. In unserem Zusammenhang ist es vor allem wichtig, dass von nun an die Frage nach der Gerechtigkeit des Rechts und der politischen Herrschaft wieder mit Anspruch auf Wissenschaftlichkeit diskutiert werden konnte. In dieser Diskussion bleibt Rawls als Autor präsent, mit dem man sich als politischer Philosoph auseinandersetzen muss. Die Auseinandersetzung hat ihn zu der einen oder anderen Modifikation seiner ursprünglichen Auffassungen veranlasst. Aber der «veil of ignorance», unter dem über eine künftige Herrschafts- und Gesellschaftsordnung entschieden werden muss und der eine als «Fairness» gedeutete Gerechtigkeit begünstigt, bleibt ebenso ein Markstein wie zum Beispiel der «overlapping consensus», von dem es abhängt, ob eine solche Ordnung Aussicht auf Bestand hat.

Der Verleger des Frankfurter Athenäum Verlages, Dietrich Pinkerneil, fragte mich eines Tages, ob mir der Name John Rawls etwas sage. Das konnte ich aufgrund meiner Harvard-Vergangenheit bejahen. Er solle, fuhr Pinkerneil fort, ein sensationelles Buch verfasst haben, und wenn es halte, was ihm nachgesagt werde, wolle er gern die deutsche Übersetzung herausbringen. Ich konnte aber mein Versprechen, das Buch schnell zu lesen, aus welchen Gründen auch immer nicht halten. In deutscher Übersetzung erschien es dann 1975 bei Suhrkamp. Ob es anders gekommen wäre, wenn ich das Buch unverzüglich gelesen und seine säkulare Bedeutung erkannt hätte, oder ob Suhrkamp längst auf die Spur gesetzt worden war, weiß ich nicht.

Anmerkungen

1 Otfried Höffe, Politische Gerechtigkeit. Grundlegung einer kritischen Philosophie von Recht und Staat, Berlin 1987, S. 46 ff.
2 Jürgen Habermas, Faktizität und Geltung, Berlin 1992, S. 78 ff.

JOHN RAWLS

Eine Theorie der Gerechtigkeit

Eine Grundlegung der Freiheit
des Individuums

⌒

Von Ian Malcolm

John Rawls' *A Theory of Justice* hat sich seit ihrem Erscheinen im Jahr 1971 fast eine Million Mal verkauft. Das ist eine bemerkenswerte Zahl für ein akademisches Buch, und schon gar für ein sechshundertseitiges Werk abstrakter und kompromissloser Philosophie. Es ist jedoch auch der seltene Fall eines Buches, das eine höchst transformative Wirkung auf sein Fachgebiet hatte. Die Rezensenten feierten es sofort als Meisterwerk, als das bedeutendste Werk politischer Philosophie seit dem 19. Jahrhundert, und seither ist es eine unverzichtbare Lektüre. Auch seine Zukunft scheint gesichert: Vor einigen Jahren wählten Philosophen Rawls zu dem zeitgenössischen Denker, der noch in hundert Jahren am ehesten gelesen werden wird. Nicht schlecht für ein Buch, von dem Rawls ursprünglich dachte, dass sich nur ein kleiner Kreis von Kollegen dafür interessieren würde.

---

* John Rawls, A Theory of Justice, Cambridge, Mass. 1971. *Deutsch:* Eine Theorie der Gerechtigkeit. Aus dem Amerikanischen von Hermann Vetter, Frankfurt am Main 1975.

Als Rawls (1921–2002) das Buch schrieb, befand sich die politische Philosophie in einer Art Dornröschenschlaf. Sie war bestimmt von alten utilitaristischen Vorstellungen darüber, wie sich der größtmögliche Nutzen für die größtmögliche Anzahl von Menschen erreichen ließ; dahinter folgte, mit weitem Abstand, der Marxismus. Seit Jahrzehnten hatte es keine wichtigen systematischen Arbeiten auf diesem Gebiet mehr gegeben. *Eine Theorie der Gerechtigkeit*, eine umfassende Verteidigung des liberalen Egalitarismus, verlieh dem Thema neue Impulse. Das geschah zum Teil durch die Rückbesinnung auf die Tradition des Gesellschaftsvertrags, die der Utilitarismus verdrängt hatte, eine Tradition, der zufolge die politische Legitimität aus einer Art Vereinbarung zwischen Regierenden und Regierten erwächst. Das Buch war jedoch keine bloße Variation der Tradition, keine maßvolle Überarbeitung von Locke, Rousseau oder Kant. Rawls bediente sich vielmehr der Ressourcen der modernen analytischen Philosophie, um Schritt für Schritt einen neuen Ansatz für die moralischen Grundlagen des politischen Lebens zu entwickeln; zu diesem Zweck arbeitete er die Implikationen eines Gedankenexperiments darüber aus, welche Art von Gesellschaft die Menschen entwerfen würden, wenn sie nicht wüssten, wo sie am Ende selbst in dieser Gesellschaftsordnung landen würden. Eine Gesellschaft, die unter einem solchen «Schleier des Nichtwissens» entworfen würde, so schrieb er, würde garantieren, dass «jeder Mensch eine aus der Gerechtigkeit entspringende Unverletzlichkeit [besitze], die auch im Namen des Wohles der ganzen Gesellschaft nicht aufgehoben werden kann». Jeder Mensch hätte das Recht auf so viel Freiheit, wie mit der Freiheit der anderen vereinbar ist. Soziale und wirtschaftliche Regelungen sollten so gestaltet sein, dass sie allen zugute kommen: Ungleichheiten wären nur akzeptabel, soweit sie unvermeidlich seien in einem System, das insgesamt gesehen die Lebensbedingungen der am schlechtesten Gestellten verbessere.

Rawls vertrat diese These mit außergewöhnlicher Kreativität, Gründlichkeit und stiller moralischer Überzeugung. Seit 1971 haben seine Ideen Hunderte von Büchern und Tausende von Artikeln inspiriert, und seine liberale egalitäre Perspektive ist in der politischen Philosophie des Mainstreams quasi zum Standard geworden. Rawls'

Harvard-Kollege Robert Nozick bemerkte kurz nach der Veröffentlichung des Buches: «Politische Philosophen müssen fortan entweder mit Rawls' Theorie arbeiten oder erklären, warum sie es nicht tun.»

Nozick selbst ist das berühmteste Beispiel für jemanden, der das «Warum nicht» erklärte, indem er sein Buch *Anarchy, State, and Utopia* (1974, dt. *Anarchie, Staat, Utopia*) schrieb – eine wichtige Kritik aus der Sicht eines libertären Rechten. Andere haben Rawls aus sozialistischer oder kommunitaristischer Perspektive oder aus Frustration über seine abstrakte Methodologie kritisiert – G. A. Cohen, Michael Walzer, Charles Taylor und Raymond Geuss gehören zu den prominentesten Vertretern dieser Kritik. Andere, die Rawls' Ideen eher zugeneigt sind, haben beklagt, diese hätten trotz ihrer großen akademischen Wirkung keinen erkennbaren Einfluss auf die tatsächliche Politik gehabt.

Dieser scheinbare Mangel an politischem Einfluss mag Rawls enttäuscht haben. Er selbst hatte als Soldat die schlimmsten Kämpfe im Pazifik während des Zweiten Weltkriegs erlebt, war ein scharfer Kritiker der Atombombenabwürfe auf Hiroshima und Nagasaki, und als er nach dem Krieg und inmitten der Turbulenzen der 1960er Jahre seine Ideen entwickelte, war eines seiner Ziele, einen Weg zur Eindämmung politischer Gewalt zu finden. Tatsächlich schrieb er, dass es eines der Ziele der politischen Philosophie ganz allgemein sei, dem politischen Fanatismus die Schärfe zu nehmen und zu erklären, warum unsere politischen Institutionen, so unvollkommen sie auch sein mögen, nicht völlig willkürlich oder gleichmäßig repressiv seien.

Es könnte allerdings sein, dass *Eine Theorie der Gerechtigkeit* in der Praxis mehr Gutes bewirkt hat, als die Kritiker meinen. Mögen wir die Art von Gesellschaft, die er sich vorgestellt hat, auch noch nicht erreicht haben, so haben sein außerordentlicher intellektueller Einfluss und die Großzügigkeit des Geistes, die seinem Werk zugrunde liegen, vielleicht dazu beigetragen, uns vor schlechteren Alternativen zu bewahren. Und es ist mit Sicherheit keine geringe Leistung, die Welt der Ideen dauerhaft und maßgeblich verändert zu haben.

Aus dem Englischen von Andreas Wirthensohn

ALEXANDER SOLSCHENIZYN

August neunzehnhundertvierzehn

Vom Scheitern einer tragisch
dysfunktionalen Weltsicht

⸺

Von Harold James

Hätte es den 24. Februar 2022 nicht gegeben, hätte ich mich nicht für dieses Buch entschieden, das voller anstößiger, abstoßender nationaler oder ethnischer Stereotype über Ukrainer, Polen, Juden und Amerikaner ist. Nach der russischen Invasion in der Ukraine sehe ich Alexander Solschenizyns Roman jedoch als eine schreckliche, entsetzlich hellsichtige Vorhersage einer ewig wiederkehrenden Dynamik. In diesem Sinne ist es *leider* ein Buch, das in unsere Zukunft weist.

Erstens und ganz offensichtlich ist der Roman eine vernichtende Anklage gegen einen schlecht durchdachten Invasionsplan, ausgeführt von einer tölpelhaften Armee und orchestriert (oder eher das Gegenteil von orchestriert: vielleicht ist «kakophonisiert» das richtige Wort) von einem inkompetenten militärischen Establishment, an des-

---

* Alexander Solschenizyn, Август Четырнадцатого, Paris 1971. *Deutsch:* August neunzehnhundertvierzehn. Aus dem Russischen von Alexander Kaempfe, München 1971.

sen Spitze ein selbstgefälliger und abgehobener Führer steht, der nicht in der Lage ist, zu erkennen, was wirklich in Russlands langfristigem Interesse liegt. Die einfachen Soldaten sind schlecht ausgerüstet, schlecht ernährt, erschöpft und fehlgeleitet. Sie werden in Gewaltmärschen zu Fuß an die Front geschickt, selbst wenn es Eisenbahnlinien gibt. Mal marschieren sie ziellos in eine Richtung und wieder zurück. Mal werden sie in einer Zangenbewegung von einem Feind isoliert, der viel besser organisiert ist und dessen Befehlshaber vor Ort Eigeninitiative zeigen können. Auf deutscher Seite ignoriert General von François die Befehle seines Vorgesetzten und führt ein blitzartiges Umzingelungsmanöver durch, das die von General Samsonow befehligte Zweite Russische Armee vernichtet. Es fällt nicht schwer, dabei an die heutige, aktuelle Situation zu denken, an die Geschichte von der inhärenten strategischen Flexibilität der ukrainischen Armee. Und man erkennt die russische Dynamik, mit der das Land aufgrund interner Probleme in den Krieg getrieben wird. «Es war», so Solschenizyn, «ein Teufelskreis: Der Frieden war notwendig, weil die Situation im Inneren so schlecht war, aber der Frieden würde die Situation im Inneren nur verschlimmern. Wie schwierig doch alles war: Unaufhörlich wucherten Komplikationen, die der menschliche Verstand nicht zu lösen vermochte.»

August neunzehnhundertvierzehn ist eine tiefgreifende Auseinandersetzung mit der russischen Geschichte. In der zweiten und erweiterten Ausgabe des Romans, die 1983 außerhalb der Sowjetunion in Paris veröffentlicht wurde, gibt es ein sehr langes, rein historisches Kapitel über den reformorientierten Ministerpräsidenten Pjotr Stolypin, der 1911 von einem Terroristen ermordet wurde. Stolypin hat eine robuste – brutale – Sicht des Fortschritts, die Solschenizyn befürwortet: «Man kann das allgemeine Gesetz nicht an ein anormales Phänomen anpassen. Wenn man ein Gesetz für das ganze Land ausarbeitet, muss man an die Vernünftigen und Starken denken, nicht an die Betrunkenen und Schwachen. Starke Menschen dieser Art sind in Russland in der Mehrheit.» Die Tötung Stolypins bedeutet das Ende jeder Hoffnung auf Reformen. Es ist bezeichnend, dass Zar Nikolaus II. seinen sterbenden Minister ignoriert: «Weder in diesem Augenblick noch später begab sich der Zar zu dem Verwundeten hinunter. Er kam nicht zu ihm. Er kam nicht in seine Nähe. Dabei hatten diese Kugeln die Dynastie ausgelöscht.»

Oberst Georgij Worotynzew, der fiktionale Vertreter eines möglichen neuen Russlands – der Vision, die untergeht –, ist Solschenizyns Verschmelzung der beiden Tolstoi'schen Figuren Graf Pierre (Pjotr) Besuchow und Fürst André (Andrej) Bolkonski. Der dynamische Oberst reist allein, begleitet von einem Soldaten, der einen Einblick in die Gedankenwelt des bäuerlichen Russlands gibt (ein Pendant zu Tolstois Platon Karatajew). Dieser Mann, das Sprachrohr des Autors, erklärt, «dass man moderne Technik, moderne Organisation und schnelles und wildes Denken brauchte». Und er erkennt von Anfang an, wie die militärische und politische Elite die Ressourcen des Landes vernichtet. «Konnte das Land dieses Reservoir an spontanem Patriotismus einfach vergeuden? Es konnte. Von den ersten Kriegstagen an hatten die Generäle damit begonnen, ihn in den Abfluss zu schütten.» Der dramatische Höhepunkt des Romans ist Worotynzews Darlegung der Ursachen des militärischen Scheiterns vor dem russischen Oberbefehlshaber, Großfürst Nikolaj Nikolajewitsch. «Die Schlussfolgerung, die ich ziehe, ist, dass wir unfähig sind, eine Einheit zu führen, die größer ist als ein Regiment, und dass nur ein Ignorant versprochen haben kann, unsere Einheiten in die Schlacht zu führen, stückchenweise und in einem Zustand der Unbereitschaft.»

Auch der unglückselige General Samsonow ist für Solschenizyn ein Held, auf eine seltsame Art und Weise ein Vertreter der wahren russischen Tradition. Er will sich nicht zurückziehen – stattdessen geht er auf eigene Faust los und erschießt sich. Die ganze Zeit über sehnt er sich nach den Gewissheiten des orthodoxen Christentums. Immer wieder stellt er sich die große Kathedrale von Nowotscherkassk vor, doch er erkennt, wie verheerend die Lage ist: «Es war, als hätten Christus und seine Mutter Russland verstoßen.» Am Ende bleibt nichts als Desillusionierung: Samsonow «hatte es gut gemeint, und die Ergebnisse waren äußerst schlecht, so schlecht, wie sie nur sein konnten».

Solschenizyns Werk ist eine tiefgründige Meditation über das Erbe von Leo Tolstoi und über den Unterschied zwischen Ost und West. Das Buch selbst ist ostentativ an *Krieg und Frieden* angelehnt, ein aus literarischer Sicht zweifellos viel bedeutenderes Werk. Zu Beginn von Solschenizyns Buch besucht ein junger Mann, Isaaki «Sanja» Lashenizyn, der eindeutig dem Vater des Autors, Isaj Solschenizyn, nachempfunden ist, der ebenfalls in der Schlacht bei Tannenberg kämpfte, den alten Weisen von Jasnaja Poljana. Später, in einem zentralen Kapitel des Romans (Kapitel 42), begegnet Sanja einem älteren Bibliothekar, der als «Sterndeuter» bekannt ist und der eine antitolstoianische Vision vertritt. Der Astrologe bestreitet Tolstois Vorstellung vom Christentum, wonach es sowohl den Glauben als auch die Vernunft umfasst – ein Gedankengang, der im Zentrum des katholischen oder westlichen Christentums steht –, und vertritt stattdessen die Auffassung, dass wahrer Glaube irrational sein muss. «So behauptet er [Tolstoi], die Lehre Christi beruhe auf der Vernunft und sei daher von unmittelbarem praktischen Nutzen für uns. Das ist aber völlig falsch. In einem weltlichen Sinn ist das Christentum überhaupt nicht vernünftig, es ist vielmehr ziemlich irrational. Das liegt in seinem Wesen. Und es stellt die Gerechtigkeit über alle irdischen Erwägungen.»

Die Ansicht, dass die Geschichte nicht von der Vernunft bestimmt wird, taucht immer wieder auf. Solschenizyn macht sie sich zu eigen – und das ist zentral für seine stolze Behauptung des Russentums. Aber – und das weiß auch der Autor – diese Haltung kann in eine fatale bösartige Karikatur abgleiten. Wie in den Überlegungen des mürrischen Generals Netschwolodow, der seine Energie darauf verwendet, eine Geschichte Russlands für das einfache Volk zu schreiben: «In seiner Version hatte die Orthodoxie immer recht gegenüber dem Katholizismus, die Herrscher von Moskau gegenüber denen von Nowgorod. Die russische Art war sanfter und reiner als die des Westens.» Netschwolodow ist ein Versager: denn das Buch, das selbst versagt, wenn es darum geht, *Krieg und Frieden* wirklich zu aktualisieren, zeigt von innen heraus das Scheitern einer tragisch dysfunktionalen Weltsicht in der Vergangenheit, aber auch in der Gegenwart und in der Zukunft – einer Weltsicht, die dennoch immer wieder bekräftigt und neu belebt wird.

Aus dem Englischen von Andreas Wirthensohn

DENNIS L. MEADOWS
Die Grenzen des Wachstums

ULRICH BECK
Risikogesellschaft

Weggabelungen

Von Gunter Hofmann

Ein gutes halbes Jahrhundert ist vergangen, seit der Club of Rome (1968 von einer Gruppe unabhängiger Wissenschaftler gegründet) in seinem ersten Bericht anhand empirisch ermittelter Trends globale «Grenzen des Wachstums» aufzeigte. Im Zentrum der Modellrechnungen eines Teams vom Bostoner Massachusetts Institute of Technology (mit 70 Wissenschaftlern unterschiedlicher Disziplinen aus 25 Staaten) unter der Regie von Dennis Meadows stand kühn die Zu-

---

* Dennis L. Meadows, Donella H. Meadows, Jørgen Randers, William W. Behrens III., The Limits to Growth. A Report for the Club of Rome's Project on the Predicament of Mankind, New York 1972. *Deutsch:* Die Grenzen des Wachstums. Bericht des Club of Rome zur Lage der Menschheit. Aus dem Amerikanischen von Hans-Dieter Heck, Stuttgart 1972.
Ulrich Beck, Risikogesellschaft. Auf dem Weg in eine andere Moderne, Frankfurt am Main 1986.

kunft des Planeten. Der Verbrauch von Rohstoffen und der zunehmende Konsum von «Natur», der mit dem industriellen Fortschritt einhergeht, drohe in spätestens hundert Jahren zu einem absoluten Kollaps zu führen. Industrieproduktion, Bevölkerungswachstum, Verschmutzung der Umwelt, Energieverbrauch und Raubbau an der Natur, all das beeinflusse einander; die Kurven in ihren Modellen wiesen exponentiell nach oben.

Noch nie war der schier unverwüstliche Fortschrittsglaube mit nüchternen Daten, Fakten und Berechnungen derart pessimistisch eingetrübt worden. Weiteres Wachstum in diesem Tempo, das vor allem dem reichen Norden zugutekäme, würde den Süden noch stärker benachteiligen, der jetzt schon an Hunger, Armut und Dürre leide. Die Subbotschaft: Die Logik endlosen Wachstums sei unserem Wirtschaftssystem eingebaut, schwerlich könne man mit Instrumenten des kapitalistischen Wirtschaftens gegen etwas ankämpfen, was selbst Produkt dieses Systems sei.

Im Zentrum stand damals nicht die Klimaveränderung; als das Großthema galt die Bevölkerungsexplosion (anders als heute). Exponentiell wachse zwar der Ausstoß an CO_2 jährlich um 0,2 Prozent. Allerdings werde die Kernenergie zunehmend fossile Brennstoffe ersetzen, damit sinke die Freisetzung von CO_2, «ehe es messbare ökologische und klimatologische Wirkungen hinterlassen hat». In diesem Punkt irrte der Bericht.

Wie unvollkommen auch immer, wirkte das Buch zu dem Zeitpunkt wie ein überfälliger überparteilicher Sprengsatz – der Kalte Krieg war noch nicht wirklich beendet, aber Moskau konnte mit Methoden wie 1968 in Prag sein Imperium nicht länger zusammenzwingen. Die sozialistischen Gesellschaften suchten – unübersehbar – geradezu verzweifelt Anschluss an dasselbe Fortschrittsmodell, das der Club aufspießte. Amerika wiederum war angeschlagen, weil zutiefst in den Vietnamkrieg verstrickt. Willy Brandts Westdeutschland suchte mit der Ostpolitik ein Stück Emanzipation oder «Wandel durch Annäherung». Konvergenz lag in der Luft. Selbst die IG Metall, europäischer Machtblock des industriellen Fortschrittsbegriffs, dachte 1972 laut über «Qualität des Wachstums» nach. Ließe sich wirklich eine Politik des *degrowth*, des stetigen oder qualitativen

Wachstums, durchsetzen? Am Horizont sah man einen Silberstreif.

Man wisse noch nicht viel darüber, hatten Meadows und sein Team übrigens Einwände antizipiert, welche Schadstoffmengen man der Umwelt aufbürden könne, ohne das ökologische Gleichgewicht schwer zu schädigen. Aber, drängten sie, schon diese Unkenntnis sollte zu Vorsicht mahnen ...

Weltweit hörte man zu, zum großen Umdenken und Umsteuern reichte es dennoch nicht. Im Rückblick aber sieht man genauer: Nicht zuletzt ist es Meadows und seinem Team zu danken, dass man die frühen siebziger Jahre heute als Vorläuferjahre erkennt. Unser Fortschrittsbegriff, unser Wachstumsmodell konnte nicht ewig gelten. Für einen Moment öffneten sich neue Möglichkeitsräume, «eine Gesellschaft im weltweiten Gleichgewicht» (von «Nachhaltigkeit» würde man heute sprechen). An Erkenntnissen fehlte es nicht.

Der frisch gewählte Kanzler, Helmut Schmidt, antwortete im Jahr 1974 auf die Frage, was er von diesen Grenzen-des-Wachstums-Thesen halte, knapp mit: «Club of Rome? Kenne ich nicht.» Man solle im Übrigen nicht über Probleme reden, die man nicht lösen kann. Viele Lacher hatte er auf seiner Seite.

Ein Jahr später, 1975, veröffentlichte Erhard Eppler – aus Schmidts Kabinett demonstrativ ausgeschieden – sein nachdenkliches Buch *Ende oder Wende*, das den Gedanken von den Grenzen des Wachstums aufgriff. 1976 erschien aus der Feder von Carl Améry *Natur als Politik. Die ökologische Chance des Menschen*, 1980 *Das Ende unserer Epoche* von E. F. Schumacher. In diesen Jahren formierte sich eine neue Partei, die sich später «Die Grünen» nennen sollte und 1983 in den Bundestag einzog.

Ganz anders als Meadows und sein Team ging 1986 Ulrich Beck in seinem Buch vor, dem er den Titel *Risikogesellschaft. Auf dem Weg in eine andere Moderne* gab. Der Autor, damals junger Soziologie-Star in Bamberg, warnte schon im Vorwort, «mit dem üblichen akademischen Abwägen ist der Schwerkraft des alten Denkens nicht zu widerstehen». An die Regeln der empirischen Sozialforschung werde er sich nicht halten. Begeisternd frech versprach er eine «projektive Gesellschaftstheorie – ohne alle methodischen Sicherungen». Ganz ohne

Computer-Modelle diagnostizierte er als «Augenzeuge» – «Subjekt und Objekt» – einen Bruch innerhalb der Moderne, die sich aus den Konturen der klassischen Industriegesellschaft herauslöse und eine neue Gestalt, die «Risikogesellschaft», auspräge. Zwar räumte Beck gleich ein, von dem atomaren Supergau in Tschernobyl (1986) beim Verfassen des Buches überrascht worden zu sein, aber – er sah sich bestätigt. Meadows und sein Team hatten vor Katastrophen gewarnt, in der Ukraine war der Fall nun eingetreten. Ja, wir sitzen auf einem «zivilisatorischen Vulkan». Der Autor: Wer dennoch zwischen den Zeilen etwas wie das Glitzern eines Sees zu erkennen meine, täusche sich nicht, entstanden sei das Buch auf einer Wiese hoch über dem Starnberger See. Im Zuge der «exponentiell wachsenden Produktivkräfte» wüchsen Risiken und Selbstbedrohungspotentiale in einem bis dahin unbekannten Ausmaß. Das sei nicht Miesmacherei. Man müsse die «reflexive Moderne» zum Projekt machen. Darin sollten Politik und eine neue Subpolitik *(bottom up)*, wie er es nannte, Arbeit und Macht teilen, auf Politik komme eher eine «bewahrende, diskursive, schlichtende Rolle» zu. So beschwor Beck unsereins, uns alle, sich an die Spitze der Bewegung zu stellen.

Fünfzig Jahre nach den *Grenzen des Wachstums* zog der Sozialwissenschaftler Jens Beckert, Direktor des Max-Planck-Instituts für Gesellschaftsforschung (Köln), so nüchtern wie überzeugend Bilanz: Die Klimakrise betrachtete er als dramatischsten Ausdruck der tradierten Wachstumspolitik, die ihrer Folgen nicht Herr wird.[1] Innerhalb der Strukturen von Gesellschaften, die kapitalistisch, demokratisch und konsumistisch verfasst sind, sei das Problem unlösbar. In kapitalistischen Märkten gebe es keinen eingebauten Mechanismus, um ökologische Schäden zu berücksichtigen – und die Politik habe gegen das Geschäftsmodell fossiler Energien keinen Hebel. Zudem müsste großen Teilen der Weltbevölkerung das zentrale Versprechen der Nachkriegszeit verweigert werden, dass alle Länder zum westlichen Wohlstandsniveau aufholen könnten. Unmöglich! Und schließlich: Das ökonomische System baue auf Konsum als Motor, und der Konsum sei wiederum «Steuergrundlage» für den Staat. «Wunschdenken» bleibe es also, dass unsere Gesellschaften noch rechtzeitig aus ihrer Lage herausfinden.

Es fällt schwer, zu widersprechen. Wäre es so weit gekommen, wenn Staaten, Industrie, Konsumenten, wenn wir alle uns 1972 auf den «pessimistischen» Mahnruf des Club of Rome eingelassen hätten? Hätten wir mehr erreicht, wenn wir uns wenigstens nach Tschernobyl für das «optimistisch» gewendete Projekt reflexiver Moderne – Utopie meinethalben – stark gemacht hätten? Ich frage ja nur. An den Weggabelungen standen jedenfalls Bücher.

Anmerkung

1 Jens Beckert, Warum reagieren wir zu langsam auf den Klimawandel?, in: Die Zeit, Nr. 46, 10.11.2022, S. 53.

ROBERT M. PIRSIG

Zen und die Kunst,
ein Motorrad zu warten

Der Buddha in der Blockchain

⤳

Von Sebastian Ritscher

Die Hippies der frühen 1970er Jahre verwarfen mit dem American Dream die Werte ihrer Vorfahren und deren Streben nach Fortschritt und materiellem Wohlstand. *Zen und die Kunst, ein Motorrad zu warten* erschien damals zur richtigen Zeit. Das Buch bot ein Lebensmodell an, das den von kalter Vernunft getriebenen technischen Fortschritt mit Spiritualität und einer humaneren Sichtweise in Einklang brachte.

Die Menschen, die heute immer freitags für die Zukunft demonstrieren, haben andere Motive als die Hippies, aber ähnliche Ziele. Ist der Klassiker der New-Age-Literatur für sie noch relevant?

Zen und die Kunst, ein Motorrad zu warten ist ein autobiografischer, philosophischer Roman, in dem Robert M. Pirsig von einer Reise erzählt, die er 1968 von Minneapolis nach San Francisco auf einer zwei-

---

* Robert M. Pirsig, Zen and the Art of Motorcycle Maintenance. An Inquiry into Values, New York 1974. *Deutsch:* Zen und die Kunst, ein Motorrad zu warten. Ein Versuch über Werte. Aus dem Amerikanischen von Rudolf Hermstein, Frankfurt am Main 1976.

zylindrigen Honda Super Hawk CB77 (Baujahr 1966, 21 PS) unternommen hat. Unterwegs führt er philosophische Monologe, die er Chautauquas nennt – nach den reisenden Vortragszelten der Jahrhundertwende, gewissermaßen dem historischen Vorbild für TED-Talks.

In vielen der Chautauquas geht es um den Begriff *Quality*. Damit ist eine nicht zu definierende Größe gemeint, die sich während der Auseinandersetzung zwischen Menschen und Dingen ereignet. *Quality* ist weder nur Schönheit noch reine Vernunft, weder nur Romantik noch ganz Klassik, weder Poesie noch Betriebsanleitung. *Quality* entsteht im respektvollen Umgang des Menschen mit den Dingen, und zwar überall, denn der Buddha residiert im Getriebe eines Motorrads oder im Schaltkreis eines Computers ebenso bequem wie auf einer Bergspitze oder der Blüte einer Blume.

Pirsigs Zweirad steht heute im Smithsonian National Museum of American History. In der Populärkultur der Siebziger waren Motorräder dank Che Guevara und *Easy Rider* ein Symbol für Freiheit, Selbstbestimmung und Abenteuer. Im Buch dient es als Beispiel für die Moralphilosophie des reisenden Philosophen.

Auf dem Sozius: Pirsigs elfjähriger Sohn Chris. Beide sind empfänglich für die Gefühlstiefen der Seele, beide leiden unter depressiven Störungen. Zwei Jahre vor der Reise löschte eine Behandlung mit Elektroschocks Robert M. Pirsigs Gedächtnis aus. In den Chautauquas erinnert er sich an seine frühere Persona, die er Phaedrus nennt und die ihn und Chris als Geist auf ihrem Ritt über die Rockies verfolgt wie der Erlkönig.

Phaedrus war ein Suchender. Er unterrichtete Rhetorik und haderte mit den akademischen Institutionen. Als er auf den Begriff *Quality* stieß, ihn philosophisch begründen und in seiner Lehrtätigkeit anwenden wollte, setzte er sich dem Spott der philosophischen Fakultät der Universität von Chicago aus. Er hielt sie in ihrer kalten Analyse für selbstverliebt und rückwärtsgewandt. Sie bot keinen Platz für seine Kritik an der sokratischen Methode.

Pirsig nimmt diese Gedanken in den Chautauquas wieder auf, verortet *Quality* nun aber in der forschenden, analysierenden und improvisationsfreudigen Arbeit des guten Handwerkers. Für diese Form der Interaktion verwendet er, inspiriert vom antiken griechischen *Aretē*, das veraltete englische Wort *gumption* und meint damit eine von Neugier und Optimismus geprägte Haltung im Umgang mit der Technik und der Natur.

Diesem tapfer forschenden Mechaniker stellen sich jedoch drei Hindernisse in den Weg: die Wertefalle, die Wahrheitsfalle und die Muskelfalle. Sie überwindet, wer die eigenen Werte überprüft, im Zweifel pausiert und sich das richtige Werkzeug baut, anstatt zu beharren. Und so entsteht *Quality:* weder in der Maschine noch im Mechaniker, sondern in der guten Reparatur. *Quality* erfährt, wer die harmonische Ordnung von Bestandteilen erkennt: «Quality is the continuing stimulus which our environment puts upon us to create the world in which we live; all of it; every bit of it.» Damit weist das Buch einen Ausweg aus dem dualistischen Modell und postuliert eine Harmonie aus Körper und Geist, ohne dabei auf die ordnende Kraft der Vernunft zu verzichten.

In der klassischen Methode der Wissenschaft dagegen sieht Pirsig eine Gefahr, weil sie nicht zur einzigen Wahrheit führt, sondern zu vielen relativen, und damit soziales Chaos verursacht. «For every fact, there is an infinity of hypothesis.» Die traditionell wissenschaftliche Methode bestätigt nur, was man zu wissen glaubt, «but it can't tell you where you ought to go». In der analytischen Beobachtung und Benennung der Bestandteile eines Systems entsteht keine *Quality*. Universitäten erlebt er als seelenlose Tempel der Vernunft, die nur aus Form und Inhalt bestehen, frei von *Quality*.

Für Greta Thunberg und die Enkel der Hippies ist es aber gerade die Wissenschaft, die ihren Kampf legitimiert und deren Erkenntnisse die Zukunft retten sollen. Ist Robert M. Pirsigs *Inquiry into Values* für sie also obsolet?

Das Buch wirkt streckenweise etwas veraltet, aber zeitlos sind sein Empowerment für Improvisation und die Ermutigung zu tapferem Anpacken von Problemen, deren Ursachen nie nur im Objekt liegen, sondern immer auch im Betrachter. Für den Umweltschutz gehört diese Erkenntnis zur Grundausrüstung: dass ein kaputtes System nur reparieren kann, wer es versteht und sich als Teil davon sieht.

Auf der ersten Teilstrecke ihrer Reise werden Robert und Chris von einem befreundeten Paar begleitet, Sylvia und John. Sie fahren eine neue BMW, die John für unantastbar hält. Nie würde er sie selbst reparieren. Robert M. Pirsig, der aus einer Bierdose das benötigte Ersatzteil für den Gashebel seiner Honda schneidet, sieht in Johns Haltung eine gefährliche Disharmonie, nämlich die romantische Dissoziation von Mensch und Technik.

Für Romantiker wie John gibt es in technischen Geräten keinen Buddha. Wer sich aber mit Klugheit und Tapferkeit an die Reparatur kaputter Systeme macht, wird in Robert M. Pirsigs weisem Buch, das George Steiner mit *Moby Dick* verglichen hat, viel Gutes entdecken, denn der Buddha steckte vor fünfzig Jahren im Schaltkreis eines damaligen Computers ebenso wie heute im tausend Mal komplexeren iPhone und in der Blockchain.

RAYMOND ARON

Clausewitz

In der Gegenwart nichts Neues

~

Von Jürgen Osterhammel

Würde nach einem Buch für die einsame Insel gefragt, nach einem unanfechtbaren Klassiker, nach einer Lektüre, die tröstet oder die umgekehrt in die Abgründe der Gegenwart und vielleicht auch der Zukunft blicken lässt, dann wäre dies hier eine unpassende Empfehlung. Beim Thema «Krieg», das viele Anfang 2022 schon fast vergessen hatten, an Carl von Clausewitz (1780–1831) zu denken, ist fast schon ein klischeehafter Reflex: an wen sonst? Es gibt in der Geschichte unendlich viele Strategen, Kriegsplaner und Kriegshistoriker, aber nur sehr wenige Theoretiker, die das Wesen des Krieges zu ergründen versuchten. Einer der wenigen ist der in der zweiten Cholera-Pandemie verstorbene preußische General. Clausewitz' *Vom Kriege*,[1] 1832 bis 1834 von seiner Witwe Marie herausgegeben, ist ein sperriges Meisterwerk. Der Autor schrieb etwa zwei Jahrzehnte lang daran und begann wenige Jahre vor seinem Tod mit einer Revision des Manuskripts, die früh steckenblieb. Eine im feinsten Detail durch-

---

* Raymond Aron, Penser la guerre, Clausewitz, 2 Bände, Paris 1976. *Deutsch:* Clausewitz. Den Krieg denken. Aus dem Französischen von Irmela Arnsperger, Frankfurt am Main u. a. 1980.

gearbeitete Fassung erster Hand existiert im Grunde nur von dem ersten von acht «Büchern» des Werkes, seinem auch für heutige Leserinnen und Leser zugänglichsten Teil. Andere Passagen sind schwer lesbar, mit ihren militärpraktischen Einzelheiten ein faszinierender Stoff nur für diejenigen, die sich für die Napoleonischen Kriege begeistern können.

Vom Kriege ist ein Buch, das in jede Zukunft weist, in der es Kriege geben wird. Auch wer der strengen Systematik der Clausewitz'schen Kriegstheorie nicht folgen will, wird viel Überraschendes entdecken, das prophetisch klingt, ohne prophetisch gemeint zu sein. So finden sich Bemerkungen über Angriffskriege und die Verteidigung dagegen, die unmittelbar auf die Lage der Ukraine im Jahr 2023 gemünzt sein könnten. Clausewitz' Bemerkungen zum Verhältnis von politischer und militärischer Führung, seine Unterscheidungen wie die zwischen militärischen «Zielen» im Kriegsverlauf und politischen «Zwecken» eines Krieges insgesamt bleiben für die Gegenwart bedeutsam. Was er über die Bedingungen militärischen Handelns sagt, etwa über Stillstand, Stagnation und Warten im Krieg, lässt den zeitlichen Abstand von beinahe zwei Jahrhunderten vergessen. In einer kurzen Passage über den absoluten Krieg hat der namhafte Militärhistoriker Michael Howard «a depressingly accurate description of contemporary nuclear strategy» gesehen.

Wenn ich nicht Clausewitz selbst, von dessen Lektüre niemandem abgeraten sei, sondern einen seiner Kommentatoren für den Kanon der zukunftsweisenden Bücher nominiere, dann hat das zunächst einmal den Grund, dass der Kommentator nicht irgendjemand ist, sondern Raymond Aron (1905–1983). Der Philosoph, Soziologe, Politikwissenschaftler und in mancher Hinsicht auch Historiker hatte bereits viele Bücher und zahllose Essays und Zeitungskolumnen veröffentlicht, als er sich zwischen 1972 und 1975 auf ein Projekt konzentrierte, das zu seinem Hauptwerk werden sollte: eine 1976 in zwei Bänden erschienene Studie über Carl von Clausewitz. Wer Arons flüssigen journalistischen und seinen gut fasslichen wissenschaftlichen Schreibstil kennt, wird von der Detailfreude und zuweilen zähen Mühe überrascht sein, mit der sich der große Intellektuelle an Clausewitz und seinem Erbe abarbeitet.

In die Zukunft weist vor allem der zweite Band, überschrieben *L'Âge planétaire*. Darin analysiert Aron in geschmeidiger und weiterführender Anwendung von Clausewitz' Kategorien die internationale Politik des 20. Jahrhunderts, vor allem seiner zweiten Hälfte, die im Zeichen der Atombombe stand. Die Bedrohung durch Nuklearwaffen besteht bis heute fort. Russland hat ein Tabu verletzt, indem es von einem möglichen Einsatz solcher Waffen redet. Da die Rüstungskontrolle zwischen den Supermächten weitgehend zusammengebrochen ist, ist die Gefahr so groß wie nie seit der Kubakrise von 1962. Das hätte Aron nicht überrascht. Er hätte auch mit seiner an Max Weber geschulten Nüchternheit und Skepsis die nach dem angeblichen Ende des Kalten Krieges vorherrschenden Narrative sarkastisch kommentiert: sowohl den Jubel über den westlichen «Sieg» im großen Systemkonflikt als auch die neo-imperialistischen Phantasien in der russischen Elite während der letzten beiden Jahrzehnte.

Raymond Aron hatte bereits 1962 sein großes Werk *Paix et guerre entre les nations* vorgelegt.[2] Es ist ebenso wenig wie das Clausewitz-Werk in der international dominierenden amerikanischen Wissenschaft von den International Relations (IR) aufgegriffen worden. Dafür war es zu historisch, stand zu quer zur Schul-Trias von realistischen, idealistischen und konstruktivistischen Ansätzen. Angesichts des Ukrainekriegs, bei dem sich die unterschiedlichsten Kriegsbilder – vom Wüten einer barbarischen Soldateska über Luftkrieg gegen die städtische Zivilbevölkerung und klassische Artillerieschlachten bis zur nuklearen Apokalypse-Drohung – überlagern, erweisen sich IR-Beiträge als weitgehend hilflos und irrelevant. Raymond Aron hingegen wird zum Analytiker der Stunde und zum unentbehrlichen Verständnishelfer, wenn es um den Umbruch zwischen verschiedenen Weltordnungen geht. Historisch umfassend unterrichtet und von der gesamten sozialwissenschaftlichen Tradition belehrt, bietet er einen Blick auf Krieg und Frieden, der einzigartig geblieben ist: einerseits durch die abwägende Verbindung einer Fülle von Aspekten vom Feindbild bis zu Geopolitik und Waffentechnologie (nur die Ökonomie kommt zu kurz), andererseits durch eine – weniger als beim Konkurrenten Henry Kissinger kompromittierte – Nähe zu dem, was Politiker denken, sagen und tun. Vier Jahrzehnte nach seinem Tod hören wir Raymond Arons Stimme als die eines «idealistischen Realisten», der uns unsere Illusionen raubt, aber nicht unsere Hoffnung.

Anmerkungen

1 Vom Kriege. Hinterlassenes Werk des Generals Carl von Clausewitz, 3 Bände, herausgegeben von Marie von Clausewitz, Berlin 1832–1834; siehe auch: Kriegstheorie und Kriegsgeschichte. Carl von Clausewitz. Helmuth von Moltke, herausgegeben von Reinhard Stumpf, Frankfurt am Main 1993.
2 Raymond Aron, Paix et guerre entre les nations, Paris 1962. Deutsch: Frieden und Krieg. Eine Theorie der Staatenwelt. Aus dem Französischen von Sigrid von Massenbach, Frankfurt am Main 1963.

EDWARD SAID

Orientalismus

Wissenschaft, Macht
und (Post-)Kolonialismus

Von Andreas Eckert

Der in Jerusalem geborene, dort und in Ägypten aufgewachsene und in den Vereinigten Staaten ausgebildete Literaturwissenschaftler Edward Said (1935–2003), der viele Jahre an der Columbia University in New York lehrte, hat mit seiner erstmals 1978 publizierte Studie *Orientalism* eine Sicht auf den Kolonialismus und die westliche Konstruktion der «Anderen» entworfen, auf die bis heute immer wieder Bezug genommen wird. Das vielfach wieder aufgelegte und in mehr als vierzig Sprachen übersetzte Buch gilt vielen als – wenn auch gleichsam unfreiwilliges – Gründungsmanifest der postkolonialen Studien. Die Literatur, die sich mit Saids dort entwickelten Thesen auseinandersetzt, türmt sich in den Bibliotheken zu Bergen, die beständig höher wachsen. Enthusiastisch gefeiert und barsch kritisiert, von den einen zu einer Art Bibel erhoben, von anderen hingegen als

---

* Edward Said, Orientalism, New York 1978. *Deutsch:* Orientalismus. Neue und verbesserte Übersetzung von Hans Günter Holl, Frankfurt am Main 2009.

schlampig gearbeitetes ideologisches Machwerk gescholten, trifft *Orientalism* bis heute einen Nerv und fordert zu einer grundsätzlichen Positionierung heraus. Zugleich haben sich Lesart und Interpretation der Studie über die vergangenen Jahrzehnte erheblich gewandelt. Said selbst war sich durchaus bewusst, dass sein Buch – wie vergleichbare historische Werke – selbst zu einem historischen Dokument werden musste, das die Zwänge und Ängste seiner Entstehungsbedingungen in gebrochener Form widerspiegelt.

Dass «orientalistisch» heute in vielen Kreisen ein verbreitetes Schimpfwort ist, zeugt von der argumentativen Kraft der Studie, aber eben auch von seiner vulgarisierenden Rezeption.

Aber worum genau geht es Said in dem Buch, das immerhin das Kunststück fertiggebracht hat, durch eine ideengeschichtliche Abhandlung ganze Wissenschaftsdisziplinen in Aufruhr zu versetzen? Said will die westlichen Bilder und Bewertungen anderer Kulturen vor allem dort treffen, wo sie im Gewande unanfechtbarer Wissenschaft auftreten. Im Zentrum der Studie steht der Orientalismusdiskurs, der, folgen wir Said, eine Art westliche Projektion darstellt, die an eine willentliche Unterwerfung des «Orients» gebunden ist. «Orient» steht für ihn recht vage für das Territorium des heutigen Mittleren Ostens, für einige semitische Gesellschaften sowie Südostasien. In diesem Zusammenhang betont er die folgenreiche Einteilung des Orients in eine «gute Hälfte», die durch das klassische Indien repräsentiert wird, und eine «böse Hälfte», die das heutige Asien, Nordafrika sowie den Islam insgesamt umfasst.

Said thematisiert erstens die Konstruktion des Orients durch Europa und die damit verknüpften Repräsentationstechniken sowie, zweitens, die Instrumentalisierung dieses akademisch informierten «Wissens» zur kolonialen Herrschaftsstabilisierung. Seine Aufmerksamkeit richtet sich in besonderem Maße auf die Diskurse, die sowohl die hegemonialen Epistemologien als auch die materiellen Realitäten konstruieren. Der orientalistische Diskurs gleiche einem pausenlosen, besserwisserischen, unentwegt etikettierenden und klassifizierendem Monolog. Dabei werde der Orient als etwas konstruiert, das möglichst verschieden von Europa sein soll – oder mit anderen Worten: Die Orientalisten «erfinden» den Orient, um sich dann das Expertenmonopol über ihn zu sichern und zugleich die Stabilität und Überlegenheit des «Eigenen», des Westens zu unterstreichen. Niemand hat mehr dazu beigetragen als Said, die Imperialismusdebatte von Marx auf Foucault umzuorientieren und den Blick auf die Analyse diskursiver und institutioneller Dynamiken akademischer Produktion zu lenken. Ihm selbst ging es weniger darum zu belegen, dass der Orientalismus irgendwie «falsch» im empirischen Sinne gewesen wäre, sondern er wollte zeigen, dass er Teil eines – im Foucault'schen Sinne – «Macht-Wissen-Komplexes» war.

Saids Tendenz, den «Westen» zu essentialisieren, gar zu dämonisieren und parallel eine scheinbar unwandelbare Essenz des Orientalismus zu unterstellen, die kaum Raum für das Denken von Widerständen und Heterogenitäten lässt, ist vielfach und zu Recht kritisiert worden. Sicher, sein Interesse war deutlich darauf gerichtet, weniger den Wandel als die Kontinuität einer ideologischen Tradition zu erklären. Zugleich hat er den Orientalismus als ein dynamisches und flexibles Deutungssystem begriffen, mit je nach Epoche sehr unterschiedlichen Ausdrucksformen. Und genau diese Fertigkeit, die Tonlage dem Kontext gemäß zu wechseln, machte den Orientalismus für ihn zu einer unverwüstlichen, vitalen Ideologie – einer Ideologie, die immer noch unter uns ist und sich auf sehr unterschiedliche Art auszudrücken vermag: mal als explizites, oft rassistisch imprägniertes Vorurteil, mal als kaum wahrnehmbare Modulation, gelegentlich als heftige Eruption. Deutlich wird allerdings, dass sich das Verständnis der Inhalte und Äußerungsformen von Orientalismus seit der Erstpublikation von Saids Studie Ende der 1970er Jahre deutlich verändert hat.

So war *Orientalism* im Kern eine Kritik an den «Experten», den Produzenten von Wissen über die arabisch-islamische Welt, von Montesquieu und Flaubert bis zu zeitgenössischen Wissenschaftlern wie dem in Princeton lehrenden Historiker und Islamspezialisten Bernard Lewis, der sich wie viele seiner Fachkollegen von Said auf den Schlips getreten fühlte, arg sauertöpfisch reagierte und Thesen des Buches als «empörend» und «absurd» bezeichnete. Der gegenwärtige Orientalismus ist jedoch nicht mehr auf akademische Experten mit Beraterehrgeiz angewiesen. Es mag weiter altmodische Orientalisten geben, die auf Quellenstudien basierende tendenziöse Arbeiten publizieren, für die Politik und Öffentlichkeit sind sie nicht mehr relevant. Das Zeitalter von Twitter, Facebook und Darknet verschafft jenen Nichtexperten Raum, die ihre anti-intellektuelle Einstellung als Tugend zelebrieren und der Ignoranz und Intoleranz im Umgang mit Muslimen und der islamischen Welt frönen.

«Angesichts dieser integrationsfeindlichen, islamophoben Form des heutigen Orientalismus», schrieb der Publizist Adam Shatz vor einigen Jahren in der *London Review of Books*, «könnte man direkt eine nostalgische Sehnsucht nach dem alten, dem lyrisch-romantischen Orientalismus entwickeln, der sich noch als Brücke zwischen Ost und West imaginierte.» Saids Buch mag die gegenwärtigen Formen des Orientalismus nicht antizipiert haben. Doch hat es die Ursprünge einer Denktradition freigelegt, die – leider – auch in Zukunft relevant sein wird, und nebenbei eine bis heute anregende Perspektive auf die Beziehung zwischen Wissenschaft und Macht im Umgang mit (ehemals) kolonisierten Gesellschaften etabliert. *Orientalism* ist ein Buch, das bleiben wird.

JACK GOODY

Die Entwicklung von Ehe und Familie in Europa

Die sozialen Ordnungen
Lateineuropas neu denken

⌣

Von Bernhard Jussen

Jack Goody (1919–2015) war ein außergewöhnlicher Sozialanthropologe,[1] seine Schriften sind bis heute eine Herausforderung. Goodys Feldforschungen galten insbesondere Gesellschaften an der Westküste Afrikas, seine besondere Energie dem Anspruch, Anthropologie und Geschichte zusammen zu denken, und seine zentralen Fragen dem globalen Blick auf langfristig wegweisende Phänomene der Menschheitsgeschichte – so besonders der Schriftlichkeit und der Verwandtschaftssysteme.

Mit diesem großräumig und langfristig kulturvergleichenden Blick hat er in der Geschichte seiner eigenen Weltprovinz – im lateinischen Europa – eine spezifische Figuration erkannt, die in den historischen Wissenschaften nie ein Thema war – bis 1983 *Die Entwickung von Ehe*

---

* Jack Goody, The Development of the family and marriage in Europe, Cambridge 1983. *Deutsch:* Die Entwicklung von Ehe und Familie in Europa. Aus dem Englischen von Eva Horn, Berlin 1986.

und Familie in Europa erschien. Heute, vierzig Jahre nach der Publikation, ist die von Goody angeregte Sichtweise längst im Zentrum der historischen Wissenschaften angekommen, aber noch lange nicht ausdiskutiert. Wer Goodys *Beobachtung* akzeptiert (seine *Deutung* ist ein Thema für sich), kommt nicht daran vorbei, lange gepflegte Selbstverständlichkeiten historischen Denkens aufzugeben. Goodys umfassende Neudeutung Lateineuropas gründete auf der Einsicht, «daß sich etwa ab 300 n. Chr. bestimmte allgemeine Züge des europäischen Systems von Verwandtschaft und Ehe anders gestalteten als im antiken Rom, Griechenland, Israel und Ägypten, anders auch in deren Nachfolgegesellschaften an den Mittelmeerküsten des Nahen Ostens und Nordafrikas».[2]

Anders gesagt: Zwischen dem 5. und 8. Jahrhundert ist in einer vergleichsweise kleinen Weltregion – im Europa der römischen Kirche – das System von Ehe und Familie, also der Kern sozialer und politischer Ordnung, radikal umgebaut worden. Dieser Umbau war, so erschloss es sich dem vergleichenden Blick des Kulturanthropologen, singulär im Vergleich zu den meisten anderen Gesellschaften – auch zu jener römischen Gesellschaft rund um das Mittelmeer, deren letzte Generationen den radikalen Umbau initiiert hatten. Besonders wichtig nahm Jack Goody diese Veränderungen, weil sie die soziale und institutionelle Ordnung des lateinischen Europas «bis in die jüngste Zeit hinein beeinflusst haben und selbst heute noch wirksam sind».

Ein völliger Umbau im Kernbereich des Sozialen, initiiert von den letzten Generationen der römischen Mittelmeergesellschaft, fortgeführt von frühen nachrömischen Gesellschaften Lateineuropas, durchgängig strukturbildend «bis in die jüngste Zeit»? Was genau hat sich zu jener Zeit in diesem kleinen Weltteil geändert? Wie ist eine derart langfristige Pfadabhängigkeit im lateinischen Europa zu erklären, und wie passt sie in das geläufige historische Denken?

Auf eine sehr knappe Formel gebracht geht es um das Verschwinden eines sozialen Kernelements der römischen Mittelmeergesellschaft, das wir noch heute in vielen Gesellschaften außerhalb der westlichen beobachten können: um das Ende des männlichen Ahnenverbands, des über Generationen durch männliche Linien weitergepflegten Clans, letztlich der Institutionen patriarchalischer Gesellschaften. Ein auf männliche Verwandtschaftslinien, Ahnenkult und eine starke Stellung der Clanautoritäten (*pater familias* usw.) ausgerichtetes System wie das der römischen Gesellschaft war darauf angewiesen, das Ausbleiben ehelicher Söhne korrigieren zu können. Eine solche Gesellschaft brauchte Techniken, mit denen Ehemänner bei Bedarf auf verschiedene Weise legitime Söhne erzeugen konnten – sei es durch ein Rechtsinstitut wie die Adoption, sei es durch Polygamie, die Legitimität von Konkubinen oder die Möglichkeit der Scheidung und Wiederheirat. Gesellschaften, die auf diese Art durch männliche Ahnenverbände strukturiert sind, stabilisieren sich zumeist auch dadurch, dass Heirat innerhalb der Familie ein Normalfall, oft geradezu der empfohlene Heiratstyp ist.

Jack Goody hat argumentiert, dass mit dem Erstarken der lateinischen Kirche alle diese Mechanismen innerhalb weniger Generationen verschwanden. Zur Norm wurde stattdessen die unauflösliche Monogamie. Scheidung war verboten, Adoption verschwand und tauchte erst zu Beginn der europäischen Moderne wieder auf, die Legitimierung von Konkubinenkindern ist nie zu einem Normalverfahren geworden. Zugleich verhinderte seit dem 5. Jahrhundert eine umfangreiche Inzestgesetzgebung konsequent die Heirat unter Verwandten.

Unter diesen Bedingungen haben die Gesellschaften im Bereich der römischen Kirche ein vollständig neues System von Heirat, Ehe, Familie und Verwandtschaft hervorgebracht. Die patriarchalischen, über männliche Abstammungslinien konstruierten Verwandtschaftsgruppen, in denen Ehepaare eine schwache Position hatten, sind einem Verwandtschaftssystem gewichen, in dessen Zentrum das unauflösliche Ehepaar stand, gleichermaßen umgeben von mütterlichen wie väterlichen Seitenverwandten. Verwandtschaft war nicht mehr vertikal als *Geschlecht* organisiert, sondern horizontal als ein *Geflecht* von Seitenverwandten beider Seiten um unauflösbare Ehepaare.

Es war diese *Beobachtung* Jack Goodys, die – zumindest grosso modo als Arbeitshypothese – spätestens seit der Jahrtausendwende weitgehend akzeptiert ist. Sie hat ein grundsätzliches Neudeuten der lateinischen Gesellschaften angestoßen, insbesondere jener Jahrhunderte, die man sich gerne als «mittelalterliche» vorgestellt hat. Schwieriger war die *Deutung*. Wie ist ein derart radikales Abweichen einer kleinen

Weltregion – die zugleich eine Kultgemeinschaft war – zu erklären? Anders als Jack Goodys *Beobachtung* wurde seine *Deutung* schnell abgelehnt. Goody, dessen Denken als «rigoros materialistisch» bezeichnet werden kann (mit Chris Hann), hatte materielle Interessen der lateinischen Kirche als Motor dieser Geschichte gesehen. Kinderlose Erblasser, so deutete er die Motivation, sind eine Ressource für fromme Stiftungen, vermehren mithin den Reichtum der Kirche.

Schnell hat sich die Forschung darauf verständigt, dass eine derartig langfristige, über ganz Lateineuropa von sehr unterschiedlichen Beteiligten über Generationen betriebene Normierungsarbeit ihren Antrieb nicht in einer Strategie materieller Besitzakkumulation gehabt haben kann. Stattdessen sucht man die Beweggründe am ehesten in zentralen Anliegen der Glaubenshaltung, etwa gestützt auf biblische Formeln wie «Was Gott verbunden hat, darf der Mensch nicht trennen» (Mt 19,6) oder «Lass die Toten die Toten beerdigen und folge mir nach» (Mt 8,22). Bis heute zeichnet sich, was die Erklärung dieses Ausscherens Lateineuropas aus einem global beobachtbaren Heirats- und Verwandtschaftsmuster angeht, noch keine breit akzeptierte, gewissermaßen handbuchfähige Deutung ab. Dass aber der revolutionäre Bruch zwischen dem 5. und 8. Jahrhundert stattgefunden hat, dass die Ehezentrierung, die Kleinfamilie, das Ende der männlich dominierten Clans keine Phänomene der Aufklärung oder einer mit der Reformation einsetzenden «Neuzeit» waren, dies ist seit Goodys Anstoß nicht mehr leicht zu bestreiten.

Natürlich gibt es noch viel zu diskutieren. Auch ohne Scheidung ließen sich Ehen beenden (zum Beispiel durch nachträgliche Annullierung). Bei manchen Konkubinenkindern gelang die Legitimierung. In manchen Zeiten war «Bastard» ein formeller Titel (*Grand Bâtard de Bourgogne*). In manchen Sozialräumen war sogar die Verwandtenehe ein nicht seltenes soziales Phänomen (im Adel seit dem 16. Jahrhundert) und so weiter. Aber diese Phänomene, die oft als «Gegenargumente» gegen die – seinerzeit natürlich noch holzschnittartigen – Thesen Jack Goodys ins Spiel gebracht werden, sind letztlich Anpassungsstrategien und Ausweichmanöver geblieben in den Grenzen jener Pfade, die seit der Transformation der römischen Welt vom 5. bis 8. Jahrhundert die sozialen Ordnungen in Lateineuropa langfristig formatiert haben. Jack Goody hat diese Perspektive vor vierzig Jahren in ein Buch gefasst, das die Diskussionen noch lange prägen wird.

Anmerkungen

1 Zur intellektuellen Biographie von Jack Goody vgl. den eindrücklichen Nachruf von Chris Hann, John Rankine Goody 1919–2015, in: Biographical Memoirs of Fellows of the British Academy 16, 2017, S. 457–481; für verschiedene Zwischenstände der Diskussion vgl. Bernhard Jussen, Perspektiven der Verwandtschaftsforschung zwanzig Jahre nach Jack Goodys «Entwicklung von Ehe und Familie in Europa», in: Die Familie in der Gesellschaft des Mittelalters. Herausgegeben von Karl-Heinz Spieß (Vorträge und Forschungen 71), Ostfildern 2009, S. 275–324; eine derzeit besonders exponierte, international weithin diskutierte Weiterführung von Goodys Thesen bietet Joseph Henrich, The weirdest people in the world. How the west became psychologically peculiar and particularly prosperous, London 2020 (deutsch 2022).
2 Jack Goody, The Development of the family and marriage in Europe, Cambridge 1983, S. 4–5.

PETER GAY

Erziehung der Sinne

Sexualität als Geschichte

⌒

Von Veronika Settele

Am 25. Mai 2022 beschloss der 2. Wehrdienstsenat des Bundesverwaltungsgerichts, die Bundeswehr-Kommandeurin Anastasia Biefang müsse ihren Text im Dating-Portal Tinder ändern. Das Gericht urteilte, dass das Grundrecht auf sexuelle Selbstbestimmung zwar ein promiskuitives Sexualleben samt Suche nach Gleichgesinnten im Internet einschließe, die Formulierung «Spontan, lustvoll, trans*, offene Beziehung auf der Suche nach Sex. All genders welcome» aber den Eindruck mangelnder charakterlicher Integrität erwecke, die außerdienstliche Wohlverhaltenspflicht verletze und damit auch den Ruf der Bundeswehr in der Öffentlichkeit schädige. Die Entscheidung löste Empörung in Politik und Medien aus. Biefang schlug sowohl Hass als auch Solidarität entgegen.

Sexualität steht im Zentrum globaler Auseinandersetzungen um die *richtige* Organisation der Gesellschaft. Gegenwärtige Streitfragen sind etwa: Wie viele Geschlechter soll es geben, und in welcher Ord-

---

* Peter Gay, Education of the Senses (The Bourgeois Experience. Victoria to Freud, Band 1), Oxford 1984. *Deutsch:* Erziehung der Sinne. Sexualität im bürgerlichen Zeitalter. Aus dem Englischen von Holger Fließbach, München 1986.

nung sollen diese zueinander stehen? Wer soll mit wem auf welche Weise Kinder bekommen dürfen und wer von wem bekommen müssen? Jüngere Frauen wie Florence Given, Margarete Stokowski oder die laut der ZEIT bereits 2015 «wichtigste junge Feministin»[1] Laurie Penny schreiben derzeit die landläufig auf 1968 ff. datierte sexuelle Revolution herbei,[2] worunter sie die Fähigkeit aller Menschen verstehen, frei über ihren Körper verfügen zu können. Währenddessen führt der russische Staatspräsident Wladimir Putin in seiner Fernsehansprache am Tag des Angriffs auf die Ukraine «Versuche [...] unsere traditionellen Werte zu zerstören» als Grund des Angriffs an. Die stattdessen verbreiteten «Pseudowerte» – queere Lebensstile und die Auflösung traditioneller Familienkonstellationen – führten «direkt zu Degradierung und Entartung».[3] Ausgerechnet Francis Fukuyama, der 1992 vom Ende der Geschichte berichtete, lieferte jüngst eine Theorie zum gegenwärtigen Trubel um – unter anderem – die Ordnung der Geschlechter, wonach Verlierer und Verliererinnen des ökonomischen Liberalismus ihre abhandengekommene materielle Sicherheit durch eine mythische Wertordnung kompensierten.[4] Das ist gewiss nicht falsch. Allerdings verlaufen die Frontlinien nicht nur zwischen autokratischen Machostaatsführern und LGBTQIA+[5]-Aktivisten und -Aktivistinnen, sondern auch innerhalb der vermeintlich progressiven Kräfte. In der identitätspolitisch zerstückelten Gegenwart, die nur mehr in Akronym-Ungeheuern gefasst wird, streiten sich etwa trans*inklusive Feministinnen und Feministen, die sich selbst sogenannten FLINTA*s[6] zurechnen, mit sogenannten TERFs[7] um den rechten Platz transgeschlechtlicher Menschen im Feminismus.

In dieser aufgeheizten Gemengelage um die rechte Ordnung der Geschlechter verschafft Peter Gays *Erziehung der Sinne. Sexualität im bürgerlichen Zeitalter*, 1986 bei C.H.Beck in deutscher Übersetzung erschienen, wohltuende Abkühlung. Wir lernen, dass sich Vorstellungen von Geschlecht und Sexualität stetig wandelten, die Idee gesitteterer Vergangenheiten eine Illusion ist und dass die Kämpfe um Sexualität ein Brennglas für gesellschaftliche Transformationen sind.

Gay legt die Ungleichzeitigkeiten des 19. Jahrhunderts offen. Er enthüllt anhand von Tagebüchern, Autobiografien und Umfragen, dass, nur weil vor allem Frauen in den christlichen Sagbarkeiten des Viktorianischen Zeitalters über sexuelles Erleben nicht sprechen konnten, dieses Erleben nicht nicht stattgefunden hat. Wir lernen, dass ein neuer Glaube an die Natur des Menschen die Grenzen des sexuell Legitimen für, in heutigem Wording, heterosexuelle verheiratete Frauen verschob und diese sich selbst mitunter sehr wohl als lustvolle Menschen wahrnahmen. Gleichzeitig offenbart Gays Studie die Brüchigkeit des Konzepts Bürgertum, weil die versammelten Einzelfälle zwar alle aus bürgerlichen Kreisen stammen, gerade im für die bürgerliche Selbstbeschreibung zentralen Bereich der Sexualität aber nicht unter einen Hut passen.

Gay war 1923 als Peter Joachim Fröhlich als einziges Kind säkularer Juden in Berlin geboren worden. In den 1930er Jahren vom Schulbesuch ausgeschlossen, begann er eine Lehre zum Zahnarztgehilfen, bevor er mit seinen Eltern 1939 zunächst nach Kuba und 1941 in die USA emigrierte. Auch in den USA konnte Gay seinen Schulbesuch nicht ungestört fortsetzen, weil er der dürftigen finanziellen Situation seiner Familie als Expedient einer Deckelfabrik abhalf. Seit 1943 studierte er zuerst an der University of Denver, dann an der Columbia University in New York City Philosophie, Politik und öffentliches Recht; 1952 wechselte er die Fakultät, weil die Historiker ihm eine Tenuretrack-Position anboten, und 1969 die Universität; nun, an der Yale University, trat er als gestandener und unglaublich produktiver Geschichtsprofessor in Erscheinung. Dass Gay kein ausgebildeter Historiker war, merkt man seinen Büchern an. *Erziehung der Sinne* ist getrieben von, im wahrsten Sinne des Wortes, aufklärerischem Gestus. Er schreibt gegen die Allmacht christlicher Morallehre und die Unterdrückung weiblicher Liebesleben im 19. Jahrhundert an, um Frauen zu Männern ebenbürtigen sexuellen Wesen aufzuwerten. Als begeisterter Freudianer deutete Gay Sexualität zudem in Freuds Kategorien der Zweigeschlechtlichkeit, ohne diese selbst zu historisieren. Mit seiner umfassenden Versammlung und kurzweiligen Aufbereitung reichhaltiger Quellen bereitete *Erziehung der Sinne* jedoch den Boden für Sexualität als historischen Untersuchungsgegenstand – und damit für ein Thema, das Aufschlussreiches für Auseinandersetzungen bereithält, die gerade erst begonnen haben.

Anmerkungen

1 Marie Schmidt, Lebe wild und frei!, in: Die Zeit, 15.3.2015, https://www.zeit.de/2015/09/feminismus-laurie-penny.
2 Florence Given, Women Don't Owe You Pretty, London 2022; dies., Frauen schulden Dir gar nichts, Köln 2022; Margarete Stokowski, Untenrum frei, Hamburg 2016; dies., Die letzten Tage des Patriarchats, Hamburg 2018; Laurie Penny, Sexuelle Revolution, Hamburg 2022. Außerdem: Caroline Rosales, Sexuell verfügbar, Berlin 2019; Ann-Kristin Tlusty, Süß. Eine feministische Kritik, München 2021; Katja Lewina, Sie hat Bock, Köln 2020; Katherine Rowland, The Pleasure Gap. American Women & the Unfinished Sexual Revolution, New York 2020.
3 Putins Kriegserklärung gegen die Ukraine im Wortlaut, aus dem Russischen von Anastasia Klimovskaya, in: Der Tagesspiegel, 24.2.2022, https://www.tagesspiegel.de/politik/begruendung-fuer-die-invasion-putins-kriegserklaerung-gegen-die-ukraine-im-wortlaut/28101090.html.
4 Francis Fukuyama, Liberalism and its Discontents, London 2022.
5 Das in den letzten Jahren stetig verlängerte Akronym LGBTQIA+ setzt sich inzwischen aus den Anfangsbuchstaben der Worte lesbian, gay, bisexual, transgender/transsexual, queer, intersexual, asexual zusammen und steht zusätzlich durch das angefügte + für alle Menschen, die von den traditionellen Geschlechterrollen und Partnermodellen abweichen.
6 Selbstbeschreibung von Akteuren, die in patriarchalen Strukturen diskriminierten Menschen Schutz bieten möchten, nämlich *F*rauen, *L*esben, *i*ntergeschlechtlichen, *n*ichtbinären, *t*rans und *a*gender Personen. Der angehängte Asterisk dient als Platzhalter, um alle weiteren noch nicht genau benennbaren Geschlechtsidentitäten miteinzubeziehen.
7 *T*rans *E*xclusionary *R*adical *F*eminist ist eine Fremdzuschreibung für Menschen, denen Transfeindlichkeit unterstellt wird.

NIKLAS LUHMANN

Soziale Systeme

Dekonstruktion der Geschichten einer
Gesellschaft über sich selbst

⤺

Von Armin Nassehi

Es ist womöglich sehr erwartbar, dass ich als *das* Buch, das in die Zukunft verweist, dieses identifiziere: Niklas Luhmanns *Soziale Systeme. Grundriß einer allgemeinen Theorie*, 1984 bei Suhrkamp erschienen. Es ist nach Aussage des Autors das erste seiner Bücher, das nicht mehr zur «Null-Serie» der Theorieproduktion gehört. Ich bin mir sehr sicher, dass die epochale Bedeutung der soziologischen Systemtheorie Niklas Luhmanns erst später als *der* soziologische Klassiker der zweiten Hälfte des 20. Jahrhunderts entdeckt werden wird.

Weist das Buch in die Zukunft? Ja, es weist insofern in die Zukunft, als es für die Soziologie viele wichtige Theorieentwicklungen des 20. Jahrhunderts in sich vereinigt – und das nicht einfach als eine theoretische Fingerübung, sondern mit erheblichen Konsequenzen für die Konstitution des soziologischen Gegenstandes in Form von sozia-

---

* Niklas Luhmann, Soziale Systeme. Grundriß einer allgemeinen Theorie, Frankfurt am Main 1984.

len Systemen kleiner und übersichtlicher Natur bis hin zur Gesellschaft: *Soziale Systeme* ist das Ergebnis einer zwanzigjährigen Forschungsarbeit von Luhmann, zugleich aber tatsächlich der Startpunkt für eine Theorieentwicklung, die der modernen Gesellschaft einen Spiegel vorhält, in den sie nicht wirklich schauen will. Sie könnte darin Folgendes sehen: Alles, was geschieht, geschieht in operativen Gegenwarten, in denen man nur auf die Ressourcen zugreifen kann, die einem System zur Verfügung stehen. In der eignen Umwelt kann kein System agieren. Systeme bilden Formen innerer Stabilität und Trägheit aus, die sich dem unmittelbaren eigenen und fremden Zugriff entziehen. Soziale Systeme sind Gebilde, die temporalisiert sind – indem sie in Gegenwarten operieren, operieren unterschiedliche Systeme innerhalb einer Gesellschaft in gleichzeitigen Gegenwarten.

Luhmanns *Soziale Systeme* ist Höhepunkt und Startpunkt einer Denkungsart, die auf den ersten Blick exotisch wirkt. Dieser Eindruck entsteht aber allein dadurch, dass dieses Buch der soziologischen, der sozialwissenschaftlichen, überhaupt der intellektuellen Öffentlichkeit vorführt, wie sehr die eigenen Begriffe suggerieren, die Gesellschaft sei eine adressierbare Entität. *Soziale Systeme* ist dagegen ein Entwurf, der zeigt, dass selbst die soziologische Bemühung um die Erreichbarkeit der Gesellschaft an deren Unerreichbarkeit laboriert und deshalb in ähnliche Fallen läuft wie ihr Gegenstand selbst: etwa dass die Gesellschaft eine adressierbare Grußgruppe sei, dass man auf kollektive Herausforderungen als Kollektiv reagieren könne, dass sich Handlungen vor allem guten Gründen verdanken, dass es auf die richtige Einstellung ankomme, dass die Dinge auf wenige Grundkonflikte reduzierbar seien, dass die Bösen immer die anderen seien. Die Soziologie gefällt sich darin, der kritische Beobachter unter denen zu sein, die allzu sehr in ihre Praktiken verstrickt sind – ohne genau zu sehen, dass auch die Soziologie in ganz eigene Praktiken verstrickt ist, die sie womöglich zu wenig reflexiv behandelt.

Ganz ähnlich wie Reinhart Koselleck in seinem Buch *Kritik und Krise* von 1959 beschreibt, wie die Intellektuellen den gesellschaftlichen Fortschritt nach dem Bild des sich bildenden und damit optimierenden und zu Höherem strebenden Subjekts zeichnen (also: nach dem eigenen Bild), zeigt Luhmann in *Soziale Systeme*, wie die Soziologie die Gesellschaft nach dem Bilde des nach Selbstwirksamkeit und Gestaltungsmöglichkeiten strebenden Handelnden konzipiert, um dann den meisten Akteuren nachzuweisen, dass sie am Ende falsch handeln.

Die Systemtheorie Luhmanns ist die sensibelste unter den soziologischen Theorien – sensibel in dem Sinne, dass sie die Perspektivität und die Ressourcen, die Restriktionen und die systemrelative Begrenztheit, die Selbstreferentialität und die Operativität allen Geschehens wirklich ernst nimmt. Sie ist sensibel dafür, dass die theoretische Dezentrierung des Menschen und seines Bewusstseins in die Umwelt sozialer Systeme weder ein Anti-, noch ein Posthumanismus sein soll und darf, sondern konzediert, wie komplex das Verhältnis von zurechenbaren Menschen und ihren Bewusstseinsleistungen und gesellschaftlicher Praxis ist. Und hier ist das nicht einfach eine textwissenschaftliche Dekonstruktion des Autors, sondern eine empirische Beschreibung von sozialer Praxis. Die Literaturwissenschaften, die Philosophie, der Poststrukturalismus dekonstruieren Gegenstände, die man abends nach getaner Arbeit zurück ins Regal stellen kann – Texte und Bücher. Luhmann dekonstruiert die Geschichten, die sich die Gesellschaft über sich selbst erzählt.

Zukunftsweisend ist dieses Denken insofern, als der Umgang mit den multiplen Krisen der Gesellschaft an die Grenzen einer praxiswirksamen Erzählbarkeit der Welt stößt. Es ist der theoretische Versuch, alternative Selbstbeschreibungen anzubieten, die Interventionen in die Gesellschaft als etwas beschreiben, das eine Selbstintervention ist. Es ist vielleicht die einzige wirklich «kritische» Theorie, weil sie keinen allzu einfachen Fluchtpunkt wie den «Spätkapitalismus» als letzten Anker für die diagnostische Zurechnung kennt, und sie ist empirisch relevant, weil sie nach praktischen Bedingungen fragt, unter denen Kritik, Planung, Veränderung und Neukonstellationen möglich sind – als Teil eines Systems, das während der Umbau-, Veränderungs- und Gestaltungsversuche nach eigenen Regeln und Zugzwängen zugleich darauf reagiert. Es ist eine Theorie der Rückkopplungseffekte, die man nicht ignorieren kann, wenn der Gegenstand sich nicht im Bücherregal verstecken lässt. Es ist deshalb eine welthaltige Theorie.

Soziale Systeme ist, wie gesagt, der Startpunkt für Luhmanns Theorie autopoietischer Systeme. Auf diesen Startpunkt folgten bis zu seinem Tod vielfältige Variationen, Anwendungen und Weiterungen. Die interessanteste ist vielleicht der epistemologische Hinweis auf die paradoxe Form selbsttragender und selbstimplikatorischer Praktiken, die man erkennen muss, bevor man mit großer Geste sagt, was der Fall ist. Ohne dieses Buch von 1984 freilich wäre all das nicht möglich gewesen. Seine Zeit wird wohl erst noch kommen.

ITALO CALVINO

Sechs Vorschläge für das
nächste Jahrtausend

NEIL MACGREGOR

Eine Geschichte der Welt
in 100 Objekten

Vom Vertrauen in die Zukunft der Literatur

⌒

Von Stuart Proffitt

Im Juni 1984 wurde Italo Calvino eingeladen, im darauffolgenden Studienjahr die Charles Eliot Norton Lectures in Harvard zu halten. Im Januar 1985 beschloss er, über einige der literarischen Werte zu sprechen, die er dem nächsten Jahrtausend empfehlen wollte, und dachte über sechs Vorlesungen nach. Seine Frau Esther erinnerte sich

---

* Italo Calvino, Lezioni americane. Sei proposte per il prossimo millennio, Mailand 1988. *Deutsch:* Sechs Vorschläge für das nächste Jahrtausend. Harvard-Vorlesungen. Mit einer Vorbemerkung von Esther Calvino. Aus dem Italienischen von Burkhart Kroeber, München 1995.
Neil MacGregor, A History of the World in 100 Objects, London 2010. *Deutsch:* Eine Geschichte der Welt in 100 Objekten. Aus dem Englischen von Waltraud Götting, Andreas Wirthensohn und Annabel Zettel, München 2011.

daran, dass diese Vorlesungen für ihn zu einer «Obsession» wurden. Als er im September nach Harvard reisen sollte, hatte er fünf davon bereits geschrieben: «Leichtigkeit», «Schnelligkeit», «Genauigkeit», «Anschaulichkeit» und «Vielschichtigkeit». Als er am 19. September starb, sagte Esther Calvino, habe sie das Typoskript «auf seinem Schreibtisch in perfekter Ordnung» vorgefunden, «jeder einzelne Vortrag säuberlich in einer Klarsichthülle, das Ganze in einem grauen Schnellhefter, bereit, in den Koffer gepackt zu werden».[1] Die sechste Vorlesung, «Konsistenz», wollte er nach seiner Ankunft in Cambridge, Massachusetts schreiben.

Die Vorlesungen sind erstaunlich – sie springen anmutig über ein schier unglaubliches Spektrum an Geschichten, Ideen und Autoren und bestehen aus so feinen Gedankengespinsten, dass jeder Versuch, sie zusammenzufassen, diese zerstören würde. Aber es gibt viele glänzende Wendungen und Sätze, die noch etwas davon vermitteln können. Am Anfang sagt er, und das könnte so etwas wie der Leitgedanke sein: «Mein Vertrauen in die Zukunft der Literatur beruht auf dem Wissen, dass es Dinge gibt, die einzig die Literatur mit ihren spezifischen Mitteln zu geben vermag.»[2] (Das könnte durchaus unser aller Credo sein.) In «Leichtigkeit» kommt er über Montale, Lukrez und Ovid zu der Überlegung, dass «es eine Leichtigkeit der Nachdenklichkeit gibt, so wie es bekanntlich eine Leichtigkeit der Frivolität gibt».[3] Nachdem er die Vorstellungen von Leichtigkeit bei Dante und dessen Mentor Cavalcanti gegenübergestellt hat, zitiert er Paul Valéry: «Es gilt, leicht zu sein wie ein Vogel, nicht wie eine Feder.»[4] Anschließend werden Leopardi, Newton und Cyrano de Bergerac ins Feld geführt. Es ist bezaubernd.

In «Schnelligkeit» denkt er nach über de Quincey, Sterne und die Abschweifung, Borges (der ihn offensichtlich stark beeinflusst hat) und die Knappheit (die zur Schnelligkeit gehört): Er träume «von gewaltigen Kosmologien, von Sagas und Epopöen, die in die Dimensionen eines Epigramms gefasst sind».[5] In «Genauigkeit» sagt er: «Deshalb versuche ich immer, so wenig wie möglich zu sprechen, und wenn ich es vorziehe zu schreiben, so weil ich beim Schreiben jeden Satz so oft korrigieren kann, wie es nötig ist, um, ich sage nicht: mit meinen Worten zufrieden zu sein, aber doch wenigstens die Gründe der Unzufriedenheit, die ich mir bewusst machen kann, zu beseitigen. Die Literatur – ich meine diejenige Literatur, die diesen Anforderungen genügt – ist das Gelobte Land, in dem die Sprache das wird, was sie eigentlich sein sollte.»[6] Wieder schreibt er über Leopardi, diesmal als Beispiel für Vagheit, Musil, Mallarmé, Flaubert und wieder Valéry – «Paul Valéry ist in unserem Jahrhundert derjenige, der die Dichtung am besten als ein Streben nach Exaktheit definiert hat.»[7] Es ließen sich problemlos aus jedem der Essays einige der schönsten Ideen herauspicken. Aber es gibt nicht wirklich einen Ersatz dafür, das Buch ganz zu lesen – es umfasst in der Taschenbuchausgabe knapp 170 Seiten – und jede Seite und jeden Satz zu genießen. Seine eigene Leichtigkeit verleiht ihm eine ätherische Qualität, die für das charakteristisch ist, was wir heute gerne als «Spätwerk» bezeichnen.

Als ich gegen Ende des letzten Jahres damit begann, Calvinos Buch erneut zu lesen, stieß ich in «Genauigkeit» auf eine Passage, die keinen besonderen Eindruck auf mich gemacht hatte, als ich sie vor Jahren zum ersten Mal las, die nun aber eine Bedeutung hat, die ich nicht gesehen hatte. Sie erlaubt mir, über ein ganz konkretes Buch zu schreiben, das es mir gestattet, auf eine calvinoartige Weise noch einmal zu beginnen. Dies ist die Passage:

«In Wirklichkeit stand mein Schreiben immer vor zwei divergierenden Möglichkeiten, die zwei verschiedenen Erkenntnisweisen entsprechen: die eine bewegt sich im geistigen Raum einer körperlosen Rationalität, in den man Linien, die Punkte verbinden, Projektionen, abstrakte Formen, Kraftfelder zeichnen kann; die andere bewegt sich in einem von Gegenständen wimmelnden Raum und sucht ein verbales Äquivalent dafür zu schaffen, indem sie die Seite mit Worten füllt, ständig bemüht um minutiöse Anpassung des Geschriebenen an das Nicht-Geschriebene, an die Gesamtheit des Sagbaren und des Nicht-Sagbaren. Es sind dies zwei Arten von Drang zur Genauigkeit, die niemals vollkommen befriedigt werden können: die eine nicht, weil ‹natürliche› Sprachen immer etwas *mehr* sagen, als formalisierte Sprachen es können, und immer eine gewisse Menge *Geräusch* mit sich bringen, die das Wesentliche der Information verzerrt; die andere nicht, weil sich die Sprache beim Wiedergeben der Fülle und Weite der Welt um uns her als mangelhaft und fragmentarisch erweist und immer etwas *weniger* aussagt, als die Gesamtheit des Erfahrbaren verlangen würde.»[8]

2010 veröffentlichte Allen Lane/Penguin und 2011 C.H.Beck eines der bedeutendsten Sachbücher der letzten Jahrzehnte, nämlich Neil MacGregors *A History of the World in 100 Objects* bzw. *Eine Geschichte der Welt in 100 Objekten*. Es erzählt auf kaleidoskopartige Weise die gesamte Menschheitsgeschichte anhand von 100 Objekten aus der ganzen Welt, die sich allesamt im British Museum befinden, dessen Direktor Neil damals war. Es zeigt jede von Calvinos Qualitäten – Leichtigkeit, Schnelligkeit, Genauigkeit, Anschaulichkeit, Vielschichtigkeit und Konsistenz – auf eine Art und Weise, die der italienische Meister sicher zu schätzen gewusst hätte. Aber es gibt noch eine weitere Verbindung. Calvino unterscheidet zwei Arten von Wissen, von denen die zweite «sich in einem von *Gegenständen* wimmelnden Raum» bewegt (Hervorhebung von mir), und stellt fest, dass die Sprache, mangelhaft und fragmentarisch, wie sie ist, «immer etwas *weniger* aussagt, als die Gesamtheit des Erfahrbaren verlangen würde».

Neils Buch erzählt nicht nur eine Geschichte der Welt auf ganz neue Art und Weise, sondern leistet (mindestens) drei originelle Dinge: Es demonstriert, wie Calvino andeutet, dass Gegenstände Wissen vermitteln können, das Texte, die Sprache aufzeichnen, nicht vermitteln können, oder wenn Texte gänzlich fehlen, wie es bei vielen Zivilisationen in verschiedenen Epochen der Geschichte der Fall ist; es zeigt, dass Objekte selbst Bedeutungen haben; und es macht deutlich, dass sich diese Bedeutungen im Laufe der Zeit verändern können. In fünf kurzen Abschnitten – «Die notwendige Poesie der Dinge», «Das Überleben der Dinge», «Die Biographien von Dingen», «Dinge quer durch Zeit und Raum» und «Die Grenzen der Dinge» – kommt die brillante fünfzehnseitige Einleitung des Buches einem kristallinen Manifest für die «Objektgeschichte» gleich. Calvinos zitierte Passage stimmt in verblüffender Weise mit vielen der darin dargelegten Ideen überein.

Eine Geschichte der Welt in 100 Objekten war nicht nur originell in Konzeption und Ausführung, sondern wirkte auch entwaffnend, trügerisch, simpel, was zu vielen blass bleibenden Nachahmern führte – allein im Englischen sind inzwischen über hundert Bücher mit dem

Titel «eine Geschichte von irgendwas in 100 (oder 20 oder 50 oder 1000) Objekten» erschienen. Das Original selbst wurde ein Riesenbestseller in Großbritannien, Deutschland und vielen anderen Ländern (es gibt inzwischen 17 Übersetzungen) und hat unser Geschichtsverständnis erweitert. Verleger, die nicht gerade zum Understatement neigen, behaupten oft und gern, ein Buch sei ein «Meilenstein», aber in diesem Fall stimmt es.

Aus dem Englischen von Andreas Wirthensohn

Anmerkungen

1 Italo Calvino, Sechs Vorschläge für das nächste Jahrtausend, München 1995, S. 8.
2 Ebenda, S. 11.
3 Ebenda, S. 25.
4 Ebenda, S. 32.
5 Ebenda, S. 74.
6 Ebenda, S. 84.
7 Ebenda, S. 96.
8 Ebenda, S. 105.

JUDITH SHKLAR

Der Liberalismus der Furcht

Eine Notration

⌒

Von Gustav Seibt

«Das Schaudern ist der Menschheit bestes Teil.»

Eigentlich ist es nur ein Wort, kaum ein Begriff, eher ein Ausgangspunkt: Liberalismus der Furcht. Judith Shklar hat ihn in die politische Ideengeschichte eingeführt. Es handelt sich um eines jener Stichworte, die ihre Theorie, ihre Konsequenzen schon in sich tragen, wenn man ihnen nur nachsinnt.

Die elementare, alles andere fundierende Freiheit sei die Freiheit von Furcht, das ist dieser Ausgangspunkt. Welche Furcht? Zuallererst die vor Grausamkeit. Das muss man ganz elementar körperlich verstehen: die Furcht vor Folter. Die einzige anthropologische Voraussetzung ist die körperliche Verletzbarkeit, die Fähigkeit – und der Zwang – Schmerz zu empfinden. Dazu gehört allerdings auch die

---

* Judith Shklar, The Liberalism of Fear, in: Nancy C. Rosenblum (Hg.), Liberalism and the Moral Life, Cambridge/London 1989, S. 21–38. *Deutsch:* Der Liberalismus der Furcht. Mit einem Vorwort von Axel Honneth und Essays von Michael Walzer, Seyla Benhabib und Bernard Williams. Herausgegeben, aus dem Amerikanischen übersetzt und mit einem Nachwort versehen von Hannes Bajohr, Berlin 2013, S. 26–66.

Fähigkeit, seine Artgenossen und Mitmenschen systematisch und gezielt zu quälen: der Mensch, das folternde Tier.

Das Schmerzempfinden wurzelt in der biologischen Natur des Menschen, die vor allen kulturellen Modifikationen feststeht. Jeder Mensch, auch jedes andere mit Sinnen begabte Lebewesen meidet Schmerz, dafür ist die Schmerzempfindung ja da. Und mit dem Schmerz verbindet sich ein Gedächtnis, das sich als Furcht vor dem Schmerz verstetigt. Das Schmerzgedächtnis ist zunächst ein Mittel, sich in der natürlichen Umwelt vor Gefahren zu schützen. Die mit ihm verbundene Furcht aber kann zum stärksten Machtmittel politischer Gewaltordnungen werden. Die Möglichkeit zu foltern steht im Zentrum aller Formen der Tyrannis, zumal der totalitären Systeme der Moderne, die Gewalt in großem Stil organisieren, in Gefängnissen und Lagern, in Krankenhäusern und Erziehungsheimen, in Fabriken oder schon in der Polizeistation um die Ecke.

Jede freiheitliche Ordnung beruht zuallererst auf dem Verbot von Grausamkeit, lautet Shklars Setzung. Das Verbot von Grausamkeit, die Freiheit von Furcht seien der harte, überzeitliche, transkulturelle Kern des Liberalismus, sein eigentliches Fundament. Das klingt minimalistisch, ja banal, so kahl wie die gefliesten Wände und die Betonböden mit ihren Abflüssen, die so viele Folterstätten und Tötungsorte im 20. Jahrhundert zeigen. Shklars Gedanke stammt aus solchen Räumen, den Gewalträumen des totalitären Zeitalters. Es gibt sie bis heute an vielen Orten der Welt, in Syrien, in China, in Russland, kürzlich noch auf Guantanamo. Hier herrschen Menschen über andere Menschen bedingungslos, hier sind sie nicht nur Herren über Leben und Tod, sondern auch über jede körperliche Faser und jede seelische Regung ihrer Opfer.

Und das soll genügen – dass keine Grausamkeit sei? Mit dem Grundrecht auf körperliche Unversehrtheit, dem Folterverbot beginnt es, weil damit dem Staat das unmittelbarste Machtinstrument gegen den Einzelnen aus der Hand genommen wird (übrigens sehr oft tatsächlich aus der Hand, Folter ist immer noch weithin Handarbeit, darin besteht ihre furchtbare Intimität). Aber Furcht hat natürlich noch viel mehr Gestalten als die nackte Angst vor dem Schmerz. Grausamkeit gibt es in vielen vermittelteren Formen. Gewalt und Furcht, dieses Geschwisterpaar, haben zahllose Filiationen, die alle zum Mittel der Einschüchterung werden können. Eine der ersten ist die Bedrohung von Familienmitgliedern mit der Folter. Verallgemeinert und abstrakt kann jede Machtasymmetrie in einer Gesellschaft zur Quelle von Furcht werden. Und daher führt Shklars einfacher Gedanke zu Weiterungen, die bis in die Verästelungen rechtlicher, politischer, ökonomischer Verhältnisse reichen. Auch vor Arbeitslosigkeit kann man sich fürchten und daher in Angst zum Arbeitsplatz gehen. Fürchten kann man sich vor Gewalt auf der Straße – der Liberalismus der Furcht lehnt Anarchie, den Verzicht auf das staatliche Gewaltmonopol, kategorisch ab. Furchterregend sind auch übermächtige Verwaltungen, die Lebenschancen zuteilen wie Lohn und Strafe, von der Wohnung bis zum Studienplatz. Dabei wird die Biographie des Einzelnen zum Schauplatz staatlicher Willkür.

In allen Verhältnissen ist das Gegenmittel zur Übermacht, die Furcht erzeugt und zu diesem Zweck auch eingesetzt wird, die Gewaltenteilung, das, was Shklar «Streuung von Macht» nennt. Darum hält sie die Möglichkeit von Eigentum hoch, denn es ist «ein ausgezeichnetes Mittel, um die Unabhängigkeit des Einzelnen zu sichern». Solche Machtstreuung soll gleichermaßen gegen private wie staatliche Akteure schützen. Zu ihr gehören also auch Arbeitnehmerrechte, Streikrecht, Kündigungsschutz, alles, was die Drohungen willkürlicher Chefs ausbremst. Oder der Schutz vor Monopolen auf ungeordneten Märkten. Ein funktionierender Wohnungsmarkt beispielsweise ist ein von politischer Theorie sträflich unterschätztes Element freiheitlicher Ordnung: Wenig anderes kann Menschen so unter Druck setzen wie die Furcht vor dem Verlust des Dachs über dem Kopf. Arbeitslosen-, Kranken- und Rentenversicherungen – das System sozialstaatlicher Daseinsvorsorge – lässt sich mühelos mit dem «Liberalismus der Furcht» begründen. Dass solche kollektiv organisierte Daseinsvorsorge auch wieder als Machtballung mit beträchtlichen Schikanemöglichkeiten erlebt werden kann – Grausamkeit am Computer der Agentur für Arbeit –, gehört in die Systematik des Problemfeldes.

Die Grundlage einer Ordnung, die Furcht minimiert, ist der Rechtsstaat mit seinen Menschen- und Bürgerrechten, der Unabhängigkeit der Justiz. Späte, kostbare und immer bedrohte Errungenschaften der Zivilisation! Er gedeiht nur in politischen Ordnungen, die Gewaltenteilung im konventionellen, verfassungspolitischen Sinn sichern. Daher ist der Liberalismus der Furcht, wie Shklar sagt, «monogam, treu und dauerhaft mit der Demokratie verheiratet», in einer «Zweckehe», wie sie hinzufügt. Denn vor übergreifenden moralischen Idealen, gar Anforderungen kommunitaristischer Solidarität warnt sie: Allzu leicht werden sie zu neuen Einfallstoren des Zwangs. Doch die abgespeckte Idee eines Liberalismus der Furcht, als «Furcht vor der Furcht», hat selbst schon eine erzieherische Wirkung, sie formt, um es mit einem Shklar fremden Begriff Max Webers zu sagen, einen «Menschentyp»: «Geduld an den Tag zu legen, Selbstbeherrschung aufzubringen, Respekt für die Forderungen Anderer zu zeigen und Vorsicht walten zu lassen, sind Formen gesellschaftlicher Disziplin, die nur mit persönlicher Freiheit vereinbar sind, die aber auch gesellschaftlich und persönlich wertvolle Charaktereigenschaften fördern.» Der nicht von Grausamkeit bedrohte Bürger verliert im besten Fall die Anlage zur Grausamkeit. Vielleicht wird er mitfühlender, empfindsamer, zum Erbarmen geneigter dabei.

Was wäre zukunftsträchtiger, verheißungsvoller als so ein Blick aus den vergitterten Fenstern der Gewaltregime in allen Erdteilen, deren Übermacht zuletzt wieder zu wachsen scheint? Rechne mit den Beständen, lautet das Gebot nach den Katastrophen der Geschichte. Das Verbot von Grausamkeit, die Freiheit von Furcht ist so ein Kern, von dem man hoffen mag, dass die wechselnden Zeitläufe ihm nichts anhaben können – nichts anhaben dürfen. Denn schon warten unermesslich gesteigerte Formen der Übermacht in den Überwachungstechnologien einer bis in die Haushaltsgegenstände und die Privatautos vernetzten Welt. Schon die Geheimdienste des 20. Jahrhunderts haben unblutige Formen der Grausamkeit ersonnen, als «Zersetzung», durch Zerstörung zwischenmenschlichen Vertrauens, Atomisierung von Gesellschaft. George Orwell und Judith Shklar wurzeln in der gleichen historischen Konstellation, deren Zukunft noch nicht zu Ende ist.

WANG HUNING

Meiguo fandui meiguo
(Amerika gegen Amerika)

Zentralisierte Herrschaft und
demokratische Teilhabe

⌒

Von Daniel Leese

Im Herbst 1988 unternahm Wang Huning, ein junger aufstrebender Politikwissenschaftler aus Shanghai, eine mehrmonatige Reise durch die USA. Auf Einladung der American Association of Political Science besuchte er Universitäten, Konzernzentralen und Verwaltungseinrichtungen. Nachdem er 1985 mit gerade einmal dreißig Jahren an die Fudan-Universität berufen worden war, hatte er sich mit einer Flut von Artikeln und Büchern den Ruf eines parteinahen Shootingstars erworben. So veröffentlichte er 1987 das erste chinesische Lehrwerk zur Vergleichenden Politikwissenschaft und ein Buch über die zentrale Bedeutung staatlicher Souveränität. Bereits zwei Jahre später erschien eine erste Werkausgabe in zwei Bänden. Wang Huning hatte zunächst Französisch studiert, war überdies des Englischen mächtig und griff daher früher als viele seiner Zeitgenossen auf fremdsprachige

---

* Wang Huning, Meiguo fandui meiguo, Shanghai 1991.

Forschungsliteratur zurück. So diente ihm Alexis de Tocquevilles berühmte Abhandlung *Über die Demokratie in Amerika* als Inspirationsquelle während seiner Reise. Doch anstelle einer systematischen Analyse des politischen Systems schwebte ihm eine eher impressionistische Sammlung von Eindrücken vor, um sich der Frage anzunähern, welche Kräfte das Land im Innersten zusammenhielten und welche Lehren dies für die chinesische Politik bereithalte.

In elf nur lose miteinander verbundenen Kapiteln beschrieb Wang Huning die USA als ein Land der Widersprüche. Er bewunderte den Innovationsgeist, die freie Verfügbarkeit von Wissen und die wirtschaftliche Leistungsfähigkeit des Systems. Als teilnehmender Beobachter beschrieb er konkret das Funktionieren demokratischer Mechanismen und die Unterschiede zwischen Stadt und Land. Er kam zu dem Schluss, dass demokratische Partizipation am ehesten in der weitgehend ideologiefreien Lokalpolitik funktioniere, die er in Iowa beobachtete. Auf nationaler Ebene hingegen dominierten reiche Interessengruppen die Politik und sicherten erfolgreich ihre Privilegien als herrschende Klasse. Die Stimme des einfachen Volkes bleibe hingegen unterrepräsentiert, da es über keine mächtigen Lobbyorganisationen verfüge. Dass diese Form des «unvollständigen demokratischen Wettbewerbs» in einer allseits akzeptierten Verfahrensform stattfinde, stelle das eigentliche «Wunder» der USA dar und spreche für die Reife des politischen Systems.

Wang Hunings zentrales Augenmerk galt Fragen der politischen Steuerung sowie der Reproduktion gesellschaftlicher Institutionen. Anders als etwa in China spiele sich in den USA ein Großteil der gesellschaftlichen Koordination über wirtschaftliche und zivilgesellschaftliche Akteure ab, was die Regierung enorm entlaste. Hierbei dienten insbesondere monetäre Anreize sowie der Einsatz von Technologie als Mittel der Konfliktlösung. Dies habe die Steuerungseffizienz massiv erhöht, verschleiere aber gleichzeitig die Irrationalität des kapitalistischen Systems als solchem. Obwohl dieser an Marx, Mao und Marcuse geschulte Grundton seine Analysen durchzieht, gibt sich Wang nicht mit einfachen Antworten zufrieden. Im Hintergrund schwingt immer die Frage mit, wie sich das Verhältnis von zentralisierter Herrschaft in einem großen Land mit der Einbeziehung demokratischer Verfahren verträgt und welche Lehren das amerikanische Beispiel für China bereithält. Im Hinblick auf die Reproduktion sozialer und politischer Institutionen schrieb Wang dem Bildungssystem eine zentrale Rolle zu. Obzwar die USA ein vergleichsweise junges Land seien, habe der in der Verfassung verkörperte «amerikanische Geist» von Freiheit, Gleichheit, Pragmatismus, Innovation und Streben nach Reichtum für eine effiziente Integration über Kernwerte gesorgt. Dieser werde sowohl über historische Erzählungen in Schulen und Universitäten als auch durch die Darstellung des Heldentums moderner Astronauten und Unternehmer erneuert. Darin zeigt sich Wang Hunings Prägung durch den Ansatz der «politischen Kultur», nicht zuletzt durch Samuel Huntington.

Doch trotz der enormen politischen und technologischen Macht sah Wang Huning dunkle Wolken am Horizont aufziehen. So werde das Versprechen gleicher Aufstiegschancen durch die Dominanz von Freiheitsansprüchen und Individualismus karikiert. Zwar sei es zu einer formalen Ausweitung der politischen Teilhabe gekommen, indem gleiche Rechte auch Schwarzen, Frauen und den lange Zeit als «Tiere» behandelten Indigenen eingeräumt worden seien. Faktisch habe sich aber innen- wie außenpolitisch ein weißer Überlegenheitskomplex erhalten, der in Zukunft zu großen Problemen führen werde. Zudem höhlten Eigennutz und Werteverfall den Staat von innen aus. In dieser Hinsicht schloss sich Wang kulturpessimistischen Stimmen wie dem Philosophen Allan Bloom an, aus dessen Werk *The Closing of the American Mind* er mehrfach zitierte. Wenn es den Vereinigten Staaten nicht gelänge, ihre Kernwerte zu erneuern und eine neue gemeinsame Identität zu schaffen, würden die zentrifugalen Kräfte das Land vor eine Zerreißprobe stellen – daher der Titel des Buches *Amerika gegen Amerika*.

Wang Huning ist heute der mächtigste Vordenker der Kommunistischen Partei Chinas. Seit er 1995 von der Wissenschaft in die Politik wechselte, hat er drei Generalsekretären der Partei gedient. Seine Ansichten zur politischen Kultur und zur effizienten Gesellschaftssteuerung prägen die aktuelle chinesische Politik nachhaltig. Das Buch weist daher in vielerlei Hinsicht in die Zukunft. Es spiegelt sich in dem Bestreben wider, offizielle chinesische «Kernwerte» vorzugeben, um Tradition mit Innovation und nationale Identität mit Parteiherrschaft zu verbinden. Als über das Erziehungssystem vermittelte «politische Gene» sollen diese den langfristigen Erhalt der politischen Institutionen sichern. Auch das Vertrauen in Technologien zur Lösung gesellschaftlicher Konflikte in einer zunehmend individualisierten Gesellschaft lässt sich erahnen. Die eklektische Mischung aus sozialistisch fundiertem Kulturkonservativismus und dem Glauben an technische Lösungen, nicht zuletzt das Sozialkreditsystem sowie die Einbeziehung des Volkswillens in Form einer «konsultativen Demokratie», wird auch in Zukunft westliche Regierungsvorstellungen herausfordern. Doch der Erfolg dieses Ansatzes ist keineswegs ausgemacht, denn wie Wang Huning schon damals schrieb: Es sind oft die unbeabsichtigten Konsequenzen eines Systems, die die größten Schwierigkeiten verursachen.

GEORGE F. KENNAN

At a Century's Ending

Das neue Russland als Nachbar

⇝

Von Manfred Görtemaker

Der amerikanische Historiker und Diplomat George F. Kennan hat die «Zeitenwende», die am 24. Februar 2022 mit dem Einmarsch der russischen Armee in die Ukraine begann, nicht mehr erlebt. Nachdem er sich fast acht Jahrzehnte lang mit Russland und der Sowjetunion beschäftigt hatte, ist er 2005 im Alter von 101 Jahren in Princeton gestorben. Sein letztes Buch *At a Century's Ending*, das vier Jahre nach dem Zerfall der Sowjetunion erschien und Aufsätze, Reden und Artikel aus der Zeit von 1982 bis 1995 enthält, ist die Summe seines Wissens und seiner Erfahrungen mit dem «Nachbarn Russland». Tiefe Bewunderung für die Menschen und die Kultur Russlands mischt sich darin mit ebenso tiefer Ablehnung und Verachtung der sowjetischen Politik, vor allem in ihrer stalinistischen Variante, aber auch mit Kritik am Verhalten des Westens, vor allem der USA.

Vom estnischen Tallinn und lettischen Riga aus beobachtete Kennan im diplomatischen Dienst der USA schon Ende der 1920er

---

* George F. Kennan, At a Century's Ending. Reflections, 1982–1995, New York u. a. 1996.

und zu Beginn der 1930er Jahre die Sowjetunion. Nach 1933 war er mit Unterbrechungen bis 1946 an der amerikanischen Botschaft in Moskau tätig, zuletzt als Gesandter. Prägend für seine Haltung waren die Moskauer Schauprozesse in der zweiten Hälfte der 1930er Jahre, in denen bisherige Weggefährten Stalins und andere hohe Funktionäre der Kommunistischen Partei wegen angeblicher staatsfeindlicher Aktivitäten angeklagt und hingerichtet wurden. Kennan führte die Prozesse nicht nur auf die Machtgier des sowjetischen Diktators und dessen Paranoia aus Angst vor Nebenbuhlern und gefährlichen Rivalen zurück, sondern deutete sie auch als Ergebnis eines alten russischen «Minderwertigkeitskomplexes» gegenüber dem Ausland, glaubte darin sogar Züge eines «typisch orientalischen Despotismus» zu erkennen, der auch den Westen zu Misstrauen und Vorsicht und gegebenenfalls zu offener Feindschaft zwinge.

In Moskau schrieb Kennan schließlich selbst Geschichte, als er im Februar 1946 in einem «langen Telegramm» an das State Department vor den expansiven Absichten der russischen Außenpolitik warnte und dabei eine Traditionslinie von den imperialen Ambitionen der russischen Zaren zu den weltrevolutionären Zielen der sowjetischen Kommunisten zog, gegen die sich der Westen mit einer Strategie der Eindämmung zur Wehr setzen müsse. Seither gilt er als Vater der westlichen «containment policy» gegenüber der Sowjetunion. Seine Überlegungen dazu fasste er noch einmal in einem Grundsatzartikel zusammen, der unter dem Titel «The Sources of Soviet Conduct» im Juli 1947 in der Zeitschrift *Foreign Affairs* unter dem Pseudonym «Mr. X» erschien. Von einer historisch begründeten russischen Xenophobie war darin die Rede, von innerer Instabilität des sowjetischen Regimes und der strukturellen Unfähigkeit der kommunistischen Führung, sich ein realistisches Bild der Verhältnisse zu machen. Zu diesem Zeitpunkt war Kennan bereits Leiter des Politischen Planungsstabs im US-Außenministerium, in dem er seit Mai 1947 die Politik der USA gegenüber der Sowjetunion neu konzipierte. Zentraler Eckpunkt war dabei das *European Recovery Program* – der sogenannte Marshall-Plan –, mit dem Westeuropa wirtschaftlich stabilisiert werden sollte, um ein weiteres Vordringen der Sowjetunion zu verhindern.

Die Politik der «Eindämmung» bestimmte danach das westliche Verhalten gegenüber Russland bis zum Zerfall der Sowjetunion im Dezember 1991, als ihr letzter Präsident Michail Gorbatschow zurücktrat. Immer wieder warnte Kennan jedoch davor, die Eindämmungspolitik allein militärisch zu verstehen. Scharfe Kritik übte er daher an der Roll-back-Politik des amerikanischen Außenministers John Foster Dulles in den 1950er Jahren und an Ronald Reagans Feldzug gegen das «Reich des Bösen» nach 1981. Aber auch die von den USA befürwortete Osterweiterung der NATO, die nach dem Zerfall der Sowjetunion möglich geworden war, wurde von Kennan abgelehnt, weil sie seiner Meinung nach dazu führen musste, «die nationalistischen, antiwestlichen und militaristischen Tendenzen in Russland» neu zu entzünden. Als der amerikanische Senat den Vertrag über die Beitrittsverträge mit Polen, Tschechien und Ungarn am 2. Mai 1998 schließlich ratifizierte, erklärte er, die Gründungsväter der USA würden sich im Grabe umdrehen: Die Erweiterung sei ein «tragischer Fehler», auf den die Russen über kurz oder lang mit Gegenmaßnahmen reagieren würden. Sie bedeute deshalb den «Beginn eines neuen Kalten Krieges». Kennans Warnungen verhallten ungehört: 2004 traten auch Bulgarien, Estland, Lettland, Litauen, Rumänien, die Slowakei und Slowenien der Allianz bei, 2009 Albanien und Kroatien, 2017 Montenegro und 2020 Nordmazedonien. Alle Länder des ehemaligen Warschauer Pakts westlich von Russland mit Ausnahme der Ukraine, Moldawiens und Weißrusslands gehören damit der NATO an und sehen in Artikel 5 des Nordatlantikvertrages, der ihnen im Falle eines Angriffs Beistand verspricht, den einzig wirksamen Schutz gegen russische Versuche, das Territorium der alten Sowjetunion zurückzuerobern.

Befürworter der NATO-Osterweiterung bemängelten daher, dass der von den USA unterstützte Antrag der Ukraine auf Mitgliedschaft 2008 von einem NATO-Gipfel abgelehnt worden war. Wäre die Ukraine bereits Mitglied gewesen, so die Annahme, hätte Präsident Putin den Einmarsch nicht gewagt. Kennan hielt dagegen bis zuletzt an seiner Überzeugung fest, dass militärische Lösungen im Umgang mit Russland der falsche Weg sind und nur neues Unheil heraufbeschwören. Paul C. Atkinson, ein ehemaliger Mitarbeiter des *Wall*

Street Journal, bemerkte deshalb Ende Februar 2022, Kennan hätte Putins Vorgehen angesichts der zunehmenden «Einkreisung» Russlands durch die NATO vermutlich nur lapidar mit den Worten kommentiert: «I told you so.»

Indessen glaubte auch Kennan nicht an eine rasche demokratische Wende in Moskau. Dafür fehle im postkommunistischen Russland das Verständnis für demokratische Reformen, Marktwirtschaft und nationale Selbstbestimmung; das autoritäre Erbe von dreihundert Jahren zaristischer und sowjetischer Herrschaft werde vielmehr noch lange nachwirken. Trotzdem sei ein friedliches Zusammenleben mit Russland notwendig und möglich, denn das von Turbulenzen erschütterte, im politischen und gesellschaftlichen Umbruch befindliche, wirtschaftlich schwache Russland könne sich einen Krieg gar nicht mehr leisten. Tatsächlich gebe es kein Land auf der Welt, notierte Kennan dazu im abschließenden Kapitel seines Buches, das er mit «Das neue Russland als Nachbar» überschrieb, dessen Bewohner und auch dessen führende Kreise von militärischen Verwicklungen «weniger zu gewinnen und mehr zu fürchten» hätten als die Russen. In dieser Hinsicht könnte er sogar recht behalten. Denn Putin hat mit dem Angriff auf die Ukraine nicht mehr und nicht weniger als die «Zerstörung Russlands» riskiert, wie auch Timothy Garton Ash nach einem Besuch der Ukraine bemerkte – politisch, militärisch und wirtschaftlich, vor allem jedoch moralisch. Allerdings wird es den «Nachbarn Russland», mit dem es politische Lösungen zu suchen gilt, auch nach dem Krieg noch geben, für die Ukraine und für Europa und sogar für die USA.

SAUL FRIEDLÄNDER

Das Dritte Reich und die Juden

Nüchternheit trotz
Entsetzen und Zorn

⌇

Von Gerd Krumeich

*D*as *Dritte Reich und die Juden* ist ein unverzichtbares Standardwerk, in dem man beim Wiederlesen stets etwas Neues entdeckt, so «dicht» geschrieben und so anregend ist diese Geschichte der Judenverfolgung in den Jahren 1933 bis 1945 wegen der stets wechselnden Perspektiven. Das Verwunderlichste ist wohl, dass es nach 1945 fünf Jahrzehnte gedauert hat, bis ein Buch entstehen konnte, das sowohl die Täter als auch die Opfer und nicht zuletzt die «Zuschauer» der Judenverfolgung und des Holocaust in eine kohärente und quellengesättigte Erzählung bringt.

In seinen Lebenserinnerungen hat Saul Friedländer berichtet, wie

---

* Saul Friedländer, Nazi Germany and the Jews. Volume 1: The Years of Persecution 1933–1939, New York 1997; Volume 2: The Years of Extermination 1939–1945, New York 2007. *Deutsch:* Das Dritte Reich und die Juden, Band 1: Die Jahre der Verfolgung, 1933–1939. Aus dem Englischen von Martin Pfeiffer, München 1998; Band 2: Die Jahre der Vernichtung, 1939–1945. Aus dem Englischen von Martin Pfeiffer, München 2007.

schwierig dieses Unterfangen war, zumal Martin Broszat, damals die unbestrittene Koryphäe der NS-Forschung, ihm schlicht die Fähigkeit absprach, als vom Holocaust «Betroffener» diesen Zeitabschnitt mit der notwendigen historischen Distanz erzählen zu können. Friedländers Bemerkung ihm gegenüber, dass es dann für einen in den NS verstrickten Historiker wie Broszat doch auch unmöglich sein müsse, sich wissenschaftlich zum Thema zu äußern, war unbedingt zutreffend, hat aber wohl die Kritik bzw. Ablehnung des Projekts eher noch verstärkt. Auch Friedländers Bestehen darauf, dass Person und Charisma des «Führers» eine zentrale Rolle spielten, war damals, als Hans Mommsen und viele andere Hitler als «schwachen Diktator» charakterisierten, dessen Reich durch eine «Polykratie» ihm irgendwie zuarbeitender Nazigrößen charakterisiert sei, nicht gerade konsensfähig. Umso wichtiger war es, dass sich Saul Friedländer von diesem Lebensprojekt nicht hat abbringen lassen und dass er im Verlag C.H.Beck den richtigen Verbündeten für eine deutsche Ausgabe fand.

Friedländers wohl größte Leistung ist es, dass es ihm gelungen ist, trotz aller persönlichen Betroffenheit die Geschichte der Judenverfolgung multiperspektivisch und distanziert zu erzählen und den sicherlich immer wieder durchbrechenden Zorn und das Entsetzen über so viel Hass und Gleichgültigkeit, die ihn selbst aus seinem bisherigen Leben gerissen und seiner Eltern beraubt hatten, zu meistern.

Ulrich Herbert hat in seiner Besprechung des ersten Bandes dieses Werkes darauf hingewiesen, dass es Friedländer gelungen ist, die «Mischung aus Kalkül und Ideologie, aus heißer Wut und berechnendem Pragmatismus» bei Hitler deutlich zu machen. Außerdem habe er die uns heute merkwürdig erscheinende Tatsache beschrieben, dass in den 1930er Jahren «die deutsche Gesellschaft als Ganze der Verfolgung der Juden einfach keine besondere Bedeutung beimaß», sondern die Eskalation der antisemitischen Maßnahmen des NS-Regimes durch einfaches «Wegsehen» geschehen ließ. Eine solche Ignoranz gegenüber den öffentlichen Erniedrigungen und Misshandlungen der Juden war natürlich nur möglich, weil Antisemitismus in Deutschland schon traditionell tief verankert war und sich durch die unverstandene Niederlage im Ersten Weltkrieg zu einer Massenpsychose auswuchs. Verschwörungserzählungen wie die vom «jüdisch-bolschewistischen

Dolchstoß» in den Rücken des siegreichen Heeres oder die von den «Weisen von Zion» stießen auf allzu viele offene Ohren und nachschreiende Münder. Friedländer zeigt, wie Antisemitismus sogar liberale und kommunistische Gruppen (nicht die Sozialdemokraten!) erfasste und sich die Konservativen immer stärker der Tonart der «Völkischen» annäherten. Als Hitler Anfang der 1930er Jahre aus taktischen Gründen seine extremen Hasspredigten auf die Juden etwas mäßigte, erschien er vielen als salonfähig und als möglicher politischer Partner.

Dies natürlich umso mehr, als Hitler nach der Machtübernahme gezielt begann, Deutschland «aus den Fesseln von Versailles» zu befreien. Mit der Saarabstimmung Anfang 1935, der Gründung der Wehrmacht und Einführung der allgemeinen Wehrpflicht im März 1935 war der in Deutschland so genannte «Schandfrieden» von Versailles 1919 praktisch erledigt. Das dankten dem «Führer» auch sehr viele Deutsche, die keineswegs Nationalsozialisten waren. Friedländer zitiert hier einen Bericht aus München für die illegale Sozialdemokratische Partei: «Begeisterung (...) ungeheuer. Ganz München war auf den Beinen (...) Das Vertrauen in politisches Talent und ehrlichen Willen Hitlers wird immer größer, wie überhaupt Hitler wieder im Volk außerordentlich an Boden gewonnen hat. Er wird von vielen geliebt.»[1] Unter diesen Voraussetzungen konnten die Nazis ihre Politik der allmählichen Eliminierung der Juden aus dem öffentlichen Leben ungehindert fortsetzen, auch wenn sie aus außenpolitischen Erwägungen – insbesondere im Hinblick auf die Olympischen Spiele von 1936 – offene Gewalt vermeiden mussten. Nicht zuletzt die «Verrechtlichung» der antisemitischen Politik mit dem Reichsbürgergesetz von 1935 schien für viele ein – beruhigender – Weg aus der Gewalteskalation zu sein, zu der die Pogrome von SA und «völkischen» Intensivtätern beigetragen hatten.

So gab es auch bis zur «Reichskristallnacht» von 1938 einigen Widerstand gegen die radikale antisemitische Politik. «Vor Ort» und im Alltag blieben Geschäftsbeziehungen mit Juden noch erhalten, und es war noch nicht gefährlich, seine jüdischen Nachbarn zu grüßen.

Mit Kriegsbeginn änderte sich die Situation dramatisch, und die Eskalation der Gewalt auf allen Ebenen führte zu den Vernichtungslagern von Treblinka und Auschwitz, deren Ursache ein unermesslicher Hass war, der durch den Krieg noch einmal gesteigert wurde, weil Hitler das «internationale Finanzjudentum» auch für diesen Krieg verantwortlich machte. Für ihren Vernichtungsfeldzug gegen die Juden konnten die Nazis in Ost- und Westeuropa viele Kollaborateure finden, die ihre fanatische Besessenheit teilten oder zu ihren Zwecken nutzten.

Dies alles erzählt Saul Friedländer mit großer Nüchternheit, was angesichts der – wie er selbst konstatiert – nie überwundenen «Fassungslosigkeit» auf der Folie auch des eigenen Erlebens vielleicht die größte Leistung in diesem historiografisch so innovativen Werk ist und bleibt.

Anmerkung

1 Sopade-Berichte, Band 1, München 1998, S. 131.

ÉDOUARD GLISSANT

Sartorius *und* Philosophie der Weltbeziehung

Lob des archipelischen Denkens

⸺

Von Hans Ulrich Obrist[1]

Durch Alighiero Boetti, den ich 1986 im Alter von achtzehn Jahren in Rom besuchte, machte ich erstmals Bekanntschaft mit dem Denken von Édouard Glissant. In den späten 1990er Jahren lernte ich Glissant durch unsere gemeinsame Freundin agnès b. *(sic)* dann auch persönlich kennen. Unsere Freundschaft begann in Pariser Cafés, und diese Treffen wurden schnell zu einer schönen Gewohnheit. In dieser Zeit entwickelte ich das Ritual, täglich eine Viertelstunde lang in den Schriften des Dichters und Philosophen zu lesen, eine Praxis, die ich bis heute beibehalten habe. Unsere Beziehung war von einer Spontaneität geprägt, die es uns ermöglichte, gemeinsam an einem Dutzend öffentlicher Gespräche, Interviews und Bücher mitzuwirken. Diese Projekte führten uns auch auf gemeinsame Reisen durch Städte, Kontinente und Archipele.

---

* Édouard Glissant, Sartorius. Le roman des Batoutos, Paris 1999.
Édouard Glissant, Philosophie de la relation. Poésie en étendue, Paris 2009. *Deutsch:* Philosophie der Weltbeziehung. Poesie der Weite. Aus dem Französischen von Beate Thill, Heidelberg 2021.

Édouard Glissant wurde 1928 in Sainte-Marie auf Martinique geboren und setzte sich zeit seines Lebens für die Unabhängigkeit der Insel von Frankreich ein. Seine *Philosophie de la relation* wurzelt in der Geschichte und Geografie der karibischen Inselgruppen, die zu einer ganz speziellen gemischten Identität der Antillen geführt haben. Dank des ständigen Austauschs zwischen den Inseln haben diese Archipele die Matrix für die Kreolisierung geschaffen, einen Prozess der kontinuierlichen Verschmelzung von Sprachen und Kulturen, der nicht zum Verlust von Vielfalt führt, sondern sie im Gegenteil durch Hybridisierungen bereichert. Das greifbarste Ergebnis dieser Entwicklung sind die Kreolsprachen, die aus der Vermischung mehrerer Sprachen entstanden sind. Glissant stellte später fest, dass ähnliche kulturelle Vermischungen überall auf der Welt vorkommen und dass «die Kreolisierung ein Prozess ist, der niemals endet». Während sich das kontinentale Denken auf Systeme stützt und die Absolutheit der eigenen Weltsicht beansprucht, erkennt das archipelische Denken die Vielfalt der Welt an und fördert sie. Glissant hatte schon früh die Gefahren der homogenisierenden Globalisierung erkannt, die das Verschwinden der kulturellen, sprachlichen und ökologischen Vielfalt vorantreibt, aber auch die Bedrohung durch die populistische, antiglobalistische Gegenströmung, nämlich neue Formen des Nationalismus und Lokalismus, die jegliche Solidarität verweigern. Um sich der Globalisierung zu widersetzen, ohne die Globalität zu leugnen, prägte er den Begriff der «mondialité» als Plädoyer für einen kontinuierlichen weltweiten Dialog, der auch die Vermischung der Kulturen und die Bejahung lokaler Identitäten fördert. Wie Glissant sagt, lehrt uns das archipelische Denken, dass man sich durch den Austausch mit dem Anderen verändern kann, ohne sein Selbstverständnis zu verlieren oder zu verwässern.

Glissant kritisierte die klassischen Utopien wie etwa Platons *Staat* und Thomas Morus' *Utopia*, weil sie als statische Systeme konzipiert waren. Als Gegenbild entwarf er eine neue, alternative Form der Utopie, die aus einem kontinuierlichen Dialog besteht. Ernst Bloch definierte die Utopie als «etwas, das fehlt». In seinem Roman *Sartorius* (1999), einem meiner Lieblingsbücher Glissants, beschrieb er das utopische Volk der Batouto, das seine Identität nicht aus seiner eigenen

Genealogie, sondern allein aus dem ständigen Austausch mit anderen bezieht. Glissant bezeichnete seine Utopie als ein «Beben» oder «Zittern», weil sie etablierte Denksysteme transzendiert und sich dem Unbekannten aussetzt.

«Man muss von Beginn an festhalten, dass das Beben weder auf Unsicherheit noch auf Angst hindeutet. (...) Heute ist dieser Gedanke eines Bebens – und ich denke, dass jeder Utopie diese Idee innewohnt – vor allem jener Instinkt, der uns alle starren Kategorien des Denkens und alle Kategorien eines imperialen Denkens ablehnen lässt. (...) Die Tout-Monde, das Welt-Ganze, erbebt physisch, geologisch, mental, spirituell, denn das Welt-Ganze befindet sich auf der Suche nach diesem Punkt – ich würde nicht sagen nach dieser Etappe –, nach diesem utopischen Punkt, an dem alle Kulturen, alle Vorstellungen dieser Welt aufeinandertreffen und sich verstehen können, ohne sich aufzulösen oder sich zu verlieren. Ich denke, das macht eine Utopie aus: Die Utopie ist eine Realität, in der alle miteinander in Kontakt treten können, ohne sich zu verlieren.»

In vielen meiner aktuellen Gespräche mit Künstlern verwende ich Ideen aus Glissants «Werkzeugkasten». Die Welt braucht dringend mehr Übersetzungen seiner Schriften in verschiedene Sprachen und generell eine Öffnung des Denkens, um einen echten globalen Dialog zu ermöglichen, wie er von Glissant angestrebt wurde. «Dies ist der einzige Weg, die Globalisierung zu bekämpfen. Es geht nicht darum, sich in sich selbst zurückzuziehen und sich abzuschotten. Man muss Verbindungen zum anderen aufbauen. Dies stellt eine reale Dimension der Utopie dar.»

Aus dem Englischen von Andreas Wirthensohn

Anmerkungen

1 Vgl.: 100 Notes – 100 Thoughts / 100 Notizen – 100 Gedanken N°038: Édouard Glissant & Hans Ulrich Obrist dOCUMENTA (13), 9/6/2012 – 16/9/2012, © 2011 documenta und Museum Fridericianum Veranstaltungs-GmbH, Kassel; Hatje Cantz Verlag, Ostfildern; Hans Ulrich Obrist.

SEBASTIAN HAFFNER

Geschichte eines Deutschen

Die Faszination durch das Monstrum

⌒

Von Volker Ullrich

Gewöhnlich schreiben Politiker oder Publizisten ihre Erinnerungen erst am Ende ihres Lebens, wenn es sie drängt, Rechenschaft abzulegen und Bilanz zu ziehen. Auch von Sebastian Haffner, dem streitbaren Journalisten und gefeierten historischen Schriftsteller, hatte man sich in den 1990er Jahren einen Rückblick auf sein bewegtes Leben versprochen. Doch die Erwartungen wurden enttäuscht. Als er Anfang 1999, kurz nach seinem einundneunzigsten Geburtstag, starb, hatte er, wie es aussah, kein autobiografisches Zeugnis von Belang hinterlassen.

Doch dann erschien im Herbst 2000, aus dem Nachlass herausgegeben, seine *Geschichte eines Deutschen*, die Haffner im Frühjahr und Sommer 1939 im englischen Exil verfasst hatte, die aber unveröffentlicht geblieben war. Die späte Publikation wurde zu einem sensationellen Erfolg, und dies nicht ohne Grund. Denn der Autor präsentiert sich darin nicht als Anfänger, der sich tastend seiner Möglichkeiten zu

---

* Sebastian Haffner, Geschichte eines Deutschen. Die Erinnerungen 1914–1933, Stuttgart 2000.

vergewissern sucht, sondern in frühvollendeter Virtuosität. Alle Elemente, die den großen Geschichtserzähler auszeichnen, sind bereits ausgebildet: die knappe, zupackende Sprache, die Lust an der brillanten Pointe und provokativ zugespitzten These, die Kunst, mit wenigen Strichen eine Situation oder eine Person zu charakterisieren.

Haffners erklärte Absicht war, die «Geschichte Deutschlands als Teil meiner privaten Lebensgeschichte zu schreiben». Deshalb beginnt das Buch auch nicht, wie in Erinnerungen üblich, mit der Schilderung des Elternhauses, sondern mit dem Ereignis, das den ersten nachhaltigen Eindruck auf ihn machte: dem Beginn des Ersten Weltkriegs im berauschend schönen Sommer 1914. Der Siebenjährige erlebt ihn als Zerstörung seiner Ferienidylle auf einem Gut in Hinterpommern. Schon bald weicht das Verlustempfinden der Faszination für den Krieg als einem «großen, aufregend begeisternden Spiel»: «Ich und meine Kameraden spielten es den ganzen Krieg hindurch, vier Jahre lang, ungestraft und ungestört – und dieses Spiel (...) war es, was seine gefährlichen Marken in uns allen hinterlassen hat.»

Damit ist Haffner bei einem Kernthema – der Anfälligkeit der zwischen 1900 und 1910 Geborenen für die Verführung, die Nationalsozialismus hieß. Den Prägungen dieser Generation in Krieg und Nachkriegszeit spürt er, vom eigenen Fall ausgehend, mit großer Einfühlungskraft nach. Besonders erhellende Beobachtungen gelingen ihm im Kapitel über die Hyperinflation von 1923 – einem Glanzstück dieser Erinnerungen. Selten sind die Folgen dieser traumatischen Erfahrung so eindringlich dargestellt worden: «Dieses phantastische Jahr ist es wahrscheinlich, was in den heutigen Deutschen jene Züge hinterlassen hat, die der gesamten übrigen Menschheit unverständlich und unheimlich (...) sind: jene hemmungslose, zynische Phantastik, jene nihilistische Freude am ‹Unmöglichen› um seiner selbst willen, jene zum Selbstzweck gewordene ‹Dynamik›.»

Glänzend analysiert Haffner die Anziehungskraft, die Hitler längst vor 1933 auf wachsende Teile des Bürgertums ausübte. Er spricht von einem «Zauber des Ekelhaften» und einem «Rausch des Bösen», dem sich das Publikum immer bereitwilliger hingegeben habe. «Die Faszination durch das Monstrum setzte ein; und zugleich das eigentliche Geheimnis des Falles Hitler, jene seltsame Benebelung und Betäubung der Gegner, die mit dem Phänomen einfach nicht fertig wurden und gleichsam unter der Wirkung eines Basiliskenblicks standen, unfähig zu erfassen, dass die personifizierte Unterwelt sie herausforderte.»

Die Wochen der nationalsozialistischen «Machtergreifung» erlebte Haffner als Referendar am Berliner Kammergericht. Am Beispiel dieser altehrwürdigen Institution, einer scheinbar unerschütterlichen Bastion der Rechtsstaatlichkeit, illustriert er einen Vorgang, der sich im Frühjahr 1933 tausendfach wiederholte: die widerstandslose Kapitulation aller Gegenkräfte vor den neuen Machthabern. «Es gab nicht ein Beispiel von Verteidigungsenergie, Mannhaftigkeit, Haltung. Es gab nur Panik, Flucht und Überläuferei.»

Scharfsinnig erkannte Haffner, worin das Wesen der «Nazi-Revolution» bestand – in einem Frontalangriff «gegen die Grundlagen des menschlichen Zusammenlebens auf der Erde». Die Absicht gehe dahin, im deutschen Volk Raubtierinstinkte zu wecken und sie in Mordbereitschaft gegen die Juden zu verwandeln. «Sollte dieser Versuch der Nazis – der eigentliche Kern ihrer Bestrebungen – tatsächlich gelingen, so würde das freilich zu einer Menschheitskrise allerersten Ranges führten, in der die physische Existenz der Gattung Mensch in Frage gestellt werden würde.» Ebendies geschah mit dem Holocaust. Dass Haffner im Jahr 1939, noch vor Entfesselung des Zweiten Weltkriegs, diese Zivilisationskatastrophe kommen sah, ist bemerkenswert – und straft noch im Nachhinein all jene Lügen, die beteuern, man habe damals ja nicht ahnen können, wohin das alles führe.

Ebenso hellsichtig prophezeite der Emigrant, dass Nazi-Deutschland den bevorstehenden Krieg verlieren würde und dass die meisten Deutschen, «wenn der Tag kommt, ganz bestimmt es nicht werden gewesen sein wollen». Ihre Reaktion werde dann dem «wilden bockigen Heulen eines pathologischen Kindes» ähneln, «das den Verlust der Puppe begierig mit dem Weltuntergang gleichsetzt».

Mit der «Geschichte eines Deutschen» war Sebastian Haffner, ohne dass ihm das bewusst war, ein fulminantes Debüt gelungen. Was ihm in der Exilsituation noch als Nachteil erschienen war und ihn von einer Veröffentlichung hatte absehen lassen – die Verknüpfung von «privater» und «großer» Geschichte –, das erwies sich nun, über sechzig Jahre später, als ein besonderer Vorzug. Das Buch ist unübertroffen in der Selbständigkeit und Originalität der Beobachtung wie auch in der seismografischen Wahrnehmung individueller und kollektiver Befindlichkeiten in der Weimarer Republik und den ersten Jahren der Hitler-Diktatur. Es lehrt uns für alle Zukunft, wie zerbrechlich eine Demokratie ist, wenn sie nicht von einer Mehrheit der Bürger getragen wird, und wie rasch eine Gesellschaft in die Barbarei abgleiten kann, wenn die zivilgesellschaftlichen Gegenkräfte schwach sind und alle rechtsstaatlichen und moralischen Normen außer Kraft gesetzt werden.

21. JAHRHUNDERT

RALF DAHRENDORF

Auf der Suche nach einer neuen Ordnung

Erkenntnisse eines Grenzgängers

⟶

Von Heinrich August Winkler

Sein Buch erschien vor gut zwei Jahrzehnten, im Jahr 2002, bei C.H.Beck, aber über weite Strecken liest es sich, als stamme es von heute: Ralf Dahrendorfs *Auf der Suche nach einer neuen Ordnung*, in dem der Autor laut Untertitel seine Vorstellungen von einer «Politik der Freiheit für das 21. Jahrhundert» darlegen wollte. Es besteht aus sechs Vorlesungen, die der berühmte, damals zweiundsiebzigjährige deutsch-britische Soziologe und «public intellectual» Ende 2001 und Anfang 2002 unter den Auspizien der Krupp-Stiftung am Kulturwissenschaftlichen Institut in Essen gehalten hat und die für ein breites Publikum gedacht waren.

Manches hatte der «Grenzgänger zwischen Sozialwissenschaft und Politik, zwischen Analyse und Aktion» (so Dahrendorf über sich selbst) schon in anderem Zusammenhang erörtert, so seine Gedanken über die «Arbeitsgesellschaft, der die Arbeit ausgeht» – Gedanken,

---

* Ralf Dahrendorf, Auf der Suche nach einer neuen Ordnung. Vorlesungen zur Politik der Freiheit für das 21. Jahrhundert, München 2003.

die angesichts des Siegeszugs der Digitalisierung der Arbeitsprozesse so aktuell wie nie sind. Dasselbe gilt für den Wandel sozialer Konflikte im Zuge der Globalisierung und nach dem «Ende des Klassenkampfs». Neu sind hingegen seine Beobachtungen über die Weltlage um die Jahrtausendwende, die Krise der parlamentarischen Demokratie und die «Grundtendenz zum Autoritarismus».

Dahrendorf lässt keinen Zweifel daran, dass er Samuel Huntingtons These vom bevorstehenden Zusammenprall der Kulturen für realistischer hält als Francis Fukuyamas hegelianisch verstandenes «Ende der Geschichte». Aber anders als Huntington hält er fest am universalen Anspruch der größten westlichen Errungenschaften, der Erklärung der unveräußerlichen Menschenrechte, der «rule of law», der Gewaltenteilung und der repräsentativen Demokratie. Er bekennt sich zu Kant, dessen «Ideen zu einer allgemeinen Geschichte in weltbürgerlicher Absicht» von 1784 er im letzten Kapitel ausgiebig zitiert, und im Sinn des Königsberger Philosophen zu allgemein gültigen Werten: «Wenn alles gleich gültig ist, dann wird nicht nur alles gleichgültig, sondern es setzt eine allgemeine Richtungs- und Orientierungslosigkeit ein.» In einer «haltlosen Welt» sieht er denn auch die größte Gefahr, zu der die Globalisierung führen *kann*.

Immer wieder plädiert Dahrendorf für größtmöglichen Realismus bei der Darlegung politischer und gesellschaftlicher Probleme. Er warnt vor dem Trugschluss, die Demokratie, die für die postkommunistischen Staaten Ostmittel- und Südosteuropas nach der Epochenwende von 1989/90 Wirklichkeit geworden war, werde zu raschem Wohlstand führen. Vielmehr seien Rückschläge und Enttäuschungen unvermeidlich. «Es kann auch sein, dass die nach 1989 beseitigten Grenzen in neuer Weise und an anderen Orten wiederentstehen.» Und ebenfalls mit dem Blick in östliche Richtung heißt es: «Das Wirken der Mafias ist nicht mehr auf Kalabrien und Sizilien beschränkt, sondern kann sich krakenhaft zum Beispiel von Russland aus über ganz Europa ausbreiten.»

Eine Krise der parlamentarischen Demokratie diagnostiziert Dahrendorf nicht zuletzt als Folge der Auslagerung politischer Entscheidungsprozesse von der nationalen auf eine demokratisch nicht oder nur unzureichend kontrollierbare inter- oder supranationale Ebene.

Besondere Aufmerksamkeit widmet er dabei der Europäischen Union, die er in den Jahren 1970 bis 1974 als deutsches Mitglied der Kommission von innen kennengelernt hatte. Dem Europäischen Parlament hält er seine mangelnde demokratische Legitimation vor (wobei er das größte Manko, das ungleiche Wahlrecht, merkwürdigerweise nicht erwähnt). Der EU als Ganzer widmet er ein sarkastisches Aperçu: «Wenn die EU um Mitgliedschaft in der EU nachsuchen würde, müsste sie wegen ihres Mangels an demokratischer Ordnung abgewiesen werden.»

Dass seine Euroskepsis mit der Zeit stark britisch geprägt war (Dahrendorf lehrte seit seiner Berufung zum Rektor der London School of Economics im Jahr 1974 vorwiegend im Vereinigten Königreich), liegt auf der Hand. Doch er hatte gute sachliche Gründe, den Nationalstaat als Hort von Demokratie, Rechtsstaat und Sozialstaat gegen seine deutschen Verächter zu verteidigen und ihn auch in Zukunft für unentbehrlich zu halten. Er rechtfertigt die repräsentative Demokratie gegenüber allen plebiszitären Versuchungen und geißelt den Populismus jedweder Couleur, ohne den Begriff zu verwenden. Hellsichtig analysiert er in der *Suche nach einer neuen Ordnung* die autoritären Gefahren der Gegenwart und der Zukunft. Weit entfernt von einem Triumph der Demokratie nach den Revolutionen von 1989 sei die Demokratie überall unter Druck geraten. Seine Hoffnung, dass sie sich behaupten könne, stützt er auf die Energien der Bürgergesellschaft (ein Begriff, den er dem der «Zivilgesellschaft» vorzieht) und die Stärke des Rechtsstaates. «Zum Kernbestand der liberalen Ordnung gehören: die Bürgergesellschaft und die Herrschaft des Rechts.»

Zwei Jahrzehnte später ist die Lage noch sehr viel dramatischer. Jürgen Habermas spricht im Hinblick auf die Herrschaft der großen internationalen Internetkonzerne von einem «erneuten Strukturwandel der politischen Öffentlichkeit», der sich als Unterminierung des argumentativen Diskurses erweist. Die Bedrohung der liberalen Demokratie in Amerika war 2002, dem zweiten Amtsjahr des Präsidenten George W. Bush, schon weiter fortgeschritten, als es sich in Dahrendorfs Buch niederschlägt. Seine Bewunderung für die erste moderne Demokratie verleitete ihn im Jahr darauf sogar dazu, den völkerrechtswidrigen Krieg gegen den Irak Saddam Husseins als angemessene Antwort auf die Terroranschläge von Nine/Eleven zu rechtfertigen.

Dem Scharfsinn des im Jahr zuvor erschienenen Bandes tut diese Verirrung keinen Abbruch. Bereits 2001/02 beobachtete er, dass sich auch in Gesellschaften, in denen alle großzügige Bürgerrechte genießen, Gruppen zu möglichst homogenen Einheiten sortieren, mithin das betreiben, was inzwischen überall «Identitätspolitik» genannt wird. Dass die engere Heimat zunächst als homogen erlebt wird, hält er für normal, einen homogenen Nationalstaat anzustreben aber für katastrophal. «In der Welt homogener Nationen (im klassischen ethnischen Sinn des Begriffs) sind Freiheit und Frieden gleichermaßen gefährdet.» Also plädiert er (nicht das erste Mal) für «Ligaturen», für normative Bindekräfte, die über alle notwendigen Antagonismen eines heterogenen Nationalstaats hinweg einen politischen Zusammenhalt stiften können. Ohne gemeinsame Wertüberzeugungen greife der «Bazillus der Anomie» um sich.

Es ist eine liberalkonservative Antwort, die der einstige Sozialdemokrat und spätere (Sozial-)Liberale Dahrendorf auf die selbstgestellte Frage gibt, wie denn die moderne Gesellschaft dem hobbesianischen Krieg aller gegen alle entkommen kann. Er setzt auf die «Wiederentdeckung des Westens» und sieht in einem demonstrativen Europäertum einen Ausdruck von geistigem Provinzialismus. In den letzten Sätzen des Buches warnt Dahrendorf in der Tradition der antiken Staatstheorie vor der Gefahr, dass Anomie in Tyrannis umschlagen kann, wenn es nicht genügend Abwehrkräfte gibt. Es ist ein Aufruf zu «tätiger Freiheit» als oberster Maxime und zugleich die Summe der Erfahrungen eines Grenzgängers zwischen Theorie und Praxis, zwischen Deutschland und England. Zwei Jahrzehnte nach dem Erscheinen des Buches ist seine Botschaft aktueller denn je.

PER OLOV ENQUIST

Großvater und die Wölfe

Erfahrungen am Dreihöhlenberg

Von Elisabeth von Thadden

Wer im tief hängenden Nebel dieser Tage die Orientierung verliert, dem kann es willkommen sein, dass jedenfalls der tief hängende Nebel am Dreihöhlenberg sich als Wolke entpuppt. Man täuscht sich in Gefahrenlagen bisweilen. Das feuchte Weiße hat sich beim Wandern nur wie ein Nebel angefühlt. War aber eine Wolke. Man kann sie durchqueren, bergan, bis man von oben auf sie schaut wie auf ein weißes Meer: ein Erlebnis der Feierlichkeit.

Für einen Moment leider nur, denn was sich eben noch erhaben angefühlt hat, schlägt um in eine Katastrophe. Einer stürzt. Dort oben am Gipfel, über den Wolken, fernab der Zivilisation, ohne Handyempfang, dafür in unmittelbarer Nähe von Wölfen und Bären, setzt ein dichter Schneeregen ein. Der Protagonist, ein Mann Ende sechzig, der sich vor allem mit Büchern auskennt, muss das Ende gekommen glauben. Das eigene und das der vier Kinder, die er dort hinaufgeführt hat. Es kommt anders.

---

* Per Olov Enquist, De tre grottornas berg, Stockholm 2003. *Deutsch:* Großvater und die Wölfe. Aus dem Schwedischen von Wolfgang Butt, München 2003.

Aus diesem Grund hat der schwedische Schriftsteller Per Olov Enquist seinem ersten sogenannten Kinderbuch *De tre grottornas berg* von 2003, auf Deutsch *Großvater und die Wölfe*, eine Widmung vorangestellt, die in der Gattung der Widmungen eher unüblich ist: Sie gilt dem Landeskrankenhaus in Karlstad, dem Rettungsdienst von Värmland und der Polizei von Arvika «mit Dank für einen großartigen Einsatz unter schwierigen Verhältnissen».

Das ist wörtlich zu nehmen: Zwar ist dieses Buch ein Roman, sogar ein besonders schöner, doch das Abenteuer unter dem Gipfel hat sein Autor am eigenen Leibe erlebt, was offenbar kathartisch gewirkt hat. Und weil dieser Mann, wie es heißt, «keine richtige Arbeit hat», sondern die meiste Zeit nur dasitzt und Bücher schreibt oder liest, ist es auch ein Buch über Bücher geworden.

Per Olov Enquist also hat der geneigten Weltöffentlichkeit ein Buch darüber geschrieben, was in jenen Tagen am Dreihöhlenberg geschah, als er selbst gerade mal keine Bücher schrieb, dafür aber ein uraltes biblisches Wort über den utopischen Frieden kurz wahr wurde – Jesaja 11, Kerngeschäft für den protestantischen Bibelkenner Enquist: dass die Wölfe eines künftigen Tages bei den Lämmern wohnen, Kühe und Bären zusammen weiden, dass ihre Jungen beieinander liegen, Löwen Stroh essen wie die Rinder. Ein entwöhntes Kind wird seine Hand stecken in die Höhle der Natter, und so weiter. Kein Wort davon wird von Enquist zitiert, aber dieser Roman berichtet davon, dass ein Wolfsjunges in einer Höhle gern etwas Schokoladensuppe probiert, dass seine angeschossene Mutter ein wenig Desinfektionsmittel und ein Pflaster verträgt und dass ein müder Bär einen Menschenjungen um Verständnis dafür bittet, dass er jetzt gern ungestört schlafen würde.

Der Roman *Großvater und die Wölfe* erzählt also davon, was es heißen könnte, den Generationenvertrag ernst zu nehmen, zugleich in friedlicher Geschwisterlichkeit mit der natürlichen Wildnis zu leben und es doch zu begrüßen, wenn ein europäischer Staat funktioniert, der in letzter Sekunde einen Polizeihubschrauber in die Wildnis schickt, der einen ins Krankenhaus transportiert. Das ist viel ungedeckte Zukunft auf einmal, gewiss, und wissenschaftlicherseits spricht wenig dafür, dass sie eintritt, aber es gibt trotzdem Bücher, die wissen, wie es geht, weiterzuwandern. Aus Erfahrung.

Nun hat die Entscheidung, über ein sogenanntes Kinderbuch zu schreiben, wenn es um intellektuelle Orientierung für Künftiges gehen soll, allzu leicht den Geschmack des Sentimentalischen. Zumal, wenn dem Buch leider ein Cheflektor gefehlt hat, der dem Autor von seinen ersten circa 30 Seiten abgeraten hätte, was diesem Buch wirklich gutgetan hätte. Drei Seiten zu Beginn hätten als Präludium genügt, «um am schnellsten in die Sache zu kommen», wie es allerdings auch erst im vierten Kapitel von Goethes *Wahlverwandtschaften* über einen optimalen Erzählfluss heißt. Drei Seiten Vorglühen hätten auch in Enquists Roman gereicht, bevor die Expedition zum Dreihöhlenberg startet, die ein Großvater zusammen mit seinen vier Enkelkindern und einem sibirischen Taigahund unternimmt, bergan. Es geht sich schwer im Nebel, aber ohne einen Cheflektor geht es gar nicht.

Auf der Wanderung zum Dreihöhlenberg, von der Enquist erzählt, sind fast alle der mehr oder weniger vernunftbegabten Lebewesen miteinander durch Abhängigkeit verbunden, durch Verletzlichkeit, durch Güte, Witz und Erfindungsgabe. Alte, mittlere, junge, winzige Menschen, alte, mittlere, junge Wölfe und Hunde, dito Bären. Nur ein paar Schurken meinen, sie könnten tun, was sie wollen, und die kommen aus Hannover, tatsächlich. Ein Kinderbuch jedenfalls ist dieses nur vermeintlich, darin gleicht es fast allen anderen exzellenten Kinderbüchern, ob man nun *Pu der Bär* vor Augen hat, *Kalle Blomquist* oder *Harry Potter.*

Denn es fragt danach, wie es um die Überwindbarkeit der Angst steht, die man in dieser Welt hat, unweigerlich, weil sie dunkel ist. Das allgegenwärtige Gefühl, bevor die Moderne ressourcengefräßig das Licht anmachte, so hat es 1947 der große Historiker Lucien Febvre gesagt, war die Angst, überall: *peur toujours, peur partout.* Wer auch nur ein einziges Bild vom nachtschwarzen eisigen Kiew vor Augen hat, hinter dessen Fassaden kein Wasser fließt, muss das törichte Trostwort «Hab keine Angst» als Ideologem einer modernen Weltflucht durchschauen, das Erwachsene, die ratlos sind, von ihrer Geschäftstüchtigkeit samt verdientem Feierabend überzeugen soll.

Anders am Dreihöhlenberg. Dort wird nicht gelogen. Als die Katastrophe eintritt und es dunkel wird, sagt der Großvater den Kindern genau das: dass eine Katastrophe eintritt. Und weil der Erzähler jedem zutraut, nicht nur ein Teil des Problems, sondern auch ein Teil der Lösung zu sein, also mit der berechtigten Angst umgehen zu können, trifft irgendwann ein Polizeihubschrauber ein, jener überzeugende Repräsentant einer Moderne, die auch retten kann, und der Bär in seiner Höhle über den Wolken kann endlich schlafen, Kopf zwischen den Tatzen. Das Buch, das von ihm erzählt, kann ruhig ein anderer schreiben. Am besten eine Dichternatur.

FREYA VON MOLTKE

Erinnerungen an Kreisau 1930–1945

Eine Inspiration für Deutschland und
Europa im 21. Jahrhundert

∽

Von Christian Wulff

Wir haben festgestellt, wie schnell die Ergebnisse eines langen und zivilisierten Zusammenlebens verspielt werden können. Was die Deutschen verloren hatten, war das Gefühl dafür, dass sie für ihre eigene Gesellschaft verantwortlich sind.» Dieser Satz Freya von Moltkes hat mich 2004 elektrisiert. Offene, liberale Gesellschaften mit ihren rechtsstaatlichen Demokratien sind von innen bedroht. Deshalb sind ihre *Erinnerungen an Kreisau* weiterhin hochaktuell.

Freya von Moltke beschreibt in dem Buch, wie sie in den dreißiger Jahren mit ihrem Mann, dem Juristen Helmuth James von Moltke, auf dessen schlesischem Gut Kreisau glückliche Jahre verbracht hat, die allerdings vom Verschwinden der Demokratie, der Etablierung einer faschistischen Diktatur und einem immer wahrscheinlicher werdenden Krieg überschattet waren. Den 30. Juni 1934, als im sogenannten Röhm-Putsch das ruchlose und hemmungslose Morden der

---

* Freya von Moltke, Erinnerungen an Kreisau 1930–1945, München 1997.

Nationalsozialisten zum ersten Mal im Ausland deutlich erkennbar wurde, erlebten die Moltkes in Kapstadt. Nach der Rückkehr quälte sie zunehmend das Gefühl einer nahezu umfassenden Ohnmacht. «Es war eine qualvolle Mischung aus Wissen, was vor sich ging und in welche Richtung es sich entwickelte – ein Wissen, das Helmuth James sich überall zu verschaffen verstand und auch verschaffen wollte –, und dem Bewusstsein, verhältnismäßig wenig dagegen tun zu können.» Fassungslos mussten sie mit ansehen, dass viele Deutsche Hitler bejahten, ihn hinnahmen oder bestenfalls hofften, dass die nationalsozialistische Regierung schnell entmystifiziert würde. «Die Mehrheit der Deutschen», sagte 2010 der 1938 mit seiner Familie aus Deutschland geflohene amerikanische Historiker Fritz Stern bei einer Ansprache in Erinnerung an den 20. Juli 1944, «hat die eigene Entmachtung nicht gespürt, dankbar für geordneten Wohlstand.»

Die Moltkes hofften 1938, «dass die Deutschen besiegt würden, falls es nicht gelang, das Regime, das immer noch von einer Mehrheit der Deutschen bejaht wurde, von innen zu zerstören». Und sie fragten sich, was danach kommen sollte, wie eine Demokratie wieder aufgebaut werden könnte. Freya von Moltke erzählt, wie sich 1940, nach Kriegsbeginn, ein Kreis von Gleichgesinnten bildete, die gemeinsam für eine demokratische Zukunft planen wollten. Dazu gehörten vor allem auch die engen Freunde Peter Yorck von Wartenburg und seine Frau Marion. Im Haus der Yorcks in der Berliner Hortensienstraße fanden erste konspirative Treffen statt. Man sprach über Sittlichkeit, Freiheit, Demokratie, Rechtsstaatlichkeit und Europa und fragte sich: «Wie kann man aus den Deutschen Demokraten machen?» Dabei hatten die Kreisauer enorme Furcht vor einer erneuten Dolchstoßlegende: Es war eine der großen, erfolgreichen Lügen Hitlers gewesen, die Deutschen hätten den Ersten Weltkrieg nicht an der Front verloren, sondern durch einen Dolchstoß in den Rücken der unbesiegten deutschen Armeen durch die Politiker in Berlin.

Weil die Treffen in Berlin gefährlich waren, fanden drei große Tagungen des Kreises 1942 und 1943 im Kreisauer Berghaus, dem Wohnhaus der Moltkes, statt. Dabei wurde strikt darauf geachtet, «beim Essen kein Wort über Politik» zu verlieren. Später erfuhr man, dass eine der beiden Küchenhilfen tatsächlich von den Treffen berichtet hatte. Die Angst wurde zum ständigen Begleiter, denn «wer ein Gegner der herrschenden Diktatur war und das zum Ausdruck brachte oder durch Handlungen bezeugte, musste mindestens mit einem KZ-Aufenthalt rechnen. Immer bestand sehr schnell Lebensgefahr und die Angst trug dazu bei, die Menschen zu zähmen.»

Es ging dem Kreis um die Integration verschiedenster Meinungen. Darum wurden Sozialdemokraten, Gewerkschafter, Konservative, Adlige, Politiker, Theologen beider Konfessionen und Unternehmer eingebunden. Das Vertreten verschiedener Standpunkte und die Kompromisse, zu denen man dann kommen muss, «kennzeichnen gerade die Arbeit der Kreisauer und gehören eben zum Wesen der Demokratie», so Freya von Moltke. Gerade das Konservative im Teilnehmerkreis war weitherzig und von großer Toleranz. Dazu kam der Gedanke eines friedlichen Europas, das zusammenwächst. Das Ziel der Kreisauer war eine Ordnung, die Raum gibt für eigenverantwortliches Handeln und an die Menschen appelliert, selbst Verantwortung zu übernehmen, angefangen bei den «kleinen Gemeinschaften», wie es Moltke mit Anklängen an das Subsidiaritätsprinzip der Katholischen Soziallehre nannte.

Allmählich verdüsterten sich die Wolken über Kreisau. Am 19. Januar 1944 wurde Helmuth James von Moltke verhaftet, weil er einen Bekannten vor dessen Verhaftung gewarnt hatte. Nach dem Attentat vom 20. Juli 1944 kamen seine Verbindungen zum Widerstandskreis um Claus Schenk Graf von Stauffenberg ans Licht. Er wurde in die Haftanstalt Berlin-Tegel überstellt und wartete auf seinen Prozess. Freya von Moltke pendelte zwischen Kreisau und Berlin. Beide schrieben sich fast täglich eindrucksvolle Briefe, die vom Gefängnispfarrer Harald Poelchau hinein- und hinausgeschmuggelt wurden: «Mein Herz, ... alles ist gut so, wie es ist. Ich vertraue ganz fest und sicher auf den Herrn, dass er mich und Dich und uns auch weiter so leiten wird, wie es für uns gut ist», schrieb er ihr, und sie teilte seine Zuversicht: «Außer dem Leben können sie Dir ja nichts nehmen.» Diese unfassbare Kraft erinnert an den evangelischen Theologen und Widerstandskämpfer Dietrich Bonhoeffer. Nach einem von Roland Freisler geleiteten Prozess wurde Helmuth James von Moltke am 11. Januar 1945 zum Tode verurteilt und am 23. Januar im Gefängnis Plötzensee gehängt.

Das Leben in Kreisau ging weiter. Immer mehr Kriegsflüchtlinge suchten auf dem Gutshof Zuflucht. Freya von Moltke beschreibt die Evakuierungen von schlesischen Dörfern, die Erfahrungen mit Russen und Polen, das Überlegenheitsgefühl der Russen gegenüber den Polen und schließlich die Vertreibung der Deutschen. Die Engländer halfen Freya von Moltke und ihren Söhnen bei der Abreise aus Kreisau, weil ihnen die Rolle der Moltkes im Widerstand und die daraus resultierende Verantwortung bewusst war.

Nach dem Krieg verwirklichten die West-Alliierten Frankreich, Großbritannien und die Vereinigten Staaten von Amerika vieles von dem, was in Kreisau vorgedacht worden war: ein föderales Deutschland, das in Europa eingebunden ist und in dem die Grundrechte, insbesondere die Achtung der Menschenwürde, die Grundfreiheiten und das Widerstandsrecht zentrale Bedeutung haben. In Kreisau wurde angeregt, dass die Volksparteien sich nicht mehr konfessionell oder rein gruppenbezogen als Kampfkraft der einen Gruppe gegen die andere organisieren sollten, sondern konfessionen-, stände- und klassenübergreifend mit gemeinsamer Verantwortung. Beispielhaft dafür ist der evangelische Theologe Eugen Gerstenmaier. Er war Mitglied im Kreisauer Kreis, wurde am 20. Juli 1944 unmittelbar nach dem Attentat auf Hitler im Bendlerblock verhaftet und trat 1949 der neu gegründeten CDU bei. Als Bundesvorsitzender der Schülerunion Deutschlands hatte ich 1978 das Glück, ihn im Bundesvorstand der Partei persönlich kennenzulernen.

Der Kreisauer Kreis zeigt, dass es ein anderes, respekt- und friedfertiges Deutschland gegeben hat. Er erinnert daran, dass es Deutsche gab, die sich in Zeiten, in denen das ein todeswürdiges Verbrechen war, Gedanken über die sittliche Erneuerung unseres Landes und über seine Verwurzelung in einem demokratischen, geeinten Europa machten. Die anständig Gebliebenen brauchten fast übermenschlichen Mut und viel Kraft. Es war ein einsames Auflehnen gegen die schweigende, teils unterstützende, teils eingeschüchterte Masse. Das ist das bleibende Verdienst der Widerstandskämpferinnen und -kämpfer.

Freya von Moltke hat selbst dazu beigetragen, dass Kreisau nach dem Fall des Eisernen Vorhangs neu zum Leben erwachte. Heute ist das in Polen liegende Gut mit der «Kreisau-Stiftung für europäische

Verständigung» ein europäischer Ort der Freiheit. Jährlich treffen im «Neuen Kreisau» Tausende überwiegend junge Menschen aus ganz Europa zusammen, diskutieren und streiten, arbeiten und feiern miteinander. Über alle nationalen, politischen, sozialen und religiösen Unterschiede hinweg wird nach gemeinsamen Wegen gesucht. In Kreisau spürt jeder und jede, dass man selbst dazu beitragen kann, diese Welt menschlicher zu machen, seien die Mittel auch noch so bescheiden.

Kurz vor seiner Hinrichtung hat Helmuth James von Moltke seinen Kindern geschrieben: «Ich habe mein ganzes Leben lang, schon in der Schule, gegen einen Geist der Enge und der Gewalt, der Überheblichkeit und der mangelnden Ehrfurcht vor Anderen, der Intoleranz und des Absoluten, erbarmungslos Konsequenten angekämpft, der in den Deutschen steckt und der seinen Ausdruck in dem nationalsozialistischen Staat gefunden hat.» Das Erbe von Kreisau, der weltoffene Geist auf dem schlesischen Gut, an den Freya von Moltke in ihrem Buch erinnert, ist Inspiration für Deutschland und Europa auch im 21. Jahrhundert.

HENNING RITTER

Nahes und fernes Unglück

Vom Misstrauen gegenüber dem Prinzip
universaler Einfühlung

Von Jens Bisky

Die Kritik des Moralismus hat seit Jahren Hochkonjunktur und verkommt dabei zu einer Form steriler Aufgeregtheit, der alarmistischen Rede in schrillen Tönen. In vielen der routiniert vorgetragenen Warnungen vor Cancel Culture, Wokeism, moralischem Rigorismus fehlt jeder Sinn für Angemessenheit und Proportionen. Wer Teenager-Äußerungen, Regierungshandeln und Alltagsärgernisse über einen Kamm schert, jede Unüberlegtheit dazu nutzt, ein erschreckendes Szenario kommender Gefahren zu zeichnen, hat das Bündnis von Analyse und Kritik aufgekündigt. An dessen Stelle tritt allzu oft die Feier der Selbstgewissheit. Man will so bleiben, wie man ist, sich im Behagen nicht stören lassen. Hermann Lübbe hat politischen Moralismus bündig den «Triumph der Gesinnung über die Urteilskraft» genannt. Die Kritik am Moralismus hätte also, wenn sie

---

* Henning Ritter, Nahes und fernes Unglück. Versuch über das Mitleid, München 2004.

nicht ihrem Gegenstand oder einem Zerrbild davon gleichen will, Urteilskraft zu schulen.

Gute Dienste dabei kann die knappe Einführung in die Geschichte der Moralskepsis von Henning Ritter leisten, die im Jahr 2004 unter dem Titel *Nahes und fernes Unglück* erschienen ist. Als Redakteur der *Frankfurter Allgemeinen Zeitung* hat Ritter über Jahre dafür gesorgt, dass seinen Lesern keine wichtige Neuigkeit aus dem 18. Jahrhundert entging. In seinem *Versuch über das Mitleid* erkundet er Chausseen und Schleichpfade der Aufklärung, um Gewissheiten der westlichen Zivilisation so sanft wie grundsätzlich zu erschüttern. Er misstraute dem von vielen geteilten Glauben, sie könnten sich in andere hineinversetzen, ebenso wie der Zuversicht, dereinst werde «eine den ganzen Globus umfassende Moral der Einfühlung» durchgesetzt sein.

Das Buch beginnt mit einer Frage, die der Student Rastignac in den Werken Jean-Jacques Rousseaus gefunden haben will. Was würden wir tun, wenn wir unbemerkt, allein durch unseren Willen einen reichen Mandarin in China töten und dadurch reich werden könnten? Die Frage findet sich nicht bei Rousseau, aber mit Balzacs Roman *Le Père Goriot* können wir Rastignacs abwägenden Überlegungen folgen. Der junge Mann, der das Geld gut brauchen könnte, zögert, weiß er doch, dass es Unrecht wäre, den Mandarin zu töten, andererseits würde dieser ohnehin bald sterben und niemand von der «Tat» erfahren. Die Frage taucht später bei Dostojewski und Freud und schließlich auch bei Ernst Jünger wieder auf. Henning Ritter nimmt sie so ernst wie eine Figur, von der Adam Smith berichtet, dessen «humaner Londoner» die Opfer eines Erdbebens in China bedauert, dann aber, da er nicht helfen kann, allgemeine Betrachtungen über das menschliche Leid anstellt und sich dann mit unverminderter Tatkraft wieder seinen Geschäften zuwendet.

Ohne sie durch Begriffspomp zu überwältigen oder mit gelehrtem Imponiergehabe einzuschüchtern, injiziert Ritter seinen Lesern eine ordentliche Dosis Misstrauen gegenüber dem Prinzip universaler Einfühlung wie gegenüber dem Glauben, Moral finde Fundament und Halt in Gefühlen. Sind diese nicht meist egoistisch und werden obendrein schwächer, wenn sie die ganze Welt umfassen? Im *Versuch über das Mitleid* enden die verschlungenen Gedankengänge vielfach in unvermittelten Gegensätzen. Am Schluss konstatiert Ritter, dass der Mensch Rousseaus, «der sich dem Menschheitswerk der Philosophie verweigert und sich stattdessen in eine isolierte Existenz zurückzieht», einem anderen Spiel angehöre als der Mensch Diderots, «der sich der Arbeit der Vernunft unterwirft, um die Einheit des Menschengeschlechts herzustellen oder zu wahren».

Leicht ließe sich einwenden, dass die Verhältnisse doch verwickelter sind. Zwischen mitleidigen Egoisten in Frankfurt und den Unglücklichen in China wie in Hanau vermitteln Institutionen, große Organisationen bewirtschaften weltweit Mitleid und Hilfsbereitschaft. Wir wissen, dass ein großer Teil des globalen Unrechts, des weltweiten Unglücks eine Folge auch unseres Handelns ist, persönlich nicht zurechenbar, aber mit der Art unseres Wirtschaftens und Lebens untrennbar verbunden. Der Soziologe Stephan Lessenich hat das auf den Begriff der «Externalisierungsgesellschaft» gebracht; das Grenzregime der EU führt täglich vor Augen, dass antrainierte, mit Pseudogründen gerechtfertigte Kaltherzigkeit verheerendere Folgen hat als überdehnte Einfühlung. Was Nähe und Ferne heute bedeuten, wäre genauer zu bestimmen. Wer Mitleid mit gefolterten Ukrainern empfindet, vergisst möglicherweise zur gleichen Zeit die Obdachlosen im Stadtviertel nebenan. Aber wer könnte alles Leid gleichermaßen bedenken, wäre imstande, allen zu helfen? Und was bedeutet diese grundsätzliche Überforderung für unser Selbstbild?

Die Probleme des Zusammenlebens werden weiterhin moralistische Kurzschlüsse befördern, Moralismus-Kritik, sofern sie nicht bloß ein Geschäft auf den Meinungsmärkten sein will, hätte moralische Argumente zu schärfen, nicht bloß fortzuwischen oder abzukanzeln. Wie das geht, zeigt Henning Ritters *Versuch über das Mitleid*. Es taugt zur Eröffnung, Fortsetzung und Neuorientierung eines Gespräches über unser moralisches Selbstbild, hilft dabei, den kommenden Ungewissheiten weniger überrascht und besser vorbereitet zu begegnen. Eine Zukunft ohne solche Gespräche wäre gewiss ein Unglück.

JARED DIAMOND

Kollaps

Fährtenlesen lernen für unsere Zukunft

⌒

Von Michael Borgolte

Der Untergang von Reichen, Staaten und Gesellschaften ist eines der ältesten Probleme geschichtlichen Denkens. Ob uns selbst eine solche Katastrophe drohe durch dramatische Klimaveränderungen und Umweltprobleme, Pandemie und russischen Krieg, fragen viele Menschen in berechtigter Sorge. Die Wissenschaft, die sonst ihr eigenes Spiel spielt, wird hier zur Stellungnahme, ja zum Ratschlag herausgefordert. Viele ihrer Vertreter entziehen sich, weil sie den Zwang zu populärer Vereinfachung oder falsche Vereinnahmung ihrer Befunde fürchten; einer, der sich der Verantwortung gestellt und ohne Aufgabe der beruflichen Standards Antworten für seine Leser gefunden hat, ist der Naturwissenschaftler und Historiker Jared Diamond (geb. 1937).

In einem inzwischen weltberühmten Buch von 2005 wollte der Autor ergründen, «warum es Gesellschaften in Vergangenheit und Gegenwart gelungen ist oder nicht gelungen ist, ihre ökologischen

---

* Jared Diamond, Collapse. How Societies Choose to Fail or Succeed, New York 2005. *Deutsch:* Kollaps. Warum Gesellschaften überleben oder untergehen. Aus dem Amerikanischen von Sebastian Vogel, Frankfurt am Main 2006.

Probleme in den Griff zu bekommen». In den Mittelpunkt seiner Studie rückte er den «Zusammenbruch», verstanden als «ein drastischer Rückgang der Bevölkerungszahl und/oder der politisch-wirtschaftlich-sozialen Komplexität, der sich auf ein größeres Gebiet erstreckt und längere Zeit andauert». Um den universalen Gesellschaftsvergleich durchzuführen, untersuchte er jeweils fünf Faktoren: Umweltschäden, Klimaumbrüche, feindliche Nachbarn und freundliche Handelspartner sowie die Reaktion einer Gesellschaft auf ihre Umweltprobleme. Diamond ist also kein Determinist; keineswegs leitet er gesellschaftliche Katastrophen monokausal von Umweltschäden oder Klimakrisen ab, aber es kommt ihm besonders darauf an zu zeigen, «dass wir unsere Probleme lösen können, wenn wir es wollen». Unter den herrschenden Bedingungen der Globalisierung sei es zwar nicht mehr möglich, dass Gesellschaften wie früher in völliger Isolation zusammenbrächen, vielmehr drohe zum ersten Mal die Gefahr eines weltweiten Niedergangs; zum ersten Mal hätten wir indessen auch die Gelegenheit, aus Entwicklungen zu lernen, die sich irgendwo auf der Welt abspielen oder sich dort irgendwann in der Vergangenheit ereignet haben: «Deshalb habe ich dieses Buch geschrieben.»

Auch wenn Diamond rezente Verhältnisse in allen Kontinenten in seine Untersuchungen einbezieht, stehen doch längst untergegangene Gesellschaften im Vordergrund. Mit der Osterinsel, den anderen polynesischen Inseln Pitcairn und Henderson, der Kultur der Anasazi in Nord- und der Maya in Mesoamerika sowie den Wikingern auf den atlantischen Inseln wählte er einen Ausschnitt der Zeiten, der sein Buch, sicher unbewusst, auch zur ersten Geschichte des nichteuropäischen Mittelalters gemacht hat. Seine Quellen konnten zum Wenigsten schriftliche Zeugnisse sein; er stützt sich vorwiegend auf archäologische und paläoökologische Befunde, bezieht aber in großer Souveränität Erkenntnisse aller Disziplinen ein, die die Geschichte natürlicher und kultureller Zerstörungen und menschlichen Widerstehens erhellen. Vor allem hat er alle seine Länder und Gebiete bereist und sich über die Geschichte des Bodens, des Klimas und der vergangenen Bewohner durch Gespräche mit den Experten vor Ort informieren lassen. Mit größter Gewissenhaftigkeit sucht er Fall für Fall zu ergründen, ob die Menschen den Zusammenbruch ihrer Gesellschaften nicht vorausgesehen haben oder voraussehen konnten und weshalb sie bei vorhandener Einsicht den eigenen Ökozid nicht verhinderten. Berühmt geworden ist besonders seine erste Studie, die der Osterinsel gewidmet ist. Dort hätten die Bewohner, die in völliger Isolation von anderen Polynesiern lebten, durch Zerstörung des Waldbestandes und der Vogelbestände ihre eigenen Lebensgrundlagen vernichtet; ohne Holz für Kanus habe es auch kein Entkommen gegeben; «ebenso können wir modernen Erdbewohner nirgendwo Unterschlupf finden, wenn unsere Probleme zunehmen». Methodisch besonders instruktiv ist der Vergleich der Wikinger und der Inuit (Eskimos) auf Grönland; während die Nordeuropäer ihren gewohnten Lebensstil dem Klimawandel der «kleinen Eiszeit» seit circa 1300 nicht anzupassen vermochten und an der dysfunktionalen Weidewirtschaft festhielten, waren die später eingewanderten Inuit geschickt in der Jagd von Walen, Robben, Karibus und Landvögeln. Als Christen waren die Nordmänner überdies wohl nicht bereit, rettende Heiratsverbindungen mit ihren heidnischen Nachbarn einzugehen.

Als guter Historiograph weiß Diamond, dass ohne Phantasie keine Synthese möglich ist, kennzeichnet aber gewissenhaft, wenn seine Konstruktionen auf zu wenigen Fakten errichtet werden mussten. Er scheut sich nicht, seine persönliche Lebensgeschichte bei Gelegenheit einzuflechten, und gewinnt seine Leser durch die Empathie für vergangene und gegenwärtige Verlierer der Geschichte. So leidet er an den zahlreichen Umweltproblemen des scheinbar idyllischen amerikanischen Bundesstaates Montana, der mit seinen Bergen und Gewässern das ständige Ferienziel seiner Familie sei.

Collapse wurde in über dreißig Sprachen übersetzt; der riesige Erfolg bei einer internationalen Leserschaft steht freilich in bedrückendem Kontrast zur Reaktion der Fachgelehrten. Selbstverständlich, möchte man sagen, wurden Diamond Fehler in Details und manche Defizite in der Kenntnis der Spezialfächer nachgewiesen; das ist aber das unvermeidliche Schicksal von Universalgeschichten, wie man schon am Fall Herodot erfahren konnte. Schwer erträglich ist der Hass, den der Autor eines anderen Buches über den Kollaps von komplexen Gesellschaften dem Kollegen entgegenbrachte («Buchverkauf sticht die Qualität von Ideen aus»). Ernsthafte Einwände betreffen das Konzept des «Zusammenbruchs» selbst, dem viele Historiker, Anthropologen und Sozialwissenschaftler die Idee der «Resilienz», der Anpassungsfähigkeit einer Gesellschaft, gegenüberstellen. Welche Qualität allerdings eine soziale Ordnung haben wird, die sich unter dem Eindruck katastrophaler Klima- und Umweltveränderungen gewandelt hat, möchte man sich nicht ausmalen.

GÜNTHER HASINGER

Das Schicksal des Universums

Kläre die Weine ...

Von Bernd Roeck

Ein Fan von Perry Rhodan war ich nie, aber doch, als halbes Kind, ein nimmersatter Konsument utopischer Romane. Ich verschlang Jules Vernes *Reise durch die Sonnenwelt*, entdeckte dann Heynes Science-Fiction-Reihe und «Goldmanns Weltraum Taschenbücher» mit ihren Star-Autoren Arthur C. Clarke, Isaac Asimov, Robert A. Heinlein, dem wunderbar humorvollen Robert Sheckley und vielen anderen. Ich war sicher, daß, sobald ich erwachsen wäre – was mir damals allerdings unendlich fern schien –, Reisen zu anderen Planeten und Galaxien alltäglich sein würden. Seriösere Literatur vermittelte mir irgendwann Einsteins frustrierende Erkenntnis, daß es unmöglich ist, sich schneller zu bewegen als das Licht. Begegnungen mit exotischen Geschöpfen und außerirdischen Zivilisationen rückten aus dem Bereich des Möglichen. Die SF-Literatur verstaubte derweil im Bücherregal. Es war interessanter, Wissen über das Universum aus verständlich aufbereiteter Wissenschaft zu gewinnen und sich nicht in Fiktionen zu verlieren.

---

* Günther Hasinger, Das Schicksal des Universums. Eine Reise vom Anfang zum Ende, München 2007.

Besonders faszinierte mich Günther Hasingers Werk *Das Schicksal des Universums*. Es bietet Zukunftsblicke von wahrhaft astronomischer Reichweite. Sein Autor, ursprünglich Bassgitarrist einer Rockband und inzwischen renommierter Astrophysiker, erzählt zunächst vom Urknall vor nahezu vierzehn Milliarden Jahren. Er rührt eine Suppe aus Quarks und Gluonen an, lässt Sterne, dann Galaxien und Planeten zur Welt kommen. Seine Geschichte schließt mit äußerst beunruhigenden Prognosen. Im Inneren der Sonne würden sich dramatische Entwicklungen anbahnen. Die Energieproduktion durch Kernfusion werde eskalieren, die Sonne heißer und heißer werden. Schon in etwa 500 Millionen Jahren soll die Hitze auf Erden so zugenommen haben, daß alles Wasser kocht, Meere und alle übrigen Gewässer verdampfen. Eine eindrucksvolle Vision dieses Szenarios gibt übrigens Leonardo da Vinci. «Die Flüsse werden ohne ihre Wasser sein, die fruchtbare Erde wird nicht mehr keimende Äste hervorbringen», beschrieb er auf einem Blatt des «Codex Arundel» das Ende der Welt. «Die kalte, zarte Luft wird im Element des Feuers vergehen müssen. Und dann wird ihre Oberfläche zu Asche verbrannt bleiben, und das wird das Ende der irdischen Natur sein.»[1]

Angesichts des drohenden Desasters empfiehlt Hasinger der Menschheit, rechtzeitig auf den Mars auszuwandern (da denke ich doch wieder an Science Fiction, nämlich an Arthur C. Clarkes *Sands of Mars*). Ihr Dasein wird auch dort von begrenzter Dauer sein, denn nach etwa sieben Milliarden Jahren wird sich die Sonne zu einem Roten Riesenstern aufblähen. Vieltausendmal heller als zuvor, überspannt unser heute noch so freundliches Zentralgestirn nun fast das ganze Firmament. Die Erdoberfläche und auf ihr alles, was an Menschenwerk noch übrig ist, zerfließt in der Glut von 1200 Grad. Schließlich entledigt sich die Sonne ihres unscheinbaren Wasserstoffgewands. Als hauchzartes Negligé streift sie einen betörend schönen planetarischen Nebel über. Eisblau schimmernd, wird sie ihr Alter als friedlicher Weißer Zwerg genießen.

Ob der Menschheit inzwischen Pluto eine neue Heimat bieten könnte, verrät Hasinger nicht. Dafür schildert er das langsame Sterben des Alls: den Todeskampf der Sterne, ihr letztes Aufbäumen im Feuerwerk der Supernovae, ihre Agonie als Klumpen von Erdgröße;

da und dort das Aufflackern letzter Fusionsfeuer. Am längsten sollen Weiße Zwerge, also auch unsere Sonne, durchhalten. Von dunkler Materie genährt, könnten die gleißenden Sterngreise sogar nochmals Leben entzünden und Zivilisationen entstehen lassen, bis auch sie dahinscheiden. Ganz zum Schluß sterben selbst die mächtigen Schwarzen Löcher. Nicht weniger als zehn Sedezilliarden Jahre – das entspricht einer 1 mit hundert Nullen – hatten sie ihre Umgebung terrorisiert, selbst Licht verspeist. Nach ihrem Tod soll wieder das Nichts klaffen, aus dem das Universum einst entstand.

Menschenleben und Weltgeschichte schrumpfen gegenüber diesen Zeiträumen zu Belanglosigkeiten. Hasinger bietet einen eindrucksvollen Vergleich. Rechnete man die Biographie des Universums auf ein Jahr um, ließe den Anfang genau am 1. Januar um 0.00 Uhr geschehen und das Heute zur selben Zeit des 31. Dezember, beträte der Homo sapiens erst eine knappe Minute vor Mitternacht die Bühne. Und Christus wäre 4,6 Sekunden bevor die Sektkorken zur Begrüßung des neuen Jahres knallen, geboren.[2]

Was wohl machte Gott während der Äonen, bevor er die Menschheit erlöste? Womit wird er seine Tage verbringen, bis das letzte Schwarze Loch zerstrahlt ist? Gibt es ihn überhaupt? Die Antwort des Astrophysikers auf diese letzte große Frage fällt für Gläubige ernüchternd aus. Mit Ludwig Feuerbach sieht Hasinger nicht den Menschen als Schöpfung Gottes, sondern Gott als Schöpfung des Menschen. In dessen Hirn sei Gott und nirgendwo sonst.[3] Allerdings ist auch das Bild des Kosmos, das die Wissenschaft vermittelt, von Menschen gemacht. Das ungeheure Panorama wird sich niemals weiter dehnen können als die paar Kubikzentimeter, die von den Knochen unserer Schädel umschlossen werden. So gesehen, ist der Mensch nicht nur Gottes Vater, sondern auch Meister des Universums.

Die kühle Analyse der modernen Astrophysik, die Hasinger so eindrucksvoll referiert, legt den Verdacht nahe, daß der Sinn der ganzen Weltveranstaltung nicht in der Zukunft oder einem imaginären Jenseits zu finden ist, sondern vielmehr im Leben selbst. Schon vor zwei Jahrtausenden konnte man das so sehen. «Sei klug, kläre die Weine, gib' langer Hoffnung nur kurze Dauer. Während wir sprechen, flieht schon die mißgünstige Zeit. Genieße den Tag, vertrau' so wenig es geht dem kommenden.»[4] Der schlichte Rat findet sich in einer der Oden des Horaz. Manche – nach menschlichem Maß – uralten Weisheiten sind, wie es scheint, durchaus zukunftstauglich.

Anmerkungen

1 Jean Paul Richter, The Literary Works of Leonardo da Vinci, II, New York 1970, S. 258, Nr. 1218 (Ar 155v).
2 Hasinger, Das Schicksal des Universums, S. 246–251.
3 Ebenda, S. 264 f.
4 Hor. carm. I,11.

ANNETTE GORDON-REED

The Hemingses of Monticello

Ein Wendepunkt der
amerikanischen Geschichte

⌒

Von Robert Weil

Annette Gordon-Reeds *The Hemingses of Monticello*, das im deutschsprachigen Raum noch immer auf breitere Anerkennung wartet, wurde 2022 in die Liste der «50 besten Biografien aller Zeiten» des *Esquire* aufgenommen. Es stand sogar auf Platz 1 der Liste, noch vor Klassikern wie Suetons *The Twelve Caesars* und Robert Caros *The Power Broker,* eine brillante Biografie von Robert Moses, dessen kühne Vision von New York dazu beitrug, die Stadt zu formen, die wir heute kennen. Wie konnte das passieren, wie konnte Gordon-Reeds preisgekrönte Biografie, die 2008 erschien, zur vielleicht einflussreichsten amerikanischen Biografie des letzten halben Jahrhunderts werden? *The Hemingses of Monticello* ist die Biografie einer amerikanischen Sklavenfamilie, aber nicht irgendeine von Millionen anonymer Familiensagas, sondern die Biografie einer Sklavenfamilie, die eng mit der Fa-

---

* Annette Gordon-Reed, The Hemingses of Monticello. An American Family, New York 2008.

milie von Thomas Jefferson verbunden war, dem dritten Präsidenten der Vereinigten Staaten. Auf dessen Anwesen in Virginia, Monticello, lebten Hunderte von Sklaven. Wie der Kritiker Adam Morgan schreibt, «änderte sich alles dank Annette Gordon-Reeds bahnbrechender Forschung, die beweist, dass Jefferson Kinder mit einer seiner Sklavinnen hatte. Diese umfassende Biografie von Hemings' Familie vor, während und nach ihrem Leben in Monticello gehört auf den Mount Rushmore der Biografien, dank Gordon-Reeds aufschlussreicher Untersuchung und ihrer hervorragenden Erzählung der Geschichte aus einer bisher verborgenen Perspektive.»

Tatsächlich ist diese Biografie für unser Verständnis der verworrenen amerikanischen Geschichte der Sklaverei von so großer Bedeutung, dass es eine amerikanische Geschichte vor *The Hemingses of Monticello* gibt und eine Geschichte danach. Zwei Jahrhunderte lang beharrten Generationen amerikanischer Historiker darauf, dass ein Mann mit Thomas Jeffersons Verständnis von Tugend und Ehre unmöglich eine eheähnliche Beziehung mit einer seiner Sklavinnen gehabt haben könne, obwohl diese Beziehung schon in den ersten Jahren des 19. Jahrhunderts Stoff für ungehobelte Witze und Klatschspalten lieferte. Die Historiker und Autoren, die schon vor Gordon-Reed behaupteten, dass es die Beziehung tatsächlich gab und aus ihr sechs Kinder hervorgegangen waren, wurden als Unruhestifter abgestempelt, die Unsinn verbreiten.

So erging es auch Annette Gordon-Reed, heute Professorin in Harvard, als sie 1997 ihr erstes Buch, eine historische Darstellung der Beziehung zwischen Thomas Jefferson und Sally Hemings, veröffentlichte. Das Buch löste einen Sturm der Entrüstung aus. Gordon-Reed wurde auf der Titelseite der *New York Times* vorgeworfen, die rassistischen Aspekte der Geschichte aufzubauschen – eine absurde Behauptung für alle, die die gelehrte und besonnene Annette Gordon-Reed persönlich kennen. Es schien, als weigerten sich die Vereinigten Staaten auch noch am Ende des 20. Jahrhunderts, zur Kenntnis zu nehmen, dass Sklavenhalter ihre Sklavinnen vergewaltigten und sexuelle Gefälligkeiten im Tausch für eine etwas bessere Behandlung verlangten. Obwohl die Beziehung zwischen Jefferson und Hemings komplizierter gewesen zu sein scheint als die meisten anderen Beziehungen zwischen Sklavenhaltern und Sklavinnen, war es, als ob die falsche Behauptung, Jefferson habe nie etwas mit seiner Sklavin gehabt, für ein ganzes Bollwerk von Betrug und Verschleierung stand, wie es für die Darstellungen des Lebens auf den Südstaaten-Plantagen typisch war. Erst als DNA-Analysen etwa zur Zeit von Gordon-Reeds erstem Buch bewiesen, dass sie recht hatte, brach der Damm. Eine neue Ära begann, in der sich Amerika endlich mit einem Sklavensystem auseinandersetzen musste, das die Grundlage seiner Wirtschaft bildete, sowohl im Süden als auch im Norden. *The Hemingses of Monticello* erschien elf Jahre nach *Thomas Jefferson and Sally Hemings*. Das Buch wurde mit mindestens achtzehn Preisen ausgezeichnet, darunter dem National Book Award und dem Pulitzer-Preis 2009. Heute ist Gordon-Reed eine der angesehensten Historikerinnen Amerikas, die ein ganzes Fachgebiet verändert hat.

Doch ihr Kampf ist noch lange nicht zu Ende. Während sich die Vereinigten Staaten auf eine weitere harte Präsidentschaftswahl vorbereiten, gibt es nicht nur Regierungsvertreter, sondern mit dem derzeitigen Gouverneur von Florida Ron DeSantis sogar einen möglichen Präsidentschaftskandidaten, der durchsetzen will, dass in den Schulen nichts über Polizeibrutalität oder «critical race history» gelehrt werden darf. Zweifellos hätte dieser Gouverneur am liebsten auch die Verbreitung von *The Hemingses of Monticello* unterbunden, aber Annette Gordon-Reed und ihr Werk sind inzwischen über jeden Zweifel erhaben. Das bahnbrechende Buch der Autorin ist inzwischen ein wesentlicher Bestandteil der amerikanischen Geschichte des 21. Jahrhunderts.

Aus dem Amerikanischen von Jonathan Beck

DAVID VAN REYBROUCK

Kongo

Die Folgen westlicher Gier

⌐

Von Niels Beintker

Es war eine Frage von wenigen Wochen. Erschreckend schnell scheiterte die große Utopie eines Lebens in Freiheit und Wohlstand. Am 30. Juni 1960 wurde der Kongo, ein riesiges Territorium in der Mitte Afrikas, von der belgischen Kolonialmacht in die Unabhängigkeit entlassen. Und existierte als stabiles Land nur für kurze Zeit, wie der Historiker und Schriftsteller David Van Reybrouck in seinem Buch *Kongo* zeigt. Bereits nach wenigen Tagen verweigerten Angehörige der Armee den Gehorsam, aus Protest gegen einen geringen Sold. Ebenso brach, in Folge eines hastigen Rückzugs der Belgier, die Verwaltung im Land mehr oder weniger zusammen. Vor allem aber folgten der Ausrufung der Republik Sezessionsbewegungen und erbitterte, zunehmend gewaltsame Machtkämpfe. Ein demokratisches Land wurde, mit den Worten Van Reybroucks, zum Trümmerhaufen.

Für die weitere Entwicklung des nunmehr zweitgrößten Staates auf dem afrikanischen Kontinent waren die ersten Tage und Wochen

---

* David Van Reybrouck, Congo. Een geschiedenis, Amsterdam 2010. *Deutsch:* Kongo. Eine Geschichte. Aus dem Niederländischen von Waltraud Hüsmert, Berlin 2012.

der Unabhängigkeit bestimmend. David Van Reybrouck erzählt eindrücklich auch von dieser (einmal mehr) unheilvollen Epoche in der Geschichte des Kongo. Er bewertet sie als «apokalyptische Ära». Schnell wurde damals in der internationalen Wahrnehmung das Wort von der «Kongo-Krise» geprägt. Gemessen an der historischen Realität klingt es harmlos. Die junge Republik versank in Chaos und Gewalt. Ein Teil des Landes, die Provinz Katanga, spaltete sich unter Führung des Politikers Moïse Tschombé ab. Die belgische Armee griff in diesen Konflikt ein, Patrice Lumumba, erster Premierminister, und Präsident Joseph Kasavubu wandten sich daraufhin mit einem Hilfegesuch an die Sowjetunion. Als erster afrikanischer Staat wurde der Kongo – so Van Reybrouck – in das Tauziehen des Kalten Krieges verwickelt. Die beiden Weltmächte bestimmten das weitere Schicksal.

Die traurigen Folgen: eine hilf- und heillose UN-Mission, die Ermordung Patrice Lumumbas im Januar 1961, Jahre größter politischer Instabilität und schließlich der Putsch durch Joseph Mobutu – die Geburtsstunde einer Diktatur. Und, als wäre das nicht schon genug der schweren historischen Hypothek, immer neue militärische Konflikte, bis in die Gegenwart hinein. Dazu Krankheiten und Hunger. Die Zahl der Menschen, die in den Kriegen der vergangenen Jahrzehnte ums Leben kamen, lässt sich bis heute nicht bestimmen. Es gibt Schätzungen, die von Millionen Opfern ausgehen. David Van Reybrouck erwähnt, dass in den Jahren nach 2000 eines von fünf Kindern im Kongo vor seinem fünften Geburtstag stirbt. In einem Land, dem es, gemessen an den Rohstoffvorkommen, so gut gehen könnte. Die vielen Bodenschätze, darunter Coltan, haben der Republik nicht zu Wohlstand verholfen. Der Kongo, ein *failed state*.

In Deutschland wurde die Geschichte des Kongo – wie generell der afrikanischen Länder – lange, wenn überhaupt, nur mit höflicher Distanz betrachtet. In einer breiteren Öffentlichkeit war sie kein relevantes Thema. Erfreulicherweise hat sich das in den vergangenen Jahren spürbar verändert, auch infolge der Auseinandersetzung mit der eigenen, verdrängten Kolonialgeschichte. David Van Reybroucks großes Buch, 2010 im Original, zwei Jahre später in deutscher Übersetzung erschienen, steht am Anfang dieser (Neu-)Beschäftigung mit der Vergangenheit und Gegenwart Afrikas. Es zeigt (und auch das macht es zukunftsweisend), wie vielfältig die Geschichte dieser Weltregion mit der europäischen und eben auch der deutschen verflochten ist. Und wie wenig wir – jenseits der nicht gerade zahlreichen Afrikanistik-Forschungseinrichtungen und -Lehrstühle – wissen. Oder auch nicht wissen wollen. David Van Reybrouck führt uns vor Augen, warum wir wissen sollten.

Das hat mit der Geschichte selbst zu tun. Die Aufteilung Afrikas in Kolonien wurde im Februar 1885 auf der Berliner Konferenz besiegelt, auf Anregung Otto von Bismarcks. Der belgische König Leopold II. erklärte in der Folge das längst in den Blick genommene Territorium in der Mitte des Kontinents zu seinem Privatbesitz. Und schon bald erwies sich der Reichtum an natürlichen Ressourcen als Fluch. Mit der Entwicklung des Gummireifens wurde der Kongo zum wichtigen Kautschuklieferanten für die westliche Welt. David Van Reybrouck zeigt, was das für die Bevölkerung bedeutete: ein auf Zwangsarbeit, Gewalt und brutalste Ausbeutung zielendes Regiment. Millionen Menschen sind ihm zum Opfer gefallen, direkt und indirekt, durch einen Zusammenbruch der bäuerlichen Landwirtschaft und einen beispiellosen Ausbruch der Schlafkrankheit. Aufgrund des hohen Blutzolls trug der Kautschuk alsbald den Namen «red rubber». Liest man die erschütternden Passagen in Van Reybroucks Geschichte, kommt einem immer wieder Joseph Conrads Formulierung vom «Herz der Finsternis» in den Sinn. Nur eben in einer ganz anderen Perspektive. Die weißen Kolonialherren haben das Land und die dort lebenden Völker in die Dunkelheit gestürzt.

Die Relevanz dieser Geschichte des Kongo hängt aber auch mit der Perspektive zusammen, in der David Van Reybrouck berichtet. Er ist nicht nur Historiker, sondern auch Archäologe – und begnügt sich nicht allein mit dem Blick in die Vergangenheit und auf die überlieferten Quellen. Die historische Forschung verbindet er geschickt mit der Schilderung der Gegenwart und berichtet von den Erfahrungen während vieler Reisen in den Kongo. Zahlreiche intensive Gespräche mit Menschen aus dem Land sind in die große historische Vermessung eingeflossen, unter ihnen die des hochbetagten Nkasi. Seine Lebensgeschichte – und die so vieler anderer – ist nicht nur schönes Dekor, sondern essentieller Teil der Darstellung. Die Oral History eröffnet eine eigene, unverzichtbare Perspektive. Sie steht dem «weißen» Blick entgegen.

Und überhaupt ist David Van Reybrouck, aus dem flämischen Teil Belgiens stammend, ein großartiger Erzähler. Sein Buch beginnt im September 1876 – mit der Expedition von Henry Morton Stanley zum Oberlauf des Kongo und mit der Gründung einer *Association Internationale Africaine* im fernen Brüssel unter Leitung Leopolds II. Es endet 130 Jahre später mit dem zunehmenden Engagement Chinas im Land, Teil des Plans einer Neuen Seidenstraße – dem Versuch einer großangelegten geopolitischen Einflussnahme. David Van Reybrouck konfrontiert uns mit einer Geschichte, die nicht nur zu seiner eigenen Biographie führt (sein Vater arbeitete in den sechziger Jahren als Ingenieur bei der Eisenbahn im abgespaltenen Katanga). Es ist vielmehr eine Geschichte über die Folgen westlicher Gier und damit über die Kehrseite unseres Wohlstands. Seite um Seite wird deutlich: Das Schicksal des Kongo sollte uns nicht egal sein. Das lässt sich auch auf die anderen Länder Afrikas übertragen.

Anmerkung

In einer Serie für das Magazin «Andruck» im Deutschlandfunk im Dezember 2012 haben Detlef Felken und Niels Beintker über David Van Reybroucks Buch sprechen dürfen.

DAVID LODGE

Die Campus-Trilogie

Eine modernisierte Gralssuche

↪

Von Andreas Fahrmeir

Im Jahr 2002 trug eine gemeinsame Ausgabe der drei Romane *Changing Places* (1975), *Small World* (1984) und *Nice Work* (1988) noch den unverbindlichen Titel «eine David Lodge-Trilogie»; seit 2011 sind sie als «die Campus-Trilogie» kanonisiert. Verbunden sind die Werke durch den Schauplatz Rummidge (dort, «wo in der sogenannten realen Welt Birmingham zu finden wäre») und zwei Protagonisten. Am 1. Januar 1969 führt ein akademisches Austauschprogramm den wenig profilierten Literaturwissenschaftler Philipp Swallow an die «Euphoric State University» («zwischen Süd- und Nordkalifornien»), denn der eigentlich vorgesehene Kandidat war wegen eines besseren Angebots abgesprungen. Nahe dem Nordpol kreuzt sich sein Weg mit dem seines Pendants Morris Zapp. Zapp, ein Jane-Austen-Spezialist und Jungstar der literaturwissenschaftlichen Welt, flieht nach Rummidge, weil seine Frau die Scheidung anstrebt

---

* David Lodge, Changing Places. A Tale of Two Campuses, London 1975; Small World. An Academic Romance, London 1984; Nice Work, London 1988. *Deutsch:* Ortswechsel. Aus dem Englischen von Renate Orth-Guttmann, München 1986; Schnitzeljagd, München 1985; Saubere Arbeit, Zürich 1992.

und kein attraktiveres Ziel mehr verfügbar ist. Für beide geht der Rollentausch sehr viel weiter als gedacht, und beide werden im Kontext der jeweiligen, ihnen fremden Universitätssysteme zu Aktivisten, was in ganz unterschiedliche Rollen mündet: hier protestierender Aktivist, dort teilweise erfolgreicher Reformer.

Small World beginnt im April 1979. Es ist kalt in Rummidge, wo eine literaturwissenschaftliche Konferenz im Gange ist. Swallow hat inzwischen durch weitere glückliche Zufälle eine Professur ergattert, während Zapp zum Verfechter des Poststrukturalismus geworden ist, den er ebenso brillant wie anzüglich verteidigt: «Textuality as Striptease». Persse McGarrigle, der gerade in Dublin seine Masterarbeit zum Einfluss Shakespeares auf T. S. Eliot abgeschlossen hat, erlebt seine erste Konferenz und verliebt sich unsterblich in Angelica, die – passend zu ihrem Forschungsgebiet, den epischen Ritterromanen – ebenso reizvoll wie unnahbar ist. Damit erweitert sich der Blick auf die globale (englischsprachige) Literaturszene und ihre japanischen und türkischen Übersetzer – also auf die durch Kreditkarten und Billigfluglinien kleiner gewordene Welt, in der sich mehr oder weniger prominente amerikanische, australische, deutsche, italienische und französische Expertinnen und Experten tummeln. Wie diese hechtet Zapp mit dem Ziel, die ultimative Sinekure, eine UNESCO-Professur, zu ergattern, von Konferenz zu Konferenz. Swallow trägt – zunächst – auf Kosten des British Council vergessene Texte in die Welt, und Persse, dessen Forschungsgebiet sich durch ein Versehen in den Einfluss von T. S. Eliot auf Shakespeare verwandelt hat, verfolgt Angelica. Das Wettrennen wird im Dezember 1979 ein Ende haben, denn dann wird Arthur Kingfisher, der Doyen des Faches, über die Vergabe der Professur entscheiden und Persse vielleicht zum zweiten Mal auf Angelica treffen.

1986, in dem Jahr, in dem *Nice Work* spielt, hat sich die Lage eingetrübt, zumindest in Rummidge. Swallow ist inzwischen eine eher periphere Figur, nämlich glückloser und schwerhöriger Dekan seiner Fakultät, und gehalten, die marktwirtschaftlichen Überlegungen der Zentrale umzusetzen. Deren Opfer ist die befristet beschäftigte Protagonistin Robyn Penrose, denn für sie besteht keine Hoffnung auf Vertragsverlängerung. Trotzdem muss sie, als Expertin für Industrieromane des 19. Jahrhunderts und am wenigsten einflussreiches Mitglied des Instituts, eine von oben verordnete wöchentliche Hospitation in der Industrie übernehmen. Dabei prallen die Welt einer profitorientierten Gießerei und ihrer wenig an Literatur, Kultur oder politischer Korrektheit interessierten Beschäftigten mit universitären Usancen zusammen: Die eine Seite erfährt, wessen (Steuer-)Geld sie verausgabt, die andere, warum Universitäten anders funktionieren müssen als Betriebe.

Lodges Romane bleiben aktuell, weil die Themen es geblieben sind: der «life-cycle of post-war higher eduction», den Philipp Swallow am Beginn von *Nice Work* als Abfolge von Ausbau und Abbau beschreibt, hat sich mit Variationen fortgesetzt, und die universitären Konfliktfelder – die Definition von Identitäten, Nutzen und Risiken der Politisierung, Kontakt zwischen Wissenschaft und Öffentlichkeit sowie Ziele und Nebenwirkungen von Exzellenzangeboten – weisen ein ebenso großes Beharrungsvermögen auf. Insofern hilft Lodges ironischer Blick weiterhin, vieles entspannter zu sehen. Was die Texte aus der Fülle von Universitätsromanen hervorstechen lässt, ist aber ihre literarische Qualität. *Changing Places* spielt mit den Erscheinungsformen des «kreativen Schreibens», das in Euphoria so wichtig zu sein scheint, von der realistischen Erzählung über den Briefroman und den inneren Monolog bis zum Filmskript. *Small World* ist eine modernisierte Gralssuche um Persse / Parzival und Arthur, «the Fisher King», die das ganze Repertoire literarischer Motive antippt und damit eine Illustration der Chancen und Grenzen genau jener literarischen Theoriebildung zu Ver- und Entschlüsselung beim Schreiben und Lesen darstellt, die Gegenstand der Konferenzen ist, die den Rahmen des Werkes darstellen. Darüber hinaus eröffnet der Verweis auf das Programm der Tagung der Modern Language Association in New York 1978 die Möglichkeit, nach Vorbildern und Folgen in der «echten» Welt zu suchen, von denen der Autor im zweiten Band seiner Memoiren, *Writer's Luck* (2018), einige verewigt hat – nicht zuletzt die Auswirkungen von *Small World* auf seine Berufbarkeit und die der Universitäts- und Sozialpolitik Thatchers auf seinen Vorruhestand. *Nice Work* schließlich übersetzt den Industrialisierungsroman, der gebildete Persönlichkeiten aus dem Süden mit den nur auf den ersten

Blick eindeutig abstoßenden Verhältnissen im produktiven Norden konfrontiert, in die Gegenwart des Thatcherismus, wobei der Roman die Parallelen wieder ironisiert, indem er gleich zu Beginn die möglichen Ausgänge (eine Erbschaft, eine Heirat oder die Emigration) präsentiert, um sie dann (nicht) einzulösen.

THOMAS PIKETTY

Das Kapital im 21. Jahrhundert

Die Krise der Reichtumskonzentration

⸺

Von Steffen Mau

Ein außerhalb von Fachkreisen unbekannter Ökonom als Autor, mehr als tausend Seiten Umfang, ein nicht enden wollender Online-Datenanhang – das sind aus der Sicht eines Lektors vermutlich nicht gerade die idealen Zutaten für einen Bestseller. Und doch hat es Thomas Pikettys Buch *Das Kapital im 21. Jahrhundert* geschafft, mehrere Millionen Leser weltweit für seine Analysen und Thesen zu begeistern, auf die Titelseiten der großen Zeitungen zu kommen und sich eine prominente Leserschaft vom Papst bis hin zum US-Präsidenten Barack Obama zu sichern. Dabei ist das Buch kein Schmöker, wenig süffig geschrieben; die meisten Leserinnen und Leser, sagt man, hätten es über die ersten fünfzig Seiten der Lektüre nicht hinausgeschafft. Schon der Titel klingt pompös, fast anmaßend, sucht er doch den Schulterschluss mit einem der größten Gesellschaftstheoretiker und politischen Ökonomen des 19. Jahrhunderts, Karl Marx, und dessen Buch *Das Kapital. Zur Kritik der politischen Ökonomie*, wobei

---

* Thomas Piketty, Le Capital au XXIe siècle, Paris 2013. *Deutsch:* Das Kapital im 21. Jahrhundert. Aus dem Französischen von Ilse Utz und Stefan Lorenzer, München 2014.

Piketty in einem Interview einmal einräumte, Marx nie richtig gelesen zu haben.

Was also macht dieses ungewöhnlich erfolgreiche, aber auch ansonsten ungewöhnliche Buch aus? Anders als Marx versuchte sich Piketty nicht an einer umfassenden und weit ausholenden Theorie des Kapitalismus, aber doch gleichen sich Marx und Piketty darin, dass sie versuchen, die versteckten Funktionsweisen des Kapitalismus ans Licht zu holen. Wenn bei Marx Begriffe wie Tauschwert, Gebrauchswert und Ware als analytische Werkzeuge dienen, dann sind es bei Piketty umfassende Datenreihen zur Verteilung von Einkommen und Vermögen. Wie bei Marx geht es Piketty um die Erschließung der Gesetzmäßigkeiten der kapitalistischen Wirtschaftsweise, aber während Marx eine Gesamtanalyse (nicht umsonst hat er mehr als fünfzehn Jahre an seinem Hauptwerk gearbeitet) vornahm, dreht es sich bei Piketty um ein einzelnes, aus seiner Sicht aber zentrales Entwicklungsgesetz. Und dieses hat es in sich, bricht es doch mit allen Vorstellungen der Trickle-down-Ökonomie oder des «Wohlstands für alle».

Piketty destilliert aus seinen Daten folgenden brisanten Zusammenhang: Mit Blick auf lange historische Zeiträume sei der Zins auf das Kapital immer größer als das Wirtschaftswachstum und damit das Wachstum der Erwerbseinkommen. Bei ihm heißt das in knapper Form «r > g». Von der hohen Kapitalrendite profitierten vor allem die Vermögenden – die Kapitalbesitzer –, während die Löhne der Arbeitnehmerinnen und Arbeitnehmer hinterherhinken. Ohne hohe Besteuerung von Einkommen und Vermögen, ohne Geldentwertung und ohne kapitalvernichtende Kriege liefe dies darauf hinaus, dass die Einkommenserzielungschancen der Kapitalbesitzer und der abhängig Beschäftigten immer weiter auseinanderfielen und es zu einer zunehmenden Konzentration von Reichtum käme. Das Öffnen der Ungleichheitsschere gehört damit zur DNA des Kapitalismus. Für Piketty ist dies der zentrale Ansatz, um die steigende soziale Ungleichheit in den westlichen Gesellschaften zu erklären. Während bei Marx die Krisenhaftigkeit des Kapitalismus aufgrund eines tendenziellen Falls der Profitrate zu erwarten ist, käme es nach Piketty zu einer immer weiteren und letztlich destruktiven Reichtumskonzentration durch hohe Kapitalrenditen.

Als Soziologe ist man sofort neidisch, dass es ausgerechnet ein Ökonom ist, der das Thema der Ungleichheit wissenschaftlich wieder auf die Vorderbühne geholt hat, galten doch Pierre Bourdieus *Feine Unterschiede* viele Jahre lang als die raffinierteste und ambitionierteste Analyse sozialer Ungleichheit. Nun also wieder ein Franzose, der sich als *der* Ungleichheitsforscher selbst inthronisiert. Folgt man den Befunden in Pikettys Buch, befinden wir uns im Übergang von einer wesentlich durch ungleiche Erwerbseinkommen strukturierten Gesellschaft hin zu einer stärker auf Besitz von Vermögen gegründeten Sozialordnung. In der Generationenfolge kommt es in einer solchen Gesellschaft zu einer zunehmenden Vererbung von Statuspositionen, so dass die Zufälligkeit der Geburt größeres Gewicht gegenüber eigenen Anstrengungen und Leistungen erhält – manche haben daher auch schon von einer «Refeudalisierung sozialer Ungleichheit» (Sighard Neckel) gesprochen. Die «Wahl der richtigen Eltern» wäre für Kinder wichtiger als eigene Bildungsanstrengungen oder die Wahl des richtigen Berufs. Ohne politische Gegenmaßnahmen kann man hier mit einem langfristigen Kumulationseffekt rechnen, bei dem die «Gewinner der Spermienlotterie», so hat es der Multimilliardär Warren Buffett einmal ausgedrückt, ihren Vorsprung immer weiter ausbauen könnten.

Im Nachgang der Veröffentlichung und mit der internationalen Rezeption ist ein ganzer wissenschaftlicher Geschäftszweig der Piketty-Kritik entstanden, angefangen von der Kritik an einzelnen methodischen Entscheidungen und der Datenqualität bis hin zu ganz grundsätzlichen Infragestellungen seiner Erkenntnisse, wobei sich die deutsche Fachwelt der Ökonomen besonders kritisch gab. Faulheit, Datenschlamperei und motivgesteuerte Datenauswahl wurden dem Autor vorgeworfen – es sprangen ihm aber auch viele gewichtige und empirisch versierte Vertreter der internationalen Ökonomenszene bei. Bei aller Berechtigung von kritischen Einwänden konnte man sich als Beobachter des Eindrucks nicht erwehren, hier fühle sich eine Zunft ob der Tatsache vorgeführt, dass sich ein junger französischer Ökonom ernsthaft mit der Verteilungsfrage beschäftigte und sie damit ins Zentrum der internationalen und der fachlichen Debatte führte. Dabei ist der historische Kontext wichtig: Nach Finanz- und Eurokrise, nach der großen Destabilisierung der internationalen Finanzordnung gab es großen Bedarf, auch die Frage der Vermögensverteilung und des obersten 1 Prozent stärker zum Thema zu machen. Nicht zuletzt liefern Pikettys Befunde eine schlagende Begründung für die Notwendigkeit einer Besteuerung von besonders hohen Einkommen und Vermögen. Ein starkes Buch mit starker Wirkung weit über den Zirkel wissenschaftlicher Experten hinaus.

HEINRICH AUGUST WINKLER

Zerbricht der Westen?

Über die gegenwärtige Krise
in Europa und Amerika

⌐

Von Ian Kershaw

Die Geschichtswissenschaft sagt uns, woher wir kommen, nicht, wohin wir gehen. Sie kann keine Rezepte für eine Zukunft anbieten, die von unvorhersehbaren Ereignissen bestimmt wird. Als Heinrich August Winklers Buch *Zerbricht der Westen?* 2017 veröffentlicht wurde, konnte man sich weder die Covid-Pandemie noch den russischen Angriffskrieg gegen die Ukraine vorstellen. Und doch haben beide die Geschichte des Westens (und eines Großteils der Welt darüber hinaus) nachhaltig beeinflusst. Winklers Buch, das die komplexen politischen Ereignisse in den europäischen Ländern (vor allem in der Europäischen Union) und in den USA detailliert schildert und ein Postskriptum enthält, das die Geschichte bis zum Juli 2017 fortschreibt, lässt nicht erahnen, welche tektonischen Veränderungen in den wenigen Jahren seither stattgefunden haben. Das sind die Tücken

---

* Heinrich August Winkler, Zerbricht der Westen? Über die gegenwärtige Krise in Europa, München 2017.

einer Geschichtsschreibung, die (fast) bis in die Gegenwart reicht. Vieles geschieht, was nicht vorhersehbar ist. Es ereignen sich Dinge, die keinem offensichtlich erkennbaren Muster folgen. Und doch kann das scheinbar undurchdringliche Dickicht von Ereignissen und kurzfristigen Veränderungen schwach beleuchtete Wege in die Zukunft aufzeigen. Winklers brillanter, kaleidoskopartiger Überblick über die jüngste politische Geschichte, seine scharfsinnige Analyse und sein gesundes Urteilsvermögen können uns helfen, den Weg zu finden.

Zerbricht der Westen? analysiert die gravierenden inneren und äußeren Herausforderungen, denen sich das «normative Projekt des Westens» – der unvollendete Prozess der Verbreitung von Rechtsstaatlichkeit, Menschenrechten, repräsentativer Demokratie, Volkssouveränität und Gewaltenteilung –, das weitgehend aus der doppelten Revolution (der Amerikanischen und der Französischen) des 18. Jahrhunderts hervorgegangen ist, 2017 gegenübersah. Die Krise der Eurozone nach dem Bankencrash von 2008, die Annexion der Krim und die russische Aggression im Donbass, der Brexit und nicht zuletzt die Präsidentschaft Trumps in den USA bedrohten die Dominanz des westlichen Modells, das mit dem Ende des Kalten Krieges zu triumphieren schien. Ende 2019 gab es Anzeichen dafür, dass das Schlimmste überstanden war, auch wenn die Gefahren noch lange nicht gebannt waren. Die EU hatte die Krise in der Eurozone und den Brexit bewältigt, die amerikanische Verfassung hatte sich als widerstandsfähig erwiesen, und im Donbass war es zu keiner Eskalation der Aggression gekommen (obwohl der weiter schwelende Konflikt ungelöst war). Das westliche Verteidigungsbündnis, das sich vor allem auf die Rolle Amerikas in der NATO stützt, die Trump in Frage zu stellen schien, war stark und intakt geblieben.

Anfang 2020 jedoch begann die völlig unerwartete Corona-Pandemie ihren tödlichen Lauf. Sie zwang die Staaten, in einer Weise in die Wirtschaft einzugreifen, wie es das in Friedenszeiten noch nie gegeben hatte, und die individuellen Freiheiten erheblich einzuschränken. Sie veränderte die Beschäftigungsmuster der Arbeitswelt, brachte den internationalen Reiseverkehr fast zum Erliegen und untergrub die Globalisierung – einen Prozess, der nach dem Ende des Kalten Krieges über zwei Jahrzehnte lang unaufhaltsam schien. Doch der Einsatz der neu entwickelten Impfstoffe bot Rettung. Die Nationalstaaten, deren Untergang zuweilen voreilig prophezeit worden war, gingen die gewaltigen Probleme weitgehend auf ihre je eigene Weise an – obwohl auch supranationale Institutionen wie die Europäische Union und die Weltgesundheitsorganisation eine wichtige Rolle spielten. Und in politischer Hinsicht gab es einen Lichtblick, als Trump im November 2020 bei den Präsidentschaftswahlen glücklicherweise eine Niederlage erlitt. Die Pandemie dauerte das ganze Jahr 2021 über an, doch Anfang 2022 schien der Westen das Schlimmste überwunden zu haben. Und Präsident Biden, der Nachfolger von Trump, dessen extremer Widerwille, die Macht abzugeben, von einem gewaltsamen Angriff auf den Sitz der repräsentativen Regierung Amerikas begleitet worden war, machte Hoffnung auf eine deutliche Verbesserung der transatlantischen Beziehungen. Doch dann kam es zu einer weiteren unerwarteten Katastrophe: Der russische Einmarsch in die Ukraine im Februar 2022 stürzte den Westen in neue, noch nicht enden wollende Turbulenzen und schwere Krisen.

Russlands Angriff auf die Ukraine gefährdet nicht nur die Ukraine, sondern auch das westliche Regierungsmodell selbst, das bereits seit der Jahrhundertwende durch innere und äußere Faktoren geschwächt ist. Die zunehmend ungleiche Verteilung des Wohlstands und der Druck auf eine stärkere Inklusion der Geschlechter und Ethnien haben die Risse innerhalb der westlichen liberalen Demokratien vertieft – eine Entwicklung, die durch den Einfluss der sozialen Medien noch befeuert wurde. Destabilisierende populistische Bewegungen sind dadurch gestärkt worden. Gleichzeitig sieht sich die freiheitliche Demokratie mit «starken» Autokratien in China, Russland, der Türkei und anderswo konfrontiert. Ungarn und Polen stellen die «Wertegemeinschaft» in Frage, auf der die EU fußt. Trumps unheilvolles Erbe ist die tiefe politische und soziale Spaltung, die die USA weiterhin vergiftet. Und die geopolitischen Verschiebungen des letzten Vierteljahrhunderts haben dazu geführt, dass der globale Einfluss der USA schwächer wurde und China zu einem ernst zu nehmenden Rivalen aufgestiegen ist. Über Taiwan könnte es zu einem Konflikt zwischen den beiden Supermächten kommen. Die Spannungen im Nahen Osten bleiben akut. Der dschihadistische Terrorismus stellt weiterhin eine Bedrohung dar. Der russische Einmarsch in die Ukraine hat diesen Sorgen noch neue Gefahren hinzugefügt. Wie der Krieg ausgehen wird, ist unmöglich vorherzusagen. Wie auch immer er ausgeht: Es ist schwer vorstellbar, dass die Welt danach sicherer sein wird.

Neben dem schrecklichen menschlichen Leid, den gewaltigen Zerstörungen und den immensen wirtschaftlichen Kosten hat der Krieg in der Ukraine die Bemühungen zur Bekämpfung des Klimawandels – der größten Gefahr für den gesamten Globus – deutlich geschwächt. Es ist möglich, dass der verheerende Konflikt relativ bald zu Ende geht, dass sich die Wirtschaft schnell erholt, dass die demokratische Regierungsführung wieder an Stärke gewinnt und dass die Staaten die Maßnahmen zur Verlangsamung der Erderwärmung beschleunigen. Aber es fällt schwer, optimistisch zu sein. Der Krieg in der Ukraine hat die Gefahren einer nuklearen Katastrophe in aller Deutlichkeit vor Augen geführt. Nicht minder groß ist die Gefahr einer Umweltkatastrophe. Mit Hilfe von Winklers großartigem Buch können wir einen Blick in die Zukunft erhaschen. Aber wir können nicht einmal schemenhaft erkennen, wie sich die Zukunft entwickeln wird. Wir können nur hoffen.

Aus dem Englischen von Andreas Wirthensohn

GE ZHAOGUANG

Zentrum und Peripherien in der chinesischen Geschichte

Die Welt unter dem Himmel

⌁

Von Sabine Dabringhaus

Klassische chinesische Werke kennzeichnet, dass sie immer auch Orientierung für die Zukunft bieten. So sind sie jedenfalls im Westen gelesen worden, seit sie dort als asiatische «Weisheitslehren» populär wurden. Im deutschen Sprachraum haben insbesondere die Übersetzungen des protestantischen Missionars und Sinologen Richard Wilhelm (1873–1930) zu dieser Beliebtheit beigetragen. Wilhelm betonte mit seinem lakonischen Stil die große Konzentration dieser Texte, die auch Elias Canetti in seinem Essay *Konfuzius in seinen Gesprächen* registrierte: «die Abneigung des Konfuzius gegen Beredsamkeit: das Gewicht der gewählten Worte».[1] Neben den *Gesprächen (Lunyu)* des Konfuzius (oder Kongzi) gehören zu diesem Kanon von Texten, die in den Jahrhunderten vor unserer Zeitrechnung entstan-

---

* Lishi Zhongguo de nei yu wai: you guan Zhongguo yu zhoubian de zai zhengqing [历史中国的内与外：有关中国与周边的再澄清], Hongkong 2017. *Deutsch:* Ge Zhaoguang, Zentrum und Peripherien in der chinesischen Geschichte. Dynamische Grundlagen des heutigen China. Aus dem Chinesischen von Maja Linnemann, Frankfurt am Main/New York 2023.

den, das *Buch vom Weg und von der Tugend (Daodejing)* des Laozi oder die Schriften des Mozi (oder Mo Ti), die Helwig Schmidt-Glintzer in den siebziger Jahren neu übersetzt hat. Spätere chinesische Klassiker aus Philosophie, Religion und Geschichtsschreibung sind außerhalb von Spezialistenkreisen im Westen weithin unbekannt geblieben. Eine Ausnahme bildet am ehesten noch das *Datongshu* von Kang Youwei (1858–1927), eine ausschweifende Utopie, die erst 1935 vollständig veröffentlicht wurde. Sie ist im Deutschen als Sekundärübersetzung aus dem Englischen bekannt geworden.[2]

Wie sieht es heute aus? Es ist noch zu früh, neue Klassiker zu proklamieren. Aber angesichts einer Fülle von Übersetzungen westlicher Bücher ins Chinesische stellt sich die Frage, ob es umgekehrt im heutigen China möglich ist, Werke von Weltrang zu schreiben, die international verbreitet und gelesen werden und zugleich in China selbst Orientierung für die Zukunft bieten können. Kaum ein anderes chinesisches Werk der Gegenwart wird diesen Ansprüchen umfassender gerecht als das 2017 in Hongkong erschienene Buch *Lishi Zhongguo de nei yu wai: you guan Zhongguo yu zhoubian de zai zhengqing* von Ge Zhaoguang, das unter dem Titel *Zentrum und Peripherien in der chinesischen Geschichte: Dynamische Grundlagen des heutigen China* in deutscher Übersetzung veröffentlicht wurde. Mit diesem Werk stellt der 1950 geborene Emeritus der renommierten Fudan-Universität in Shanghai, dessen zweibändige *Intellectual History of China* bereits in einer englischen Ausgabe vorliegt,[3] abermals seine außerordentliche wissenschaftliche Autorität unter Beweis. Sie beruht auf jahrzehntelangen Quellenforschungen und einem philosophisch geschulten Nachdenken, das keine amtlichen Denkverbote fürchtet. Ge Zhaoguang gehört zu jenen Historikerinnen und Historikern in China, die detaillierte Kommentare zur klassischen chinesischen Tradition mit fundierten Auseinandersetzungen mit der westlichen Literatur verbinden. In dieser Gruppe sticht Ge durch besondere Vielseitigkeit hervor. Seine oft umfangreichen Arbeiten – keine Fortsetzung des konfuzianischen Lakonismus – behandeln eine Vielzahl von Themen im Zeitbogen von der chinesischen Antike bis zur Gegenwart. Man findet ihn als Autorität in den unterschiedlichsten Zusammenhängen zitiert.

Auch *Zentrum und Peripherien in der chinesischen Geschichte* liegt eine breite Quellen- und Literaturbasis zugrunde. Das Buch ist eine scharfsinnige Analyse der Grundstrukturen der chinesischen Geschichte und ihrer Konsequenzen für die Gegenwart. Es vermittelt ein differenziertes Bild vom dynamischen Gebilde des kaiserlichen China, das sich im Verlauf der Jahrhunderte von einer Dynastie zur nächsten aufspaltete und neu zusammensetzte. Dabei änderten sich die vom Zentralstaat festgelegten Grenzen ständig. Es ist deshalb falsch zu behaupten (wie es heute oft geschieht), ein bestimmter geographischer Ort im gegenwärtigen China sei in der Vergangenheit «immer schon» Teil des chinesischen Territoriums gewesen.

Zugleich beleuchtet Ge Zhaoguang mit seinem Konzept des «Zu-‹China›-Werdens» *(chengwei Zhongguo)* seit den ersten Dynastien Qin (221–206 v. Chr.) und Han (206 v. Chr.–220 n. Chr.) die Entwicklungsmechanismen eines in ständiger Metamorphose befindlichen Staatswesens, das auf einer äußerst stabilen Kulturgemeinschaft beruht. Nicht immer, so Ges These, lasse sich das historische China in politischer Hinsicht mit einer für jede Dynastie klar definierten Regierungsform gleichsetzen – wie es die offizielle chinesische Geschichtsschreibung und viele westliche Autoren nach wie vor behaupten. Begriffe wie «Staat», «Regierung» oder «Heimatland» *(zuguo)* müssten für jede historische Periode neu bestimmt werden.

Stärker als in der chinesischen Geschichtsschreibung üblich betont Ge Zhaoguang die gegenseitige Beeinflussung von Chinesen und benachbarten Nichtchinesen, die er als Dualismus von «Innerem» und «Äußerem» charakterisiert. Die Bezeichnung «innen» beschränkt sich nicht geographisch und objektivistisch auf das jeweilige chinesische Kernland einer Dynastie, sondern meint auch die gefühlte Zugehörigkeit, die veränderbar war. So wurden periphere Gebiete nach einem Dynastiewechsel im chinesischen Kernland durch Prozesse kultureller Anpassung immer wieder in das «Innere» integriert. Umgekehrt führten Gebietsverluste unter schwächeren Dynastien dazu, dass Regionen in den Bereich des «Äußeren» abglitten. In diesem Wechselspiel zwischen «Innen» (China) und «Außen» (Peripherien) werden auch die oft diskutierten ethnischen Phänomene der Sinisierung *(hanhua)* und der Barbarisierung *(huhua)* besser verständlich.

Im Verhältnis des Qing-Reichs zu den ab Mitte des 19. Jahrhunderts vordringenden europäischen Kolonialmächten sieht Ge Zhaoguang eine Abkehr vom traditionellen chinesischen *Tianxia*-Denken, der Utopie von «der einen Welt unter dem Himmel». Seine kritischen Erläuterungen zu modernen *Tianxia*-Interpretationen bilden die ideengeschichtliche Brücke vom historischen China zu Gegenwart und Zukunft der Volksrepublik. Der Historiker, der hier zum politischen Theoretiker wird, warnt davor, das historische *Tianxia*-Denken als Modell einer expansiven «neuen» Weltordnung unter chinesischer Dominanz zu missbrauchen.

Anmerkungen

1 Elias Canetti, Die gespaltene Zukunft. Aufsätze und Gespräche, München 1972, S. 40.
2 K'ang Yu-wei, Ta T'ung Shu. Das Buch von der Großen Gemeinschaft, Düsseldorf/Köln 1974.
3 Ge Zhaoguang, An Intellectual History of China, 2 Bände, Leiden 2014–2018.

GRETA THUNBERG

Ich will, dass ihr in Panik geratet!

«Wir brauchen hier keine Propheten!»

Von Johan Schloemann

Immer wenn Greta Thunberg oder andere Klimaaktivisten ihre Stimme erheben, um der Menschheit zu sagen, dass sie nicht mehr so weitermachen kann, muss ich an einen einschlägigen Titel aus meinem philologischen Studium denken, das schon ein wenig länger zurückliegt. Er lautet *Der Warner bei Herodot*.

Es handelt sich um eine 1932 publizierte Marburger Dissertation. Darin untersuchte der damals fünfundzwanzigjährige Altphilologe Heinrich Bischoff in einem mitunter geradezu altersweisen Ton jene Figuren, die im Geschichtswerk des Herodot den Königen und Feldherren erklären, dass ihre glänzenden Vorhaben und Zukunftsaussichten auch mit großen Risiken behaftet sind. Im «Warnersystem» bei Herodot, so formulierte es Bischoff, geht es um «das Wissen darum, dass der Mensch, der ohne Bedenken dahinlebt, immer auf die Wechselfälle des Schicksals hingewiesen werden muss». So wird etwa der persische König Xerxes vor den Gefahren eines erneuten Feldzugs ge-

---

* Greta Thunberg, Ich will, dass ihr in Panik geratet! Meine Reden zum Klimaschutz. Aus dem Englischen von Ulrike Bischoff, 5. Auflage, Frankfurt am Main 2019.

gen Griechenland von einem gewissen Artabanos gewarnt. Doch ohne Erfolg: Der Angriffskrieg wird in einer katastrophalen Niederlage enden. Heinrich Bischoff, der junge Philologe, der die Bedenkenträger in seiner bis heute zitierten Arbeit aufmerksam studierte, kam dann im August 1941 auf Hitlers Feldzug gegen die Sowjetunion ums Leben, er starb vierunddreißigjährig in der Oblast Kiew.

Die Welt des Herodot von Halikarnass, der im fünften vorchristlichen Jahrhundert das historische Aufeinandertreffen Europas und Asiens beschreiben will, und diejenige von Greta Thunberg, die die industrialisierte und globalisierte Moderne vor der ökologischen Hybris warnt, sind natürlich sehr verschieden. Aber die Formel «Der Warner bei Herodot» hat für mich auch etwas geschichtsphilosophisch Symbolisches, das sie verbindet: Sie drückt aus, dass gleich am Anfang der europäischen Historiografie, wo es doch eigentlich für die menschliche Zivilisation in großen Schritten vorangehen sollte, schon der Zweifel eingebaut ist: Man sollte sich nicht zu sicher sein und sich nicht übernehmen. Jeder übermäßigen Expansion, so die Botschaft, muss ein *Degrowth* folgen.

Liest man vor diesem Horizont die ersten Reden von Greta Thunberg, die im August 2018 als fünfzehnjährige Schülerin in Stockholm in ihren ersten Schulstreik für den Klimaschutz trat, so gewinnen sie noch einmal an Wucht. «Unser Haus steht in Flammen» – das hat archaisch-griechische Warner-Qualitäten. Die anthropologische Provokation, die darin liegt, der Maßlosigkeit von Landnahme und Konsum ein Ende setzen zu müssen, obwohl die Menschen davon nicht genug kriegen können, findet im kompromisslosen Auftreten der jungen Greta Thunberg ihre rhetorische Entsprechung. Unabhängig von der Frage, was der richtige politische Weg zur wirksamen Reduktion von Treibhausgas-Emissionen ist, verkörpert die scheinbar schlichte Rednerin eine epochale Dringlichkeit. «Wir stehen vor einer existenziellen Bedrohung», sagt sie, die Begrenzung der Erderwärmung und ihrer Folgen sei «die größte und komplexeste Herausforderung, vor die der Homo sapiens je gestellt war».

Und so hat Thunbergs Wirkung auf die Weltöffentlichkeit auch zu Zuschreibungen geführt, wie sie in der Geschichte immer wieder mit dem prophetischen Sprechen verbunden wurden: Heroisierung und

Pathologisierung. Gegen beides wehrt sie sich in ihren Reden. «Ich bin nur eine Botin, und trotzdem bekomme ich diesen ganzen Hass ab.» Mit ihrer psychischen Disposition – die Kritiker veranlasst hat, Thunberg für krank und zur Marionette ihrer Eltern zu erklären –, kokettiert Greta Thunberg offensiv:

«Ich habe das Asperger-Syndrom, und für mich ist fast alles schwarz oder weiß. Ich glaube, dass wir Autisten in vielerlei Hinsicht die Normalen und die übrigen Menschen ziemlich seltsam sind. (...) Wenn die Emissionen aufhören müssen, dann müssen wir die Emissionen stoppen. Für mich ist das schwarz oder weiß.»

Ebenfalls in der Tradition der prophetischen Rede steht Greta Thunbergs Unduldsamkeit gegenüber abwiegelndem, abwartendem Zweckoptimismus. «Aber ich will eure Hoffnung nicht», antwortet sie an einer berühmten Stelle ihrer Rede vor dem Weltwirtschaftsforum in Davos 2019: «Ich will nicht, dass ihr hoffnungsvoll seid. Ich will, dass ihr in Panik geratet.» Dies erinnert an das Nichthörenwollen, mit dem der Chor in der Tragödie *Agamemnon* von Aischylos im Gespräch mit der Unheil witternden trojanischen Königstochter Kassandra (Verse 1069 ff.) zunächst reagiert: «Wir brauchen hier keine Propheten!» Doch mit der Zeit kommen die Zuhörer ins Grübeln, eine Wirkung der Rede, die sich auch alle jungen Klimaaktivistinnen und Protestierer heute erhoffen: «Woher weißt du das Ziel, woher kennst du», so richtet sich die Frage an Kassandra, «die übelbedeutende Richtung des Weges, den die Götter setzen?»[1]

Auch dass sich in den ersten Reden der jungen Greta Thunberg vieles wiederholt – was in der bei S. Fischer erschienenen Ausgabe mit Recht dokumentiert ist –, gehört zum *ceterum censeo* der prophetischen, warnenden Rede. Einhämmernd verweist sie auf das «Es liegt an uns» – also die menschliche Allmachtserfahrung des industriellen Zeitalters, die in eine Hilflosigkeit angesichts der angerichteten Schäden und Energieabhängigkeit zu kippen droht, wenn nicht der Mensch es doch noch vermag, lenkend einzugreifen.[2] Wenn es gelänge, dann spürte man das angedrohte Unheil weniger – das ist das Präventionsparadox im planetarischen Maßstab.

In *Der Warner bei Herodot* wird die Botschaft der Warner so zusammengefasst: «Alles Emporragende nimmt ein schlimmes Ende.» Diese

Rache für die Hybris schrieb man im Altertum den Göttern zu – jetzt sind Mensch und Natur, so scheint es, damit allein. Doch Greta Thunberg sagt auch: «Noch ist es Zeit, das zu ändern.»

Anmerkungen

1 Die Orestie des Aischylos. Aus dem Altgriechischen von Peter Stein, München 1997.
2 «Die paradoxe Erfahrung von Omnipotenz und Ohnmacht, die für das Anthropozän so kennzeichnend ist, ist so auch eine Paradoxie der fossilenergetischen Moderne.» (Eva Horn/Hannes Bergthaller, Anthropozän zur Einführung, Hamburg 2019, S. 174).

CÉDRIC HERROU

Ändere deine Welt

Vom Recht auf gelebte Brüderlichkeit

Von Jan Assmann

Ein Buch, das in meinen Augen in die Zukunft weist, stammt von Cédric Herrou, *Change ton monde*. Als Titel hätte eigentlich das eine Wort *Fraternité*, deutsch *Brüderlichkeit*, genügt, denn das ist es, worum es in diesem Buch geht und worin es in die Zukunft weist. Wichtiger noch als das Buch ist die Tat, von der es berichtet, denn es ist kein Roman, sondern ein Bericht, der seine Bedeutung aus Fakten zieht, die nicht zu bezweifeln sind. Es sind diese Taten, die ein Stück Welt verändert haben, aber damit sie in die Zukunft weisen, müssen sie aufgeschrieben und als Buch veröffentlicht werden. Cédric Herrou, der nicht nur gehandelt, sondern auch das Buch geschrieben hat, ist ein junger französischer Olivenbauer. Ausgebildet als Automechaniker, hat er verschiedene Tätigkeiten ausgeübt und Jahre in Afrika gelebt, bevor er im Roya-Tal in den Bergen oberhalb von Menton und Monaco an der französich-italienischen Grenze einen großen verwilderten Olivengarten gekauft und mit viel Mühe wieder instandgesetzt hat. Sein Bau-

---

* Cédric Herrou, Change ton monde, Paris 2020. *Deutsch:* Ändere deine Welt. Wie ein Bauer zum Fluchthelfer wurde. Aus dem Französischen von Barbara Heber-Schärer und Andrea Stephani, Zürich 2022.

ernhof mit 800 Olivenbäumen und 250 Hühnern liegt nahe jener Grenze, die täglich und vor allem nächtlich von vielen Dutzenden illegaler, meist afrikanischer Migranten passiert wird, denen es gelungen ist, die Kontrollen zu überwinden, und die erschöpft, oft traumatisiert an Herrous Hof vorbeikommen. Dort hat Herrou mit Zelten, Wohnwagen und Hütten ein Flüchtlingscamp und eine private Willkommenskultur großen Stils aufgebaut. Nachdem er viermal wegen illegaler Fluchthilfe verklagt, verurteilt und bestraft worden war, machte er von seinem Recht als französicher Staatsbürger Gebrauch, sich mit einer Frage an den Verfassungsrat (Conseil constitutionnel) zu wenden.

Die Frage war, ob das in der Verfassung festgeschriebene Prinzip der fraternité nicht jedem Bürger, jeder Bürgerin das Recht gibt, anderen im humanitären Sinne zu helfen, unabhängig davon, ob es sich um Franzosen oder Fremde, «legale» oder «illegale» Menschen handelt, die in Not geraten sind und Hilfe brauchen. «Offen gestanden», gab er zu, «habe ich selbst nicht so recht daran geglaubt, dass ein beliebiger Bürger einfach so den Verfassungsrat anrufen kann.» Das Unerwartete geschah: Herrou bekam von höchster Stelle recht; das Prinzip der Brüderlichkeit, das Recht, Notleidenden bedingungslos zu helfen, erhielt mit seiner Anfrage Verfassungsrang. Am 6. Juli 2018 entschied der Verfassungsrat, dass der Grundsatz der Brüderlichkeit Verfassungsrang hat und dass daraus das Recht folgt, anderen in Not geratenen Menschen zu helfen ohne Ansehen ihrer Staatsangehörigkeit und der Rechtmäßigkeit ihres Aufenthalts:

«Aus dem Grundsatz der Brüderlichkeit ergibt sich die Freiheit, anderen Menschen aus einer humanitären Absicht heraus zu helfen, ohne Ansehen der Frage der Rechtmäßigkeit des Aufenthalts des Geholfenen auf dem französischen Staatsgebiet.»[1]

2019 ist Cédrics Olivenfarm als «Emmaüs Roya» Mitglied der Emmaus-Bewegung geworden, die 1949 von Abbé Pierre in Frankreich ins Leben gerufen wurde und seit 1969 weltweit in der Dachorganisation *Emmaus International* organisiert ist. Die Emmaus-Bewegung operiert inzwischen als NGO ganz in Cédric Herrous Sinne in 39 Ländern auf vier Kontinenten. Ihr gehören heute 327 Gruppen und Gemeinschaften an.[2] Dort hat die Zukunft, auf die Herrous Buch verweist, schon begonnen.

Die Konsequenzen, die Cédric Herrou aus der Devise der Brüderlichkeit gezogen hat, waren in den Debatten der Verfassunggebenden Nationalversammlung ab 1789 nicht absehbar. Als es in der Französischen Revolution darum ging, die nationalen Symbole, das heißt die Fahne und die mit den drei Farben der Trikolore verbundenen drei Devisen, festzulegen, einigte man sich schnell auf Freiheit und Gleichheit – das traditionelle, seit der Antike viel diskutierte Begriffspaar.[3] Der dritte Platz aber war umstritten, hier standen sich *fraternité* – «Brüderlichkeit», «Bruderschaft» – und *propriété* – «Eigentum» –, aber auch *patrie*, *sûreté*, *unité* und vieles andere gegenüber.[4] Wie zu erwarten, wurde *fraternité* vom linken, *propriété* vom rechten Flügel der Versammlung vertreten. Damals gab es keine Parteien in der Verfassunggebenden Nationalversammlung, sondern nur Clubs wie die Jakobiner, die unter Führung von Robespierre die Republik forderten, und die Feuillants, die eine konstitutionelle Monarchie anstrebten. Es gab aber eine Sitzordnung, bei der die Radikalen unter Robespierre den linken und die Konservativen den rechten Flügel besetzten. Robespierre war es, der die Tricolore als Nationalflagge und *fraternité* gegen *propriété* oder *sécurité* durchsetzte. *Propriété* steht in einem klassischen, schwer zu vereinbarenden Gegensatz zu égalité. Dass aber auch *fraternité* im Konflikt mit einem anderen Verfassungsziel, *sûreté*, liegen kann, hat sich in dem Fall von Cédric Herrou gezeigt. Der Konflikt zwischen Brüderlichkeit und Sicherheit, der seit 2015 die Gegenwart beherrscht, wird aller Voraussicht nach auch die Zukunft beherrschen.

Zwar hat sich, was die Devise betrifft, *fraternité* durchgesetzt, was aber die Gesetzgebung und die Verfassung angeht, erwies sich die bürgerliche Rechte als siegreich. Freiheit und Eigentum kann man verteidigen und gesetzlich schützen, «Brüderlichkeit» bzw. Gemeinsinn kann man nur geloben. Die Verfassung kann ein Recht auf Eigentum und Sicherheit festschreiben, aber kann es ein Recht auf Brüderlichkeit geben? In dieser Hinsicht sind wir 2018 eines Besseren belehrt worden, als Cédric Herrou vor dem französischen Verfassungsgericht sein Recht auf *fraternité*, auf tätige Brüderlichkeit auch gegenüber fremden Hilfsbedürftigen, einklagte und recht bekam.

Cédric Herrous ziviler Ungehorsam ist kein Einzelfall. Immer wieder wurden Hilfsbereite vor französischen Gerichten verklagt und verurteilt, ein Verhalten, das als *délit de solidarité*, «Solidaritätsdelikt» (¡), kriminalisiert wurde. Mit dem Verdikt des Verfassungsrats vom 6. Juli 2018 ist dieses dubiose «Delikt» hinfällig geworden. Die Verfassung hat über die staatliche Praxis gesiegt. Den Begriff «ziviler Ungehorsam» lehnte Herrou für sich ab, denn es handele sich im Gegenteil um *obéissance citoyenne* – «zivilen Gehorsam» – auf seiner Seite und Ungehorsam aufseiten der staatlichen Praxis, die systematisch und systemisch gegen das Gebot der Brüderlichkeit verstößt.

Es ist zu hoffen, dass die Zeichen sich mehren, dass die Werte der fraternité – Solidarität, Einfühlung, tätige Mitmenschlichkeit – im Kommen sind und ein neues Menschenbild heraufführen.

Anmerkungen

1 https://www.conseil-constitutionnel.fr/les-decisions/annee/2018: Entscheidung Nr. 2018-717/718 QPC vom 6. Juli 2018.
2 https://de.wikipedia.org/wiki/Emmaus_(Organisation).
3 Vgl. Mona Ozouf, «Freiheit, Gleichheit, Brüderlichkeit», in: dies., Das Pantheon. Freiheit, Gleichheit, Brüderlichkeit. Zwei französische Gedächtnisorte. Aus dem Französischen von Hans Thill, Berlin 1996, S. 39–93; vgl. z.B. Hubert Cancik, Europa – Antike – Humanismus, Bielefeld 2011.
4 Ozouf, «Freiheit, Gleichheit, Brüderlichkeit», S. 44.

JAMES BRIDLE

New Dark Age *und* Die unfassbare Vielfalt des Seins

Unterwegs zu einer neuen Wahrnehmung

⌒

Von Andreas Wirthensohn

Als die Corona-Pandemie begann, war vieles von einem Tag auf den anderen anders. Sonst viel befahrene Straßen waren plötzlich wie ausgestorben; Menschen, die so aussahen, als würden sie sich eher ungern bewegen, gingen jetzt wie verrückt spazieren; Masken, eigentlich ein spottbilliger Massenartikel, wurden zu einem heiß begehrten Gut (wer keine mehr zu kaufen bekam, nähte sich selber welche, und wer Kontakte in die Politik hatte, konnte Millionen an Vermittlungsprovision einstreichen); und wer nicht mehr genug Toilettenpapier oder Hefe zu Hause hatte, stand ratlos vor leeren Supermarktregalen.

Die Welt war schlagartig eine andere, und einer der nachhaltigsten Eindrücke aus den ersten Monaten der Pandemie war der Himmel

---

* James Bridle, New Dark Age. Technology and the End of the Future, London/New York City 2018. *Deutsch:* New Dark Age. Der Sieg der Technologie und das Ende der Zukunft. Aus dem Englischen von Andreas Wirthensohn, München 2019. James Bridle, Ways of Being. Beyond Human Intelligence, London 2022. *Deutsch:* Die unfassbare Vielfalt des Seins. Jenseits menschlicher Intelligenz. Aus dem Englischen von Andreas Wirthensohn, München 2023.

über uns: Er war an klaren Tagen von einem strahlenden, durchdringenden Blau, das durch nichts gestört wurde – der Flugverkehr war coronabedingt völlig zum Erliegen gekommen, und erst jetzt wurde einem bewusst, wie sehr die Kondensstreifen der unzähligen Maschinen dieses Blau verwässert, vernebelt, verwischt hatten – oder anders gesagt: wie viel Dreck tagtäglich durch den Himmel über uns zog, ohne dass wir ihn noch wahrnahmen.

Vielleicht ist mir das nur aufgefallen, weil ich im Jahr vor Corona *New Dark Age* von James Bridle übersetzt habe. Darin findet sich ein großartiges Kapitel über «Konspiration», in dem es um Chemtrails geht, also eine in vielen Varianten zu findende Verschwörungstheorie. Sie besagt, dass dort oben am Himmel Flugzeuge unterwegs sind und irgendwelche Chemikalien versprühen, die uns Menschen manipulieren, das Klima beeinflussen oder ganze Bevölkerungen vergiften. Von diesen Chemtrails ist es im Englischen nicht weit zu den «contrails», den Kondensstreifen der Flugzeuge. Und auch gedanklich lassen sich problemlos Verbindungen herstellen: Kondensstreifen gelten hochoffiziell als menschengemachte Wolken *(Cirrus homogenitus)*, und sie sind für den klimasensiblen Beobachter ein «Klimakiller» – Sinnbild und Beweis für all das, was die Menschheit da zukunftsvergessen rücksichtslos in die Atmosphäre bläst: Kohlendioxid, Stickstoffoxide, Blei, Ruß, Schwefeloxide.

Man könnte auch sagen: «Contrails» sind die Chemtrails der Menschen, die nicht an Verschwörungen, aber an den Klimawandel glauben. «Die Kondensstreifen verändern den Himmel, und zwar nicht zum Besseren», heißt es bei Bridle ganz lakonisch. Jedenfalls hat die Lektüre dieses Kapitels meinen Blick in den Himmel nachhaltig verändert. Und auch der Rest dieses absolut unkonventionell gedachten Buches sorgt dafür, dass die eigene Weltwahrnehmung anschließend eine andere ist.

Sachbücher können (und sollen) bekanntlich Wissen vermitteln, ob nun in Form von schmalen Überblicksdarstellungen oder tiefschürfenden, opulenten Standardwerken; sie können Phänomene unserer Welt erklären, einordnen, interpretieren; sie können Perspektiven aufzeigen und Vorschläge unterbreiten, was in Zukunft zu tun ist oder getan werden sollte, um dieses oder jenes Problem zu lösen. James

Bridles Bücher hingegen wollen, dass wir anders sehen. Sie wollen uns nicht in erster Linie intellektuell, sondern kognitiv klüger machen.

Das gilt in noch stärkerem Maße für sein zweites Buch *Die unfassbare Vielfalt des Seins,* das den Untertitel *Jenseits menschlicher Intelligenz* trägt. Es ist eine wahre Wunderkammer der, wie Bridle es nennt, «mehr-als-menschlichen Welt»: der Intelligenz von Kraken und Mimosen, von Bäumen und Bienen, von Affen und Pilzen. Wir Menschen träumen von Künstlicher Intelligenz (oder fürchten uns davor) und begreifen gar nicht, dass diese Intelligenz doch nur in den Kategorien menschlicher Intelligenz und damit erschreckend defizitär gedacht ist. Auch Bridles Bücher sind hochintelligent, aber sie sind mehr als nur klug: Sie sind im Wortsinne hellsichtig, weitsichtig, man könnte auch sagen: anderssichtig, weil sie anders denken: assoziativ, vernetzt, sensibel oder, so seltsam es klingen mag, mit offenen Sinnen. Bridle ist Installationskünstler und Tech-Schriftsteller, er hat Kognitionswissenschaft und Informatik studiert und wurde mit einer Arbeit über kreative Anwendungen Künstlicher Intelligenz promoviert. Vielleicht erwächst aus diesen Polaritäten das Unkonventionelle seiner Bücher, diese funkensprühende Verknüpfung von digitalen Technologien und Offline-Lebenswelten.

Doch so verspielt das mitunter wirken mag: In Bridles Büchern geht es immer ums Ganze, in diesem Fall: um unser, der Menschen, Überleben. In *New Dark Age* führt er uns vor Augen, was passiert, wenn wir uns blind in die Arme der Technologie werfen: Das Navigationsgerät, dem wir mehr vertrauen als unseren Sinnen, lotst uns in tödliche Gefilde; Informationsübermittlung im Nanosekundenbereich, etwa beim Hochfrequenzhandel an den Finanzmärkten, entzieht sich jeglicher Kontrolle und nährt die Gefahr eines Börsencrashs; Algorithmen und Trolle generieren digitale Inhalte, bei denen Nonsens und Fake sich zu einem toxischen Gebräu vermischen. Und in *Die unfassbare Vielfalt des Seins* zeigt er ebenso eindrücklich wie eindringlich, was angesichts der drohenden ökologischen Katastrophe (Klimawandel, Artensterben) notwendig ist: Ein Bewusstsein dafür, dass der Mensch nicht die Krone der Schöpfung ist und deshalb aufhören muss, immer nur sich selbst zum Maßstab zu nehmen. Es gilt, ein Bewusstsein für die mehr-als-menschliche Welt zu entwickeln, denn ohne sie hat die menschliche Welt keine Chance zu überleben. Vielleicht wird sich die Natur sogar retten, während wir Menschen verschwinden, wie ein Geistesverwandter Bridles mutmaßt, der nicht minder aufregende Philosoph Emanuele Coccia *(Die Wurzeln der Welt, Metamorphosen).* Vielleicht sollten wir deshalb ein Virus wie dieses vermaledeite SARS-CoV-2 nicht als Feind oder Geißel der Menschheit betrachten, sondern als mahnende Botschaft aus der mehr-als-menschlichen Welt, dass der Mythos vom Menschen als «Krone der Schöpfung» ein Ende haben muss. Bridles Bücher lehren «new ways of seeing», aber auch Demut. Beides brauchen wir, wenn wir eine Zukunft haben wollen. So einfach ist das. Und doch so kompliziert.

CHRISTINE M. KORSGAARD

Tiere wie wir

Wer die Tierwürde verrät,
verrät auch die Menschenwürde

⤺

Von Stefan Lorenzer

Die Idee des Menschen», sagen Horkheimer und Adorno, «drückt sich in der Unterscheidung vom Tier aus. Mit seiner Unvernunft beweisen sie die Menschenwürde.»[1] Tatsächlich hat Kant, auf den die Bemerkung gemünzt ist, seinen Begriff der Menschheit stets als Gegenbegriff zu dem der Tierheit eingeführt. Dass der Mensch sich durch das definiert, was er *nicht* ist, entspringt, mit Hans Blumenbergs Definition des Undefinierbaren, der Not eines *Wesens, dem Wesentliches mangelt*. Nietzsches *nicht festgestelltes Tier* muss mangels eines hinreichend konditionierten Verhaltens mit der Zumutung seiner Freiheit zurechtkommen. Wo der Instinkt keine passgenauen Weisungen bereithält, ist es genötigt zu handeln, also Dinge zu tun, die es auch hätte lassen können und die sich ihm darum zum Guten wie zum Schlechten zurechnen lassen. Aber so groß der Wunsch nach

---

* Christine M. Korsgaard, Fellow Creatures. Our Obligations to the Other Animals, Oxford 2018. *Deutsch:* Tiere wie wir. Warum wir moralische Pflichten gegenüber Tieren haben. Eine Ethik. Aus dem Englischen von Stefan Lorenzer, München 2021.

Entlastung vom Freiheitszwang mitunter ist – die philosophische Tradition hat dem Menschen die Not der Instinktarmut als Tugend der Selbstgesetzgebung gutgeschrieben. In ihr muss, so Kant, «die Vernunft die Zügel der Regierung in die Hand nehmen», um den im Menschen anhängigen «Streit der Tierheit mit der Menschheit» zugunsten Letzterer zu entscheiden.

Nichts ist dem Kantianer verhasster, sagt Adorno, als die Erinnerung an die «Tierähnlichkeit des Menschen». Bleibt die Frage, ob Kant ein Kantianer war. Die in Harvard lehrende Philosophin Christine M. Korsgaard belässt es nicht bei der Diagnose einer Zoophobie der kantischen Vernunft. Sie weist Kant in ihrem Buch *Tiere wie wir* ein Selbstmissverständnis nach, das jene Ausbürgerung nichtmenschlicher Tiere aus dem «Reich der Zwecke» betrifft, die er nirgends unbarmherziger ausgesprochen hat als in seinem *Muthmaßlichen Anfang der Menschengeschichte*.[2] Dort vollzieht Adam den «letzten Schritt, den die den Menschen über die Gesellschaft mit Tieren gänzlich erhebende Vernunft tat»: «Das erstemal, daß er zum Schafe sagte: den Pelz, den du trägst, hat dir die Natur nicht für dich, sondern für mich gegeben, ihm ihn abzog, und sich selbst anlegte: ward er eines Vorrechtes inne, welches er, vermöge seiner Natur, über alle Thiere hatte; die er nun nicht mehr als seine Mitgenossen an der Schöpfung, sondern als seinem Willen überlassene Mittel und Werkzeuge zur Erreichung seiner beliebigen Absichten ansah.»[3] Und Adam erkennt *zugleich*, «daß er so etwas zu keinem Menschen sagen dürfe». In ein und demselben Schritt wendet sich in diesem adamitischen Tieropfer die Gewalt vom Menschen ab und gegen das Schaf wie einst das Messer Abrahams gegen den Widder.

Unauflöslich ist derart die Einsetzung des Menschen in seine Würde gekoppelt an die Herabsetzung anderer Tiere. Und noch dort, wo Menschen misshandelt, gedemütigt, ihrer Würde beraubt werden, bringt die Klage «Sie haben uns behandelt wie die Tiere» nicht Solidarität unter geschundenen Kreaturen zum Ausdruck, sondern wiederholt zwanghaft die Geste der Herabsetzung: «Wir sind doch keine Tiere!» «People», so Korsgaards Kommentar zu diesem deprimierenden Befund, «shouldn't be treated like animals. But then, neither should animals.»

Selbsterhöhung durch Herabsetzung anderer ist freilich mit Kants Begriff der Würde unvereinbar: «Was über allen Preis erhaben ist, mithin kein Äquivalent verstattet, das hat eine Würde.» Für Würde gibt es keinen Markt. Sie ist nichts, «wovon Sie weniger haben können, weil ein anderer mehr davon hat», sagt Korsgaard.[4] Würde meint einen unbezifferbaren Wert. Wie das Erhabene, das in Kants Definition anklingt, ist sie über jeden Vergleich erhaben und kann darum durch jeden Vergleich nur erniedrigt werden.

In der Herabsetzung anderer Tiere erniedrigt der Mensch sich selbst. Konkreter nennt Kant diese Erniedrigung beim Namen, wo er von jener Pflicht spricht, die wir nicht anderen Tieren, sondern *in Ansehung* ihrer uns selbst gegenüber haben: «Es erniedrigt uns selbst eine Handlung, womit wir Thiere martern oder Noth leiden lassen, oder sonst lieblos behandeln können»[5] – wie wir es in einem Ausmaß, das Kant sich nicht hätte träumen lassen, im Zeitalter industrialisierter Fleischproduktion und anthropogenen Artensterbens täglich tun. Korsgaard hat in einer bestechenden Argumentation gezeigt, dass die indirekte Pflicht gegenüber Tieren die direkte implizit schon voraussetzt. Damit nimmt aber das Gewicht jener Selbsterniedrigung des Menschen seinerseits zu. Dass wir uns «erniedrigen», gilt für Kant immer dort, wo wir die *Idee* der «Menschheit in unserer Person» und damit jene Würde verraten, «die man am *Menschen* als Gegenstand der Erfahrung nicht vermuten sollte».[6]

Denn auch das definiert das *animal rationale*, das Kant wohlweislich nur *animal rationabile*, also bloß «vernunft*begabt*» nennt. Es ist nicht trotz, sondern wegen seiner Freiheit das einzige «Tier, das einen Herrn nötig hat». Menschen «müssen unter gegenseitigem Zwange stehen, damit eines Freiheit die andere einschränke».[7] Nichts anderes fordert der kategorische Imperativ. Würde ist untrennbar an die Achtung der Würde anderer gebunden. Aber Kant wollte diese Achtung vernunftbegabten Wesen vorbehalten, die wechselseitig füreinander gesetzgebend sind. Dagegen macht Korsgaard mit ihrem eigenen Begriff des «passiven Staatsbürgers» geltend, dass Moralgesetze auch diejenigen, die an ihrer Verabschiedung nicht mitwirken können, also alle passiven, das heißt leidensfähigen Wesen schützen müssen. So wird Kant selbst zum Kronzeugen dafür, dass wir unsere Würde verspielen, solange wir ihnen die ihre absprechen. Seine *Idee einer allgemeinen Geschichte in weltbürgerlicher Absicht* hatte die Aussicht auf ein künftiges Weltbürgertum eröffnet, in dem der Mensch Mitbürgern nicht nur eigener, sondern auch fremder Nation gegenüber seine «brutale Freiheit» einschränken müsste. Koorsgards Buch weist in eine Zukunft, in der er anfangen könnte, dies auch zugunsten seiner *fellow creatures* zu tun, indem es uns vor Augen führt, dass unsere Verbrechen gegen die Tierheit zugleich, noch einmal mit Kant, ein *Hochverrat an der Menschheit* sind.

Anmerkungen

1 Max Horkheimer/Theodor W. Adorno, Dialektik der Aufklärung, Frankfurt am Main 1988, S. 262.
2 Christine M. Korsgaard, Tiere wie wir. Warum wir moralische Pflichten gegenüber Tieren haben. Eine Ethik, München 2021.
3 Immanuel Kant, Muthmaßlicher Anfang der Menschengeschichte, Akademieausgabe (AA), Band 8, S. 114.
4 Korsgaard, Tiere wie wir, S. 151.
5 Immanuel Kant, Vorlesungen über Moralphilosophie, AA, Band 27, S. 210.
6 Immanuel Kant, Der Streit der Fakultäten, AA, Band 9, S. 327.
7 Immanuel Kant, Entwürfe zu dem Colleg über Anthropologie, AA, Band 25, S. 789.

THOMAS PIKETTY

Eine kurze Geschichte der Gleichheit

Von der Diagnose zur Therapie

Von Friedrich Lenger

Auch wenn Pikettys *Kurze Geschichte der Gleichheit* keine bloße Zusammenfassung seiner früheren Werke ist, allen voran *Das Kapital im 21. Jahrhundert* (2013) und *Kapital und Ideologie* (2020), muss man diese doch mit heranziehen, wenn man deren in die Zukunft weisende Elemente charakterisieren möchte. Zugleich gilt es zu berücksichtigen, dass Pikettys Positionen keineswegs unverändert geblieben sind. Das trifft schon auf das an den Anfang seines letzten Buches gestellte Programm einer neuen Wirtschafts- und Sozialgeschichte zu, auf das er am Ende von *Das Kapital im 21. Jahrhundert* mit einem Verweis auf die französische Tradition einer *histoire sérielle* eher beiläufig zu sprechen gekommen war. Dieser Verweis passte gut zu den zahllosen Tabellen und Graphiken, in denen die Veränderungen des Anteils der oberen zehn oder der unteren fünfzig Prozent der Bevölkerung am Einkommen und Vermögen vor allem in Frankreich, Großbritannien und den USA während der letzten zweihundert Jahre

---

* Thomas Piketty, Une brève histoire de l'égalité, Paris 2021. *Deutsch:* Eine kurze Geschichte der Gleichheit. Aus dem Französischen von Stefan Lorenzer, München 2022.

festgehalten waren. Dabei entsprach die konsequente Quantifizierung und die Formulierung von gesetzmäßigen Zusammenhängen ganz den Usancen von Pikettys Herkunftsdisziplin, den Wirtschaftswissenschaften. Und es war allein die Erarbeitung von tief ins neunzehnte und zum Teil bis ins achtzehnte Jahrhundert zurückreichenden Zahlenreihen, die ihn in die Lage versetzte, die in den Jahrzehnten nach den beiden Weltkriegen zurückgegangene Ungleichheit zu historisieren, das heißt als Folge einer Konstellation zu erweisen, in der Vermögensverluste die Kapitaleinkommen geschwächt hatten und Einkommensdifferenzen sozial- und steuerpolitisch gemindert worden waren, bevor seit etwa 1970 wieder die stärker als das Wirtschaftswachstum zunehmenden Kapitaleinkünfte (r>g) zu steigender Ungleichheit führten.

Da ihn letztlich die Entwicklung und politische Einhegung von Ungleichheit mehr interessiert als die Wirkmechanismen, die sie hervortreiben, war es nur konsequent, weniger die von Kritikern angestoßene Debatte um seinen Kapitalbegriff fortzuführen, als sich den Strategien zuzuwenden, mit deren Hilfe Ungleichheit in verschiedenen historischen Gesellschaften gerechtfertigt werden soll. Die im Schlusswort von *Kapital und Ideologie* vorgenommene Umformulierung des berühmten Satzes aus dem *Kommunistischen Manifest* macht das überdeutlich: «Die Geschichte aller bisherigen Gesellschaft ist die Geschichte des Kampfs der Ideologien und der Suche nach Gerechtigkeit.» (1273) Das hat Konsequenzen für den Zuschnitt einer neuen Wirtschafts- und Sozialgeschichte, die sich eben nicht in der Zusammenführung von *histoire sérielle* und Ökonomie erschöpfen kann, sondern die systematische Zusammenarbeit von Ökonomie, Soziologie, Politik- und Geschichtswissenschaft voraussetzt.

Die Umsetzung eines solchen die disziplinären Grenzen überwindenden Programms bleibt schwierig. Jeder Einzelne muss dabei an Grenzen stoßen, zumal wenn die in den Blick genommene Zeitspanne mehrere Jahrhunderte umfasst und der Anspruch global ist. Letzteres ist bei Piketty zunehmend der Fall; die in *Das Kapital im 21. Jahrhundert* noch sehr weit gehende Konzentration auf die führenden westlichen Industriestaaten hat er aufgegeben. Stattdessen werden die Diskussion um die Datierung einer asiatisch-europäischen Auseinanderentwicklung oder um die Bedeutung der Sklaverei im Kontext der atlantischen Dreieckswirtschaft einbezogen und aktuelle Entwicklungen in Indien oder Brasilien berücksichtigt. Dem hat einerseits die globalgeschichtlich angelegte Forschung des letzten Vierteljahrhunderts intensiv vorgearbeitet, und andererseits ist dem nicht nur unter Wirtschaftshistorikern verbreiteten Unbehagen gegenüber weit gespannten Erklärungsansätzen und großen Erzählungen entgegenzuhalten, dass ein Verzicht darauf sie nicht aus der Welt zu schaffen vermag. Vielmehr – das lehrt ein Blick auf entsprechende Bilanzierungsversuche – finden sie in der unkontrollierten Form stereotyper Vorannahmen von bürgerlicher Tugend, europäischer Kultur oder westlicher Rationalität regelmäßig wieder Eingang. Das ist hier weder näher auszuführen, noch gilt es die Grenzen genauer zu vermessen, die bei Pikettys Einlösung seines globalen Anspruchs erkennbar werden.

Lohnender scheint es, nach den Gründen zu fragen, derentwegen er begonnen hat, eine Geschichte der Gleichheit nicht nur innerhalb von Nationalstaaten zu konzipieren, die für ihn als die vornehmlichen Produzenten seiner Zahlenreihen gleichwohl zentral bleiben, sondern – zukunftsweisend – auch Ungleichheit im Weltmaßstab zu berücksichtigen. Die Relevanz der Frage scheint im Angesicht der von Piketty eher am Rande behandelten Erderwärmung auf der Hand zu liegen, doch sind es letztlich zwei ganz parallel angelegte Denkfiguren, die seine Ungleichheitsforschung motivieren und seine Gleichheitspräferenz begründen: «Die Vorstellung, jedes Land (oder, schlimmer noch: jedes Individuum in jedem Land) sei individuell verantwortlich für seine Produktion und seinen Wohlstand, ergibt historisch betrachtet wenig Sinn.» (234) Und so, wie die soziale Bedingtheit individuellen Erfolgs (qua Bildungssystem, Gesundheitssystem etc.) für ihn die Begrenzung von Ungleichheit durch progressive Einkommens- und Erbschaftssteuern innerhalb von Nationalstaaten legitimiert, so rechtfertigt die Abhängigkeit einzelstaatlichen Wohlstands von weltwirtschaftlichen Konstellationen Maßnahmen zur Begrenzung von Ungleichheit zwischen den Nationalstaaten. Die konkreten Vorschläge Pikettys, die beispielsweise «armen Länder(n) Anrecht auf einen Teil der Steuern multinationaler Konzerne und der Milliardäre dieser Erde» (232) zusprechen und Reparationszahlungen für die Folgen des

Kolonialismus einschließen, müssen hier nicht weiterverfolgt werden. Und das nicht, weil sie manchem utopisch oder auch nur schwer umsetzbar vorkommen mögen, sondern weil viele, denen sein Projekt einer historisch-sozialwissenschaftlichen Ungleichheitsforschung im Weltmaßstab als zukunftsweisend erscheint, gleichwohl den Sprung von der Diagnose zur Therapie scheuen werden. Dass es sich dabei um einen Sprung handelt, hat Andrew Abbott überzeugend dargelegt,[1] ändert aber nichts daran, dass es angesichts der drängenden Herausforderungen unserer Gegenwart dringlich ist, die Frage nach unserem «So-und-nicht-anders-Gewordensein» in deren Licht zu stellen.

Anmerkung

1 Andrew Abbott, Prozessuales Denken, Hamburg 2019.

SOULEYMANE BACHIR DIAGNE

De langue à langue

Die Kunst des Übersetzens

⌒

Von Hans-Joachim Gehrke

Auf das Buch von Souleymane Bachir Diagne wurde ich aufmerksam durch ein Interview des aus Senegal stammenden und derzeit an der Columbia University lehrenden Philosophen und Mathematikers in der Zeitung *Le Monde*.[1] Dort finden sich starke und ermutigende Worte gegen Nationalismus und Tribalismus zugunsten des Universellen («Nous sommes en train de fragmenter notre humanité en autant de tribalismes. Contre cette pensée tribale, les intellectuels doivent tenir le discours de l'universel»), mit einem Verständnis von Menschheit, das nicht auf die «menschliche Natur», sondern auf die «condition humaine» gerichtet ist.

Diagnes etwa gleichzeitig erschienenes Buch – das natürlich durch das Interview auch «promoted» werden sollte, in meinem Falle mit Erfolg – traf bei mir einen Nerv. Schon lange bin ich der Meinung, dass in intellektuellen und wissenschaftlichen Debatten der Kunst des Übersetzens zu wenig Aufmerksamkeit geschenkt wird und dass

---

* Souleymane Bachir Diagne, De langue à langue. L'hospitalité de la traduction, Paris 2022.

es dabei auch um weit mehr als Sprache geht. So verstehe ich mich selbst, als Historiker, durchaus als einen Übersetzer vergangener Kulturen und Vorstellungen in unsere Zeit und Welt. Und neuerdings gibt es genügend Gründe, angesichts der Diskussionen um die angebliche Begrenztheit der Empathie oder um kulturelle Aneignung auf die grundsätzliche Möglichkeit des Übersetzens und Verstehens auch des (ganz) Anderen zu insistieren.

Diagne eröffnet in dieser Hinsicht ein weites und reiches Tableau. Seine vielfältigen Beobachtungen und Überlegungen weisen in die Zukunft, in unsere Zukunft in *einer* Welt. Stark und mit Emphase (der Untertitel!) setzt es ein: Beim Übersetzen gehe es um «das Schaffen von Reziprozität, das Begegnen innerhalb einer gemeinsamen Menschheit»: «Contre l'asymétrie coloniale, il (sc. das Übersetzen) est aussi force décolonisatrice, et (…) contre l'économie, il est charité» (19). Wir haben es mit einer «Ethik des Übersetzens» (94) zu tun, die zugleich «Ethik der Reziprozität» (101) ist. Es ist also weit mehr gemeint als das rein sprachliche oder gar das automatische (in digitalen Zeiten scheinbar so einfache) Übersetzen.

Diagne betont die Problematik und die Bedeutung des Übersetzens gerade in einer Begegnung zwischen Kulturen von sehr unterschiedlicher Prägung. Die richtige Übersetzung kann in diesem Kontext geradezu im Abweichen von der Wörtlichkeit bestehen.

Die empirischen Beispiele, die Diagne hierfür auswählt, gehören in den Kontext einer Kommunikation, die durch das soziale und politische Machtgefälle des Kolonialismus noch erschwert ist. Der Oktroi einer fremden Sprache und Kultur macht das Übersetzen zu einem Herrschaftsinstrument. Es herrscht die «Asymmetrie», und dadurch ist das Übersetzen massiv beeinflusst. In bestimmten Situationen kann wörtliches Übersetzen dadurch sogar zur Intensivierung von Konflikten beitragen. Zugleich kann aber umgekehrt ein Übertragen mit Rücksicht auf die kulturellen Vorstellungen des Anderen sogar entschärfend wirken.

Selbst in schwierigen – machtpolitisch hierarchischen – Konstellationen ist dann eine Kommunikation auf der Grundlage von Respekt mindestens möglich. Übersetzung kann ausgleichend und verbindend wirken. Diagne zeigt, dass sich daraus langfristig eine wechselseitige

Bereicherung zwischen Sprache und Denkweise der Kolonialherren und Kolonialisierten ergeben hat – auch wenn in der Übersetzung das Ursprüngliche nie vollständig transponiert werden kann (78).

Entscheidend ist – und im zweiten Teil des Buches wird das mit weiten Ausflügen in die Philosophie und Theologie untermauert – der Brückenschlag zwischen verschiedenen Welten von Sichtweisen, Werten, Praktiken, Produktionen, den das Übersetzen erlaubt. Es ist ganzheitlich und bezieht sich auf die «totalité du contexte culturel» (65, vgl. 99). In dieser ganzheitlichen Sicht kommt ihm eine besondere Bedeutung zu. Diagnes grandioses Votum für die «hospitalité de la traduction» ist nun gerade in unserer Zeit wichtig und zukunftsweisend.

Angesichts intoleranter Vorbehalte gegen kulturelle Aneignung und Neigungen zu identitärem Naturalismus (dem Tribalismus, wie Diagne sagt) beweist gerade die Möglichkeit des Übersetzens, dass Diskurse des Dekolonialismus nicht in weitere Abgrenzung und Abschottung führen, sondern vielmehr den Blick frei machen auf einen echten Universalismus. Dieser muss nicht, wie Diagne immer wieder betont, als eine von einem Zentrum bestimmte Doktrin, also eine *per definitionem* westlich-kolonialistische, sozusagen vertikale Ideologie verstanden werden, sondern als eine «lateral universality».[2] In dem erwähnten Interview spricht Diagne von einem «horizontalen Universellen, wie es die Kulturen und Sprachen, die einander begegnen und sich einander zuwenden, gemeinsam produzieren».

Das ist der entscheidende Punkt: In der Situation der Vielfalt, kulturell und sprachlich, sind es eben die Pluralitäten selbst, die das Universelle eigentlich konstituieren: «Il y a eu Babel, et donc désormais l'universel devra se forger et s'éprouver dans les langues humaines, toutes ‹imparfaites en ceci que plusieurs›, selon le mot de Mallarmé, et dans leur rencontre qui est la tradition» (121). Am Schluss kann Diagne aus dem Koran zitieren («Ihr Menschen! Siehe, wir erschufen euch als Mann und Frau und machten euch zu Völkern und zu Stämmen, damit ihr einander kennenlernt», Sure 49,13, Übersetzung H. Bobzin) und dieses Zitat mit Grundsätzen moderner Philosophie (hier Henri Bergsons) verbinden, um uns auf die «offene Gesellschaft» zu verpflichten. Angesichts von Tribalismus und Nationalismus «kommt es uns zu, die Menschheit und die Menschlichkeit aufzubauen» (165). Dazu trägt das Übersetzen bei, wenn auch in stets begrenztem Maße – wie sehr, zeigt sich gerade hier: Für Menschheit und Menschlichkeit hat das Französische ein einziges Wort: humanité.

Anmerkungen

1 Le Monde, 2.4.2022, S. 34 f.
2 Beispielsweise https://www.sciencespo.fr/en/news/souleymane-bachir-diagne-no-civilisation-is-an-island-1 (zuletzt aufgerufen 5.12.2022).

ANDREJ KURKOW

Tagebuch einer Invasion

Resilienz in Zeiten des Krieges

Von Aleida Assmann

Die letzte Epoche der Utopie hat begonnen. Und wie alle Ressourcen wird auch die Zukunft knapp.»[1] Diesen Satz hat uns Roger Willemsen hinterlassen; das war im Jahr 2017. Fünf Jahre später lautet die Frage: Werden wir denn überhaupt noch eine Zukunft haben?

Nachdem Menschen vor allem aus westlichen Kulturen über Jahrzehnte hinweg das Gleichgewicht des Planeten gestört haben, indem sie die Vielfalt des Lebens auf ihm vernichtet und seine Ressourcen verbraucht haben, ist das Ende des Planeten errechenbar und absehbar geworden. Zukunft, das bedeutet in der Sprache der Apokalyptik: «die Frist, die bleibt», wobei der Endpunkt der Erwartung nicht mehr die Wiederkehr eines Messias ist, sondern der Beginn einer irreversibel gewordenen katastrophischen Entwicklung, die die Menschheit nur noch bezeugen und erleiden, aber nicht mehr steuern kann.

Den Menschen in der Ukraine, die Tag und Nacht ums Überleben kämpfen müssen, ist Zukunft bereits jetzt vollständig entzogen wor-

---

* Andrey Kurkov, Diary of an Invasion. The Russian Invasion of Ukraine, London 2022. *Deutsch:* Tagebuch einer Invasion. Aus dem Englischen von Rebecca DeWald, Innsbruck/Wien 2022.

den. Seit Putins Angriffskrieg auf das gesamte Territorium des Landes ist die Fortexistenz dieses Staates gefährdet, und die Voraussetzungen dafür müssen täglich mit größten Anstrengungen und Leiden erkämpft werden. Während man sich an vielen Orten auf der Welt mit Beginn des neuen Kalenders gegenseitig «ein gutes neues Jahr» wünscht, hängt hier bereits dieser Basiswunsch in der Luft. Wird es noch ein Jahr für die Ukraine geben?

Angesichts solch grundsätzlicher Fragen habe ich mir Andrej Kurkows *Tagebuch einer Invasion* vorgenommen. Der Autor ist der bekannteste Schriftsteller der Ukraine und Präsident des ukrainischen PEN-Clubs; zugleich ist er ein ethnischer Russe, der russisch schreibt und mit einer Britin verheiratet ist. Er wurde in Sankt Petersburg geboren und lebt seit seiner Kindheit in Kiew. Die erste Hälfte seines Lebens hat der Zweiundsechzigjährige in der Sowjetunion verbracht, die andere in der postsowjetischen Ukraine. Dafür ist er sehr dankbar: «Die Ukraine hat mir dreißig Jahre ohne Zensur gegeben.» (245) Während des Maidan 2013 hatte seine Stimme Gewicht in der ukrainischen Befreiungsbewegung. Kurz darauf hat Putin dieses Ereignis gewaltsam mit der russischen Annexion der Krim beantwortet.

Das Tagebuch beginnt vor Kriegsbeginn mit dem Jahreswechsel 2021/22 und endet im August 2022. Darin protokolliert Kurkow nicht das Kriegsgeschehen, sondern, wie es sich für ein Tagebuch gehört, ganz persönliche Aufzeichnungen, Beobachtungen und Einsichten. Eine erste Aufgabe des Tagebuchs ist die Selbstvergewisserung angesichts der Schrecken des Krieges: «Die neue Realität in der Ukraine übertrifft meine schriftstellerische Vorstellungskraft. Ich kann nicht sagen, dass sie mir gefällt. Aber ich akzeptiere sie.» (94) Oder lakonischer: «Mir sind die Worte für das Grauen ausgegangen.» (128) Der Krieg ist nicht zu beschreiben, aber der Autor kann auch nicht mehr über etwas anderes schreiben. Deshalb legt er seinen angefangenen historischen Roman über den sowjetisch-ukrainischen Bürgerkrieg von 1919 zur Seite und wird ganz und gar zum Zeugen des gegenwärtigen Krieges. «Ich möchte alles sehen und hören, was derzeit in meinem Land geschieht.» (131)

Von Tag zu Tag schildert Kurkow, wie die Menschen unter dem Druck des Krieges leben. «Ich habe Hunderte von Geschichten gehört, Hunderte von Menschen getroffen.» (12) Er ruft seine Freunde an, hört sich aber auch in der Sauna oder beim Schlangestehen um. Als zugewandter Mitmensch, Freund, Familienangehöriger und Künstler ist er Teil eines riesigen Netzwerks. Alle Gesprächspartner werden beim Namen genannt. Er schaut in die Haushalte, Gärten und Seelen der Ukrainer hinein, und das Ergebnis ist ein bewegendes Dokument der gegenseitigen Mobilisierung von Mut, Tatkraft und Menschlichkeit. Resilienz in Zeiten des Krieges – so könnte das Buch auch überschrieben sein.

Für diese Resilienz gibt es eine wichtige Ressource, und die heißt Hoffnung. «Ich brauche Nachrichten, die mir Kraft und Hoffnung geben. Meine größte Angst ist es, meinen Optimismus zu verlieren.» (274). Diese Hoffnung richtet sich darauf, dass es eine Zukunft geben wird «... ‹nach dem Krieg› – oder ‹nach dem Sieg›, wie wir lieber sagen». «Es ist schon seltsam, in eine Nachkriegszukunft zu blicken, während man noch mitten in den Kriegswehen steckt.» (247) Auf diese Zukunft wird aber nicht gewartet, an ihr wird ständig gearbeitet mit Plänen und Projekten zum Wiederaufbau des Landes.

Kurkow richtet sich mit seinem Tagebuch auch direkt an die Leser. Er will erklären und aufklären, zum Beispiel über den Unterschied zwischen Russen und Ukrainern. Die Russen, so Kurkow, sind auf Sicherheit und ökonomische Stabilität ausgerichtet, autoritätstreu und halten sich lieber bedeckt. Sie verstehen sich als Kollektiv und protestieren nicht, das wurde ihnen in langen monarchischen Jahren abgewöhnt, es gibt nur eine Einheitspartei. Die Ukrainer dagegen sind anarchischer, sie lieben Freiheit und Protest, es gibt über 400 Parteien, sie sind Individuen und im Herzen liberal. (146–147) Was er uns auch erklärt, sind die historischen Hintergründe des aktuellen Krieges. Er zeigt, wie sich in Osteuropa gerade frühere Episoden einer langen, nicht aufgearbeiteten Gewaltgeschichte wiederholen.

Im Zentrum des Tagebuchs aber steht ein dringender Appell. «Das friedliebende Europa hat scheinbar das Ausmaß des Schreckens, der gerade in der Ukraine geschieht, noch nicht erfasst. Dieser Horror geht uns durch Mark und Bein, er fließt durch unsere Blutgefäße und Nervenbahnen.» (170) «Es fühlt sich langsam wie ein versuchter Völkermord an: die gezielte Zerstörung von Städten und der Infrastruktur, die Blockade humanitärer Hilfe sowie die Inszenierung künstlicher Hungersnöte. Aber anders als in den 1930ern kann man heutzutage unmöglich Tausende Menschen heimlich töten, ohne dass irgendjemand auf der Welt davon erfährt. All das geschieht nun vor den Augen der ganzen Welt.» (169)

Der Zeuge Kurkow macht seine Leser zu Zeugen und appelliert dabei an unser aller Mitverantwortung für die Zukunft seines Landes: «Die Ukraine wird entweder frei, unabhängig und europäisch sein, oder es wird sie überhaupt nicht mehr geben. Dann wird man über sie in europäischen Geschichtsbüchern schreiben und dabei mit Scham die Tatsache verheimlichen», dass dies «nur durch die stillschweigende Zustimmung Europas und der gesamten zivilisierten Welt möglich war». (149)

Anmerkung

1 Roger Willemsen, in: Frankfurter Allgemeine Zeitung, Nr. 67, 20.3.2017, S. 11.

**BRUNO LATOUR,
NIKOLAJ SCHULTZ**

**Zur Entstehung einer
ökologischen Klasse**

Klassenkampf für den Planeten

⁓

Von Jonas Lüscher

Sechsundsiebzig durchnummerierte Passagen, aufgeteilt in zehn Kapitel auf 93 Seiten, mehr Platz brauchen der 2022 verstorbene französische Soziologe und Philosoph Bruno Latour und sein Mitverfasser, der erst zweiunddreißig Jahre alte Soziologiedoktorand der Universität Göteborg, Nikolaj Schultz, nicht für das, was sie als Memorandum bezeichnen – eine Skizze der Bedingungen der Möglichkeit der Entstehung einer ökologischen Klasse.

Der Begriff der Klasse lässt sich, das ist den Autoren klar, nicht ohne den Begriff des Kampfes denken. Angesicht der dramatischen Lage und der gern vergessenen Tatsache, dass wir über die Probleme der Ökologie seit Jahrzehnten im Wesentlichen Bescheid wissen und eigentlich erst in den letzten paar Jahren – und auch das viel zu zaghaft und ungenügend – ins Handeln gekommen sind, erscheint die

---

* Bruno Latour/Nikolaj Schultz, Mémo sur la nouvelle classe écologique, Paris 2022. *Deutsch:* Zur Entstehung einer ökologischen Klasse. Ein Memorandum. Aus dem Französischen von Bernd Schwibs, Berlin 2022.

Revitalisierung beider Begriffe, der der Klasse, aber eben auch der des Kampfes, nicht nur angebracht, sondern regelrecht notwendig, denn dieser Kampf ist natürlich längst im Gange, wie die Autoren mit der Nebenbemerkung klarmachen, dass gegenwärtig die Zahl der getöteten Umweltaktivistinnen und -aktivisten höher ist als die der getöteten Gewerkschafterinnen und Gewerkschafter.

Von der Natur zu sprechen, so schreiben Latour und Schultz, heiße nicht, einen Friedensvertrag zu unterschreiben. Es heiße vielmehr, anzuerkennen, dass es eine Vielzahl von Auseinandersetzungen zu allen möglichen Themen des alltäglichen Daseins gibt, auf allen Stufen und auf allen Kontinenten.

Ausgehend von Latours Analyse, die bereits aus früheren Werken zur ökologischen Verfassung und zur Gaia-Theorie bekannt ist, der zufolge wir uns in einer neuen Situation befinden, in der die moderne Trennung zwischen handelnden Subjekten und passiven Objekten, die den Subjekten zuhanden sind, abgelöst wurde und wir Menschen uns nun in einer Welt sehen, die bewohnt wird von Agenten unterschiedlichster Art, deren eigenem Handeln wir uns nicht entziehen können, versuchen die Autoren, den Klassenbegriff für diese neue Situation fruchtbar zu machen.

Die Autoren greifen dabei auf den marxistischen Klassenbegriff zurück, machen aber auch die Unterschiede zwischen einem sozialen und einem ökologischen Klassenbegriff deutlich. Im Rahmen einer politischen Ökologie erscheint die Frage nach der Klasse als eine der Klassifizierung, denn anders als bei einem sozialen Klassenbegriff ist es erst einmal unklar, wer eigentlich zur ökologischen Klasse gehört, nicht zuletzt, weil sich eine ökologische Klasse quer durch alle sozialen Klassen formieren muss und wird. Die politische Ökologie sei immer mit einer Unsicherheit hinsichtlich der Klassenzugehörigkeit konfrontiert und müsse sich deswegen ständig die Frage stellen: «Wenn sich die Auseinandersetzungen um die Ökologie drehen, wem fühlst du dich nahe und wem erschreckend fern?» Die Entstehung eines möglichen Klassenbewusstseins sei in der Frage der Ökologie nur um diesen Preis zu haben.

Eine ökologische Klasse kann sich auch nicht einfach an der Tradition der Klassenkämpfe ausrichten, denn es kann in der gegenwärtigen Situation nicht mehr darum gehen, das Ideal der Produktion und des Wachstums aufrechtzuerhalten und darum zu kämpfen, die Erträge gerechter zu verteilen. Vielmehr wird eine ökologische Klasse das Produktionsideal in Frage stellen müssen. Insofern sei ein solch neues Klassenbewusstsein aber auch von Kontinuität geprägt, denn der Ansatz bleibt materialistisch. Allerdings sind wir heute mit einer neuen Materie konfrontiert. Wie im 19. Jahrhundert haben wir es gegenwärtig mit einer umstürzenden Transformation der materiellen Basis unserer Gesellschaften zu tun. Das alte, im 19. Jahrhundert entstandene Produktionssystem sei dabei zum Synonym für «Zerstörungssystem» geworden. Heute Materialist zu sein bedeute nicht mehr nur, über die Aufrechterhaltung günstiger materieller Bedingung für den Menschen nachzudenken, sondern, und das ist eine dramatische Verschiebung, heiße zusätzlich auch, die Voraussetzungen für die Bewohnbarkeit der Erde zu schaffen.

In der Gleichzeitigkeit dieser beiden Aufgaben und der daraus entstehenden Überforderung machen die beiden Autoren dann auch die Ursache der Lähmung aus. Nebst den Kämpfen um die Verteilungsfragen konnten sich die unterschiedlichen Klassen und die sie repräsentierenden politischen Parteien immer auf eines einigen – auf die Erhöhung der Produktion. Man habe deswegen stets auf die Energie bauen können, die mit der Losung «Vorwärts!» verbunden gewesen sei. Dieser Konsens existiert heute nicht mehr. Die Verbindung von Produktion und Zerstörung der Bewohnbarkeitsbedingungen des Planeten zögen, so Latour und Schultz, eine Krise der Fähigkeit zur Mobilisierung nach sich. Es ist eben die Richtung des Handelns selbst, die sich umgedreht hat. Nicht mehr die Entwicklung der Produktion hat Priorität, sondern die Erhaltung der Bewohnbarkeitsbedingungen des Planeten. Aus dem stürmischen «Vorwärts!» wird ein «Halt!» oder sogar ein «Rückwärts!». Um damit aber nicht etwa im Reaktionären stecken zu bleiben, greifen die Autoren auf Pierre Charbonier zurück, der die ökologische Klasse dadurch bestimmt, dass eine solche die Welt, *in der man lebt*, und die Welt, *von der man lebt*, in ein und demselben Raum verbindet. Einen Weg dazu skizzieren die Autoren in einer Synthese aus Naturwissenschaften, Humanwissenschaften und den Künsten. Selbstverständlich seien die Naturwissenschaften die maßgebliche Quelle des Bewusstseins einer ökologischen Klasse, aber anders als in früheren Perioden seien sie mit so vielen Unsicherheiten behaftet, dass sie keinen Vorwand mehr liefern können, auf Politik zu verzichten. Vielmehr müsse eine ökologische Klasse eine Kultur herausbilden, in der naturwissenschaftlich untermauerte Humanwissenschaften die Erforschung und Beschreibung der stets kontrovers diskutierten überraschenden Bedingungen des Verhaltens des Planeten begleiten.

Das Memorandum von Latour und Schultz ist schon allein deswegen ein wichtiges Buch für die Zukunft, weil sich die Autoren trauen, der Tatsache ins Auge zu sehen, dass die humanen Überlebensbedingungen auf unserem Planeten nicht zu erhalten sind, wenn wir deren Bewahrung nicht als Kampf verstehen und diesen Kampf nicht mit der dem Klassenkampf eigenen Solidarität führen.

KEVIN RUDD

The Avoidable War

Wie ein Krieg zwischen Amerika und China
abgewendet werden kann

↵

Von Matthias Naß

Unser Jahrhundert wird von einem grundlegenden Konflikt geprägt werden, den wir jetzt schon wahrnehmen, dessen ganze Dimension wir aber vielleicht noch nicht erkennen. Es ist die Rivalität zwischen den beiden Großmächten unserer Zeit – den Vereinigten Staaten von Amerika und der Volksrepublik China. Beide Mächte blicken in feindlicher Faszination aufeinander. Sie ahnen, und die anderen Staaten mit ihnen, dass ihr Kräftemessen darüber entscheidet, in welcher Welt wir leben werden: im liberalen, demokratischen, marktwirtschaftlichen System des Westens oder in der autoritär-kapitalistischen Ordnung Chinas.

Alles spricht dafür, dass die Spannungen zwischen der etablierten Supermacht Amerika und der aufstrebenden Supermacht China wachsen werden. Die Furcht ist groß, dass diese Spannungen zu einem Krieg

---

* Kevin Rudd, The Avoidable War. The Dangers of a Catastrophic Conflict between the US and Xi Jinping's China, New York 2022.

führen. Wie ein solcher Krieg abgewendet werden kann, darüber hat Kevin Rudd in einem so wichtigen wie klugen Buch nachgedacht, das man sich auf den Lesestapeln der Außenpolitiker wünscht, die über unsere Zukunft mitentscheiden, nicht nur in Washington und Peking.

Kevin Rudd war zwei Mal australischer Premierminister und hat seinem Land dazwischen als Außenminister gedient. Er hat Sinologie studiert, spricht gut Chinesisch. Er schlug die Diplomatenlaufbahn ein, arbeitete an der Botschaft seines Landes in Peking, ging dann in die Politik. Nach dem Ausscheiden aus der Regierung wurde er Präsident der Asia Society in New York. Seit dem Frühjahr 2023 ist er Botschafter Australiens in Washington. Kevin Rudd kennt und liebt die beiden Länder, die sich heute in heftiger Rivalität befehden, ihre Kultur, ihre Geschichte, ihre Menschen.

Man muss es deshalb ernst nehmen, wenn er vor den bedrohlichen zwanziger Jahren warnt, in denen wir gerade leben. Um auf lange Sicht den Frieden wahren zu können, müssten die akuten Gefahrenherde eingehegt werden: Taiwan, das Süd- und Ostchinesische Meer, der Cyberraum mit seinen heimtückischen Attacken. «Zuallererst müssen wir durch dieses Jahrzehnt hindurchkommen, ohne uns gegenseitig zu zerstören.»

Warum ist dieser Konflikt so bedrohlich? Weil sich nicht nur die beiden mit Abstand größten Volkswirtschaften mit den fürchterlichsten militärischen Vernichtungspotentialen gegenüberstehen. Weil Amerika und China nicht nur um die wissenschaftlich-technologische Überlegenheit und damit die politische Vormacht ringen. Die beiden Länder stehen auch für zwei konträre Gesellschaftsmodelle. Es geht um Normen, Werte und Institutionen. Es geht um die Frage: Welches System setzt sich durch?

Das China Xi Jinpings sieht sich auf dem Fundament von fünftausend Jahren chinesischer Geschichte stehen. Bis zu Beginn des 19. Jahrhunderts war das Land die stärkste Wirtschaftsnation der Welt. Dass es seinen Rang als Erste unter den Nationen verloren hat, gilt vielen Chinesen als historische Fehlentwicklung, die korrigiert werden muss. Deshalb hat Xi Jinping die «Wiedergeburt der Nation» zum wichtigsten Ziel für Partei, Staat und Gesellschaft erklärt. Zur Mitte des Jahrhunderts will China wieder die Nummer eins sein.

Genau diesen Platz aber wollen die Vereinigten Staaten nicht räumen. Seit gut hundert Jahren hat sich die Welt daran gewöhnt, dass eine liberale Demokratie den Ton in der Weltpolitik angibt. Und sie ist, nimmt man alles nur in allem, damit gut gefahren. Deshalb ist es den USA auch gelungen, rund um die Erde Allianzen und Partnerschaften zu schmieden. Es ist das westliche Modell, das sich heute von China herausgefordert fühlt. Auch in Europa, Kanada, Japan oder eben Australien und natürlich auf Taiwan spüren die Menschen, dass es im Ringen der beiden Supermächte auch um ihre persönlichen Freiheitsräume geht.

Es steht also einiges auf dem Spiel. Und die Zeit drängt. «In Washington», schreibt Kevin Rudd, «ist die Frage nicht mehr, ob eine solche Konfrontation abgewendet werden kann, sondern wann es so weit ist, unter welchen Umständen. Und darin spiegelt sich weitgehend die Sicht Pekings.»

Die Konfrontation lässt sich nicht mehr vermeiden, wohl aber, dass aus ihr ein Krieg wird: Darum kreist das Denken Rudds in seinem Buch. Den Ausweg, den er sieht, nennt er «managed strategic competition», ungefähr: kontrollierter strategischer Wettbewerb.

Denn bei aller Rivalität haben die Vereinigten Staaten und China natürlich Interessen, die sich decken. Man könnte sie auch globale oder «planetarische» Interessen nennen: ein gemeinsames Handeln gegen den Klimawandel, die Eindämmung künftiger Pandemien, das Verhindern einer weiteren Ausbreitung von Nuklearwaffen. Menschheitsaufgaben gewissermaßen, die auch der Stärkste nicht allein bewältigen kann.

Für Rudd ist der kontrollierte strategische Wettbewerb die realistische Antwort von Politikern, die wissen, dass die Ziele und die Werte ihrer Staaten in direktem Widerspruch zueinander stehen, die sich aber – weil sie überleben wollen – auf rote Linien verständigen und diese achten.

Peking wie Washington könnten, hofft Rudd, aus der «Nahtoderfahrung» der Kubakrise von 1962 lernen. Damals, im ersten Kalten Krieg, sei durch Rüstungskontrollverhandlungen und andere vertrauensbildende Maßnahmen ein politischer und strategischer Rahmen geschaffen worden, der es erlaubt habe, in politischer Rivalität miteinander zu leben, «ohne die gegenseitige Vernichtung» auszulösen.

Denn über eines müsse man sich im Klaren sein: Zwischen Amerika und China könne es keinen «Regionalkrieg» geben. «Die Geschichte neigt dazu, nicht an begrenzte Kriege zu glauben.» Kevin Rudd hält die Politiker in Peking und Washington für klug genug, um dies zu begreifen. Aber erst einmal müssen sie – und wir alle mit ihnen – die zwanziger Jahre überstehen.

DIE AUTORINNEN UND AUTOREN

René Aguigah, geb. 1974, ist Kulturjournalist und leitet das Ressort Literatur von Deutschlandfunk und Deutschlandfunk Kultur.

Peter-André Alt, geb. 1960, ist Professor für Neuere deutsche Literaturwissenschaft an der Freien Universität Berlin, deren Präsident er von 2010 bis 2018 war.

Aleida Assmann, geb. 1947, ist Professorin em. für Anglistik und Allgemeine Literaturwissenschaft an der Universität Konstanz sowie Mitglied zahlreicher wissenschaftlicher Akademien.

Jan Assmann, geb. 1938, ist Professor em. für Ägyptologie an der Universität Heidelberg und Professor em. für allgemeine Kulturwissenschaft an der Universität Konstanz sowie Mitglied zahlreicher wissenschaftlicher Akademien.

Franziska Augstein, geb. 1964, Historikerin, schreibt als Journalistin vor allem für die *Süddeutsche Zeitung*.

Jörg Baberowski, geb. 1961, ist Professor für die Geschichte Osteuropas an der Humboldt-Universität zu Berlin.

Patrick Bahners, geb. 1967, ist verantwortlicher Redakteur für das Ressort Geisteswissenschaften bei der *Frankfurter Allgemeinen Zeitung*.

Eva Gesine Baur, geb. 1960, Kunsthistorikerin und Schriftstellerin, schreibt über psychologische und kulturhistorische Themen. Ihre Romane erscheinen unter dem Namen Lea Singer.

Wolfgang Beck, geb. 1941, war von 1973 bis 2015 Verleger im Verlag C.H.Beck und ist dort nach wie vor Gesellschafter.

Niels Beintker, geb. 1975, Historiker, ist Redakteur und Autor beim Bayerischen Rundfunk.

Wolfgang Benz, geb. 1941, ist Professor em. für Zeitgeschichte an der Technischen Universität Berlin und Experte für Vorurteils- und Antisemitismusforschung.

Stephan Bierling, geb. 1962, ist Professor für Internationale Politik und transatlantische Beziehungen an der Universität Regensburg sowie Analyst für in- und ausländische Medien.

Jens Bisky, geb. 1966, Kulturwissenschaftler und Germanist, ist geschäftsführender Redakteur von *Mittelweg 36* und *Soziopolis* am Hamburger Institut für Sozialforschung.

Ralph Bollmann, geb. 1969, Historiker und Journalist, ist Korrespondent der *Frankfurter Allgemeinen Sonntagszeitung* in Berlin und stellvertretender Leiter des Wirtschaftsressorts.

Michael Borgolte, geb. 1948, ist Professor em. für Geschichte des Mittelalters an der Humboldt-Universität zu Berlin sowie Mitglied in mehreren Akademien.

Michael Brenner, geb. 1964, ist Inhaber des Lehrstuhls für Jüdische Geschichte und Kultur an der Universität München und Direktor des Center for Israel Studies an der American University in Washington, DC. Darüber hinaus ist er internationaler Präsident des Leo-Baeck-Instituts und Mitglied in zahlreichen Akademien.

Marie-Janine Calic, geb. 1962, ist Professorin für Ost- und Südosteuropäische Geschichte an der Ludwig-Maximilians-Universität München sowie stellvertretende Vorsitzende der Gesellschaft für Außenpolitik.

Die Autorinnen und Autoren

Sabine Dabringhaus, geb. 1962, ist Professorin für außereuropäische Geschichte mit dem Schwerpunkt Ostasien an der Albert-Ludwigs-Universität Freiburg sowie Sekretärin der Philosophisch-historischen Klasse der Heidelberger Akademie der Wissenschaften.

Daniel Deckers, geb. 1960, Theologe, ist politischer Redakteur der *Frankfurter Allgemeinen Zeitung.*

Alexander Demandt, geb. 1937, ist Professor em. für Alte Geschichte am Friedrich-Meinecke-Institut der Freien Universität Berlin sowie Korrespondierendes Mitglied des Deutschen Archäologischen Instituts und der Österreichischen Akademie der Wissenschaften.

Andreas Eckert, geb. 1964, ist Professor für die Geschichte Afrikas an der Humboldt-Universität zu Berlin, Direktor des Käte Hamburger Kollegs «Arbeit und Lebenslauf in globalhistorischer Perspektive» sowie Mitglied in mehreren Akademien.

Arnold Esch, geb. 1936, ist Professor em. für Mittelalterliche Geschichte an der Universität Bern, Direktor em. des Deutschen Historischen Instituts in Rom, Mitglied zahlreicher Akademien.

Andreas Fahrmeir, geb. 1969, ist Professor für Neuere Geschichte an der Goethe-Universität Frankfurt am Main und Mitherausgeber der *Historischen Zeitschrift* sowie des Online-Rezensionsjournals *Sehepunkte.*

Norbert Frei, geb. 1955, ist Professor für Neuere und Neueste Geschichte an der Friedrich-Schiller-Universität Jena, Leiter des Jena Center Geschichte des 20. Jahrhunderts sowie Mitglied der Sächsischen Akademie der Wissenschaften zu Leipzig.

Ute Frevert, geb. 1954, ist Direktorin des Forschungsbereiches «Geschichte der Gefühle» am Max-Planck-Institut für Bildungsforschung, Mitglied zahlreicher Akademien und Präsidentin der Max Weber Stiftung.

Hans-Joachim Gehrke, geb. 1945, ist Professor em. für Alte Geschichte an der Albert-Ludwigs-Universität Freiburg und Mitglied zahlreicher Akademien.

Dominik Geppert, geb. 1970, ist Professor für die Geschichte des 19. und 20. Jahrhunderts an der Universität Potsdam, Präsident der Kommission für Geschichte des Parlamentarismus und der politischen Parteien sowie Korrespondierendes Mitglied der Nordrhein-Westfälischen Akademie der Wissenschaften und der Künste.

Volker Gerhardt, geb. 1944, ist Professor em. für Philosophie an der Humboldt-Universität zu Berlin sowie Mitglied zahlreicher Akademien.

Luca Giuliani, geb. 1950, ist Professor em. für Klassische Archäologie an der Humboldt-Universität zu Berlin sowie Permanent Fellow des Wissenschaftskollegs zu Berlin.

Heike B. Görtemaker, geb. 1964, ist Historikerin und Publizistin.

Manfred Görtemaker, geb. 1951, ist Professor em. für Neuere Geschichte an der Universität Potsdam sowie Vorsitzender des Wissenschaftlichen Beirats des Zentrums für Militärgeschichte und Sozialwissenschaften der Bundeswehr.

Friedrich Wilhelm Graf, geb. 1948, ist Professor em. für Systematische Theologie und Ethik an der Ludwig-Maximilians-Universität München sowie Mitglied der Bayerischen Akademie der Wissenschaften.

Jonas Grethlein, geb. 1978, ist Professor für Griechische Literaturwissenschaft an der Ruprecht-Karls-Universität Heidelberg sowie Mitglied der Heidelberger Akademie der Wissenschaften.

Dieter Grimm, geb. 1937, ist Professor em. für Öffentliches Recht an der Humboldt-Universität zu Berlin, Richter des Bundesverfassungsgerichts a. D. sowie Mitglied in zahlreichen Akademien.

Karl Halfpap, geb. 1956, ist Buchhändler und Verlagsvertreter.

Ulrich Herbert, geb. 1951, ist Professor em. für Neuere und Neueste Geschichte an der Albert-Ludwigs-Universität in Freiburg sowie Mitglied der Berlin-Brandenburgischen Akademie der Wissenschaften.

Manfred Hildermeier, geb. 1948, ist Professor em. für Osteuropäische Geschichte an der Georg-August-Universität Göttingen sowie Mitglied mehrerer Akademien.

Otfried Höffe, geb. 1943, ist Professor em. für Philosophie an der Universität Tübingen, dort Leiter der Forschungsstelle für Politische Philosophie sowie Mitglied in zahlreichen Akademien.

Christiane Hoffmann, geb. 1967, ist Journalistin sowie stellvertretende Sprecherin der Bundesregierung und stellvertretende Leiterin des Presse- und Informationsamtes der Bundesregierung.

Gunter Hofmann, geb. 1942, Politikwissenschaftler und Soziologe, schrieb als Journalist für die *Zeit* und ist Autor zahlreicher Biographien.

Thomas O. Höllmann, geb. 1952, ist Professor em. für Sinologie an der Ludwig-Maximilians-Universität München und war bis 2022 Präsident der Bayerischen Akademie der Wissenschaften.

Paul Ingendaay, geb. 1961, ist Literaturwissenschaftler, Literaturkritiker, Schriftsteller sowie Europa-Korrespondent für das Feuilleton der *Frankfurter Allgemeinen Zeitung*.

Harold James, geb. 1956, ist Professor für Geschichte an der Princeton University sowie Professor für Internationale Politik an der dortigen Woodrow Wilson School of Public and International Affairs.

Oliver Jungen, geb. 1973, schreibt als Kulturjournalist und Literaturkritiker u. a. für die *Frankfurter Allgemeine Zeitung* und den Deutschlandfunk.

Bernhard Jussen, geb. 1959, ist Professor für mittelalterliche Geschichte an der Goethe-Universität Frankfurt am Main und Mitglied der Berlin-Brandenburgischen Akademie der Wissenschaften.

Dirk Kaesler, geb. 1944, ist Professor em. für Allgemeine Soziologie an der Philipps-Universität Marburg.

Thomas Karlauf, geb. 1955, ist Literaturagent und Autor.

Ruth Keen, geb. 1952, ist Sinologin, Journalistin und Übersetzerin von Belletristik, Sachliteratur und Graphic Novels aus dem Englischen.

Navid Kermani, geb. 1967, ist Orientalist und lebt als freier Schriftsteller in Köln. 2015 erhielt er den Friedenspreis des Deutschen Buchhandels.

Ian Kershaw, geb. 1943, ist Professor em. für Neuere Geschichte an der University of Sheffield sowie Mitglied zahlreicher Akademien.

Helmuth Kiesel, geb. 1947, ist Professor em. für Geschichte der neueren deutschsprachigen Literatur an der Ruprecht-Karls-Universität Heidelberg.

Jürgen Kocka, geb. 1941, ist Professor em. für die Geschichte der industriellen Welt an der Freien Universität Berlin sowie Mitglied in zahlreichen Akademien.

Gerd Koenen, geb. 1944, ist Historiker und freier Schriftsteller. Er lebt in Frankfurt am Main.

Ilko-Sascha Kowalczuk, geb. 1967, ist Historiker.

Michael Krüger, geb. 1943, ist Schriftsteller, Dichter und Übersetzer. Der ehemalige Verleger ist Mitglied mehrerer Akademien.

Thomas Krüger, geb. 1959, ist Präsident der Bundeszentrale für politische Bildung, Präsident des Deutschen Kinderhilfswerks und Mitglied im Rat für Kulturelle Bildung.

Gerd Krumeich, geb. 1945, ist Professor em. für Neuere Geschichte an der Heinrich-Heine-Universität Düsseldorf.

Daniel Leese, geb. 1977, ist Professor für Sinologie an der Albert-Ludwigs-Universität Freiburg.

Friedrich Lenger, geb. 1957, ist Professor für Mittlere und Neuere Geschichte an der Universität Gießen.

Jörn Leonhard, geb. 1967, ist Professor für Neuere und Neueste Geschichte an der Albert-Ludwigs-Universität Freiburg und Mitglied der Heidelberger Akademie der Wissenschaften.

Christoph Links, geb. 1954, Verleger, Autor und Publizist, arbeitet als Verlagshistoriker.

Stefan Lorenzer, geb. 1963, Germanist und Literaturwissenschaftler, arbeitet als Übersetzer.

Jonas Lüscher, geb. 1976, ist Schriftsteller und Essayist.

Hans Maier, geb. 1931, Politikwissenschaftler, Publizist, Organist und Bayerischer Staatsminister a. D., ist Professor em. für christliche Weltanschauung, Religions- und Kulturtheorie an der Ludwig-Maximilians-Universität München.

Ian Malcolm, geb. 1964 ist Publisher bei Polity Press.

Steffen Mau, geb. 1968, ist Professor für Makrosoziologie an der Humboldt-Universität zu Berlin und Mitglied der Academia Europaea.

Christian Meier, geb. 1929, ist Professor em. für Alte Geschichte an der Ludwig-Maximilians-Universität München, Mitbegründer der Berlin-Brandenburgischen Akademie der Wissenschaften sowie Mitglied der athenischen und der norwegischen Akademie.

Franziska Meier, geb. 1964, ist Professorin für Romanische Literaturwissenschaft und Komparatistik an der Georg-August-Universität Göttingen sowie Mitglied der Akademie der Wissenschaften zu Göttingen.

Florian Meinel, geb. 1981, ist Professor für Staatstheorie, Politische Wissenschaften und Vergleichendes Staatsrecht an der Georg-August-Universität Göttingen.

Christoph Möllers, geb. 1969, ist Professor für Öffentliches Recht und Rechtsphilosophie an der Humboldt-Universität zu Berlin sowie Permanent Fellow am Wissenschaftskolleg zu Berlin.

Matthias Naß, geb. 1952, Historiker und Sinologe, ist internationaler Korrespondent der *Zeit*, Mitbegründer der «Zeit Akademie» sowie Ko-Vorsitzender des Deutsch-Japanischen Forums.

Armin Nassehi, geb. 1960, ist Professor für Allgemeine Soziologie und Gesellschaftstheorie an der Ludwig-Maximilians-Universität München und Mitglied mehrerer Akademien.

Paul Nolte, geb. 1963, ist Professor für Neuere Geschichte und Zeitgeschichte an der Freien Universität Berlin.

Hans Ulrich Obrist, geb. 1968, ist Kurator für zeitgenössische Kunst und künstlerischer Leiter der Serpentine Gallery in London sowie künstlerischer Berater von Luma Arles.

Jürgen Osterhammel, geb. 1952, ist Professor em. für Neuere Geschichte an der Universität Konstanz und Distinguished Fellow am Freiburg Institute for Advanced Studies.

Hans Pleschinski, geb. 1956, Schriftsteller und Publizist, ist Mitglied der Bayerischen Akademie der Schönen Künste.

Stuart Proffitt, geb. 1961, ist Verleger von Penguin Press UK sowie Honorary Fellow der Royal Society of Literature.

Helga Raulff, geb. 1954, Historikerin und Chemikerin, ist Kuratorin und Autorin.

Ulrich Raulff, geb. 1950, Historiker und Autor, ist Präsident des Instituts für Auslandsbeziehungen, Mitbegründer der *Zeitschrift für Ideengeschichte* und Mitglied diverser Akademien.

Stefan Rebenich, geb. 1961, ist Professor für Alte Geschichte und Rezeptionsgeschichte der Antike an der Universität Bern.

Jan Philipp Reemtsma, geb. 1952, Literatur- und Sozialwissenschaftler, ist Gründer des Hamburger Instituts für Sozialforschung.

Sebastian Ritscher, geb. 1965, ist Inhaber der Literaturagentur Mohrbooks.

Bernd Roeck, geb. 1953, ist Professor em. für Allgemeine und Schweizer Geschichte der Neuzeit an der Universität Zürich und war Direktor des Deutschen Studienzentrums Venedig und der Villa Vigoni (Loveno di Menaggio).

Andreas Rödder, geb. 1967, ist Professor für Neueste Geschichte an der Johannes Gutenberg-Universität Mainz.

Wolfgang Rohe, geb. 1960, ist Germanist und Vorsitzender der Geschäftsführung der Stiftung Mercator.

Heinz Schilling, geb. 1942, ist Professor em. für Europäische Geschichte der Frühen Neuzeit an der Humboldt-Universität zu Berlin sowie Mitglied zahlreicher Akademien.

Johan Schloemann, geb. 1971, klassischer Philologe, ist politischer Redakteur bei der *Süddeutschen Zeitung*.

Georg Schmidt, geb. 1951, ist Professor em. für Geschichte der Frühen Neuzeit an der Universität Jena sowie Mitglied verschiedener Akademien.

Daniel Schönpflug, geb. 1969, ist außerplanmäßiger Professor für Neuere Geschichte Westeuropas an der Freien Universität Berlin und Leiter des Wissenschaftlichen Programms des Wissenschaftskollegs zu Berlin.

Gustav Seibt, geb. 1959, Historiker, Literaturwissenschaftler und Autor, schreibt überwiegend für die *Süddeutsche Zeitung*. Er ist Mitglied der Deutschen Akademie für Sprache und Dichtung in Darmstadt sowie der Akademie der Künste, Berlin.

Amartya Sen, geb. 1933, ist Professor für Wirtschaftswissenschaften an der Harvard University und Mitbegründer des World Institute for Development Economics Research of the United Nations University.

Veronika Settele, geb. 1988, ist wissenschaftliche Mitarbeiterin am Lehrstuhl für Neuere und Neueste Geschichte an der Universität Bremen.

Wolfram Siemann, geb. 1946, ist Professor em. für Neuere und Neueste Geschichte an der Ludwig-Maximilians-Universität München.

Thomas Sparr, geb. 1956, Literaturwissenschaftler und Autor, ist Editor-at-large beim Suhrkamp Verlag.

Stephan Speicher, geb. 1955, Historiker und Literaturwissenschaftler, ist Journalist, er schreibt überwiegend für die *Frankfurter Allgemeine Zeitung*.

Sybille Steinbacher, geb. 1966, ist Direktorin des Fritz Bauer Instituts sowie Professorin für die Geschichte und Wirkung des Holocaust an der Goethe-Universität Frankfurt am Main und Korrespondierendes Mitglied der Österreichischen Akademie der Wissenschaften im Ausland.

Elisabeth von Thadden, geb. 1961, Literaturwissenschaftlerin und Historikerin, verantwortet bei der *Zeit* die Seiten «Sinn & Verstand».

Volker Ullrich, geb. 1943, Historiker, ist Mitherausgeber von *Zeit Geschichte*.

Thomas Urban, geb. 1954, Historiker, Journalist und Autor, schreibt u. a. für die *Süddeutsche Zeitung* und die *Opernwelt*.

Joseph Vogl, geb. 1957, ist Professor für Neuere deutsche Literatur, Literatur- und Kulturwissenschaft/Medien an der Humboldt-Universität zu Berlin und Permanent Visiting Professor an der Princeton University.

Julia Voss, geb. 1974, Wissenschaftshistorikerin, Kunstkritikerin und Journalistin, ist Wissenschaftliche Mitarbeiterin am Deutschen Historischen Museum sowie Honorarprofessorin für Philosophie und Kunstwissenschaft an der Leuphana Universität Lüneburg.

Robert Weil, geb. 1955, Historiker und Verlagslektor, ist Executive Director beim Verlag W. W. Norton, New York.

Ernst-Peter Wieckenberg, geb. 1935, Germanist, Romanist und Autor, war von 1966 bis 1999 Cheflektor des Verlagsbereichs «Literatur – Sachbuch – Wissenschaft» bei C.H.Beck.

Michael Wildt, geb. 1954, ist Professor em. für Deutsche Geschichte im 20. Jahrhundert mit Schwerpunkt im Nationalsozialismus an der Humboldt-Universität zu Berlin.

Heinrich August Winkler, geb. 1938, ist Professor em. für Neueste Geschichte an der Humboldt-Universität zu Berlin, Korrespondierendes Mitglied der Bayerischen Akademie der Wissenschaften und Ehrensenator der Deutschen Nationalstiftung.

Andreas Wirsching, geb. 1959, ist Direktor des Instituts für Zeitgeschichte, Professor für Neueste Geschichte an der Ludwig-Maximilians-Universität München, stellvertretender Vorsitzender der Kommission für Geschichte des Parlamentarismus und der politischen Parteien (Berlin) sowie Mitglied in zahlreichen Akademien.

Andreas Wirthensohn, geb. 1967, ist Übersetzer, Lektor, Literaturkritiker und Hörfunkautor.

Uwe Wittstock, geb. 1955, Journalist, Lektor und Literaturkritiker, schreibt u. a. für die *Frankfurter Allgemeine Zeitung* und *Die Welt*.

Hubert Wolf, geb. 1959, ist Professor für Kirchengeschichte sowie Direktor des Seminars für Mittlere und Neuere Kirchengeschichte an der Westfälischen Wilhelms-Universität Münster.

Herwig Wolfram, geb. 1934, ist Professor em. für Mittelalterliche Geschichte und historische Hilfswissenschaften an der Universität Wien und Mitglied zahlreicher Akademien.

Christian Wulff, geb. 1959, ist Bundespräsident a. D., Ministerpräsident a. D., Rechtsanwalt und Vorsitzender des Stiftungsrates der Deutschlandstiftung Integration.

Annabel Zettel, geb. 1976, ist Kunsthistorikerin und Übersetzerin.

BEITRÄGERINNEN UND BEITRÄGER MIT DEN VON IHNEN VORGESTELLTEN WERKEN

René Aguigah James Baldwin, The Fire Next Time 307
Peter-André Alt Sigmund Freud, Die Traumdeutung 164
Aleida Assmann Andrej Kurkow, Tagebuch einer Invasion 478
Jan Assmann Cédric Herrou, Ändere deine Welt 458
Franziska Augstein Michel de Montaigne, Essais 67
Jörg Baberowski Hans-Georg Gadamer, Wahrheit und Methode 292
Patrick Bahners Fritz Stern, Kulturpessimismus als politische Gefahr 300
Eva Gesine Baur Laozi, Dao de Jing 29
Wolfgang Beck Günther Anders, Die Antiquiertheit des Menschen 285
Niels Beintker David Van Reybrouck, Kongo 434
Wolfgang Benz Raphael Lemkin, Axis Rule in Occupied Europe 242
Stephan Bierling Alexander Hamilton, James Madison, John Jay, Die Federalist Papers 94
Jens Bisky Henning Ritter, Nahes und fernes Unglück 420
Ralph Bollmann Marc Bloch, Apologie der Geschichtswissenschaft 230
Michael Borgolte Jared Diamond, Kollaps 423
Michael Brenner Theodor Herzl, Altneuland 171
Marie-Janine Calic Bertha von Suttner, Die Waffen nieder! 160
Sabine Dabringhaus Ge Zhaoguang, Zentrum und Peripherien in der chinesischen Geschichte 450
Daniel Deckers John H. Elliott, Die Neue in der Alten Welt 330
Alexander Demandt Marc Aurel, Selbstbetrachtungen 45

Andreas Eckert Edward Said, Orientalismus 360
Arnold Esch Jacob Burckhardt, Weltgeschichtliche Betrachtungen 146
Andreas Fahrmeir David Lodge, Die Campus-Trilogie 438
Norbert Frei Hannah Arendt, Elemente und Ursprünge totaler Herrschaft 269
Ute Frevert Käthe Kollwitz, Die Tagebücher 179
Hans-Joachim Gehrke Souleymane Bachir Diagne, De langue à langue 474
Dominik Geppert Carl von Clausewitz, Vom Kriege 118
Volker Gerhardt Immanuel Kant, Zum ewigen Frieden 102
Luca Giuliani Primo Levi, Ist das ein Mensch? 254
Heike B. Görtemaker Ray Bradbury, Fahrenheit 451 273
Manfred Görtemaker George F. Kennan, At a Century's Ending 390
Friedrich Wilhelm Graf Peter L. Berger, Thomas Luckmann, Die gesellschaftliche Konstruktion der Wirklichkeit 312
Jonas Grethlein Thukydides, Der Peloponnesische Krieg 33
Dieter Grimm John Rawls, Eine Theorie der Gerechtigkeit 337
Karl Halfpap Gustave Flaubert, L'Éducation sentimentale 142
Ulrich Herbert Leo Brandt, Die zweite industrielle Revolution 281
Manfred Hildermeier Stefan Zweig, Triumph und Tragik des Erasmus von Rotterdam 226
Otfried Höffe Immanuel Kant, Beantwortung der Frage: Was ist Aufklärung? 90
Christiane Hoffmann Fjodor Michajlowitsch Dostojewskij, Der Großinquisitor 153
Gunter Hofmann Dennis L. Meadows, Die Grenzen des Wachstums; Ulrich Beck, Risikogesellschaft 347
Thomas O. Höllmann Xu Shen, Shuowen Jiezi 41
Paul Ingendaay Raymond Chandler, Der lange Abschied 277
Harold James Alexander Solschenizyn, August neunzehnhundertvierzehn 343
Oliver Jungen Friedrich II., Das Falkenbuch 59
Bernhard Jussen Jack Goody, Die Entwicklung von Ehe und Familie in Europa 364

Dirk Kaesler Max Weber, Die protestantische Ethik und der Geist des Kapitalismus   174
Thomas Karlauf Thukydides, Der Peloponnesische Krieg   37
Ruth Keen Sibylle und Eva Ortmann, Wir leben nun mal auf einem Vulkan   214
Navid Kermani Hermann Hesse, Das Glasperlenspiel   237
Ian Kershaw Heinrich August Winkler, Zerbricht der Westen?   446
Helmuth Kiesel Ernst Jünger, Der Arbeiter; Friedrich Georg Jünger, Die Perfektion der Technik   222
Jürgen Kocka Max Weber, Wissenschaft als Beruf *und* Politik als Beruf   194
Gerd Koenen George Orwell, 1984   262
Ilko-Sascha Kowalczuk Karl Raimund Popper, Die offene Gesellschaft und ihre Feinde   246
Michael Krüger Franz Kafka, Tagebücher   183
Thomas Krüger DADA   187
Gerd Krumeich Saul Friedländer, Das Dritte Reich und die Juden   394
Daniel Leese Wang Huning, Meiguo fandui meiguo (Amerika gegen Amerika)   386
Friedrich Lenger Thomas Piketty, Eine kurze Geschichte der Gleichheit   470
Jörn Leonhard Alexis de Tocqueville, Über die Demokratie in Amerika   122
Christoph Links Frantz Fanon, Die Verdammten dieser Erde   304
Stefan Lorenzer Christine M. Korsgaard, Tiere wie wir   466
Jonas Lüscher Bruno Latour, Nikolaj Schultz, Zur Entstehung einer ökologischen Klasse   482
Hans Maier Novalis, Die Christenheit oder Europa   111
Ian Malcolm John Rawls, Eine Theorie der Gerechtigkeit   340
Steffen Mau Thomas Piketty, Das Kapital im 21. Jahrhundert   442
Christian Meier Alexis de Tocqueville, Über die Demokratie in Amerika   126
Franziska Meier Stendhal, Rot und Schwarz   114
Florian Meinel Ernst Forsthoff, Der Staat der Industriegesellschaft   334

Christoph Möllers Baltasar Gracián, Handorakel und Kunst der Weltklugheit 71
Matthias Naß Kevin Rudd, The Avoidable War 486
Armin Nassehi Niklas Luhmann, Soziale Systeme 373
Paul Nolte John Dewey, Die Öffentlichkeit und ihre Probleme 206
Hans Ulrich Obrist Édouard Glissant, Sartorius *und* Philosophie der Weltbeziehung 398
Jürgen Osterhammel Raymond Aron, Clausewitz 356
Hans Pleschinski Saint-Simon, Memoiren 74
Stuart Proffitt Italo Calvino, Sechs Vorschläge für das nächste Jahrtausend; Neil MacGregor, Eine Geschichte der Welt in 100 Objekten 377
Helga Raulff und Ulrich Raulff Vladimir Nabokov, Erinnerung, sprich 320
Stefan Rebenich Rudolf Borchardt, Der leidenschaftliche Gärtner 326
Jan Philipp Reemtsma Christoph Martin Wieland, Wie man ließt; eine Anekdote 86
Sebastian Ritscher Robert M. Pirsig, Zen und die Kunst, ein Motorrad zu warten 352
Bernd Roeck Günther Hasinger, Das Schicksal des Universums 427
Andreas Rödder Astrid Lindgren, Madita; Amartya Sen, Die Idee der Gerechtigkeit 296
Wolfgang Rohe Bob Dylan, Blonde on Blonde 316
Heinz Schilling Martin Luther, Von der Freiheit eines Christenmenschen 63
Johan Schloemann Greta Thunberg, Ich will, dass ihr in Panik geratet! 454
Georg Schmidt Friedrich Schiller, Was heißt und zu welchem Ende studiert man Universalgeschichte? 98
Daniel Schönpflug Louis-Sébastien Mercier, Das Jahr 2440 81
Gustav Seibt Judith Shklar, Der Liberalismus der Furcht 382
Amartya Sen Rabindranath Tagore, Gora 185
Veronika Settele Peter Gay, Erziehung der Sinne 369
Wolfram Siemann Ludwig Feuerbach, Vorlesungen über das Wesen der Religion 132
Thomas Sparr Anne Frank, Tagebuch 234

Stephan Speicher Robert Louis Stevenson, Die Schatzinsel 156
Sybille Steinbacher Joseph Roth, Radetzkymarsch 218
Elisabeth von Thadden Per Olov Enquist, Großvater und die Wölfe 411
Volker Ullrich Sebastian Haffner, Geschichte eines Deutschen 401
Thomas Urban Jewgeni Samjatin, Wir 202
Joseph Vogl Robert Musil, Der Mann ohne Eigenschaften 210
Julia Voss Hildegard von Bingen, Scivias 55
Robert Weil Annette Gordon-Reed, The Hemingses of Monticello 431
Ernst-Peter Wieckenberg Friedrich Curtius, Deutschland und das Elsaß 198
Michael Wildt Karl Marx, Friedrich Engels, Manifest der Kommunistischen Partei 129
Heinrich August Winkler Ralf Dahrendorf, Auf der Suche nach einer neuen Ordnung 407
Andreas Wirsching Charles Darwin, Die Entstehung der Arten 136
Andreas Wirthensohn James Bridle, New Dark Age *und* Die unfassbare Vielfalt des Seins 462
Uwe Wittstock Varian Fry, Auslieferung auf Verlangen 250
Hubert Wolf Die Bibel 49
Herwig Wolfram Heinrich Fichtenau, Das karolingische Imperium 258
Christian Wulff Freya von Moltke, Erinnerungen an Kreisau 1930–1945 415
Annabel Zettel George Eliot, Middlemarch 149

VERZEICHNIS DER VORGESTELLTEN WERKE

Anders, Günther: Die Antiquiertheit des Menschen   285
Arendt, Hannah: Elemente und Ursprünge totaler Herrschaft   269
Aron, Raymond: Clausewitz   356
Baldwin, James: The Fire Next Time   307
Beck, Ulrich: Risikogesellschaft   347
Berger, Peter L. / Luckmann, Thomas: Die gesellschaftliche Konstruktion der Wirklichkeit   312
Die Bibel   49
Bloch, Marc: Apologie der Geschichtswissenschaft   230
Borchardt, Rudolf: Der leidenschaftliche Gärtner   326
Bradbury, Ray: Fahrenheit 451   273
Brandt, Leo: Die zweite industrielle Revolution   281
Bridle, James: New Dark Age   462
Bridle, James: Die unfassbare Vielfalt des Seins   462
Burckhardt, Jacob: Weltgeschichtliche Betrachtungen   146
Calvino, Italo: Sechs Vorschläge für das nächste Jahrtausend   377
Chandler, Raymond: Der lange Abschied   277
Clausewitz, Carl von: Vom Kriege   118
Curtius, Friedrich: Deutschland und das Elsaß   198
DADA   187
Dahrendorf, Ralf: Auf der Suche nach einer neuen Ordnung   407
Darwin, Charles: Die Entstehung der Arten   136
Dewey, John: Die Öffentlichkeit und ihre Probleme   206
Diagne, Souleymane Bachir: De langue à langue   474
Diamond, Jared: Kollaps   423
Dostojewskij, Fjodor Michajlowitsch: Der Großinquisitor   153

Dylan, Bob: Blonde on Blonde   316
Eliot, George: Middlemarch   149
Elliott, John H.: Die Neue in der Alten Welt   330
Enquist, Per Olov: Großvater und die Wölfe   411
Fanon, Frantz: Die Verdammten dieser Erde   304
Feuerbach, Ludwig: Vorlesungen über das Wesen der Religion   132
Fichtenau, Heinrich: Das karolingische Imperium   258
Flaubert, Gustave: L'Éducation sentimentale   142
Forsthoff, Ernst: Der Staat der Industriegesellschaft   334
Frank, Anne: Tagebuch   234
Freud, Sigmund: Die Traumdeutung   164
Friedländer, Saul: Das Dritte Reich und die Juden   394
Friedrich II.: Das Falkenbuch   59
Fry, Varian: Auslieferung auf Verlangen   250
Gadamer, Hans-Georg: Wahrheit und Methode   292
Gay, Peter: Erziehung der Sinne   369
Ge Zhaoguang: Zentrum und Peripherien in der chinesischen Geschichte   450
Glissant, Édouard: Sartorius   398
Glissant, Édouard: Philosophie der Weltbeziehung   398
Goody, Jack: Die Entwicklung von Ehe und Familie in Europa   364
Gordon-Reed, Annette: The Hemingses of Monticello   431
Gracián, Baltasar: Handorakel und Kunst der Weltklugheit   71
Haffner, Sebastian: Geschichte eines Deutschen   401
Hamilton, Alexander / Madison, James / Jay, John: Die Federalist Papers   94
Hasinger, Günther: Das Schicksal des Universums   427
Herrou, Cédric: Ändere deine Welt   458
Herzl, Theodor: Altneuland   171
Hesse, Hermann: Das Glasperlenspiel   237
Hildegard von Bingen: Scivias   55
Jünger, Ernst: Der Arbeiter   222
Jünger, Friedrich Georg: Die Perfektion der Technik   222
Kafka, Franz: Tagebücher   183
Kant, Immanuel: Beantwortung der Frage: Was ist Aufklärung?   90
Kant, Immanuel: Zum ewigen Frieden   102

Kennan, George F.: At a Century's Ending 390
Kollwitz, Käthe: Die Tagebücher 179
Korsgaard, Christine M.: Tiere wie wir 466
Kurkow, Andrej: Tagebuch einer Invasion 478
Laozi: Dao de Jing 29
Latour, Bruno / Schultz, Nikolaj: Zur Entstehung einer ökologischen Klasse 482
Lemkin, Raphael: Axis Rule in Occupied Europe 242
Levi, Primo: Ist das ein Mensch? 254
Lindgren, Astrid: Madita 296
Lodge, David: Die Campus-Trilogie 438
Luhmann, Niklas: Soziale Systeme 373
Luther, Martin: Von der Freiheit eines Christenmenschen 63
MacGregor, Neil: Eine Geschichte der Welt in 100 Objekten 377
Marc Aurel: Selbstbetrachtungen 45
Marx, Karl / Engels, Friedrich: Manifest der Kommunistischen Partei 129
Meadows, Dennis L.: Die Grenzen des Wachstums 347
Mercier, Louis-Sébastien: Das Jahr 2440 81
Moltke, Freya von: Erinnerungen an Kreisau 1930–1945 415
Montaigne, Michel de: Essais 67
Musil, Robert: Der Mann ohne Eigenschaften 210
Nabokov, Vladimir: Erinnerung, sprich 320
Novalis: Die Christenheit oder Europa 111
Ortmann, Sibylle und Eva: Wir leben nun mal auf einem Vulkan 214
Orwell, George: 1984 262
Piketty, Thomas: Das Kapital im 21. Jahrhundert 442
Piketty, Thomas: Eine kurze Geschichte der Gleichheit 470
Pirsig, Robert M.: Zen und die Kunst, ein Motorrad zu warten 352
Popper, Karl Raimund: Die offene Gesellschaft und ihre Feinde 246
Rawls, John: Eine Theorie der Gerechtigkeit 337, 340
Ritter, Henning: Nahes und fernes Unglück 420
Roth, Joseph: Radetzkymarsch 218
Rudd, Kevin: The Avoidable War 486
Said, Edward: Orientalismus 360
Saint-Simon: Memoiren 74

Samjatin, Jewgeni: Wir   202
Schiller, Friedrich: Was heißt und zu welchem Ende studiert man Universalgeschichte?   98
Sen, Amartya: Die Idee der Gerechtigkeit   296
Shklar, Judith: Der Liberalismus der Furcht   382
Solschenizyn, Alexander: August neunzehnhundertvierzehn   343
Stendhal: Rot und Schwarz   114
Stern, Fritz: Kulturpessimismus als politische Gefahr   300
Stevenson, Robert Louis: Die Schatzinsel   156
Suttner, Bertha von: Die Waffen nieder!   160
Tagore, Rabindranath: Gora   185
Thukydides: Der Peloponnesische Krieg   33, 37
Thunberg, Greta: Ich will, dass ihr in Panik geratet!   454
Tocqueville, Alexis de: Über die Demokratie in Amerika   122, 126
Van Reybrouck, David: Kongo   434
Wang Huning: Meiguo fandui meiguo (Amerika gegen Amerika)   386
Weber, Max: Die protestantische Ethik und der Geist des Kapitalismus   174
Weber, Max: Politik als Beruf   194
Weber, Max: Wissenschaft als Beruf   194
Wieland, Christoph Martin: Wie man ließt; eine Anekdote   86
Winkler, Heinrich August: Zerbricht der Westen?   446
Xu Shen: Shuowen Jiezi   41
Zweig, Stefan: Triumph und Tragik des Erasmus von Rotterdam   226